Schadensersatzhaftung für fehlerhafte Kapitalmarktinformationen börsennotierter Aktiengesellschaften nach dem deutschen und dem koreanischen Recht

Göttinger Schriften zum Wirtschaftsrecht

Herausgegeben von Olaf Deinert, Torsten Körber, Rüdiger Krause, Gerald Spindler und Andreas Wiebe

Band 15

PETER LANG

Seong Gon Kim

Schadensersatzhaftung für fehlerhafte Kapitalmarktinformationen börsennotierter Aktiengesellschaften nach dem deutschen und dem koreanischen Recht

PETER LANG

Bibliografische Information der Deutschen Nationalbibliothek
Die Deutsche Nationalbibliothek verzeichnet diese Publikation in der Deutschen Nationalbibliografie; detaillierte bibliografische Daten sind im Internet über http://dnb.d-nb.de abrufbar.

Zugl.: Göttingen, Univ., Diss., 2018

D 7
ISBN 978-3-631-76494-7 (Print)
E-ISBN 978-3-631-77604-9 (E-PDF)
E-ISBN 978-3-631-77605-6 (EPUB)
E-ISBN 978-3-631-77606-3 (MOBI)
DOI 10.3726/b14992

Peter Lang – Berlin · Bern · Bruxelles · New York · Oxford · Warszawa · Wien

Diese Publikation wurde begutachtet.

www.peterlang.com

Vorwort

Die vorliegende Arbeit entstand während meiner Zeit als Doktorand am Lehrstuhl für Bürgerliches Recht, Handels- und Wirtschaftsrecht, Rechtsvergleichung, Multimedia- und Telekommunikationsrecht von Herrn Professor Dr. Spindler. Sie wurde von der Juristischen Fakultät der Georg-August-Universität Göttingen im Sommersemester 2017 als Dissertation angenommen. Der Tag der mündlichen Prüfung war der 8. Juni 2017. Literatur und Rechtsprechung sind bis zum 31. Dezember 2016 berücksichtigt.

Mein herzlicher Dank gilt zunächst meinem Doktorvater, Herrn Professor Dr. Gerald Spindler, der mich als Doktoranden angenommen, mich während der Arbeit an der Dissertation in jeder Hinsicht vorbildlich betreut und mich bis zum erfolgreichen Abschluss des gesamten Promotionsverfahrens begleitet hat. Meine Danksagung bezieht sich auch auf seine Kommentare zu meiner Dissertation, die ich selbstverständlich bei der Erarbeitung der Endfassung aufmerksam beachtet habe. Ganz herzlich möchte ich mich auch bei Herrn Professor Dr. Torsten Körber von der Universität Köln bedanken, der sich innerhalb kürzester Zeit zur Erstellung des Zweitgutachtens bereiterklärt hat. Die kritische Würdigung meiner Dissertation durch beide Gutachter hat wesentlich dazu beigetragen, dass diese Arbeit zu einem erfolgreichen Abschluss gebracht werden konnte.

Herrn Professor em. Dr. Dr. h.c. Dr. h.c. Werner Lehfeldt danke ich für seine stete Hilfsbereitschaft während meines Promotionsvorhabens, für das mühsame Korrekturlesen und für redaktionelle Anmerkungen. Er hat mich in einer für mich schwierigen Situation nicht nur menschlich, sondern auch moralisch unterstützt und das Zustandekommen dieser Arbeit nach Kräften gefördert. Mein Dank gebührt weiter dem mündlichen Prüfer Herrn Prof. Dr. Olaf Deinert, dem Dekan Juristischer Fakultät der Universität Göttingen, sowie Frau Ulrike Hennemuth vom Prüfungsamt der Juristischen Fakultät. Beide haben es auf unkomplizierte Weise möglich gemacht, dass das Promotionsverfahren in Göttingen zügig durchgeführt wurde.

Meinem sehr verehrten akademischen Lehrer in Korea, Herrn Professor Dr. Chulsong Lee, der mein Studium in Deutschland von Beginn an unterstützt hat, bin ich zu besonderem Dank verpflichtet. Er hat mich in allen Phasen der Arbeit nicht nur in fachlicher Hinsicht, sondern auch finanziell unterstützt. Für das mühsame Korrekturlesen der Arbeit sowie für fachliche Unterstützung danke ich ferner Herrn Dr. Matthias Dühn.

Weiterhin möchte ich den Herausgebern der „Schriftenreihe Göttinger Schriften zum Wirtschaftsrecht“, den Professoren Dr. Torsten Körber, LL.M, Dr. Olaf Deinert, Dr. Rüdiger Krause, Dr. Gerald Spindler und Dr. Andreas Wiebe. LL.M, für die Aufnahme meiner Dissertation in ihre Schriftenreihe danken.

Zum größten Dank bin ich jedoch meinen Eltern verpflichtet, die mich während meiner Ausbildung stets und in jeglicher Hinsicht unterstützt haben. Ohne ihre bedingungslose Unterstützung und ihr Verständnis wäre die Anfertigung und damit auch die Veröffentlichung dieser Dissertation nicht möglich gewesen. Ihnen widme ich daher dieses Werk.

Seoul, im März 2018
Kim, Seong Gon

Inhaltsverzeichnis

Einleitung

A Problemaufriss

Es ist allgemein anerkannt, dass für die Funktionsfähigkeit eines Kapitalmarktes und die Attraktivität eines Finanzplatzes insgesamt der Anlegerschutz unentbehrlich ist. Mit dem Aufkommen von grenzüberschreitend tätigen Banken bzw. Finanzinstituten und dank der Entwicklung in der Kommunikationstechnik[1] steht heute der Zugang zu internationalen Kapitalmärkten jedermann offen (*Globalisierung*).[2] Kapitalanleger, die sich in einem Finanzmarkt unfair behandelt fühlen, würden von dem Markt Abstand nehmen und auf anderen Finanzmärkten agieren, an denen ihnen die informationelle Chancengleichheit bei Transaktionen potentieller Kapitalanleger besser gewährleistet erscheint.[3] Das Vertrauen der Kapitalanleger, *„gleichbehandelt und gegen die unrechtmäßige Verwendung einer Insiderinformation geschützt"* zu werden, ist als zentrale Voraussetzung für die funktionsfähigen Kapitalmärkte anzusehen.[4] In dieser Hinsicht kommt ordnungsgemäßer Kapitalmarktinformation[5] erhebliche Bedeutung für die Funktionsfähigkeit des Kapitalmarktes zu.

Aus diesen Gründen versuchen Gesetzgeber in den entwickelten Ländern solche Maßnahmen zur Funktionsfähigkeit des Kapitalmarktes und zur Schaffung und Erhaltung des Anlegervertrauens zu treffen, die ihre Kapitalmärkte als Finanzplatz attraktiv machen und sogleich internationale Wettbewerbsfähigkeit verbessern. Vor diesem Hintergrund haben Gesetzgeber in manchen Ländern mit Blick auf gesetzgeberische Aktivitäten im Bereich des Kapitalmarktrechts auch den Anlegerschutz als Instrument zur Verbesserung der Funktionsfähigkeit des Kapitalmarktes im Auge.[6] Hierzu zählen in Deutschland unter anderem das Transparenz- und

---

1 Hierzu ausführlich *Kim, Jung Soo*, Prinzipien des Kapitalmarktrechts, 2. Aufl., S. 427 ff.

2 Vgl. *Kim, Jung Soo*, Prinzipien des Kapitalmarktrechts, 2. Aufl., S. 435 ff.

3 Vgl. *Assmann*, Prospekthaftung, 1985, S. 25; *Caspari*, ZGR 1994, 530, 533; *Kümpel*, in: Kümpel/Hammen/Ekkenga, Kapitalmarktrecht, Loseblatt, Stand 5/04, Kennz. 050, Rn. 39.

4 Vgl. die Begründung zum Entwurf eines Gesetzes über den Wertpapierhandel und zur Änderung börsenrechtlicher und wertpapierrechtlicher Vorschriften (Zweites Finanzmarktförderungsgesetz), BT-Drucks. 12/6679, S. 1, 33 f.

5 Kapitalmarktinformationen im Sinne dieser Untersuchung sind Informationen über Tatsachen, Umstände, Kennzahlen und sonstige Unternehmensdaten, die für eine Vielzahl von Kapitalanlegern bestimmt sind und einen Emittenten von Wertpapieren oder einen Anbieter von sonstigen Vermögensanlagen betreffen, hier insbesondere Angaben in den Ad-hoc-Mitteilungen nach § 15 WpHG.

6 Vgl. Entwurf eines Gesetzes zur weiteren Fortentwicklung des Finanzplatzes Deutschland (Viertes Finanzmarktförderungsgesetz), BT-Drucks., 14/8017, S. 62.

Publizitätsgesetz (TransPuG),[7] das Anlegerschutzverbesserungsgesetz (AnSVG),[8] das Kapitalanleger-Musterverfahrensgesetz (KapMuG),[9] das Gesetz zur Unternehmensintegrität und Modernisierung des Anfechtungsrechts (UMAG),[10] das Bilanzrechtsreformgesetz (BilReG),[11] das Bilanzkontrollgesetz (BilKoG)[12] somit das Kleinanlegerschutzgesetz.[13]

Der koreanische Gesetzgeber hat erstmals im Rahmen des am 27. April 1963 in Kraft getretenen Ersten Gesetzes zur Änderung des Wertpapierhandelsgesetzes (1. KWpHG Änderungsgesetz) auf die zahlreichen fehlerhaften Kapitalmarktinformationen auf dem Primärmarkt reagiert, indem er mit § 8.2 KWpHG spezialgesetzliche Regelungen für die Schadensersatzhaftung börsennotierter Aktiengesellschaften für falsche Angaben einführte. Jedoch erwiesen sich diese Regelungen im Hinblick auf den Anwendungsbereich als sehr begrenzt und griffen lediglich bei einem Verstoß gegen die Veröffentlichungspflicht auf dem Primärmarkt ein. Insbesondere fehlte es an einer Schadensersatzregelung des Emittenten für fehlerhafte Angaben auf dem Sekundärmarkt.[14] Diese Normen waren inzwischen seitens der Literatur auf Kritik gestoßen. Daher wurde die rechtspolitische Diskussion auch nach dem 1. KWpHG Änderungsgesetz nicht leiser.[15]

Ungeachtet der zentralen Bedeutung ordnungsgemäßer Kapitalmarktinformationen für die Funktionsfähigkeit des Marktes hat die Pflicht zur Veröffentlichung kursrelevanter Insiderinformationen in Korea erst im Jahr 1997 an Bedeutung gewonnen. Im Rahmen des am 1. April 1997 in Kraft getretenen 13. KWpHG Änderungsgesetzes hat der koreanische Gesetzgeber zuerst mit der entsprechenden Anwendung des § 14 KWpHG, die für die Mitteilungspflicht des Emittenten auf

---

7 Gesetz zur weiteren Reform des Aktien- und Bilanzrechts, zu Transparenz und Publizität vom 19. Juli 2002, BGBl. I S. 2681.

8 Gesetz zur Verbesserung des Anlegerschutzes vom 28. Oktober 2004, BGBl. I S. 2630; hierzu *Bürgers*, BKR 2004, 424 ff.; *Holzborn/Israel*, WM 2004, 1948 ff.; *Kuthe*, ZIP 2004, 883 ff.; *Simon*, Der Konzern 2005, 13 ff.

9 Gesetz über Musterverfahren in kapitalmarktrechtlichen Streitigkeiten vom 19. Oktober 2012, BGBl. I S. 2182, zuletzt geändert durch Artikel 3 des Gesetzes vom 4. Juli 2013, BGBl. I S. 1981.

10 Gesetz zur Unternehmensintegrität und Modernisierung des Anfechtungsrechts (UMAG) vom 22. September 2005, BGBl. I S. 2802.

11 Gesetz zur Einführung internationaler Rechnungslegungsstandards und zur Sicherung der Qualität der Abschlussprüfung vom 4. Dezember 2004, BGBl. I S. 3166.

12 Gesetz zur Kontrolle von Unternehmensabschlüssen (Bilanzkontrollgesetz – BilKoG) vom 15. Dezember 2004, BGBl. I S. 3408.

13 Kleinanlegerschutzgesetz vom 3. Juli 2015, BGBl. I S. 1114.

14 *Lee, Sangpok*, Corporate Disclosure, S. 381.

15 Sie seien zur Bekämpfung gegen die fehlerhaften Kapitalmarktinformationen auf dem Sekundärmarkt nicht nur als öffentlich-rechtliche Maßnahme, sondern auch als zivilrechtliche Haftungsnorm im Hinblick auf die Kapitalmarktinformation auf dem Sekundärmarkt unzureichend.

dem Primärmarkt gilt, eine zivilrechtliche Haftungsnorm geschaffen, die die Auswirkung fehlerhafter Kapitalmarktinformationen auf dem Sekundärmarkt zulasten des Emittenten sanktioniert.[16] Anschließend hat der Gesetzgeber nach dem Vorbild US-amerikanischer Regelungen die sog. *„Fair Disclosure"* in Korea eingeführt. Damit wollte er die Informationsasymmetrie unter den Marktteilnehmern abbauen und gleichzeitig die informationelle Chancengleichheit auf dem Kapitalmarkt sicherstellen.[17]

Gleichermaßen wurde in Deutschland die nun in § 15 WpHG geregelte Pflicht zur Veröffentlichung einer Insiderinformation[18] durch das 2. Finanzmarktförderungsgesetz (FMFG)[19] eingeführt. Abgesehen von der auf Erstemissionen beschränkten Prospekthaftung gemäß § 44 BörsG a.F., hatte der Gesetzgeber bis zum Jahr 2002 keine spezialgesetzlichen Haftungsnormen für fehlerhafte Kapitalmarktinformationen geschaffen.[20] Kontrovers diskutiert wurde in der Literatur darüber, ob in Deutschland ein solcher Spezialtatbestand notwendig ist[21] und welche Regelungen des Zivilrechts andernfalls als Anspruchsgrundlage herangezogen werden können.[22]

Mit der Einführung der §§ 37b, 37c WpHG im Rahmen des am 1. Juli 2002 in Kraft getretenen Vierten Finanzmarktförderungsgesetzes (4. FMFG)[23] wurde dies geändert. Damit hat der Gesetzgeber erstmals eine Haftung für fehlerhafte Ad-hoc-Mitteilungen eingeführt. Hiermit hat er auf die zahlreichen Skandale auf dem Kapitalmarkt aufgrund von fehlerhaften Kapitalmarktinformationen reagiert und eine Verbesserung des Anlegerschutzes erreichen wollen.[24]

Jedoch erweisen sich diese Regelungen im Hinblick auf den Anwendungsbereich als begrenzt. Denn der Emittent haftet lediglich für Verstöße gegen die Ad-hoc-Mitteilungspflicht nach § 15 WpHG. Zudem ist der Emittent dabei nur unter den bestimmten Voraussetzungen der §§ 37b, 37c WpHG zum Schadensersatz verpflichtet, wobei dem Geschädigten keinerlei Beweiserleichterungen wie

---

16 *Lee, Sangpok*, Corporate Disclosure, S. 381.

17 Vgl. *KFSS*, Leitfaden zur Unternehmenspublizität, Seoul 2003, S. 238; *Kim, Kon Sik*, Wertpapierhandelsrecht, Seoul 2004, S. 43.

18 Gemäß Art. 1 Abs. 2 der Durchführungsrichtlinie 2003/124/EG ist eine Information kursrelevant, die ein verständiger Kapitalanleger wahrscheinlich als Teil der Grundlage seiner Anlageentscheidung nutzen würde.

19 Gesetz über den Wertpapierhandel (Wertpapierhandelsgesetz – WpHG) vom 26. Juli. 1994, BGBl. I S. 1749.

20 Vgl. *Bachmann*, JZ 2012, 578, 579.

21 Vgl. dazu insbesondere *Baums*, ZHR 167 (2003), 139 ff.; *Fleischer*, Gutachten für den 64. Deutschen Juristentag, 2002.

22 Ausführlich zu den möglichen Anspruchsgrundlagen *Bachmann*, in: Bachmann/Casper/Schäfer/Veil, Steuerungsfunktionen des Haftungsrechts, S. 99 ff.

23 Gesetz zur weiteren Fortentwicklung des Finanzplatzes Deutschland vom 21. Juni 2002, BGBl. I S. 2010.

24 Vgl. BT-Drucks., 14/8017, S. 63, 94.

bei der Börsenprospekthaftung zugutekommt.[25] Darüber hinaus zeigen sich bei der Anwendung dieser Vorschriften auf Sachverhalte im Bereich des Kapitalmarktes noch zahlreiche Probleme. Hierzu zählen unter anderem der Umfang des zu ersetzenden Schadens, die Haftungsgründe, die Schadensberechnung sowie die Kausalitätsfragen. Die §§ 37b, 37c WpHG hatten daher in der Praxis bisher nur eine relativ geringe Bedeutung.[26]

Im Rahmen der juristischen Diskussion in Deutschland hatte der BGH mit dem *Infomatec*-Urteil vom 19. 7. 2004 erstmals die persönliche Haftung von Vorständen für fehlerhafte Kapitalmarktinformation bejaht.[27] Im Anschluss daran hat der BGH mit dem *IKB*-Urteil vom 13. 12. 2011 eine Grundsatzentscheidung[28] getroffen, die eine Reihe wichtiger Fragen zu den §§ 37b, 37c WpHG höchstrichterlich klärt.[29] Dabei hat der BGH, anders als die bisher herrschende Ansicht, dem Anleger den Ersatz des Vertragsabschlussschadens eingeräumt. Diese Rechtsfolge führt dazu, das zwischenzeitliche Risiko allgemeiner Kursentwicklung einseitig auf den Emittenten zu überwälzen. Infolgedessen ist diese Entscheidung auf massive Kritik aus dem Schrifttum gestoßen. Daher wird auch nach Inkrafttreten des 4. FMFG die lebhafte rechtspolitische Diskussion um die Ausarbeitung einer effizienten Kapitalmarktinformationshaftung als einer notwendigen Regelungsaufgabe des Kapitalmarktrechts nicht leiser. [30] Die Haftung des Emittenten bei Veröffentlichung fehlerhafter Kapitalmarktinformation stellt damit noch immer Gegenstand einer aktuellen rechtspolitischen Diskussion dar.

B Eingrenzung des Themas

Die vorliegende Arbeit beschäftigt sich mit der Haftung für fehlerhafte Kapitalmarktinformationen börsennotierter Aktiengesellschaften. Die Weite des Untersuchungsgegenstandes und die Grundsätzlichkeit der aufgeworfenen Rechtsfragen zwingen dazu, die Arbeit in verschiedene Richtungen zu begrenzen.

---

25 Vgl. BGH WM 2012, 303 Rn. 61 – IKB.

26 Vgl. *Wagner*, ZGR 2008, 495, 502 f.; BGH NZG 2008, 300; OLG Stuttgart NZG 2009, 624; BGH NJW 2011, 309.

27 BGH, Urteil vom 19. 7. 2004 – Infomatec, ZIP 2004, 1593, 1599, 1604.

28 Vgl. BGH, Urteil vom 13. 12. 2011 – XI ZR 51/10; sich dieser Bewertung anschließend *von Bernuth/Wagner/Kremer*, WM 2012, 831 ff.

29 Vgl. *Müller-Michaels*, BB 2012, 530, 537 f.; *Seibt*, EWiR 2012, 159.

30 Im Jahr 2004 wurde der Diskussionsentwurf zum Kapitalmarktinformationshaftungsgesetz vorgestellt, der eine Haftung auch für andere Formen der Sekundärmarktpublizität sowie eine allgemeine Außenhaftung der Organmitglieder vorsah. Der Entwurf ist infolge massiver Kritik aus der Praxis und der Literatur jedoch zurückgezogen und bis heute nicht mehr aufgegriffen worden.

1 Beschränkung auf sekundärmarktbezogene Informationspflichtverletzungen

Eine wesentliche Eingrenzung der Untersuchung liegt in der Trennung zwischen Primärmarkt- und Sekundärmarkthaftung. Während der Primärmarkt grundsätzlich für die erstmalige Zulassung von Finanzinstrumenten[31] durch den Emittenten, also als Finanzmarkt für Neuemissionen, eine herausragende Rolle spielt, findet auf dem Sekundärmarkt die umlaufende Transaktion unter den Marktteilnehmern mit bereits zugelassenen Finanzinstrumenten statt. Zu untersuchen ist ausschließlich die Schadensersatzhaftung für fehlerhafte Kapitalmarktinformationen hinsichtlich bereits zugelassener Finanzinstrumente (*Sekundärmarkthaftung*). Ausgeklammert wird daher der gesamte Bereich der Prospekthaftung (*Primärmarkthaftung*).

2 Beschränkung auf die eigene Schadensersatzhaftung des Emittenten

Veröffentlichen die Organmitglieder des Emittenten Kapitalmarktinformationen, so handeln sie im Namen und im Interesse des Emittenten. Geht es um die Informationspflichten des Emittenten, hier die Ad-hoc-Mitteilungspflicht nach § 15 WpHG, dann trifft diese Pflicht nicht die Organmitglieder persönlich, sondern den Emittenten selbst. Der Emittent selbst stellt den Kapitalanlegern die kursrelevanten Kapitalmarktinformationen zur Verfügung und macht sich die daraus resultierenden Vorteile ökonomisch zunutze. *De lege lata* kann die persönliche Haftung der Organmitglieder in Deutschland ausschließlich über die Geltendmachung deliktischer Ansprüche in Betracht kommen. Im Hinblick darauf bietet es sich an, die eigene Haftung des Emittenten ganz in den Vordergrund zu stellen. Außer Acht bleibt daher die rechtspolitische Frage, ob und inwieweit eine spezialgesetzlich geregelte persönliche Außenhaftung der Organmitglieder gegenüber den Kapitalanlegern *de lege ferenda* geboten und wünschenswert ist. Die Untersuchung stellt daher zunächst die eigene Schadensersatzhaftung börsennotierter Aktiengesellschaften ganz in den Vordergrund.

3 Beschränkung auf die für den Sekundärmarkt typischen Fälle

Typischerweise beteiligen sich die Emittenten nicht selbst als Vertragspartei an der infrage stehenden Transaktion auf dem Sekundärmarkt.[32] Sie stellen allein die

---

31 Der Begriff der Finanzinstrumente ist in § 2 Abs. 2b WpHG geregelt. Hierzu zählen Wertpapiere i. S. des § 2 Abs. 1 WpHG wie Aktien, Schuldverschreibungen, Genuss- und Optionsscheine, Derivate gemäß § 2 Abs. 2 WpHG, Rechte auf Zeichnung von Wertpapieren und über die in § 2 Abs. 2b Satz 2 WpHG auch alle sonstigen Instrumente, die zum Handel an einem organisierten Kapitalmarkt im Inland oder in einem anderen Mitgliedstaat der EU zugelassen sind. Gleiches gilt für solche Finanzinstrumente, für die ein Zulassungsantrag gestellt wurde.

32 Vgl. *Baums*, ZHR 167 (2003), 139, 165.

für die Transaktion notwendigen Informationen zur Verfügung. Diese Abhandlung beschränkt sich auf solche typischen Fälle am Sekundärmarkt. Nicht berücksichtigt werden daher auch die Informationspflichten außerhalb des WpHG wie beispielweise die Pflicht nach den §§ 10 Abs. 1, 14 Abs. 2, 3 WpÜG. Denn im letztgenannten Fall ist der Emittent als potenzieller Vertragspartner an der bestimmten Transaktion selbst beteiligt. Dennoch können bestimmte Übernahmesachverhalte trotz bestehender Spezialregelungen des WpÜG die Verpflichtung zur Ad-hoc-Mitteilung auslösen. Dies kann wiederum zur Haftung des Emittenten führen. In solchen Fällen können die Regelungen der §§ 37b, 37c WpHG jedoch anwendbar sein.

4 Begrenzung auf die fehlerhafte Kapitalmarktinformation gemäß § 15 WpHG

Hinsichtlich der Art der Kapitalmarktinformationen auf dem Sekundärmarkt ist zwischen der Ad-hoc-Publizität gemäß § 15 WpHG und sonstigen Informationen zu unterscheiden. Die Haftungsnormen der §§ 37b, 37c WpHG erfassen ausschließlich Ad-hoc-Mitteilungen nach § 15 WpHG. Diese Arbeit ist daher auf die Unterlassung unverzüglicher Veröffentlichung und die Veröffentlichung unwahrer Insiderinformationen begrenzt. Hier nicht behandelt werden daher die sonstigen Kapitalmarktinformationen hinsichtlich der Verpflichtung zur Publizität des Emittenten im Sekundärmarkt, z.B. die Jahres- und die Zwischenabschlüsse.[33] Von dieser Arbeit nicht erfasst werden auch sonstige kapitalmarktbezogene Äußerungen und Verlautbarungen, wie etwa im nichtoffiziellen Teil des Geschäftsbriefs, auf der Webseite, auf Pressekonferenzen oder Analystentreffen, in Hauptversammlungen oder Aktionärsbriefen. Ausgeklammert bleibt auch die eigenständige Untersuchung der Schadensersatzhaftung der Aktiengesellschaften für die von ihren Organmitgliedern abzugebende Entsprechenserklärung nach § 161 S. 1 AktG.

C Zielsetzung und Aufbau der Untersuchung

Die vorliegende Arbeit beschäftigt sich mit der Schadensersatzhaftung für fehlerhafte Kapitalmarktinformationen börsennotierter Aktiengesellschaften *de lege lata* und will möglichst praxistaugliche Lösungen *de lege ferenda* vorstellen. Der Schwerpunkt der Arbeit liegt vor allem in der Auslegung der §§ 37b, 37c WpHG. Im Hinblick auf die Anwendung der §§ 37b, 37c WpHG stellen sich grundlegende

33 Kapitalmarktinformation auf dem Sekundärmarkt besteht dabei in der laufenden Publizität in Gestalt der jährlichen aktienrechtlichen Rechnungslegung und der obligatorischen Zwischenberichtserstattung (Regelpublizität) sowie der Ad-hoc-Publizität, die die Regelpublizität im Rahmen des kapitalmarktrechtlichen Informationssystems ergänzt und damit eine tragende Säule der kapitalmarktrechtlichen Publizität darstellt (vgl. *Oulds,* in: Kümpel/Wittig, Bank- und Kapitalmarktrecht, 4. Aufl., Rn. 14.232).

Fragen in den Bereichen des Kapitalmarktrechts, des Gesellschaftsrechts und des allgemeinen bürgerlichen Schadensersatzrechts. Umstritten ist vor allem, welcher Schaden ersatzfähig ist und welche Anforderungen an die Kausalität zu stellen sind. Hinsichtlich des Schadensersatzes gemäß §§ 37b, 37c WpHG geht es mithin um die Frage, ob lediglich der Kursdifferenzschaden ersatzfähig ist, also der Unterschiedsbetrag zwischen dem durch die fehlerhafte Kapitalmarktinformation verzerrten Börsen- oder Marktpreis[34] und dem Kurs, der sich bei ordnungsgemäßer Kapitalmarktinformation des Emittenten gebildet hätte, oder ob Kapitalanleger auch die Rückabwicklung der Transaktion verlangen können. In Bezug auf die Kausalität stellt sich die Frage, ob ein konkreter Kausalzusammenhang zwischen der Informationspflichtverletzung und der Anlageentscheidung erforderlich ist, oder ob eine Kausalität durch die Verzerrung des Börsenkurses vermutet werden kann.

In erster Linie wird auf die Schutzzwecke des Kapitalmarktrechts und die Erforderlichkeit der Schadensersatzhaftung für fehlerhafte Kapitalmarktinformation näher eingegangen. Danach soll der Rechtsnatur der Schadensersatzhaftung nachgegangen werden. Anschließend erfolgt eine Darstellung der infrage stehenden Haftungsnormen. Näher eingegangen wird auf die Informationspflichtverletzung des Emittenten und die Adressaten der Haftung. Zu untersuchen ist zunächst, welcher Schaden bei den §§ 37b, 37c WpHG ersatzfähig ist. Im Folgenden soll geklärt werden, welche Anforderungen an die Kausalität zu stellen sind. Nach der Rechtsprechung stehen die Kapitalanleger in Schadensersatzprozessen wegen fehlerhafter Kapitalmarktinformationen vor erheblichen Beweisführungsproblemen, z.B. hinsichtlich der haftungsbegründenden Kausalität. Zumindest der Wortlaut des § 37c Abs. 1 WpHG nimmt dem Kapitalanleger, der aufgrund fehlerhafter Kapitalmarktinformation *„zu teuer"* gekauft hat, diesen Beweis nicht ab. Das ist kritisch zu hinterfragen. Schließlich wird untersucht, wer zum Schadensersatz berechtigt ist. Danach werden die wesentlichen Ergebnisse dieser Arbeit in Thesen zusammengefasst. Abschließend werden Gesetzesvorschläge zur Stärkung des Anlegerschutzes und zur Funktionsfähigkeit des Kapitalmarktes *de lege ferenda* entwickelt.

---

34 Im Rahmen der Novellierung des WpHG durch das AnSVG hat der Gesetzgeber den Begriff des *„Kurses"* durch den Begriff des *„Börsen- oder Marktpreises"* ersetzt.

§ 1 Schutzrichtung und Erforderlichkeit einer Schadensersatzhaftung für fehlerhafte Kapitalmarktinformation in Deutschland und in Korea

A Aufgabe und Schutzrichtungen des Kapitalmarktrechts im Überblick

Die zentrale Aufgabe des Kapitalmarktrechts besteht darin, die Voraussetzungen für einen effizienten und gut funktionierenden Kapitalmarkt zu schaffen,[35] damit die Kapitalanleger ihr Sparkapital im Interesse des Wachstums und der Beschaffung von Arbeitsplätzen der Volkswirtschaft im Allgemeinen und den Unternehmen im Besonderen zur Verfügung stellen.[36] Ist ein Kapitalmarkt effizient, dann kann man in der Regel auch von einer höheren Informationseffizienz ausgehen. Ein Kapitalmarkt ist nur dann funktionsfähig, wenn das Vertrauen des Anlegerpublikums in den Kapitalmarkt gesteigert wird oder zumindest aufrechterhalten bleibt. Daher soll das Kapitalmarktrecht durch geeignete Regulierung für fehlerhafte Kapitalmarktinformation die Voraussetzungen für die Kapitalmarkteffizienz schaffen.[37] Im Einzelnen gilt:

1 Deutschland

Nach dem Willen des Gesetzgebers sollen ordnungsgemäße Kapitalmarktinformationen allein die Funktionsfähigkeit des Kapitalmarktes gewährleisten und nicht dem Schutz von Individualinteressen dienen.[38] Diesen Standpunkt hat der Gesetzgeber im 4. FMFG bestätigt. Ausweislich der Begründung handelt es sich bei § 15 WpHG nicht um ein Schutzgesetz im Sinne des § 823 Abs. 2 BGB. Gemäß § 15 Abs. 6 Satz 1 sind die Ansprüche aus § 823 Abs. 2 BGB ausdrücklich ausgeschlossen. Denn die Ad-hoc-Publizität gemäß § 15 WpHG diene allein dem Schutz der Funktionsfähigkeit des Kapitalmarktes.[39] Durch die in § 15 WpHG geschaffene Pflicht zur ordnungsgemäßen Kapitalmarktinformation soll zum einen der Insiderhandel verhindert werden. Damit soll diese Pflicht ausschließlich dem Schutz der Funktionsfähigkeit des Kapitalmarktes in Form einer ordnungsgemäßen

35 *Lenenbach*, Kapitalmarkt, 2. Aufl., Rn. 1.67.
36 *Kümpel*, in: Kümpel/Hammen/Ekkenga, Kapitalmarktrecht, Loseblatt, Stand 5/04, Kennz. 050, Rn. 58.
37 *Gehrt*, Die neue Ad-hoc-Publizität, 1997, S. 22.
38 Vgl. BT-Drucks. 12/7918, S. 102.
39 BT-Drucks., 14/8017, S. 87.

Preisbildung dienen.[40] Mit der ordnungsgemäßen Kapitalmarktinformation wolle der Gesetzgeber gewährleisten, dass Marktteilnehmer rechtzeitig, richtig und vollständig über alle für die Preisbildung relevanten Informationen verfügen, damit sie eine rationale Anlageentscheidung treffen können. Damit wolle er die Gesamtheit der aktuellen und der potentiellen Kapitalanleger schützen. Im Prinzip solle die Ad-hoc-Publizität gemäß § 15 WpHG daher allein dem Schutz der Funktionsfähigkeit des Kapitalmarktes dienen.[41]

Es ist aber allgemein anerkannt, dass sich der Funktionsschutz des Kapitalmarktes einerseits, und der Individualschutz des Anlegers andererseits, wechselseitig bedingen und sich aufgrund vielfacher Wechselwirkungen nicht voneinander trennen lassen.[42] Ein angemessener Anlegerschutz erhöht das Vertrauen des Anlegers in den Kapitalmarkt und damit dessen Institutionen, was sich wiederum positiv auf den Markt selbst auswirkt. Folgerichtig umfasst der Anlegerschutz sowohl den Individualschutz als auch den Schutz der institutionellen Funktionsfähigkeit des Kapitalmarktes. Die Norm ordnungsgemäßer Kapitalmarktinformation sollte daher entweder unmittelbar oder zumindest mittelbar – als Schutzreflex – dem Schutz der individuellen Kapitalanleger dienen.[43] Im Einzelnen gilt:

Erstens ermöglichen es ordnungsgemäße Kapitalmarktinformationen zunächst den Kapitalanlegern, sich über die Finanzinstrumente und deren Emittenten rechtzeitig, richtig und vollständig zu informieren. Damit wird sichergestellt, dass niemand aus Insiderinformationen Vorteile zieht.

Unterlässt es ein Emittent, eine Insiderinformation unverzüglich zu veröffentlichen, dann kann ein Insider seinen Informationsvorsprung missbrauchen, wodurch die Kapitalanleger einen Schaden erleiden können.[44] In diesem Sinne sind die Kapitalmarktinformationen über einen Emittenten bzw. dessen Finanzinstrumente für den Funktionsschutz des Kapitalmarktes unerlässlich. Ordnungsgemäße Kapitalmarktinformation führt gleichzeitig zur Senkung der Transaktionskosten und somit zur Verbesserung der Kapitalallokation.[45] Zudem wird sich diese Information positiv auf die Integrität der Kapitalmärkte auswirken. Dies kommt auch

---

40 Vgl. BT-Drucks. 12/7918, S. 102; *Sethe,* in: Assmann/Schneider, WpHG, §§ 37b, 37c Rn. 9 ff.

41 Vgl. BT-Drucks., 14/8017, S. 87; *Edelmann*, BB 2004, 2031; *Fleischer*, NJW 2002, 2977, 2979; *Gerber*, DStR 2004, 1793; *Pfüller*, in: Fuchs, WpHG, § 15 Rn. 539.

42 Grundlegend *Hopt*, Der Kapitalanlegerschutz im Recht der Banken, 1975, S. 51 f., 334 ff.; vgl. auch *Fuchs/Dühn*, BKR 2002, 1063, 1064 f.; *Hopt*, ZGR 1991, 17, 26; *Hopt*, ZHR 159 (1995), 135, 159; *Merkt*, Unternehmenspublizität, 2001, S. 289; *Seiler/Kniehase,* in: Schimansky/Bunte/Lwowski, Bankrechts, Vor § 104 Rn. 85, 88.

43 Vgl. *Fuchs/Dühn*, BKR 2002, 1063, 1064; *Gerber*, DStR 2004, 1793; *Horn*, in: Festschrift Ulmer, 2003, S. 817, 823; *Leisch*, ZIP 2004, 1573, 1577 f.; *Lepsius*, in: Fehling/Ruffert, Regulierungsrecht, § 19 Rn. 23; *Park*, NStZ 2007, 369, 370; *Sethe,* in: Assmann/Schneider, WpHG, §§ 37b, 37c Rn. 9 ff.

44 *Byeon/Hong/Kim/Um/Kim*, Kapitalmarktrecht, Seoul 2009, S. 391.

45 Eingehend *Klöhn*, ZHR 178 (2014), 55, 65 ff.

dem einzelnen Anleger zugute.[46] Dieser Überlegung liegt der Gedanke zugrunde, dass es durch zeitnahe und gleichmäßige Information des Anlegerpublikums diesem ermöglicht werde, sich ein zutreffendes Gesamtbild über die Verhältnisse und die Vermögens-, Finanz-, und Ertragslage des Emittenten zu bilden.[47]

Zweitens hat der Gesetzgeber mit der Einführung von Schadensersatzansprüchen für fehlerhafte Kapitalmarktinformation gemäß §§ 37b, 37c WpHG ausdrücklich auch den Schutz der Kapitalanleger betont.[48] In den Gesetzesmaterialien zum 4. FMFG findet sich die Formulierung, die Ad-hoc-Mitteilungspflicht solle dazu beitragen, *„dass Marktteilnehmer frühzeitig über marktrelevante Informationen verfügen, damit sie sachgerechte Anlageentscheidungen treffen können.“*[49] Darüber hinaus ist der Emittent nach § 37b WpHG zum Ersatz eines Schadens verpflichtet, der dadurch entstanden ist, dass er es unterlassen hat, eine Insiderinformation unverzüglich zu veröffentlichen. Nach § 37c WpHG ist er zum Ersatz eines Schadens verpflichtet, der dadurch entstanden ist, dass er, der Emittent, eine unwahre Insiderinformation veröffentlicht hat. Mit der Einführung der §§ 37b, 37c WpHG wollte der Gesetzgeber den Anleger vor einem Verlust wegen fehlerhafter Insiderinformation schützen. In diesem Sinne kann man davon ausgehen, dass die §§ 37b, 37c WpHG gerade auch zum Schutz des individuellen Kapitalanlegers beitragen.[50]

Die deutsche Rechtslage entspricht insoweit den Grundprinzipien des europäischen Kapitalmarktrechts: Auf der Gemeinschaftsebene ist es nahezu unbestritten, dass das Kapitalmarktrecht nicht nur dem Funktionsschutz des Kapitalmarktes, sondern auch dem Anlegerschutz dienen soll. In jüngerer Zeit hat sich der europäische Gesetzgeber in Bezug auf die Regelungsziele ausdrücklich für den Zieldualismus ausgesprochen. Nach dem Willen des europäischen Gesetzgebers liegt der Schutzzweck der neuen Finanzmarktlinien darin, *„die Anleger zu schützen und gleichzeitig das reibungslose Funktionieren der Wertpapiermärkte und das Vertrauen der Öffentlichkeit in die Märkte zu gewährleisten“*.[51] Damit werde sowohl dem institutionellen Anlegerschutz in Form des Vertrauens in die Funktionsfähigkeit des Kapitalmarktes als auch dem Individualschutz gedient.

---

46 *Seiler/Kniehase,* in: Schimansky/Bunte/Lwowski, Bankrechts, Vor § 104 Rn. 93.

47 *Möllers,* WM 2003, 2393, 2396.

48 Ähnlich *Fuchs,* in: Fuchs WpHG, Einl. Rn. 19; *Sethe,* in: Assmann/Schneider, WpHG, §§ 37b, 37c Rn. 9.

49 BT-Drucks., 14/8017, S. 87 zu § 15 WpHG; *Möllers/Leisch,* in: Möllers/Rotter, Ad-hoc-Publizität, § 14 Rn. 97; *Möllers/Leisch,* in: Kölner Komm WpHG, §§ 37b, 37c Rn. 9 und 11.

50 Vgl. *Hellgardt,* Kapitalmarktdeliktsrecht, 2008, S. 258; *Leisch,* ZIP 2004, 1573, 1577; *Maier-Reimer/Seulen,* in: Habersack/Mülbert/Schlitt, Kapitalmarktinformation, § 30 Rn. 97; *Möllers/Leisch,* in: Kölner Komm WpHG, §§ 37b, 37c Rn. 252 ff.; *Sethe,* in: Assmann/Schneider, WpHG, §§ 37b, 37c Rn. 9.

51 Erwägungsgrund Nr. 44 der Richtlinie 2004/19/EG des europäischen Parlaments und des Rates vom 21. 4. 2004 über Märkte Finanzinstrumente (MiFID).

2 Korea

In Korea ist das Kapitalmarktrecht ebenfalls von einem weitgehenden Zieldualismus geprägt: Das Nebeneinander von Individualschutz und Funktionsschutz als Doppelaufgabe des Kapitalmarktrechts war und ist nicht umstritten.[52] Das Kapitalmarktrecht basiert grundsätzlich auf dem Schutz des Kapitalanlegers vor Betrug und fehlerhafter Kapitalmarktinformation und ist somit wesentlich von dem Gedanken des Anlegerschutzes beherrscht. Zugleich ist aber auch die Funktionsfähigkeit des Kapitalmarktes als normatives Ziel allgemein anerkannt.[53] Ein angemessener Anlegerschutz erhöht das Vertrauen der Kapitalanleger in den Kapitalmarkt und dessen Institutionen, was sich wiederum positiv auf den Kapitalmarkt selbst auswirkt.[54] Zudem lassen sich in der Praxis überindividueller Anlegerschutz und Funktionsschutz nicht eindeutig voneinander trennen, weil beide aufeinander einwirken.[55] Individual- und Funktionsschutz wirken sich auch wechselseitig aufeinander ein und sind untrennbar miteinander verbunden.[56] In diesem Sinne stehen die beiden gesetzgeberischen Normzwecke in einem Spannungsverhältnis, und sie treffen in der Regel zusammen. Folgerichtig wird die Funktionsfähigkeit des Kapitalmarktes nur dann gewährleistet, wenn auch die individuellen Interessen der Kapitalanleger verwirklicht werden.[57] Beide sind *„zwei Seiten derselben Medaille"*.[58] Aus diesem Grund versteht man den individuellen Anlegerschutz zweifellos mehr als einen *„Rechtsreflex"* der Kapitalmarktinformation, die zugleich dem Schutz der Funktionsfähigkeit des Kapitalmarktes dienen soll.[59] Dies

52 Vgl. OGH Urteil vom 14. November 2003 (2003 Do 686); *Kim, Jung Soo*, Prinzipien des Kapitalmarktrechts, 2. Aufl., S. 28 f.; *Ko, Chang Hyeon*, in: Gesellschaft für Wertpapierhandelsrecht (Hrsg.), Kommentar zum Kapitalmarktrecht Bd. 2, 2009 Seoul, § 1, S. 4; *Lim, Jai Yeon*, Kapitalmarktrecht, S. 3 f.; *Park, Hou-Sang*, Business Law Review, Mai 2005, Volume 19 Nr. 4, S. 339 f.

53 § 1 Gesetzeszweck: Zweck dieses Gesetzes ist es insbesondere, durch Erleichterung der finanziellen Innovation und eines fairen Wettbewerbs auf dem Kapitalmarkt zur Entwicklung der nationalen Wirtschaft, zur Verbesserung des Anlegerschutzes, zur Förderung der Entwicklung der Finanzinvestmentgeschäfte und zur Erhöhung der Fairness, der Verlässlichkeit sowie der Effizienz des Kapitalmarktes beizutragen.

54 Vgl. *Kang, Dae-Seob*, Civil liabilities in securities market, 1992, S. 1; *Kim, Jung Soo*, Prinzipien des Kapitalmarktrechts, 2. Aufl., S. 30; *Lenenbach*, Kapitalmarkt, 2. Aufl., Rn. 11.16.

55 Vgl. *Yoon, Song Han*, Kapitalmarktrecht, S. 84 ff.

56 Vgl. *Kim, Jung Soo*, Prinzipien des Kapitalmarktrechts, 2. Aufl., S. 30 f.; ausführlich hierzu *Yoon, Song Han*, Wertpapierhandelsrecht, S. 41; *Gehrt*, Die neue Ad-hoc-Publizität, 1997, S. 25.

57 *Kim, Jung Soo*, Prinzipien des Kapitalmarktrechts, 2. Aufl., S. 30 f.

58 Vgl. *Hopt*, ZHR 159 (1995), 135, 159; in diesem Sinne auch *Kim, Jung Soo*, Prinzipien des Kapitalmarktrechts, 2. Aufl., S. 30 f.

59 Vgl. *Gehrt*, Die neue Ad-hoc-Publizität, 1997, S. 25.

wird damit begründet, dass der Individualschutz stets die Funktionsfähigkeit des Kapitalmarktes begünstige. Dies setzte wiederum voraus, dass der Emittent kursrelevante Informationen *richtig, vollständig und rechtzeitig* zu veröffentlichen hat.[60] Daher haben insbesondere die Wertpapieraufsichtsbehörde FSS[61] und die Gerichte wiederholt die Bedeutung der kapitalmarktrechtlichen Regelungen für den Funktionsschutz des Kapitalmarktes hervorgehoben.[62]

3 Ergebnis

Im Ergebnis ist festzuhalten, dass ordnungsgemäße Kapitalmarktinformationen sowohl in Deutschland als auch in Korea einerseits dem Funktionsschutz des Kapitalmarktes und andererseits auch dem Anlegerschutz dienen.[63] Auf dem Sekundärmarkt, auf dem die Transaktionen mit den Finanzinstrumenten stattfinden, besteht jedoch eine Informationsasymmetrie.

B Erforderlichkeit der Regulierung kapitalmarktrechtlicher Informationshaftung

1 Überblick

Ist die Kapitalmarkttransparenz durch regelmäßige, vollständige und richtige Information nicht gewährleistet, beeinträchtigt dies die korrekte Preisbildung auf dem Kapitalmarkt. Entsprechendes gilt, wenn zu viele nicht-kursrelevante Informationen am Markt bekanntgegeben werden. Die Kapitalanleger sind dann nicht in der Lage, zwischen wichtigen und unwichtigen Informationen zu unterscheiden.[64] Sie können also nicht mehr ohne Weiteres auf die ordnungsgemäße Kapitalmarktinformation und damit auf die Richtigkeit der Marktpreise vertrauen. Infolgedessen ist es dem Anlegerpublikum nicht mehr möglich, am Kapitalmarkt eine risikoadäquate Entscheidung zu treffen. Dadurch wird das Vertrauen der Kapitalanleger schwer erschüttert. Veröffentlicht der Emittent kursrelevante Marktinformation nicht ordnungsgemäß, wirkt sich dies daher nicht nur auf ihn selbst, sondern

---

60 Eingehend *Kim, Yongjin*, The Theory and Practice of Capital Market System, S. 545 ff.

61 http://www.fss.or.kr/ (31. 12. 2017).

62 Vgl. OGH Urteil vom 26. April 1994 (93 Do 695); OGH Urteil vom 14. November 2003 (2003 Do 686); OGH Urteil vom 19. August 2010 (2008 Da 92336); *KFSS*, Leitfaden zur Unternehmenspublizität, Seoul 2003, S. 131 f.

63 Vgl. *KFSS*, Leitfaden zur Unternehmenspublizität, Seoul 2003, S. 131 f.; ausführlich hierzu *Yoon, Song Han*, Kapitalmarktrecht, S. 84 ff.; vgl. auch *Chang/Cho*, Die Bekämpfung der Börsenkriminalität, S. 39; *Hwang*, Illegaler Wertpapierhandel und Schadensersatz, S. 13; *Kim/Jung*, Kapitalmarktrecht, 3. Auflage, Seoul 2013, S. 44 ff. und 268; *Kim, Jung Soo*, Prinzipien des Kapitalmarktrechts, 2. Aufl., S. 777; *Lim, Jai Yeon*, Kapitalmarktrecht, S. 611.

64 *Gehrt*, Die neue Ad-hoc-Publizität, 1997, S. 21.

auch auf alle Unternehmen auf dem Kapitalmarkt nachteilig aus. Dies kann wiederum nachhaltig zu einem Zusammenbruch des Kapitalmarktes oder zumindest zu einem Marktversagen hinsichtlich der allokativen Funktionsfähigkeit führen, was eine Regulierung rechtfertigt. [65]

Dabei ist zu berücksichtigen, dass Kapitalmarkt-Transaktionen anonym und nicht *face-to-face*, sondern unter unbestimmten Marktteilnehmern stattfinden,[66] dürften die Kapitalanleger grundsätzlich gegen ihre Vertragsgegner weder einen Ersatzanspruch noch die Rückabwicklung eines Umsatzgeschäftes geltend machen. Daher können sie sich *ex-ante* ausschließlich dadurch schützen, dass sie von dem betreffenden Markt Abstand nehmen oder ihre Investition in anderen, gegebenenfalls Festzinsanlagen tätigen.[67] Des Weiteren sollen diese Preise nicht durch fehlerhafte Informationen verzerrt werden. Widrigenfalls muss der Anleger einen Ausgleich für den von ihm erlittenen Vermögensschaden geltend machen können.[68] Eben dieses Vertrauen kann durch eine klare und effiziente Haftungsregelung geschützt werden, was sich wiederum positiv auf „Breite und Tiefe" des Kapitalmarktes auswirkt.[69] Die Haftungsnormen über die ordnungsgemäße Kapitalmarktinformation tragen mithin zur richtigen Preisbildung auf dem Kapitalmarkt bei und verbessern damit die allokative Funktionsfähigkeit des Marktes.[70] Die Möglichkeit einer Schadenskompensation stärkt zudem generell das Vertrauen der Anleger in die ordnungsgemäße Preisbildung auf dem Kapitalmarkt.[71] Folgerichtig ist es daher allgemein anerkannt, dass eine wirksame Haftungssanktion

---

65 *Assmann*, Prospekthaftung, 1985, S. 24; *Assmann,* in: Assmann/Schütze, Kapitalanlagerecht, 2. Aufl., § 1 Rn. 63; *Hopt/Voigt,* in: Hopt/Voigt, Prospekt- und Kapitalmarktinformationshaftung, S. 9, 114; *Lenenbach*, Kapitalmarkt, 2. Aufl., Rn. 11.41; *Merkt*, Unternehmenspublizität, 2001, S. 306, 348; *Seiler/Kniehase,* in: Schimansky/Bunte/Lwowski, Bankrechts, Vor § 104 Rn. 88; *Vokuhl*, Anlegerschutz und Kapitalerhaltung, 2007, S. 186.

66 *KFSS*, Leitfaden zur Unternehmenspublizität, Seoul 2003, S. 131; *Park, Hou-Sang*, Chonnam Law Review, Juni 2007, Volume 27 Nr. 1, S. 161 ff. m.w.N.; vgl. auch *Caspari*, ZGR 1994, 530, 533.

67 *Assmann*, Prospekthaftung, 1985, S. 24; *Vokuhl*, Anlegerschutz und Kapitalerhaltung, 2007, S. 186.

68 Vgl. *Brellochs*, Publizität und Haftung, 2005, S. 182; *Hopt/Voigt,* in: Hopt/Voigt, Prospekt- und Kapitalmarktinformationshaftung, S. 9, 131; *Maier-Reimer/Seulen,* in: Habersack/Mülbert/Schlitt, Kapitalmarktinformation, § 30 Rn. 1.

69 Vgl. *Fuchs,* in: Fuchs WpHG, Vor §§ 37b, 37c Rn. 6; *Lenenbach*, Kapitalmarkt, 2. Aufl., Rn. 11.527; *Maier-Reimer/Seulen,* in: Habersack/Mülbert/Schlitt, Kapitalmarktinformation, § 30 Rn. 1; *Merkt*, Unternehmenspublizität, 2001, S. 349.

70 *Gehrt*, Die neue Ad-hoc-Publizität, 1997, S. 22; *Lenenbach*, Kapitalmarkt, 2. Aufl., Rn.1, 73 f.; *Merkt*, Unternehmenspublizität, 2001, S. 297; *Vokuhl*, Anlegerschutz und Kapitalerhaltung, 2007, S. 161; *von Klitzing*, Die Ad-hoc-Publizität, 1999, S. 27.

71 *Fuchs,* in: Fuchs WpHG, Vor §§ 37b, 37c Rn. 6; *Maier-Reimer/Seulen,* in: Habersack/Mülbert/Schlitt, Kapitalmarktinformation, § 30 Rn. 1; *Sethe*, in: Assmann/Schneider, WpHG, §§ 37b, 37c Rn. 4 und. 12.

eine unerlässliche Voraussetzung für die Funktionsfähigkeit eines Finanzmarktes, insbesondere im Hinblick auf die ordnungsgemäße Marktpreisbildung, darstellt.[72]

2 Individuelle Schadenskompensation

Die unmittelbare Aufgabe der kapitalmarktrechtlichen Haftungsnorm liegt in erster Linie in der Kompensation des von dem Geschädigten erlittenen Schadens.[73] Unter dem Gesichtspunkt der Ausgleichsfunktion ist die Notwendigkeit eines effektiven Schadensersatzanspruchs für diejenigen Kapitalanleger zwingend erforderlich, die aufgrund fehlerhafter Kapitalmarktinformation eines Emittenten eine Transaktion vorgenommen und hierdurch einen Schaden erlitten haben.[74] Zwar wirkt sich die Transaktion auf dem Kapitalmarkt nicht auf die Finanzlage eines Emittenten aus, also tritt bei ihm meistens weder ein Vermögensvorteil noch ein Vermögensnachteil ein, weil er an der Transaktion nicht beteiligt ist. Die Schadensersatzpflicht kann ihre Rechtfertigung jedoch darin finden, dass der Emittent am besten in der Lage ist, für rechtzeitige, richtige und vollständige Information in seinem Tätigkeitsbereich zu sorgen (*Informationsmonopol*).[75] Darüber hinaus bestimmen sich die Börsen- oder Marktpreise aus vielen kurserheblichen Einzelinformationen, die meistens im Tätigkeitsbereich des Emittenten liegen und über die deshalb ausschließlich der Emittent verfügt. Des Weiteren ist der Anleger deshalb auf die Richtigkeit der veröffentlichten Informationen angewiesen, weil er diese sehr selten zu verifizieren vermag.[76] Daher sollen die Haftungsnormen einen Abschreckungseffekt entfalten. Sie können eine solche Funktion jedoch nur dann wahrnehmen, wenn ihre Verletzung wirksam sanktioniert wird.[77] In dieser Hinsicht ist es gerechtfertigt, dem Emittenten die Veröffentlichungspflicht gesetzlich

---

72 *Bachmann*, in: Bachmann/Casper/Schäfer/Veil, Steuerungsfunktionen des Haftungsrechts, S. 96; *Dühn*, Schadensersatzhaftung, 2003, 43 ff.; *Hopt/Voigt*, in: Hopt/Voigt, Prospekt- und Kapitalmarktinformationshaftung, S. 9, 12; *Sauer*, Haftung für Falschinformation des Sekundärmarktes, 2004, S. 127 ff; *Schäfer*, NZG 2005, 985, 991; *Veil*, BKR 2005, 91 f.; *Veil*, ZHR 167 (2003) 365, 379.

73 *Dühn*, Schadensersatzhaftung, 2003, S. 247 ff.; *Fuchs*, in: Fuchs WpHG, Vor §§ 37b, 37c Rn. 5; *Lenenbach*, Kapitalmarkt, 2. Aufl., Rn. 11.527; *Maier-Reimer/Seulen*, in: Habersack/Mülbert/Schlitt, Kapitalmarktinformation, § 30 Rn. 1.

74 Vgl. *Brellochs*, Publizität und Haftung, 2005, S. 182; *Jungmichel*, Haftung und Schadenskompensation, 2007, S. 54; *Köndgen*, in: Festschrift Druey, 2002, S. 791, 799; *Möllers*, in: Möllers/Rotter, Ad-hoc-Publizität, § 13 Rn. 7; *Zimmer*, WM 2004, 9, 10.

75 *Klöhn*, ZHR 178 (2014), 55, 65; *Merkt*, Unternehmenspublizität, 2001, S. 344; *Möllers/Leisch*, NZG 2003, 112, 115.

76 Vgl. *Jungmichel*, Haftung und Schadenskompensation, 2007, S. 54.

77 Vgl. *Gottschalk*, DStR 2005, 1648, 1651; *Merkt*, Unternehmenspublizität, 2001, S. 480; *von Klitzing*, Die Ad-hoc-Publizität, 1999, S. 22; *Wüstemann*, BB 2002, S. 718; *Zimmer*, WM 2004, 9, 10.

aufzubürden und ihn bei fehlerhaften Kapitalmarktinformationen schadensersatzpflichtig zu machen.[78] Vor diesem Hintergrund hat sich der Gesetzgeber mit der Einführung der §§ 37b, 37c WpHG im Grundsatz für die Kompensation des Schadens entschieden, der dem Anleger durch fehlerhafte Kapitalmarktinformation auf dem Sekundärmarkt entstanden ist.

3 Ökonomischer Anreiz zur Durchsetzung ordnungsgemäßer Kapitalmarktinformation

Nach §§ 37b, 37c WpHG besteht zumindest für die Emittenten, die gegen § 15 WpHG verstoßen, die potentielle Gefahr, hohen Schadensersatzansprüchen ausgesetzt zu sein. Eine effektive Haftungsnorm führt folgerichtig zu einer ordnungsgemäßen Einhaltung der Publizitätspflicht des Emittenten.[79] Aus rechtsökonomischer Sicht geht es darum, mittels des Schadensersatzanspruchs die Emittenten zur Entfaltung eines Aktivitäts- und Sorgfaltsmaßes zu zwingen, was zu einer hinreichenden Versorgung des Kapitalmarktes mit verlässlichen Informationen führt.[80] Eine wirksame zivilrechtliche Haftungsnorm gibt den Emittenten einen Anreiz, unternehmensintern ein wirkungsvolles Kontroll- und Überwachungssystem zur Erfüllung der Veröffentlichungspflicht einzurichten.[81] Können geschädigte Anleger wegen fehlerhafter Kapitalmarktinformation Schadensersatz geltend machen, dann ist eine extensive Überwachung durch die Finanzaufsichtsbehörde nicht unbedingt erforderlich, weil die potentiellen Schadensersatzklagen eine sehr hohe Präventivwirkung entfalten können.[82] In dieser Hinsicht stellt die zivilrechtliche Schadensersatzhaftung wegen fehlerhafter Kapitalmarktinformation also die wirksamsten und damit die wichtigsten Instrumente dar, die den Emittenten zu ordnungsgemäßer Kapitalmarktinformation veranlassen.[83] Sie dient damit dem Schutz

---

78 Vgl. *Gottschalk*, DStR 2005, 1648, 1651; *Jungmichel*, Haftung und Schadenskompensation, 2007, S. 167; *Möllers/Leisch*, NZG 2003, 112, 115.

79 Vgl. *Bachmann*, in: Bachmann/Casper/Schäfer/Veil, Steuerungsfunktionen des Haftungsrechts, S. 98; *Baums*, ZHR 167 (2003), 139, 145; *Fuchs*, in: Fuchs WpHG, Vor §§ 37b, 37c Rn. 6; *Lenenbach*, Kapitalmarkt, 2. Aufl., Rn. 11.527; *Teichmann*, in: Bachmann/Casper/Schäfer/Veil, Steuerungsfunktionen des Haftungsrechts, S. 154; so auch *Park, Hou-Sang*, Business Law Review, Mai 2005, Volume 19 Nr. 4, S. 340.

80 Vgl. *Möllers/Leisch*, in: Kölner Komm WpHG, §§ 37b, 37c Rn. 274; *Vokuhl*, Anlegerschutz und Kapitalerhaltung, 2007, S. 165.

81 Vgl. *Fleischer*, Gutachten für den 64. Deutschen Juristentag, 2002. F 99; *Fleischer*, ZGR 2004, 437, 444; *Hopt/Voigt*, in: Hopt/Voigt, Prospekt- und Kapitalmarktinformationshaftung, S. 9, 115; *Zimmer*, WM 2004, 9, 11; vgl. auch *Park, Hou-Sang*, Business Law Review, Mai 2005, Volume 19 Nr. 4, S. 340.

82 Vgl. *Hwang*, Illegaler Wertpapierhandel und Schadensersatz, S. 13; *Horn*, in: Festschrift Ulmer, 2003, S. 817, 822; *Jungmichel*, Haftung und Schadenskompensation, 2007, S. 53; *Klöhn*, AG 2012, 345, 353; *Sethe*, in: Assmann/Schneider, WpHG, §§ 37b, 37c Rn. 15.

83 *Vokuhl*, Anlegerschutz und Kapitalerhaltung, 2007, S. 165.

des gut funktionierenden Kapitalmarktes und leistet einen wichtigen Beitrag zum effektiven Anlegerschutz.[84] Sie ergänzt damit die öffentlich-rechtlichen Sanktionen bei deren Verletzung.[85]

C Fazit und rechtsvergleichender Überblick über das koreanische Recht

Es muss die Aufgabe des Kapitalmarktrechts sein, die Voraussetzungen eines funktionsfähigen und damit effizienten Kapitalmarktes zu schaffen und sogleich die Attraktivität und die internationale Wettbewerbsfähigkeit des Finanzplatzes zu verbessern,[86] damit Kapitalanleger ihr Sparkapital im Interesse des Wachstums der Volkswirtschaft den börsennotierten Unternehmen zur Verfügung stellen. [87] Gesetzgeber in manchen Ländern haben daher im Hinblick auf gesetzgeberische Aktivitäten im Bereich des Kapitalmarkrechts auch den Anlegerschutz als Instrument zur Verbesserung der Funktionsfähigkeit des Kapitalmarktes im Auge.[88] Das Erfordernis ordnungsgemäßer Kapitalmarktinformation und damit die Haftung des Emittenten ergibt sich aus dem Gebot, möglichst zeitnah und damit so effektiv wie möglich den Insiderhandel und zugleich eine Irreführung des Anlegerpublikums zu vermeiden.[89] Dies wiederum soll zu verlässlichen Preisen auf dem Kapitalmarkt und damit zu einer verbesserten Kapitalallokation beitragen. Das Kapitalmarktrecht soll daher gewährleisten, dass Kapitalanleger auf der Grundlage hinreichender Kapitalmarktinformationen rationale Anlageentscheidungen treffen können.[90] Dadurch wird zumindest mittelbar auch das individuelle Interesse geschützt, weil

84 *Brellochs*, Publizität und Haftung, S. 182 ff.; *Fuchs*, in: Fuchs WpHG, Vor §§ 37b, 37c Rn. 6; *Köndgen*, in: Festschrift Druey, 2002, S. 791, 803; *Lenenbach*, Kapitalmarkt, 2. Aufl., Rn. 11.527; *Maier-Reimer/Seulen*, in: Habersack/Mülbert/Schlitt, Kapitalmarktinformation, § 30 Rn. 1; *Merkt*, Unternehmenspublizität, 2001, S. 349, 480; *Mülbert*, JZ 2002, 826, 834; *Reichert/Weller*, ZRP 2002, 49, 52; so auch *Kang, Dae-Seob*, Civil liabilities in securities market, 1992, S. 9 f.

85 *Fuchs*, in: Fuchs WpHG, Vor §§ 37b, 37c Rn. 6; *Lenenbach*, Kapitalmarkt, 2. Aufl., Rn. 11.527.

86 BT-Drucks. 12/7918, S. 92.

87 *Assmann*, Prospekthaftung, 1985, S. 24 ff.; *Assmann*, in: Assmann/Schütze, Kapitalanlagerecht, 2. Aufl., § 1 Rn. 23; *Ensthaler/Bock/Strübbe*, BB 2006, 733; *Kümpel*, Kapitalmarktrecht, 3. Aufl., S. 41; *Lenenbach*, Kapitalmarkt, 2. Aufl., Rn. 1.67; *Weichert*, Der Anlegerschaden, 2007, S. 101; so auch *Yoon, Song Han*, Wertpapierhandelsrecht, S. 42.

88 Vgl. BT-Drucks., 14/8017, S. 62; *KFSS*, Leitfaden zur Unternehmenspublizität, Seoul 2003, S. 131.

89 Vgl. *Doğan*, Ad-hoc-Publizitätshaftung, 2005, S. 76; *Ehricke*, in: Hopt/Voigt, Prospekt- und Kapitalmarktinformationshaftung S. 187, 265; *Klöhn*, ZHR 178 (2014), 55, 69; *Möllers/Leisch*, in: Möllers/Rotter, Ad-hoc-Publizität, § 14 Rn. 14.

90 Vgl. *KFSS*, Leitfaden zur Unternehmenspublizität, Seoul 2003, S. 131; *Kang, Dae-Seob*, Civil liabilities in securities market, 1992, S. 7.

die Börsen- oder Marktpreise verlässliche Signalwirkungen als Mindestmaß für einen effektiven Anlegerschutz entfalten können.[91] In dieser Hinsicht stellt die Verpflichtung zur Ad-hoc-Mitteilung nach § 15 WpHG ein wichtiges Mittel dar.

Letztlich lässt sich festhalten, dass zum effektiven Anleger- und Funktionsschutz auf dem Kapitalmarkt eine gesetzliche Regulierung erforderlich ist, um den Kapitalmarkt mit zeitnahen Informationen als Grundlage für die rationale Transaktionsentscheidung des jeweiligen Anlegers zu versorgen.[92] Die kapitalmarktrechtlichen Rechtsordnungen sollten durch geeignete Maßnahmen die Voraussetzung dafür schaffen, dass Kapitalanleger durch die Investition Vorsorge für die Befriedigung ihrer Bedürfnisse treffen können.[93] Hiermit lässt sich die Funktionsfähigkeit des Kapitalmarktes dauerhaft gewährleisten.[94] Dabei ist zu berücksichtigen, dass eine übermäßige Haftungsandrohung zu einem übervorsichtigen Informationsverhalten führen und sogleich zu einem Informationsmangel führen würde, was wiederum die Funktionsfähigkeit des Kapitalmarktes beeinträchtigen kann.[95]

D Dogmatische Einordnung der Haftung für fehlerhafte Kapitalmarktinformation

Der Gesetzgeber hat die Rechtsnatur der Haftung für fehlerhafte Kapitalmarktinformation in den Materialien zum 4. FMFG nicht klar zum Ausdruck gebracht. Bei der Schaffung der §§ 37b, 37c WpHG hat er sich am Vorbild der §§ 44, 45 BörsG a.F. orientiert.[96] Aber bereits hier bestand Streit darüber, ob es sich um Vertragshaftung im Sinne einer Selbstbindung des Emittenten, um gesetzliche Vertrauenshaftung oder um eine Sonderdeliktshaftung handelt.[97] Über die Rechtsnatur der §§ 37b, 37c WpHG wird weiter heftig diskutiert, wobei sich mittlerweile im Prinzip folgende Ansichten herausgebildet haben:

---

91 *Fuchs*, in: Fuchs WpHG, Vor §§ 37b, 37c Rn. 8; *Köndgen*, in: Festschrift Druey, 2002, S. 791, 805; *Merkt*, Unternehmenspublizität, 2001, S. 289.

92 Vgl. *Assmann*, ZGR 1994, 494, 528; *Wüstemann*, BB 2002, S. 718; so auch *KFSS*, Leitfaden zur Unternehmenspublizität, Seoul 2003, S. 131.

93 Vgl. *Kübler/Assmann*, Gesellschaftsrecht, 6. Aufl., S. 468; *Merkt*, Unternehmenspublizität, 2001, S. 299; vgl. auch OGH Urteil vom 26. April 1994 (93 Do 695).

94 *Gehrt*, Die neue Ad-hoc-Publizität, 1997, S. 22.

95 Im Ergebnis *Leuering/Rubner*, NJW-Spezial 2012, 79, 80; *Zimmer*, WM 2004, 9, 10.

96 Vgl. BT-Drucks., 14/8017, S. 93 f.; *Assmann*, in: Festschrift Ulmer, 2003, S. 757, 759; *Doğan*, Ad-hoc-Publizitätshaftung, 2005, S. 53 f.

97 Hierzu *Gebauer*, Börsenprospekthaftung und Kapitalerhaltungsgrundsatz, 1999, S. 72 f.

1 Vertragliche Haftung

Ein Teil der Literatur ordnet die Prospekthaftung als eine Form der rechtsgeschäftlich übernommenen Haftung ein.[98] In der Regel besteht aber zwischen fehlerhaft informierendem Emittenten und geschädigtem Kapitalanleger keine Vertragsbeziehung.[99] Aus diesem Grund lässt sich diese Ansicht nicht auf die Haftung für fehlerhafte Kapitalmarktinformation übertragen.[100] Die §§ 37b, 37c WpHG stellen gerade nicht auf die Sonderrechtsbeziehung zwischen dem Emittenten und den Anlegern ab. Dies spricht wiederum gegen die Einordnung als Vertragshaftung in Form der Selbstbindung des Emittenten.[101] Der Gesetzgeber hat diesen Standpunkt in den Gesetzesmaterialien zur Einführung von Kapitalanleger-Musterverfahren bestätigt, indem er Klagen aus den §§ 37b, 37c WpHG als außervertragliche Ansprüche eingeordnet hat.[102]

2 Gesetzlich angeordnete Form der Vertrauenshaftung

Die Haftung nach §§ 37b, 37c WpHG wird von einem Teil der Literatur als eine kraft Gesetzes eintretende Vertrauenshaftung angesehen.[103] Für diese Ansicht wird zunächst vor allem der Wortlaut des § 37c Abs. 1 WpHG ins Feld geführt, wonach der Anleger *„im Vertrauen auf die Richtigkeit der Insiderinformation"* gehandelt haben muss. Umgekehrt scheide die Haftung des Emittenten aus, wenn der Anleger die unterlassene Insiderinformation (§ 37b Abs. 3 WpHG) bzw. die Unrichtigkeit der veröffentlichten Insiderinformation (§ 37c Abs. 3 WpHG) gekannt hat.[104] Mithin setze die Haftung also den guten Glauben des Anlegers an die Rechtzeitigkeit bzw. Richtigkeit der Information voraus. Hieraus lasse sich klar entnehmen,

---

98 So zur Prospekthaftung *Köndgen*, AG 1983, 85, 90 f.

99 *Vokuhl*, Anlegerschutz und Kapitalerhaltung, 2007, S. 80.

100 *Casper*, in: Kölner Komm KapMuG, §§ 37b, 37c WpHG Rn. 8; *Doğan*, Ad-hoc-Publizitätshaftung, 2005, S. 54; *Gebauer*, Börsenprospekthaftung und Kapitalerhaltungsgrundsatz, 1999, S. 77; *Köndgen*, in: Festschrift Druey, 2002, S. 791, 805; *Maier-Reimer/Webering*, WM 2002, 1857, 1858; *Sethe*, in: Assmann/Schneider, WpHG, §§ 37b, 37c Rn. 18.

101 *Sethe*, in: Assmann/Schneider, WpHG, §§ 37b, 37c Rn. 18 f.

102 Begründung zum Entwurf eines Gesetzes zur Einführung von Kapitalanleger-Musterverfahren, BT-Drucks. 15/5091, S. 33 f.

103 Vgl. *Casper*, BKR 2005, 83, 86; *Doğan*, Ad-hoc-Publizitätshaftung, 2005, S. 56; *Longino*, DStR 2008, 2068, 2071; *Mülbert/Steup*, WM 2005, 1633, 1638.; *Veil*, BKR 2005, 91, 92; *Veil*, ZHR 167 (2003), 365, 391 f.; *ders.*, BKR 2005, 91, 92; *Vokuhl*, Anlegerschutz und Kapitalerhaltung, 2007, S. 75 f., 83; *Zimmer/Grotheer*, in: Schwark/Zimmer, Kapitalmarktrechtskommentar, §§ 37b, 37c WpHG Rn. 8 ff.

104 *Mülbert/Steup*, WM 2005, 1633, 1638; *Vokuhl*, Anlegerschutz und Kapitalerhaltung, 2007, S. 80; *Zimmer/Grotheer*, in: Schwark/Zimmer, Kapitalmarktrechtskommentar, §§ 37b, 37c WpHG Rn. 9.

dass ausschließlich derjenige geschützt werde, der auf die Richtigkeit der Information vertraut, was dem Typus einer Vertrauenshaftung entspreche.[105]

Eine Einordnung als Vertrauenshaftung entspreche auch im systematischen Kontext einer Kapitalmarkthaftung der börsenrechtlichen Prospekthaftung, die einen Fall der gesetzlichen Vertrauenshaftung darstelle.[106] Die Transaktionen zum Kauf oder Verkauf würden zwar in der Regel nicht zwischen dem Emittenten und dem Anleger, sondern zwischen dem Anleger und einem Dritten abgeschlossen. Allerdings könne der Emittent durch seine Informationspolitik maßgeblichen Einfluss auf die Anlageentscheidung des Kapitalanlegers nehmen.[107] Denn der Emittent verfüge über alle Insiderinformationen, die für die Geschäftsentwicklung des Unternehmens und damit für den Börsen- oder Marktpreis von Bedeutung sein können.[108] Die Ad-hoc-Mitteilung des Emittenten solle nach dem Willen des Gesetzgebers gerade auch der Vertragsanbahnung am Markt dienen.[109] Aus Sicht des Anlegers stelle die Ad-hoc-Mitteilung gerade eine wesentliche Vertragsgrundlage dar. Denn alle Marktteilnehmer kennten die Bedeutung der Mitteilung, und sie vertrauten auf die veröffentlichte Information in Form einer Ad-hoc-Mitteilung. Insoweit seien die von Emittenten veröffentlichten Insiderinformationen vertrauensbildend, sodass hierdurch eine Sonderverbindung begründet werde.[110]

Außerdem spreche der Wortlaut des § 15 Abs. 6 Satz 1 WpHG für diese Ansicht. Dem Wortlaut nach blieben weitergehende Ansprüche nach den Vorschriften des bürgerlichen Rechts aufgrund von Verträgen oder vorsätzlichen unerlaubten Handlungen des Emittenten unberührt. Geschädigte Anleger könnten den Ersatz des primären Vermögensschadens jedoch allein unter den engen Voraussetzungen der §§ 823 Abs. 2 oder 826 BGB geltend machen. Dies sei ein Hinweis darauf, dass der Gesetzgeber einen deliktischen Anspruch nach § 823 Abs. 2 BGB gerade vermeiden wolle.[111] Im Ergebnis stellten die §§ 37b,

---

105 *Mülbert/Steup,* WM 2005, 1633, 1638; *Vokuhl,* Anlegerschutz und Kapitalerhaltung, 2007, S. 80; *Zimmer/Grotheer,* in: Schwark/Zimmer, Kapitalmarktrechtskommentar, §§ 37b, 37c WpHG Rn. 9.

106 *Baums,* ZHR 167 (2003), 139, 165 f.; *Casper,* BKR 2005, 83, 86; *Groß,* Kapitalmarktrecht, 5. Aufl., § 21 WpPG Rn. 9; *Mülbert/Steup,* WM 2005, 1633, 1638; *Veil,* BKR 2005, 91, 93; *Vokuhl,* Anlegerschutz und Kapitalerhaltung, 2007, S. 80; *Zimmer/Grotheer,* in: Schwark/Zimmer, Kapitalmarktrechtskommentar, §§ 37b, 37c WpHG Rn. 6 ff.

107 *Doğan,* Ad-hoc-Publizitätshaftung, 2005, S. 55; *Möllers,* BB 2005, 1637, 1638; *Veil,* ZHR 167 (2003) 365, 391 f.; *Veil,* BKR 2005, 91, 92; *Zimmer/Grotheer,* in: Schwark/Zimmer, Kapitalmarktrechtskommentar, §§ 37b, 37c WpHG Rn. 6 ff.

108 *Abram,* NZG 2003, 307, 311; *Doğan,* Ad-hoc-Publizitätshaftung, 2005, S. 55; *Möllers/Leisch,* WM 2001, 1648, 1658.

109 *Doğan,* Ad-hoc-Publizitätshaftung, 2005, S. 56.

110 Vgl. *Casper,* in: Kölner Komm KapMuG, §§ 37b, 37c WpHG Rn. 9; *Doğan,* Ad-hoc-Publizitätshaftung, 2005, S. 56.

111 Vgl. *Longino,* DStR 2008, 2068, 2071; *Mülbert/Steup,* WM 2005, 1633, 1638; *Vokuhl,* Anlegerschutz und Kapitalerhaltung, 2007, S. 80.

37c WpHG eine Haftungsvorschrift zum Schutz des typisierten Vertrauens dar.[112]

3 Deliktshaftung

Andere verstehen die §§ 37b, 37c WpHG als sondergesetzlich angeordnete Deliktshaftung für die Verletzung kapitalmarktbezogener Verkehrspflichten.[113] Die schuldhafte Verletzung der Mitteilungspflicht sei nichts anderes als eine kapitalmarktmarktbezogene Verkehrspflichtverletzung.[114] Im Hinblick auf die gesetzgeberische Ausgestaltung sei die Haftung aus §§ 37b, 37c WpHG nicht als Vertrauenshaftung zu verstehen. Vielmehr entsprächen die spezialgesetzlichen Haftungstatbestände der §§ 37b, 37c WpHG ihrer Konzeption nach einer deliktischen Schadensersatzhaftung. Dieser Ansicht ist zu folgen.

Ein Hinweis für die Einordnung der Haftung als gesetzliche Vertrauenshaftung hinsichtlich der §§ 37b, 37c WpHG ergibt sich lediglich aus der Formulierung in § 37c Abs. 1 WpHG. Dem Wortlaut nach ist der Emittent zum Ersatz eines Schadens verpflichtet, der dadurch entsteht, dass ein Dritter auf die Richtigkeit der Insiderinformation vertraut. Jedoch hat der Gesetzgeber bei der Einführung der §§ 37b, 37c WpHG die Anspruchsberechtigung bewusst auf solche Anleger beschränkt, die tatsächlich eine Transaktion mit den betreffenden Finanzinstrumenten vorgenommen haben. Aus der Gesetzesbegründung lässt sich klar entnehmen, dass der Anleger die Finanzinstrumente infolge einer unrichtigen positiven Ad-hoc-Mitteilung „*zu teuer*" gekauft bzw. infolge einer unrichtigen negativen Ad-hoc-Mitteilung „*zu billig*" verkauft hat und ihm dadurch ein Schaden entstanden ist.[115] Diese Einschränkung spricht aber nicht für die Einordung als rechtsgeschäftliche Haftungsnorm.[116] Nach dem eindeutigen Wortlaut der §§ 37b, 37c WpHG sind diejenige nicht anspruchsberechtigt, die wegen fehlerhafter Kapitalmarktinformation von einem Kauf Abstand genommen haben. Dies wird damit begründet, der Verzicht auf ein

---

112 Vgl. *Veil*, BKR 2005, 91, 92 und 97; *Zimmer/Grotheer*, in: Schwark/Zimmer, Kapitalmarktrechtskommentar, §§ 37b, 37c WpHG Rn. 8.

113 *Baums*, ZHR 167 (2003), 139, 165 ff.; *Benzinger*, Zivilrechtliche Haftungsansprüche im Zusammenhang mit Insiderhandelsverbot und Ad hoc Publizität, 2008, S. 165 ff.; *Casper*, Der Konzern 2006, 32, 36 f.; *Doğan*, Ad-hoc-Publizitätshaftung, 2005, S. 56 ff.; *Dühn*, Schadensersatzhaftung, 2003, 103 ff.; *Fleischer*, AG 2008, 265, 271 ff.; *Fuchs*, in: Fuchs WpHG, §§ 37b, 37c Rn. 5; *Hellgardt*, Kapitalmarktdeliktsrecht, 2008, S. 32 ff.; *Köndgen*, in: Festschrift Druey, 2002, S. 791, 805 f.; *Lenenbach*, Kapitalmarkt, 2. Aufl., Rn. 11.590; *Möllers* in: Möllers/Rotter, Ad-hoc-Publizität, § 13 Rn. 12; *Möllers/Leisch*, in: Kölner Komm WpHG, §§ 37b, 37c Rn. 14 ff.; *Rieckers*, BB 2002, 1213, 1220; *Sethe*, in: Assmann/Schneider, WpHG, §§ 37b, 37c Rn. 23.

114 *Baums*, ZHR 167 (2003), 139, 165 f.; *Köndgen*, in: Festschrift Druey, 2002, S. 791, 805 f.

115 Vgl. BT-Drucks., 14/8017, S. 93 f.

116 *Möllers*, in: Möllers/Rotter, Ad-hoc-Publizität, § 13 Rn. 12; *Möllers/Leisch*, in: Kölner Komm WpHG §§ 37b, 37c Rn. 15.

Transaktionserfordernis würde zur uferlosen Ausdehnung des Haftungsumfangs führen.[117] Wäre der Grund hierfür das Fehlen eines rechtsgeschäftsähnlichen Naheverhältnisses, so lässt sich der Grund für den Ausschluss auch derjenigen nicht erklären, die wegen der Unterlassung einer Ad-hoc-Mitteilung bzw. wegen der Veröffentlichung unwahrer Insiderinformation ihre Finanzinstrumente gehalten haben, die sie an sich hätten verkaufen wollen.[118] Diese Altanleger weisen als Aktionäre gleichfalls ein derartiges Näheverhältnis auf.[119] Mit dem Dritten gemeint ist daher nicht der Anleger, sondern der Kapitalmarkt an sich.[120]

Der Gesetzgeber hat auch die Publizitätshaftungsvorschriften als kapitalmarktbezogene Verkehrspflichten begriffen, deren Verletzung eine unerlaubte Handlung begründet.[121] Nach § 15 Abs. 6 WpHG ist der Emittent nur unter den engen Voraussetzungen der §§ 37b, 37c WpHG für fehlerhafte Kapitalmarktinformation zum Schadensersatz verpflichtet. Daraus lässt sich zwar ableiten, dass § 15 Abs. 1 WpHG kein Schutzgesetz im Sinne des § 823 Abs. 2 BGB darstellt.[122] Dies spricht jedoch nicht gegen die deliktische Einordnung. Denn es steht dem Gesetzgeber frei, ob er eine individualschützende Norm, hier § 15 WpHG, als Schutzgesetz im Sinne des Deliktrechts einordnet oder er stattdessen einen spezialgesetzlichen deliktischen Tatbestand schafft.[123] Der deutsche Gesetzgeber hat von dieser Möglichkeit Gebrauch gemacht und sich anstelle einer möglichen deliktischen Haftung gemäß § 823 Abs. 2 BGB für eine sonderdeliktische Haftung über spezielle Normen in WpHG entschieden.[124] Die §§ 37b, 37c WpHG sind daher als spezialgesetzliche deliktische Regelungen einzustufen.[125]

Für die These, wonach eine Sonderverbindung entsteht, wird vor allem auf § 311 Abs. 3 BGB sowie auf die §§ 122, 179 BGB hingewiesen.[126] In den Fällen

---

117 *Baums*, ZHR 167 (2003), 139, 178; *Fleischer*, in: Assmann/Schütze, Handbuch des Kapitalanlagerechts, 4. Aufl., § 6 Rn. 51; *Fleischer*, ZIP 2005, 1805, 1808; *Hellgardt*, Kapitalmarktdeliktsrecht, 2008, S. 35; *Möllers/Leisch*, in: Kölner Komm WpHG §§ 37b, 37c Rn. 15; *Sethe*, in: Assmann/Schneider, WpHG, §§ 37b, 37c Rn. 13; *Veil*, BKR 2005, 91, 95.

118 *Möllers*, in: Möllers/Rotter, Ad-hoc-Publizität, § 13 Rn. 12; *Möllers/Leisch*, in: Kölner Komm WpHG §§ 37b, 37c Rn. 15.

119 *Möllers*, in: Möllers/Rotter, Ad-hoc-Publizität, § 13 Rn. 12.

120 Vgl. *Sethe*, in: Assmann/Schneider, WpHG, §§ 37b, 37c Rn. 12.

121 In diesem Sinne *Sethe*, in: Assmann/Schneider, WpHG, §§ 37b, 37c Rn. 23.

122 Vgl. *Leisch*, ZIP 2004, 1573, 1577.

123 Vgl. *Leisch*, ZIP 2004, 1573, 1577; *Sethe*, in: Assmann/Schneider, WpHG, §§ 37b, 37c Rn. 23; anders *Casper*, in: Kölner Komm KapMuG, §§ 37b, 37c WpHG Rn. 9.

124 Vgl. *Buck-Heeb*, Kapitalmarktrecht, 7. Aufl., Rn. 364; *Sethe*, in: Assmann/Schneider, WpHG, §§ 37b, 37c Rn. 23; anders *Zimmer/Grotheer*, in: Schwark/Zimmer, Kapitalmarktrechtskommentar, §§ 37b, 37c WpHG Rn. 7 ff.

125 Vgl. *Buck-Heeb*, Kapitalmarktrecht, 7. Aufl., Rn. 364.

126 *Zimmer/Grotheer*, in: Schwark/Zimmer, Kapitalmarktrechtskommentar, §§ 37b, 37c WpHG Rn. 8.

der § 122, 179 BGB wird typischerweise gerade die Inanspruchnahme konkreten persönlichen Vertrauens bei einem unmittelbaren rechtsgeschäftlichen Kontakt vorausgesetzt.[127] Der Emittent nimmt durch die Kapitalmarktinformationen jedoch kein persönliches Vertrauen in Anspruch.[128] Im Falle fehlerhafter Kapitalmarktinformation fehlt es also gerade an einem solchen Kontakt zwischen Kapitalanleger und Emittenten,[129] weil Letztere die Kapitalmarktinformationen nicht einmal im Rahmen einer zukünftigen Begründung einer Sonderverbindung zwischen Emittenten und Anlegern zur Verfügung stellen, sondern sie allein für Transaktionen anderer Anleger am Kapitalmarkt bekannt machen.[130]

Auch die Ansicht, nach der § 311 Abs. 3 BGB einschlägig sei, überzeugt nicht. Nach den Gesetzesmaterialien kann eine Haftung aus *culpa in contrahendo* von Personen, die nicht selbst an der Transaktion beteiligt sind und damit nicht Vertragspartei werden sollen, *per definitionem* nur begründet werden, wenn Dritte in besonderem Maße ein konkretes Vertrauen auf Grundlage eines persönlichen Kontakts für sich in Anspruch nehmen. § 311 Abs. 3 BGB setzt also zunächst voraus, dass der Dritte als Vertreter bzw. Verhandlungshilfe persönlich in die Transaktionen am Kapitalmarkt eingeschaltet sein muss. Zudem muss er seine Stellung für einen von ihm vertretenen Vertragspartner nutzen.[131] Bei den §§ 37b, 37c WpHG fehlt es jedoch gerade an einem konkreten persönlichen Vertrauensverhältnis, weil der Emittent die Informationen gerade nicht auf Grundlage eines persönlichen Kontakts zur Verfügung stellt.[132] Aus dem Umstand, dass ein Emittent öffentlich Informationen verbreitet, lässt sich jedoch keine derartige Nähebeziehung mit einer persönlichen Gewähr herleiten.[133] Der Zweck ordnungsgemäßer Kapitalmarktinformation im Sinne des § 15 WpHG liegt vorrangig darin, eine korrekte Preisbildung am Markt sicherzustellen.[134] Zudem hat der Anleger seine Aktien nicht vom Emittenten, sondern von dritten Marktteilnehmern erworben.[135]

---

127 *Sethe,* in: Assmann/Schneider, WpHG, §§ 37b, 37c Rn. 20.

128 *Fuchs,* in: Fuchs WpHG, §§ 37b, 37c Rn. 5; *Sethe,* in: Assmann/Schneider, WpHG, §§ 37b, 37c Rn. 19 ff.

129 Vgl. *Dühn,* Schadensersatzhaftung, 2003, S. 116; Caspari, ZGR 1994, 530, 533; *Sethe,* in: Assmann/Schneider, WpHG, §§ 37b, 37c Rn. 20.

130 *Dühn,* Schadensersatzhaftung, 2003, S. 114; *Sethe,* in: Assmann/Schneider, WpHG, §§ 37b, 37c Rn. 20.

131 *Dühn,* Schadensersatzhaftung, 2003, S. 113 f; *Rützel,* AG 2003, 69, 70; *Sethe,* in: Assmann/Schneider, WpHG, §§ 37b, 37c Rn. 20.

132 Vgl. *Dühn,* Schadensersatzhaftung, 2003, S. 114; *Krause,* ZGR 2002, 799, 815; *Möllers,* in: Möllers/Rotter, Ad-hoc-Publizität, § 13 Rn. 12; *Möllers/Leisch,* in: Kölner Komm WpHG, §§ 37b, 37c Rn. 14.

133 *Dühn,* Schadensersatzhaftung, 2003, S. 113 f.; *Sethe,* in: Assmann/Schneider, WpHG, §§ 37b, 37c Rn. 20.

134 Vgl. *Fleischer,* BB 2002, 1869, 1871; *Sethe,* in: Assmann/Schneider, WpHG, §§ 37b, 37c Rn. 22.

135 Vgl. BGHZ NJW 2005, 2450, 2452 – EM.TV.

Folglich kann eine Ad-hoc-Mitteilung nicht ein derartiges Näheverhältnis begründen.[136] Daher ist der Gedanke des typisierten Vertrauens nicht ohne Weiteres auf die Ad-hoc-Mitteilung nach § 15 WpHG übertragbar.[137] Vertreter der Vertrauenshaftungstheorie nehmen selbst an, dass kein persönliches Vertrauen in Anspruch genommen werde.[138] Sie behaupten daher, es handele sich bei den §§ 37b, 37c WpHG um eine spezialgesetzliche Haftungsregelung für typisiertes Vertrauen, da der Emittent nicht selbst an der Transaktion beteiligt sei.[139]

Der noch weitergehende Schluss, § 15 WpHG führe sogar zu einer Sonderverbindung zwischen dem ad-hoc-mitteilungspflichtigen Emittenten und dem Kapitalanleger, überzeugt gleichfalls nicht.[140] Der Gesetzgeber des 2. FMFG wollte die Verpflichtung zur Ad-hoc-Mitteilung gemäß § 15 WpHG als eine rein öffentlichrechtliche Norm ausgestalten.[141] Zudem lässt sich aus dem Umstand, dass sich Personen auf die ordnungsgemäße Einhaltung öffentlich-rechtlicher Verpflichtung Dritter verlassen, noch keine Sonderrechtsverbindung zwischen dem Emittenten und dem Anleger begründen.[142]

4 Schlussfolgerungen

Im Ergebnis überzeugt somit keines der Argumente, die für die vertragliche Haftung oder die Vertrauenshaftung ins Feld geführt werden. Letztlich lässt sich feststellen, dass es sich bei den §§ 37b, 37c WpHG um spezielle deliktische Ansprüche zum Schutze des Vermögens handelt. In die gleiche Richtung weist vor allem auch der Rechtsvergleich, weil die Emittentenhaftung wegen fehlerhafter Kapitalmarktinformationen auch in anderen Ländern z.B. in Korea ganz überwiegend

---

136 *Krause*, ZGR 2002, 799, 815; *Möllers/Leisch*, in: Kölner Komm WpHG, §§ 37b, 37c Rn. 14; *Veil*, ZHR 167 (2003) 365, 368.

137 *Krause*, ZGR 2002, 799, 815; *Möllers*, in: Möllers/Rotter, Ad-hoc-Publizität, § 13 Rn. 12; *Möllers/Leisch*, in: Kölner Komm WpHG, §§ 37b, 37c Rn. 14.

138 *Casper*, in: Kölner Komm KapMuG, §§ 37b, 37c WpHG Rn. 9.

139 So *Casper*, in: Kölner Komm KapMuG, §§ 37b, 37c WpHG Rn. 9; *Veil*, BKR 2005, 91,92, 97; *Zimmer/Grotheer*, in: Schwark/Zimmer, Kapitalmarktrechtskommentar, §§ 37b, 37c WpHG Rn. 8 f.

140 *Fuchs*, in: Fuchs WpHG, §§ 37b, 37c Rn. 5; *Sethe*, in: Assmann/Schneider, WpHG, §§ 37b, 37c Rn. 19.

141 BT-Drucks. 12/7918, S. 102; *Möllers*, in: Möllers/Rotter, Ad-hoc-Publizität, § 13 Rn. 12; *Möllers/Leisch*, in: Kölner Komm WpHG §§ 37b, 37c Rn. 15.

142 Vgl. *Fuchs*, in: Fuchs WpHG, §§ 37b, 37c Rn. 5; *Hellgardt*, Kapitalmarktdeliktsrecht, 2008, S. 35 f.; *Möllers/Leisch*, in: Kölner Komm WpHG, §§ 37b, 37c Rn. 15; *Sethe*, in: Assmann/Schneider, WpHG, §§ 37b, 37c Rn. 19 f. Ein anschauliches Beispiel bildet der Fall, wenn eine börsennotierte Gesellschaft Mitteilungen über die Stimmrechtshöhe gemäß § 25 WpHG veröffentlicht. Dies begründet aber keine Sonderverbindung zu Personen, die sich aufgrund dieser Information zum Kauf von Aktien dieses Unternehmens entschließen, obwohl sich diese Mitteilungen sicherlich auf die Preisbildung auswirken.

als Delikthaftung angesehen wird.[143] Die Haftung des Emittenten wegen *culpa in contrahendo* nach §§ 280 Abs. 1, 241 Abs. 2 und 311 Abs. 2 BGB könnte nur dann in Betracht kommen, wenn der Emittent die Informationsverpflichtung ausnahmsweise hinsichtlich eines persönlichen vorvertraglichen Kontakts verletzt. In diesem Fall dürften die beiden Normen zusammentreffen.[144]

143 Vgl. *Sethe,* in: Assmann/Schneider, WpHG, §§ 37b, 37c Rn. 31 m.w.N.
144 Vgl. *Möllers,* in: Möllers/Rotter, Ad-hoc-Publizität, § 13 Rn. 13; *Möllers/Leisch,* in: Kölner Komm WpHG, §§ 37b, 37c Rn. 17.

§ 2 Kapitalmarktrechtliche Informationspflichtverletzungen in Deutschland und in Korea

A Deutschland

Im Hinblick auf die Art der Information auf dem Kapitalmarkt lassen sich die Kapitalmarktinformationen insbesondere in haftungsrechtlicher Hinsicht in drei Aspekte unterteilen: Ad-hoc-Publizität, Regelpublizität und freiwillige Publizität.[145] Der Gesetzgeber in Deutschland knüpft hierbei an den Verstoß gegen die Verpflichtung zur Ad-hoc-Mitteilung gemäß § 15 WpHG an. Die kapitalmarktrechtliche Informationshaftung nach den §§ 37b, 37c WpHG beschränkt sich daher ausschließlich auf die Fälle, in denen der Emittent gegen die Ad-hoc-Mitteilungspflicht nach § 15 WpHG verstoßt.[146] Nach § 15 Abs. 6 WpHG kommt die Emittentenhaftung für fehlerhafte Kapitalmarktinformation nur unter den Voraussetzungen der §§ 37b, 37c WpHG in Betracht. Im objektiven Haftungstatbestand wird zunächst vorausgesetzt, dass der Emittent eine Insiderinformation überhaupt nicht oder nicht rechtzeitig veröffentlicht (§ 37b WpHG). Zudem regelt § 37c WpHG die Haftung für die Fälle, in denen der Emittent eine inhaltlich unwahre Insiderinformation in Form einer Mitteilung nach § 15 WpHG veröffentlicht. Folglich können sowohl durch die Unterlassung einer gebotenen Ad-hoc-Mitteilung als auch durch die Veröffentlichung einer unwahren Insiderinformation nunmehr die Haftungstatbestände der §§ 37b, 37c WpHG verwirklicht werden.[147] Die Haftung des Emittenten aus den §§ 37b, 37c WpHG geht nämlich davon aus, dass während der Desinformationsphase die Preisbildung auf dem Kapitalmarkt gestört ist.[148]

---

145 Vgl. für diese gebräuchliche Unterteilung etwa *Fleischer,* in: Assmann/Schütze, Handbuch des Kapitalanlagerechts, 4. Aufl. 2015, § 6 Rn. 5; *Mülbert/Steup,* WM 2005, 1633, 1635 ff. und 1644 ff.

146 Vgl. BT-Drucks., 14/8017, S. 93; *Fleischer,* NJW 2002, 2977, 2979; *Fleischer,* in: Assmann/Schütze, Handbuch des Kapitalanlagerechts, 4. Aufl. 2015, § 6 Rn. 5; *Zimmer/Grotheer,* in: Schwark/Zimmer, Kapitalmarktrechtskommentar, §§ 37b, 37c WpHG Rn. 18.

147 *Baums,* ZHR 167 (2003), 139, 145 ff.; *Groß,* WM 2002, 477, 485; *Holzborn/Foelsch,* NJW 2003, 932, 937; *Maier-Reimer/Webering,* WM 2002, 1857, 1858; *Rössner/Bolkart,* ZIP 2002, 1471, 1472 ff.

148 Vgl. *Sethe,* in: Assmann/Schneider, WpHG, § 37c Rn. 44.

1 Insiderinformation (§ 13 Abs. 1 Satz 1 WpHG)

Die Haftung des Emittenten aus den §§ 37b, 37c WpHG setzt eine *Insiderinformation*[149] im Sinne des § 13 WpHG voraus; diese Begriffsbestimmung findet gleichermaßen auf die Ad-hoc-Mitteilung Anwendung.[150] Es handelt sich um eine konkrete Information über nicht öffentlich bekannte Umstände, die sich auf einen oder mehrere Emittenten von Insiderpapieren[151] oder auf die Insiderpapiere selbst beziehen und die geeignet sind, im Falle ihres öffentlichen Bekanntwerdens den Börsen- oder Marktpreis der Insiderpapiere erheblich zu beeinflussen (§ 13 Abs. 1 Satz 1 WpHG).[152] Eine solche Eignung liegt dann vor, wenn ein verständiger Anleger die betreffende Information bei der Anlageentscheidung berücksichtigen würde.[153] Es kommt hier nicht darauf an, ob die fehlerhaften Insiderinformationen positiv oder negativ sind.[154]

1) Konkrete Information über Umstände

a) Konkrete Information

Zunächst muss es sich um eine konkrete Information über Umstände handeln (§ 13 Abs. 1 Satz 1 WpHG).[155] Eine Information ist dann konkret, wenn sie als eine hinreichende Grundlage für eine Bewertung über die zukünftige Entwicklung des Börsen- oder Marktpreises eines Insiderpapiers dienen kann.[156] Diese Definition beruht auf Art. 1 Abs. 1 Nr. 1 der MarktmissbrauchsRiL, wonach der Begriff der

---

149 Mit der Verwendung des Begriffs der Insiderinformation wird eine europaweit einheitliche Normauslegung ermöglicht (*Claussen/Florian,* AG 2005, 745 748).

150 *Casper,* in: Kölner Komm KapMuG, §§ 37b, 37c WpHG Rn. 22; *Kümpel/Veil,* Wertpapierhandelsgesetz, 2. Aufl., S. 53 Rn. 18 ff.; *Nietsch,* BB 2005, 785, 786; *Veil,* ZBB 2006, 162, 165.

151 Der Begriff der Insiderpapiere ist in § 12 WpHG legal definiert. Gemäß § 12 WpHG sind Insiderpapiere die Finanzinstrumente, 1. die an einer inländischen Börse zum Handel zugelassen oder in den regulierten Markt oder in den Freiverkehr einbezogen sind, oder 2. die einem anderen Mitgliedstaat der EU oder einem anderen Vertragsstaat des Abkommens über den Europäischen Wirtschaftsraum zum Handel an einem organisierten Markt zugelassen sind, oder 3. deren Preis unmittelbar oder mittelbar von Finanzinstrumenten nach Nr. 1 oder Nr. 2 abhängt.

152 Hierzu ausführlich *Lösler,* in: Habersack/Mülbert/Schlitt, Hdb. Kapitalmarktinformation, 2. Aufl., § 2 Rn. 64 ff.

153 Vgl. *Möllers/Leisch,* in: Kölner Komm WpHG, § 37b, 37c Rn. 109.

154 BT-Drucks., 14/8017, S. 94; *Möllers/Leisch,* in: Möllers/Rotter, Ad-hoc-Publizität, § 14 Rn. 16.

155 Hierzu eingehend *Klöhn,* in: Kölner Komm WpHG, § 13 Rn. 75 ff.

156 *BaFin,* Emittentenleitfaden, 2013, S. 32; *Bröker,* in: Clausen, Bank- und Börsenrecht, 5. Aufl., § 6 Rn. 92; *Merkner/Sustmann,* NZG 2005, 729, 731.

Insiderinformation als eine *„präzise Information"* zu verstehen ist.[157] Bei der Umsetzung dieser Richtlinie hat sich der deutsche Gesetzgeber statt für eine *„präzise Information"* für den Begriff der *„konkreten Information"* entschieden.[158] Der Begriff der konkreten Information im Sinne des § 13 Abs. 1 Satz 1 WpHG ist folglich entsprechend der in der MarktmissbrauchsRiL vorgegebenen Definition als *„eine präzise Information"* auszulegen.[159]

Eine Information ist demnach dann konkret, wenn damit Umstände bzw. Ereignisse gemeint sind, die bereits existieren oder eingetreten sind oder bei denen man *„hinreichend wahrscheinlich"* davon ausgehen kann, dass sie in Zukunft existieren oder eintreten werden.[160] Zudem muss sie ausreichend spezifisch sein, um den Schluss auf die mögliche Auswirkung dieser Umstände bzw. Ereignisse auf den Kurs von Finanzinstrumenten zuzulassen.[161] Dem EuGH zufolge ist dies dann der Fall, wenn sich bei einer umfassenden Würdigung der bereits verfügbaren Anhaltspunkte ergibt, dass man *tatsächlich* erwarten kann, dass sie in Zukunft existieren oder eintreten wird.[162]

b) Umstände oder Ereignisse

Der Begriff der Umstände nach § 13 Abs. 1 Satz 3 WpHG geht deutlich über reine Tatsachen hinaus[163] und umfasst auch zukünftige Umstände oder Ereignisse, sofern sie hinreichend wahrscheinlich sind, also einen gewissen Konkretisierungsgrad

---

157 Die Verpflichtungen zur Ad-hoc-Mitteilung von Insiderinformationen wurden in Art. 6 der Marktmissbrauchsrichtlinie neu definiert. Der Gesetzgeber in Deutschland hat diese Richtlinie durch das AnSVG umgesetzt, das am 30. 4. 2004 in Kraft trat.

158 *Lösler*, in: Habersack/Mülbert/Schlitt, Kapitalmarktinformation, § 2 Rn. 21.

159 Vgl. *Holzborn/Israel*, WM 2004, 1948, 1951; *Langenbucher*, Aktien- und Kapitalmarktrecht, 3. Aufl., § 15 Rn. 34; *Lösler*, in: Habersack/Mülbert/Schlitt, Kapitalmarktinformation, § 2 Rn. 21.

160 *BaFin*, Emittentenleitfaden, 2013 S. 33; BT-Drucks. 15/3174, S. 33; *Bürgers*, BKR 2004, 424 f.; *Holzborn/Israel*, WM 2004, 1948, 1951; *Kümpel/Veil*, Wertpapierhandelsgesetz, 2. Aufl., S. 53 Rn. 19; *Langenbucher*, Aktien- und Kapitalmarktrecht, 3. Aufl., § 15 Rn. 23 ff; *Lösler*, in: Habersack/Mülbert/Schlitt, Kapitalmarktinformation, § 2 Rn. 22; *Nietsch*, BB 2005, 785, 788.

161 BGH WM 2012, 301, 303; BT-Drucks. 15/3174, S. 34; *Kümpel/Veil*, Wertpapierhandelsgesetz, 2. Aufl., S. 55 Rn. 21; *Langenbucher*, Aktien- und Kapitalmarktrecht, 3. Aufl., § 15 Rn. 34; *Lösler*, in: Habersack/Mülbert/Schlitt, Kapitalmarktinformation, § 2 Rn. 22.

162 EuGH, NZG 2012, 784, 787.

163 Hierzu ausdrücklich *BaFin*, Emittentenleitfaden, 2013, S. 33; *Assmann*, in: Assmann/Schneider, WpHG, § 13 Rn. 11; *Claussen/Florian*, AG 2005, 745, 749; *Harbarth*, ZIP 2005, 1898, 1903; *Holzborn/Israel*, WM 2004, 1948, 1951; *Tollkühn*, ZIP 2004, 2215, 2216.

erreicht haben.[164] Danach können unter anderem auch überprüfbare Werturteile, Einschätzungen, Absichten, Prognosen und Gerüchte das Tatbestandsmerkmal einer Insiderinformation erfüllen.[165]

Bloße Gerüchte lösen grundsätzlich noch keine Ad-hoc-Mitteilungspflicht aus, weil das Eintreten zukünftiger Umstände oder Ereignisse hinreichend wahrscheinlich sein muss.[166] Obwohl solche Gerüchte möglicherweise auch auf den Börsen- oder Marktpreis erheblich einwirken könnten, begründet dieser Umstand allein noch nicht das Vorliegen einer Insiderinformation.[167] Anders verhält es sich, wenn das Gerücht einen Tatsachenkern hat.[168] Stellt ein Gerücht eine konkrete Information dar, dann ist im Einzelfall festzustellen, ob ein verständiger Anleger diese Information bei seiner Anlageentscheidung trotz noch vorhandener Unsicherheit berücksichtigen würde.[169]

2) Nicht öffentlich bekannt

a) Grundsätzliches

Die Haftung des Emittenten aus den §§ 37b, 37c WpHG setzt voraus, dass die unterlassene oder die wahrheitswidrig veröffentlichte Information bisher noch nicht öffentlich bekannt sein muss.[170] Daher ist eine Bewertung, die ausschließlich aufgrund öffentlich bekannter Umstände erstellt wurde, nicht als Insiderinformation

---

164 Vgl. BT-Drucks. 15/3174, S. 33; *Assmann*, in: Assmann/Schneider, WpHG, § 13 Rn. 20 f.; *Frowein* in: Habersack/Mülbert/Schlitt, Hdb. Kapitalmarktinformation, § 10 Rn. 11; *Nietsch*, BB 2005, 785.

165 Vgl. OLG Stuttgart ZIP 2007, 481, 485; so ausdrücklich *BaFin*, Emittentenleitfaden, 2013, S. 33; BT-Drucks. 15/3174, S. 33; *Holzborn/Israel*, WM 2004, 1948, 1951; *Nietsch*, BB 2005, 785; *Veith*, NZG 2005, 254, 255. Hiervon zu unterscheiden sind nicht überprüfbare Werturteile und Prognosen sowie bloße Gerüchte (*Fleischer/Schmolke*, AG 2007, 841, 845).

166 *Hopt*, in: Schimansky/Bunte/Lwowski, Bankrechts, § 107 Rn. 24; *Langenbucher*, Aktien- und Kapitalmarktrecht, 3. Aufl., § 15 Rn. 35; *Merkner/Sustmann*, NZG 2005, 729, 731; *Möllers*, WM 2005, 1393, 1394; *Nietsch*, BB 2005, 785, 788.

167 *Cahn*, Der Konzern 2005, 5, 7; *Holzborn/Israel*, WM 2004, 1948, 1951; *Langenbucher*, Aktien- und Kapitalmarktrecht, 3. Aufl., § 15 Rn. 37.

168 Vgl. *Buck-Heeb*, Kapitalmarktrecht, 7. Aufl., § 6 Rn. 269; *Casper*, in: Kölner Komm KapMuG, §§ 37b, 37c WpHG Rn. 22; *Fleischer/Schmolke*, AG 2007, 841, 846 ff.; *Hopt*, in: Schimansky/Bunte/Lwowski, Bankrechts, § 107 Rn. 24; *Nietsch*, BB 2005, 785, 788; *Rössner/Bolkart*, ZIP 2002, 1471, 1473; *Schwark/Kruse*, in: Schwark/Zimmer, Kapitalmarktrechtskommentar, 4. Aufl., § 13 Rn. 21 ff.; *Spindler*, NJW 2004, 3449, 3450.

169 *BaFin*, Emittentenleitfaden, 2013, S. 33; *Buck-Heeb*, Kapitalmarktrecht, 7. Aufl., § 6 Rn. 269; *Harbarth*, ZIP 2005, 1898, 1902; *Hopt*, in: Schimansky/Bunte/Lwowski, Bankrechts, § 107 Rn. 24.

170 Vgl. *Möllers/Leisch*, NZG 2003, 112, 115; *Möllers/Leisch*, in: Möllers/Rotter, Ad-hoc-Publizität, § 14 Rn. 30; *Sethe*, in: Assmann/Schneider, WpHG, §§ 37b, 37c Rn. 71.

anzusehen, selbst wenn sie den Börsen- oder Marktpreis erheblich zu beeinflussen vermag.[171]

Öffentlich bekannt sind Umstände dann, wenn von ihnen das breite Anlegerpublikum und damit eine unbestimmte Zahl von Personen aus dem Kreis der Marktteilnehmer gleichzeitig Kenntnis hat oder zumindest haben könnte.[172] Dabei kommt es nicht darauf an, wie die Insiderinformation öffentlich bekannt wird.[173] Eine Information ist insbesondere dann öffentlich bekannt, wenn der Emittent diese bereits in einer Ad-hoc-Mitteilung gemäß § 15 WpHG veröffentlicht hat.[174] Sie kann aber auch auf sonstige Weise, etwa durch die Medien, allmählich ans Licht kommen.[175] Ebenso wenig kommt es darauf an, ob das Anlegerpublikum im konkreten Fall unbedingt eine Chance hat, die öffentlich bekannt gemachte Information wirklich zur Kenntnis zu nehmen oder nicht.[176]

b) Adressatenkreis

Es stellt sich wiederum die Frage, welcher Adressatenkreis in der Lage sein muss, von der Insiderinformation Kenntnis zu gewinnen.[177] Es geht hierbei gerade um die Frage, ob Adressat der Ad-hoc-Mitteilung ausschließlich der professionelle Anleger, also die sog. Bereichsöffentlichkeit, oder die Gesamtheit aller tatsächlichen und potentiellen Anleger, also die breite Öffentlichkeit ist. Gemäß der Gesetzesbegründung ist die öffentliche Bekanntheit als hergestellt anzusehen, wenn eine unbestimmte Anzahl von Personen Kenntnis hat oder haben könnte. Diese Voraussetzung sei – so die Motive des Gesetzgebers – erfüllt, wenn die sog.

---

171 Vgl. § 13 Abs. 2 WpHG; *Buck-Heeb*, Kapitalmarktrecht, 7. Aufl., § 6 Rn. 272; *Hopt*, in: Schimansky/Bunte/Lwowski, Bankrechts, § 107 Rn. 32; *Klöhn*, in: Kölner Komm WpHG, § 13 Rn. 125 ff.; *Kümpel/Veil*, Wertpapierhandelsgesetz, 2. Aufl., S. 53 Rn. 19; *Lösler*, in: Habersack/Mülbert/Schlitt, Hdb. Kapitalmarktinformation, 2. Aufl., § 2 Rn. 49 f.

172 BT-Drucks. 12/6679, S. 46; *BaFin*, Emittentenleitfaden, 2013, S. 34; *Assmann*, in: Assmann/Schneider, WpHG, § 13 Rn. 34; *Bröker*, in: Clausen, Bank- und Börsenrecht, 5. Aufl., § 6 Rn. 95; *Caspari*, ZGR 1994, 530, 539; *Hopt*, in: Schimansky/Bunte/Lwowski, Bankrechts, § 107 Rn. 25.

173 *Buck-Heeb*, Kapitalmarktrecht, 7. Aufl., § 6 Rn. 272; *Casper*, in: Kölner Komm KapMuG, §§ 37b, 37c WpHG Rn. 24.

174 Vgl. *Caspari*, ZGR 1994, 530, 539; *Hopt*, in: Schimansky/Bunte/Lwowski, Bankrechts, § 107 Rn. 25; *Möllers/Leisch*, in: Möllers/Rotter, Ad-hoc-Publizität, § 14 Rn. 29; *Rössner/Bolkart*, ZIP 2002, 1471, 1474.

175 *Möllers/Leisch*, in: Kölner Komm WpHG, § 37b, 37c Rn. 233 f.; *Sethe*, in: Assmann/Schneider, WpHG, §§ 37b, 37c Rn. 59.

176 Vgl. *Buck-Heeb*, Kapitalmarktrecht, 7. Aufl., § 6 Rn. 273; *Caspari*, ZGR 1994, 530, 539.

177 Vgl. *Casper*, in: Kölner Komm KapMuG, §§ 37b, 37c WpHG Rn. 25; *Doğan*, Ad-hoc-Publizitätshaftung, 2005, S. 71 f.; *Möllers/Leisch*, in: Möllers/Rotter, Ad-hoc-Publizität, § 14 Rn. 18; *Rieckers*, BB 2002, 1213, 1214.

Bereichsöffentlichkeit hergestellt worden ist.[178] Ungeklärt ist allerdings, w i e die sog. Bereichsöffentlichkeit hergestellt werden kann. Aus der Begründung lässt sich daher nicht eindeutig erkennen, welche Öffentlichkeit maßgebend ist.[179]

Zum Teil wird in der Literatur auf die Herstellung einer Bereichsöffentlichkeit abgestellt. Die Ad-hoc-Mitteilung ziele auf die Bereichsöffentlichkeit ab, die die Insiderinformation beseitige.[180] Es komme nicht darauf an, ob das breite Anlegerpublikum davon tatsächlich schon Kenntnis genommen hat.[181] Um öffentlich bekannt zu sein, sei es daher erforderlich und ausreichend, dass die professionellen und institutionellen Anleger die Insiderinformationen zur Kenntnis nehmen können.[182] Dies werde regelmäßig dann gegeben sein, wenn die Insiderinformation über allgemein zugängliche Informationssysteme, wie beispielsweise in einer überregionalen Zeitung bzw. Zeitschrift, veröffentlicht wird.[183] Gleiches gelte, wenn diese Information im Internet ohne aufwendige Recherche auffindbar ist.[184] Dem liegt der Gedanke zugrunde, dass die Herstellung der Bereichsöffentlichkeit ausreiche, um den Missbrauch einer Insiderinformation auszuschließen.[185] Eine weitere Maßnahme zur Kenntnisnahme für das breite Anlegerpublikum sei nicht erforderlich. Ist die Bereichsöffentlichkeit hergestellt, dann habe jeder potentielle Kapitalanleger die Möglichkeit, sich selbst oder, falls erforderlich, durch Experten die notwendigen Informationen zu verschaffen.[186] Infolgedessen seien die betreffenden Umstände nicht mehr als Insiderinformation anzusehen. Ob auch Kleinanleger

178 BT-Drucks. 12/6679, S. 46 zu § 13 WpHG, S. 48 zu § 15 WpHG.

179 Vgl. *Jungmichel*, Haftung und Schadenskompensation, 2007, S. 109 f. m.w.N.

180 Vgl. § 5 Satz 1 Nr. 1 WpAIV, dass die Herstellung der sog. Bereichsöffentlichkeit ausreicht; *Assmann*, in: Assmann/Schneider, WpHG, § 13 Rn. 34; *Bröker*, in: Clausen, Bank- und Börsenrecht, 5. Aufl., § 6 Rn. 407; *Buck-Heeb*, Kapitalmarktrecht, 7. Aufl., § 6 Rn. 273; *Caspari*, ZGR 1994, 530, 539; *Casper*, in: Kölner Komm KapMuG, §§ 37b, 37c WpHG Rn. 24, 40; *Ehricke*, in: Hopt/Voigt, Prospekt- und Kapitalmarktinformationshaftung, S. 187, 255 f.; *Möllers/Leisch*, WM 2001, 1648, 1652; *Parmentier*, WM 2013, 970, 976; *Rieckers*, BB 2002, 1213, 1214; *von Klitzing*, Die Ad-hoc-Publizität, 1999, S. 98 f.

181 *Assmann*, in: Assmann/Schneider, WpHG, § 13 Rn. 34; *Casper*, in: Kölner Komm KapMuG, §§ 37b, 37c WpHG Rn. 40; *Frowein*, in: Habersack/Mülbert/Schlitt, Kapitalmarktinformation, § 10 Rn. 19; *Parmentier*, WM 2013, 970, 976.

182 BT-Drucks. 12/6679, S. 46, 48; BT-Drucks. 12/7918, S. 101; *Caspari*, ZGR 1994, 530, 539.

183 *Assmann*, in: Assmann/Schneider, WpHG, § 13 Rn. 34; *Bröker*, in: Clausen, Bank- und Börsenrecht, 5. Aufl., § 6 Rn. 95; *Buck-Heeb*, Kapitalmarktrecht, 7. Aufl., § 6 Rn. 273; *Caspari*, ZGR 1994, 530, 539; *Frowein*, in: Habersack/Mülbert/Schlitt, Kapitalmarktinformation, § 10 Rn. 19.

184 Vgl. § 5 Satz 1 Nr. 1 WpAIV; *Frowein*, in: Habersack/Mülbert/Schlitt, Kapitalmarktinformation, § 10 Rn. 19.

185 *Caspari*, ZGR 1994, 530, 539.

186 *Ehricke*, in: Hopt/Voigt, Prospekt- und Kapitalmarktinformationshaftung, S. 187, 256.

Kenntnis von der öffentlich zugänglich gemachten Insiderinformation genommen haben oder nicht, sei unerheblich.[187]

Einer anderen Ansicht nach ist nicht auf die Bereichsöffentlichkeit, sondern auf die Sicht der tatsächlichen oder der potentiellen Anleger, also auf das breite Anlegerpublikum abzustellen.[188] Nur in diesem Fall soll von einer entsprechenden öffentlichen Bekanntheit ausgegangen werden können, was der Annahme einer Insiderinformation entgegenstehe.[189] Das vom deutschen Gesetzgeber entwickelte Konzept der Bereichsöffentlichkeit sei nicht mit dem Willen des europäischen Gesetzgebers vereinbar, weil der europäische Gesetzgeber beim Tatbestandsmerkmal *„öffentlich bekannt"* gerade nicht allein auf eine Bereichsöffentlichkeit, sondern auf eine breite Öffentlichkeit abstellen wollte.[190] Allein der Umstand, dass die Bereichsöffentlichkeit von der fraglichen Information Kenntnis erlangt, führe nicht zum Verlust der Eigenschaft als Insiderinformation.[191] Hierfür wird zunächst Art. 6 Abs. 1 Unterabsatz 2 der MarktmissbrauchsRiL vorgebracht, wonach Ad-hoc-Mitteilungen an das breite Publikum zu richten sind. Der Gesetzgeber habe diese Vorgabe durch das AnSVG in § 5 Abs. 1, 2 WpAIV umgesetzt. Daher sei das breite Anlegerpublikum zu informieren.[192] In der Regierungsbegründung zum 4. FMFG werde ausdrücklich auf die Anlageentscheidung eines *„verständigen Anlegers"* abgestellt und nicht auf die Bewertung eines professionellen Marktteilnehmers.[193] Diese Ansicht erscheint überzeugend.

187 Vgl. *Assmann*, ZGR 1994, 494, 513; *Buck-Heeb*, Kapitalmarktrecht, 7. Aufl., § 6 Rn. 273; *Rieckers*, BB 2002, 1213, 1214.

188 Vgl. *Braun*, in: Möllers/Rotter, Ad-hoc-Publizität, § 8 Rn. 43; *Findeisen*, WM 2007, 100, 105; *Fuchs/Dühn*, BKR 2002, 1063, 1066; *Hopt*, ZHR 159 (1995), 135, 153 f.; *Jungmichel*, Haftung und Schadenskompensation, 2007, S. 113 ff.; *Langenbucher*, Aktien- und Kapitalmarktrecht, 3. Aufl., § 15 Rn. 31 f.; *Möllers*, ZGR 1997, 334, 349 und 358 f.; *Möllers/Leisch*, WM 2001, 1648, 1652; *Möllers/Leisch*, in: Kölner Komm WpHG, § 37b, 37c Rn. 138 und 234; *Nietsch*, BB 2005, 785, 789; *Sethe*, in: Assmann/Schneider, WpHG, §§ 37b, 37c Rn. 59; *Veil*, ZHR 167 (2003) 365, 384; *Zimmer/Grotheer*, in: Schwark/Zimmer, Kapitalmarktrechtskommentar, §§ 37b, 37c WpHG Rn. 35.

189 Vgl. *Nietsch*, BB 2005, 785, 789.

190 Vgl. *Braun*, in: Möllers/Rotter, Ad-hoc-Publizität, § 8 Rn. 43; *Gehrt*, Die neue Ad-hoc-Publizität, 1997, S. 201; *Möllers*, ZGR 1997, 334, 358 f.; *Nietsch*, BB 2005, 785, 789; *von Klitzing*, Die Ad-hoc-Publizität, 1999, S. 53.

191 Vgl. *Nietsch*, BB 2005, 785, 789.

192 *Möllers/Leisch*, in: Kölner Komm WpHG, §§ 37b, 37c Rn. 234; *Sethe*, in: Assmann/Schneider, WpHG, §§ 37b, 37c Rn. 59.

193 Vgl. BT-Drucks., 14/8017, S. 87 zu § 15 WpHG; *Möllers/Leisch*, in: Kölner Komm WpHG, §§ 37b, 37c Rn. 138; *Mülbert/Steup*, in: Habersack/Mülbert/Schlitt, Unternehmensfinanzierung, § 41 Rn. 191; *Nietsch*, BB 2005, 785, 789.

3) *Den Emittenten unmittelbar betreffend*

Nach dem eindeutigen Wortlaut des § 13 Abs. 1 Satz 1 muss sich die nicht öffentlich bekannte Information auf einen oder mehrere Emittenten von Insiderpapieren oder auf die Insiderpapiere selbst beziehen.[194] Allein die Tatsache, dass sich eine Information auf das Finanzinstrument eines Emittenten bezieht, begründet nicht die Verpflichtung einer Ad-hoc-Mitteilung nach § 15 WpHG. Vielmehr muss sie darüber hinaus auch den Emittenten selbst *unmittelbar* betreffen.[195] Ein Bezug auf den Emittenten in diesem Sinne liegt insbesondere dann vor, wenn sich eine Information auf Umstände bezieht, die in seinem Tätigkeitsbereich eingetreten sind (§ 15 Abs. 1 Satz 3 WpHG). Darunter fallen zunächst die Umstände, welche die Vermögens-, die Finanz- oder die Ertragslage oder den allgemeinen Geschäftsverlauf des Emittenten betreffen. Ebenfalls gehören hierzu personelle oder organisatorische Veränderungen sowie die Veränderung in der Aktionärsstruktur des Emittenten.[196]

Darüber hinaus können Insiderinformationen auch Umstände sein, die außerhalb des Emittenten entstehen und sich damit nicht unmittelbar auf einen Emittenten oder das Insiderpapier beziehen, wenn diese dazu geeignet sind, im Falle ihres öffentlichen Bekanntwerdens den Börsen- oder Marktpreis der Insiderpapiere erheblich zu beeinflussen.[197] Als Beispiele für solche Information führt die BaFin an: Marktdaten oder Marktinformationen wie Zinsbeschlüsse von Notenbanken, Devisenkurse, Rohstoffpreise, branchenspezifische statistische Daten sowie Daten und Informationen, die den Wertpapierhandel eines jeweiligen Insiderpapiers betreffen (Ordervolumen, Art der Order, Identität des Auftraggebers usw., Aufnahme in einen Index oder Ausscheiden aus einem Index).[198] Entsprechendes gilt für Gesetzesvorhaben und -änderungen, soweit sie auf den Preis eines

---

194 Eingehend *Jungmichel*, Haftung und Schadenskompensation, 2007, S. 101 ff.

195 Vgl. *BaFin*, Emittentenleitfaden, 2013, S. 34; *Casper*, in: Kölner Komm KapMuG, §§ 37b, 37c WpHG Rn. 25; *Pfüller*, in: Fuchs, WpHG, § 15 Rn. 123 ff.; *Stoppel*, in: Grunewald/Schlitt, Einführung in das Kapitalmarktrecht, 3. Aufl., S. 278; *Zimmer/Kruse*, in: Schwark/Zimmer, Kapitalmarktrechtskommentar, § 15 WpHG Rn. 34; kritisch *Möllers/Leisch*, in: Kölner Komm WpHG § 37b, 37c Rn. 124; *Simon*, Der Konzern 2005, 13, 15.

196 Vgl. *Buck-Heeb*, Kapitalmarktrecht, 7. Aufl., § 6 Rn. 265; *Caspari*, ZGR 1994, 530, 539; *Frowein*, in: Habersack/Mülbert/Schlitt, Kapitalmarktinformation, § 10 Rn. 26; *Schwark/Kruse*, in: Schwark/Zimmer, Kapitalmarktrechtskommentar, § 13 Rn. 38; *Simon*, Der Konzern 2005, 13, 15.

197 Vgl. BT-Drucks. 15/3174, S. 27; *BaFin*, Emittentenleitfaden, 2013, S. 34; *Bröker*, in: Clausen, Bank- und Börsenrecht, 5. Aufl., § 6 Rn. 94; *Buck-Heeb*, Kapitalmarktrecht, 7. Aufl., § 6 Rn. 266; *Frowein*, in: Habersack/Mülbert/Schlitt, Kapitalmarktinformation, § 10 Rn. 30; *Hopt*, in: Schimansky/Bunte/Lwowski, Bankrechts, § 107 Rn. 26; *Nietsch*, BB 2005, 785, 786 und 788; *Simon*, Der Konzern 2005, 13, 15.

198 *BaFin*, Emittentenleitfaden, 2013, S. 34.

Insiderpapiers einwirken können.[199] Infolgedessen kommt es aus Sicht der Anleger nicht entscheidend darauf an, ob die Information einen unternehmensinternen oder unternehmensexternen Umstand betrifft.[200] Entscheidend ist mithin lediglich, ob die betreffende Information den Börsen- oder Marktpreis der Insiderpapiere erheblich beeinflussen kann oder nicht.

4) Eignung zur erheblichen Kursbeeinflussung

Schließlich muss die konkrete Information über nicht öffentlich bekannte Umstände auch dazu geeignet sein, im Falle ihres öffentlichen Bekanntwerdens den Börsen- oder Marktpreis der Insiderpapiere *erheblich* zu beeinflussen vermag (*Kursrelevanz*).[201] Mit diesem Merkmal wird die Veröffentlichungspflicht auf die Informationen mit erheblichem Kursbeeinflussungspotential beschränkt.[202] Zweck dieses Merkmal ist es, eine Klageflut zu verhindern, welche aufgrund fehlerhafter Angaben über nichtkursrelevante Umstände vorkommen kann. Andernfalls würde der Wertpapierhandel nachteilig beeinflusst.[203] Daher kommt ein Schadensersatzanspruch nur dann in Betracht, wenn der Emittent eine unwahre kursrelevante Information veröffentlicht oder er eine kursrelevante Information unterlässt.

Nach dem Wortlaut des § 13 Abs. 1 Satz 2 WpHG liegt eine solche Eignung insbesondere dann vor,[204] wenn ein verständiger Anleger die betroffene Information bei seiner Anlageentscheidung berücksichtigen würde, um Gewinne zu erzielen oder Verluste zu vermeiden.[205] Schon aus dieser Formulierung ergibt sich, dass hinsichtlich dieses Merkmals auf die *ex-ante*-Perspektive eines verständigen

---

199 *BaFin*, Emittentenleitfaden, 2013, S. 34; *Buck-Heeb*, Kapitalmarktrecht, 7. Aufl., § 6 Rn. 266; *Hopt*, in: Schimansky/Bunte/Lwowski, Bankrechts, § 107 Rn. 26 m.w.N.

200 Hierzu ausführlich *Lösler*, in: Habersack/Mülbert/Schlitt, Hdb. Kapitalmarktinformation, 2. Aufl., § 2 Rn. 54; siehe auch *Assmann*, ZGR 1994, 494, 513; *Langenbucher*, Aktien- und Kapitalmarktrecht, 3. Aufl., § 17 Rn. 21 ff; *Nietsch*, BB 2005, 785, 786 und 788; *Simon*, Der Konzern 2005, 13, 15.

201 Zum Begriff der erheblichen Kursbeeinflussungspotential *Claussen/Florian*, AG 2005, 745, 749; *Lösler*, in: Habersack/Mülbert/Schlitt, Hdb. Kapitalmarktinformation, 2. Aufl., § 2 Rn. 58 ff.; *Veil*, ZHR 167 (2003) 365, 368; dazu auch BGH NJW 2013, 2114 Rn. 21 ff. – Geltl/Daimler AG.

202 Vgl. *Buck-Heeb*, Kapitalmarktrecht, 7. Aufl., § 6 Rn. 275; *Caspari*, ZGR 1994, 530, 540; *Klöhn*, AG 2012, 345, 348; *Langenbucher*, Aktien- und Kapitalmarktrecht, 3. Aufl., § 15 Rn. 42; *Möllers/Leisch*, in: Möllers/Rotter, Ad-hoc-Publizität, § 14 Rn. 34.

203 Vgl. *Buck-Heeb*, Kapitalmarktrecht, 7. Aufl., § 6 Rn. 275; *Caspari*, ZGR 1994, 530, 540.

204 Mit dieser Definition hat der Gesetzgeber früheren Ansätzen den Boden entzogen, für die *ex-ante* zu erwartende Kursänderung feste Schwellenwerte festzulegen.

205 Vgl. Art. 1 Abs. 2 der Durchführungsrichtlinie 2004/72/EG zur Durchführung der Marktmissbrauchsrichtlinie; *Klöhn*, AG 2012, 345, 348; *Kümpel/Veil*, Wertpapierhandelsgesetz, 2. Aufl., S. 53 Rn. 19; *Mennicke/Jakovou*, in: Fuchs, WpHG, § 13 Rn. 159 ff.

Anlegers[206] abzustellen ist.[207] Hierbei geht es gerade um die Frage, wieweit sich der Börsen- oder Marktpreis verändert, wenn die Umstände bekannt werden.[208]

Nach der jetzigen Gesetzesfassung infolge des AnSVG gilt dabei die Theorie des Handlungsanreizes.[209] Mit dieser Definition hat der Gesetzgeber auf die Feststellung bestimmter Schwellenwerte zur Bestimmung der Kurserheblichkeit verzichtet.[210] Eine solche Eignung ist insbesondere dann gegeben, wenn es hinreichend wahrscheinlich ist, dass einem verständigen Anleger eine Transaktion zum Erwerb bzw. zur Veräußerung aufgrund einer bestimmten Information als lohnend erscheint.[211] Somit werden nach dem Wortlaut des § 15 Abs. 1 Satz 1 WpHG schon im Voraus Bagatellfälle ausgeschlossen, bei denen sich die Umstände zwar auf den Emittenten beziehen, aber der Insider aus dieser Information keinen *„nennenswerten wirtschaftlichen Vorteil"* zielen kann und damit kein Anreiz vorliegt, sich die Information zunutze zu machen.[212] In diesen Fällen liegt keine Verpflichtung zur

---

206 Mit dem Begriff des verständigen Anlegers gemeint ist, wie der BGH jetzt feststellt, der rational handelnde Anleger, der sich vor seiner Anlageentscheidung sämtliche verfügbaren Informationen besorgt, also ein mit den Marktgegebenheiten vertrauter börsenkundiger Investor. Sein Ziel ist es, mit dem Investment möglichst hohe Rendite zu erzielen (Vgl. BGH WM 2012, 301, 303); anders *Caspari*, ZGR 1994, 530, 540.

207 BGH WM 2012, 301, 303; *Buck-Heeb*, Kapitalmarktrecht, 7. Aufl., § 6 Rn. 275; *Hopt*, in: Schimansky/Bunte/Lwowski, Bankrechts, § 107 Rn. 27; *Langenbucher*, Aktien- und Kapitalmarktrecht, 3. Aufl., § 15 Rn. 44 f.; *Frowein*, in: Habersack/Mülbert/Schlitt, Kapitalmarktinformation, § 10 Rn. 21; *Schmolke*, ZBB 2012, 165, 172; *Veil*, ZBB 2006, 162, 171.

208 *BaFin*, Emittentenleitfaden, 2013, S. 35; *Casper*, in: Kölner Komm KapMuG, §§ 37b, 37c WpHG Rn. 26; *Claussen/Florian*, AG 2005, 745, 750; *Findeisen*, WM 2007, 100, 105; *Frowein*, in: Habersack/Mülbert/Schlitt, Kapitalmarktinformation, § 10 Rn. 21; *Schwark/Kruse*, in: Schwark/Zimmer, Kapitalmarktrechtskommentar, 4. Aufl., § 13 Rn. 44.

209 Vgl. *Assmann*, in: Assmann/Schneider, WpHG, § 13 Rn. 51; *Braun*, in: Möllers/Rotter, Ad-hoc-Publizität, § 8 Rn. 103; *Hopt*, ZHR 159 (1995), 135, 155; *Mennicke/Jakovou*, in: Fuchs, WpHG, § 13 Rn. 159 ff; *Kocher*, WM 2013, 1305, 1306.

210 Hierzu kritisch *Bürgers*, BKR 2004, 424, 425; *Holzborn/Israel*, WM 2004, 1948, 1951.

211 *BaFin*, Emittentenleitfaden, 2013, S. 35; *Braun*, in: Möllers/Rotter, Ad-hoc-Publizität, § 8 Rn. 103; *Hopt*, ZHR 159 (1995), 135, 155; *Kümpel/Veil*, Wertpapierhandelsgesetz, 2. Aufl., S. 61 Rn. 32; *Langenbucher*, Aktien- und Kapitalmarktrecht, 3. Aufl., § 15 Rn. 44; *Mennicke/Jakovou*, in: Fuchs, WpHG, § 13 Rn. 159 ff.; *Möllers/Leisch*, NZG 2003, 112, 116; *Möllers/Leisch*, in: Möllers/Rotter, Ad-hoc-Publizität, § 14 Rn. 32; *Rössner/Bolkart*, ZIP 2002, 1471, 14774; *von Bernuth/Wagner/Kremer*, WM 2012, 831, 834.

212 So insbesondere *BaFin*, Emittentenleitfaden, 2013, S. 35; zustimmend *Assmann*, in: Assmann/Schneider, WpHG, § 13 Rn. 66; *Buck-Heeb*, Kapitalmarktrecht, 7. Aufl., § 6 Rn. 275; *Caspari*, ZGR 1994, 530, 540; *Frowein*, in: Habersack/Mülbert/Schlitt, Kapitalmarktinformation, § 10 Rn. 22; *Mennicke/Jakovou*, in: Fuchs, WpHG § 13 Rn. 159 ff.

Ad-hoc-Mitteilung gemäß § 15 WpHG vor, sodass auch die Haftung aus §§ 37b, 37c WpHG ausgeschlossen ist.[213]

Diese Eignung würde immer dann vorliegen, wenn tatsächlich ein Schaden infolge der Kursbeeinflussung entstanden ist.[214] Da das Gesetz bereits die Eignung der Umstände zur potentiellen Kursbeeinflussung ausreichen lässt, kommt es nicht darauf an, ob sich Börsen- oder Marktpreis eines Insiderpapiers nach Bekanntwerden der Insiderinformation *ex-post* auch tatsächlich verändert hat.[215] Vielmehr entscheidend und auch erforderlich ist, dass es dem verständigen Anleger als wahrscheinlich erscheint, dass die betreffende Information im Falle des Bekanntwerdens den Börsen- oder Marktpreis der Insiderpapiere *erheblich* beeinflussen kann.[216] Ändert sich der Kurs nicht, kann eine Insiderinformation dennoch vorliegen, wenn eine Kursentwicklung *ex-ante* zu erwarten gewesen wäre.[217] Die tatsächliche Kursentwicklung nach Bekanntwerden der Insiderinformation lässt sich jedoch zumindest als Indiz für das Kursbeeinflussungspotential heranziehen.[218] Die Beurteilung dieser Eignung muss auch bei der Anwendung der §§ 37b, 37c WpHG aus einer *ex-ante*-Betrachtung erfolgen.[219]

---

213 *Kümpel/Veil,* Wertpapierhandelsgesetz, 2. Aufl., S. 62 Rn. 32; *Lösler*, in: Habersack/Mülbert/Schlitt, Hdb. Kapitalmarktinformation, 2. Aufl., § 2 Rn. 58; *Möllers/Leisch,* NZG 2003, 112, 116.

214 Vgl. *Jungmichel,* Haftung und Schadenskompensation, 2007, S. 92.

215 *BaFin,* Emittentenleitfaden, 2013, S. 35; *Braun,* in: Möllers/Rotter, Ad-hoc-Publizität, § 8 Rn. 100; *Bröker*, in: Clausen, Bank- und Börsenrecht, 5. Aufl., § 6 Rn. 96; *Buck-Heeb,* Kapitalmarktrecht, 7. Aufl., § 6 Rn. 276; *Caspari,* ZGR 1994, 530, 540; *Ehricke,* in: Hopt/Voigt, Prospekt- und Kapitalmarktinformationshaftung, S. 187, 259; *Hopt,* ZGR 1991, 17, 32; *Lösler*, in: Habersack/Mülbert/Schlitt, Hdb. Kapitalmarktinformation, 2. Aufl., § 2 Rn. 44; so der EuGH Urteil vom 28.6. 2012 Rs. C-19/11, NZG 2012, 784 (Markus Geltl/Daimler AG).

216 *BaFin,* Emittentenleitfaden, 2013, S. 35.

217 Vgl. *Langenbucher*, Aktien- und Kapitalmarktrecht, 3. Aufl., § 15 Rn. 45; *Findeisen,* WM 2007, 100, 105.

218 Vgl. BGH WM 2012, 303 ff. – IKB; *Braun,* in: Möllers/Rotter, Ad-hoc-Publizität, § 8 Rn. 100; *Casper*, in: Kölner Komm KapMuG, §§ 37b, 37c WpHG Rn. 56; *Hopt,* in: Schimansky/Bunte/Lwowski, Bankrechts, § 107 Rn. 27; *Jungmichel,* Haftung und Schadenskompensation, 2007, S. 101; *Kümpel/Veil,* Wertpapierhandelsgesetz, 2. Aufl., S. 61 Rn. 31; *Lösler*, in: Habersack/Mülbert/Schlitt, Hdb. Kapitalmarktinformation, 2. Aufl., § 2 Rn. 38; *Maier-Reimer/Webering,* WM 2002, 1857, 1861; *Mennicke/Jakovou,* in: Fuchs, WpHG, § 13 Rn. 165; *Mülbert/Steup,* in: Habersack/Mülbert/Schlitt, Unternehmensfinanzierung, § 41 Rn. 228.

219 *Caspari,* ZGR 1994, 530, 540; *Ehricke,* in: Hopt/Voigt, Prospekt- und Kapitalmarktinformationshaftung, S. 187, 259; *Jungmichel,* Haftung und Schadenskompensation, 2007, S. 92; *Maier-Reimer/Webering,* WM 2002, 1857, 1858; *Rössner/Bolkart,* ZIP 2002, 1471, 1474; *Zimmer/Grotheer*, in: Schwark/Zimmer, Kapitalmarktrechtskommentar, §§ 37b, 37c WpHG Rn. 43.

2 Unterlassung der Veröffentlichung, § 37b WpHG

1) Pflicht zur unverzüglichen Veröffentlichung

a) Rechtspflicht zur Veröffentlichung

Die Haftung aus § 37b WpHG geht in objektiver Hinsicht davon aus, dass es ein Emittent unterlassen hat, eine Insiderinformation, die ihn unmittelbar betrifft, unverzüglich zu veröffentlichen. Unproblematisch ist zunächst, dass ein Unterlassen im Rechtssinn nur dann in Betracht kommen kann, wenn *in concreto* eine Rechtspflicht zum Handeln besteht,[220] weil nämlich grundsätzlich keine allgemeine Rechtpflicht zur Wahrnehmung fremder Vermögensinteressen besteht.[221] Ohne eine bestimmte Rechtspflicht zum Handeln ist daher kein Unterlassen im Sinne von § 37b WpHG vorstellbar.[222]

In der Literatur wird teilweise argumentiert, dass § 37b WpHG selbst eine Veröffentlichungspflicht konstituiere.[223] Diese Ansicht erscheint jedoch deshalb nicht überzeugend, weil dies zur Folge hätte, dass sich die Veröffentlichungspflicht aus § 15 WpHG und eine solche aus § 37b WpHG auseinanderentwickeln könnten.[224] Eine solche Interpretation lässt sich weder aus der systematischen Auslegung beider Normen noch aus der Gesetzgebungsgeschichte herleiten.[225] Der Gesetzgeber wollte mit der Schaffung des § 37b WpHG keine von § 15 WpHG zu unterscheidende eigenständige Veröffentlichungspflicht schaffen.[226] Nach den Gesetzesmaterialien zu § 15 WpHG kommt eine Schadensersatzpflicht allein dann in Betracht, wenn ein Emittent nicht unverzüglich eine Insiderinformation veröffentlicht, obwohl er nach § 15 WpHG zur Ad-hoc-Mitteilung verpflichtet ist.[227] Aus dem Unterlassungsbegriff in § 37b WpHG kann daher weder eine Erweiterung

---

220 Vgl. *Maier-Reimer/Seulen*, in: Habersack/Mülbert/Schlitt, Kapitalmarktinformation, § 30 Rn. 67; *Möllers/Leisch*, NZG 2003, 112, 115; *Möllers/Leisch*, in: Kölner Komm WpHG § 37b, 37c Rn. 101; *Sethe*, in: Assmann/Schneider, WpHG, §§ 37b, 37c Rn. 46.

221 Vgl. BGH 27.5. 1971 Z 56, 228, 238.

222 Das bloße Unterlassen von Informationen reicht für die Haftung des Emittenten daher auch dann nicht aus, wenn sie für den Kapitalmarkt von Bedeutung wären.

223 Vgl. *Groß*, WM 2002, 477, 485.

224 Vgl. *Möllers/Leisch*, in: Kölner Komm WpHG, § 37b, 37c Rn. 113.

225 Vgl. *Dirigo*, Haftung für fehlerhafte Ad-hoc-Publizität, 2011, S. 34; *Maier-Reimer/Webering*, WM 2002, 1857, 1858; *Möllers/Leisch*, in: Kölner Komm WpHG, § 37b, 37c Rn. 113; *Zimmer/Grotheer*, in: Schwark/Zimmer, Kapitalmarktrechtskommentar, §§ 37b, 37c WpHG Rn. 33.

226 Vgl. *Maier-Reimer/Webering*, WM 2002, 1857, 1858; *Möllers/Leisch*, in: Kölner Komm WpHG, § 37b, 37c Rn. 113; *Möllers/Leisch*, in: Möllers/Rotter, Ad-hoc-Publizität, § 14 Rn. 10; *Nietsch*, BB 2005, 785, 786; *Zimmer/Grotheer*, in: Schwark/Zimmer, Kapitalmarktrechtskommentar, §§ 37b, 37c WpHG Rn. 33.

227 BT-Drucks., 14/8017, S. 93.

der Veröffentlichungspflicht noch eine Verengung im Verhältnis zu § 15 WpHG abgeleitet werden.[228] Im Ergebnis ist festzustellen: Eine Rechtspflicht zum Handeln, d.h. zur unverzüglichen Veröffentlichung einer Insiderinformation, ergibt sich allein aus § 15 WpHG, und § 37b WpHG begründet keine eigenständige Veröffentlichungspflicht.[229] Nur wenn also der Emittent zur Ad-hoc-Mitteilung nach § 15 WpHG verpflichtet ist, kann ein Unterlassen im Sinne des § 37b WpHG in Betracht kommen.[230]

b) Unverzüglichkeit

Setzt eine nationale Bestimmung Vorgaben europäischer Richtlinien um, so sind die im Gesetz enthaltenen unklaren Rechtsbegriffe nach einhelliger Ansicht richtlinienkonform auszulegen.[231] Der Gesetzgeber in Deutschland hat den europarechtlichen Begriff *„so bald als möglich“* [232] mit dem Begriff *„unverzüglich“* in das deutsche Recht umgesetzt. Dies ist in erster Linie deshalb von herausragender Bedeutung, weil der Begriff *„Unverzüglichkeit“* daher richtlinienkonform[233] und unabhängig vom Vorverständnis des nationalen Gesetzgebers auszulegen ist.[234] Das Wort *„unverzüglich“* in § 15 WpHG ist daher als *„so bald als möglich“* zu verstehen, um eine einheitliche Auslegung innerhalb der Mitgliedstaaten zu erreichen.

---

228 Vgl. *Möllers/Leisch,* in: Kölner Komm WpHG, § 37b, 37c Rn. 113.

229 Vgl. BT-Drucks., 14/8017, S. 93; *Casper,* in: Kölner Komm KapMuG, §§ 37b, 37c WpHG Rn. 48; *Maier-Reimer/Webering,* WM 2002, 1857, 1858; *Möllers/Leisch,* in: Kölner Komm WpHG, § 37b, 37c Rn. 113; *Möllers/Leisch,* in: Möllers/Rotter, Ad-hoc-Publizität, § 14 Rn. 10; *Nietsch,* BB 2005, 785, 786; *Schwark/Kruse,* in: Schwark/Zimmer, Kapitalmarktrechtskommentar, 4. Aufl. 2010, § 13 Rn. 33; *Sethe,* in: Assmann/Schneider, WpHG, §§ 37b, 37c Rn. 64; *Zimmer/Grotheer,* in: Schwark/Zimmer, Kapitalmarktrechtskommentar, §§ 37b, 37c WpHG Rn. 30.

230 *Baums,* ZHR 167 (2003), 139, 160; *Maier-Reimer/Webering,* WM 2002, 1857, 1858; *Maier-Reimer/Seulen,* in: Habersack/Mülbert/Schlitt, Kapitalmarktinformation, § 30 Rn. 67; *Möllers/Leisch,* in: Möllers/Rotter, Ad-hoc-Publizität, § 14 Rn. 10; *Möllers/Leisch,* NZG 2003, 112, 114; *Sethe,* in: Assmann/Schneider, WpHG, § 37c Rn. 46 ff.

231 *Buck-Heeb,* Kapitalmarktrecht, 7. Aufl., § 1 Rn. 38; *Krause,* ZGR 2002, 799, 839; *Möllers/Leisch,* in: Kölner Komm WpHG, § 37b, 37c Rn. 115, 193 f.; *Sethe,* in: Assmann/Schneider, WpHG, §§ 37b, 37c Rn. 105.

232 Richtlinie 2003/6/EG des Europäischen Parlaments und des Rates vom 28. Januar 2003, ABl. Nr. L 96, S. 14.

233 Hinsichtlich des Begriffs der Richtlinienkonformität hat der EuGH klargestellt, dass die Gerichte das nationale Recht soweit wie möglich im Lichte des Wortlauts und des Zwecks der Richtlinie zu interpretieren haben (EuGHNZA 2010, 85, 88 –Kücükdeveci/Swedex; EuGH EuZW 1999, 244, 246 – BMW).

234 Vgl. *Casper,* in: Kölner Komm KapMuG, §§ 37b, 37c WpHG Rn. 27; *Möllers/Leisch,* in: Kölner Komm WpHG, § 37b, 37c Rn. 115; *Sethe,* in: Assmann/Schneider, WpHG, §§ 37b, 37c Rn. 105. Allgemein zur richtlinienkonformen Interpretation *Roth/Jopen,* in: Riesenhuber, Europäische Methodenlehre, 3. Aufl., 2015, § 13.

Daher muss der Emittent eine Insiderinformation „*so bald als möglich*" veröffentlichen.[235] Hierbei ist dem Emittenten jedenfalls eine gewisse Frist einzuräumen, um sich bei geeigneten Beratern sachkundig beraten zu lassen,[236] ob eine Ad-hoc-Mitteilungspflicht vorliegt oder nicht.[237]

Die Ad-hoc-Mitteilungspflicht entsteht mit der Verwirklichung der objektiven Tatbestandsmerkmale.[238] Hierbei geht es nicht um die subjektive Leistungsfähigkeit des jeweiligen Emittenten, sondern gerade um ein Merkmal des objektiven Tatbestandes.[239] Entscheidend ist mithin lediglich, ob der Emittent die Insiderinformation in Form einer Ad-hoc-Mitteilung nach § 15 WpHG objektiv rechtzeitig veröffentlicht hat. Es kommt hier allein darauf an, ob der objektiv zu bestimmende Zeitraum überschritten ist oder nicht.[240] Ob dem Emittenten das objektive Entstehen einer Insiderinformation zur Kenntnis kommt, spielt keine Rolle.[241] Entscheidend ist die allgemeine Verkehrserwartung an eine geeignete Organisation zur schnellen Kapitalmarktinformation, um Informationsasymmetrien zu verhindern.[242] Es ist die Aufgabe des Emittenten, sein Unternehmen so zu organisieren, dass er von dem Eintritt einer Insiderinformation Kenntnis erlangen kann.[243] Unabhängig von der Kenntnis des Emittenten beginnt das Unterlassen erst dann, wenn die ihm mit dem Merkmal der Unverzüglichkeit zugebilligte Befreiungsfrist verstrichen ist.[244]

---

235 Vgl. *Casper,* in: Kölner Komm KapMuG, §§ 37b, 37c WpHG Rn. 27; *Möllers/Leisch,* in: Kölner Komm WpHG, § 37b, 37c Rn. 115, 193 f.; *Maier-Reimer/Seulen,* in: Habersack/Mülbert/Schlitt, Kapitalmarktinformation, § 30 Rn. 82.

236 BT-Drucks. 12/6679, S. 48.

237 Vgl. *Möllers/Leisch,* in: Kölner Komm WpHG, § 37b, 37c Rn. 115; *Sethe,* in: Assmann/Schneider, WpHG, §§ 37b, 37c Rn. 47.

238 Vgl. *Gehrt,* Die neue Ad-hoc-Publizität, 1997, S. 170 f.; *Sethe,* in: Assmann/Schneider, WpHG, §§ 37b, 37c Rn. 105.

239 *Casper,* in: Kölner Komm KapMuG, §§ 37b, 37c WpHG Rn. 27; *Möllers/Leisch,* in: Kölner Komm WpHG, § 37b, 37c Rn. 115; *Maier-Reimer/Seulen,* in: Habersack/Mülbert/Schlitt, Kapitalmarktinformation, § 30 Rn. 82.

240 Vgl. *Fuchs,* in: Fuchs WpHG, §§ 37b, 37c Rn. 13; *Möllers/Leisch,* in: Kölner Komm WpHG § 37b, 37c Rn. 115; *Sethe,* in: Assmann/Schneider, WpHG, §§ 37b, 37c Rn. 47.

241 *Schäfer,* in: Marsch-Barner/Schäfer, Hb börsennotierte AG, § 15 Rn. 28; *Spindler/Speier,* BB 2005, 2031, 2032; *Versteegen,* in: Kölner Komm WpHG, 1. Aufl., § 15 Rn. 110; *Stoppel,* in: Grunewald/Schlitt, Einführung in das Kapitalmarktrecht, 3. Aufl., S. 278.

242 Vgl. *Casper,* in: Kölner Komm KapMuG, §§ 37b, 37c WpHG Rn. 27; *Nietsch,* BB 2005, 785, 787.

243 Vgl. *Klöhn,* ZHR 178 (2014), 55, 71; *Möllers/Leisch,* in: Kölner Komm WpHG § 37b, 37c Rn. 115; *Nietsch,* BB 2005, 785, 787; *Schäfer,* in: Marsch-Barner/Schäfer, Hb börsennotierte AG, § 15 Rn. 28; *Spindler/Speier,* BB 2005, 2031, 2032.

244 Vgl. *Maier-Reimer/Seulen,* in: Habersack/Mülbert/Schlitt, Kapitalmarktinformation, § 30 Rn. 67; *Möllers/Leisch,* in: Kölner Komm WpHG, § 37b, 37c Rn. 115; *Sethe,* in: Assmann/Schneider, WpHG, § 37b, 37c Rn. 47.

2) *Unterlassen*

Im Hinblick auf den Tatbestand des § 37b WpHG kommen vor allem das vollständige Unterlassen, das Teilunterlassen und die verspätete Veröffentlichung in Betracht.[245] Für das Unterlassen kommt es daher nicht darauf an, ob die Insiderinformation gar nicht oder nur verspätet öffentlich bekannt wird.[246] Denn die Verpflichtung zur Ad-hoc-Mitteilung gemäß § 15 WpHG ist unverzüglich zu erfüllen. Zudem gilt § 37b WpHG grundsätzlich auch für die pflichtwidrig unterlassene oder verspätete Berichtigung einer fehlerhaften früheren Ad-hoc-Mitteilung nach § 15 Abs. 2 Satz 2 WpHG.[247] Hinzu kommt die den Verfahrensvorschriften widersprechende Veröffentlichung.[248]

Ebenso wenig kommt es darauf an, ob die Informationen positiv oder negativ sind.[249] In der Praxis dürfte es sich vor allem um die nicht oder die verspätet erfolgte Veröffentlichung negativer Insiderinformationen handeln, weil der Emittent meistens ein starkes Interesse an der unverzüglichen Veröffentlichung positiver Informationen hat.[250] Aber auch das Verzögern der Veröffentlichung einer positiven Insiderinformation – etwa wegen grober Organisationsmängel – ist vorstellbar.[251]

a) *Vollständiges Unterlassen*

Eine vollständige Unterlassung einer Ad-hoc-Mitteilung im Sinne des 37b Abs. 1 WpHG ist dann denkbar, wenn der Emittent eine Insiderinformation überhaupt nicht bekanntgegeben hat.[252] Dabei wird es sich in der Regel um solche Fälle

---

245 BT-Drucks., 14/8017, S. 93; *Fleischer*, in: Assmann/Schütze, Handbuch des Kapitalanlagerechts, 4. Aufl., § 6 Rn. 43; *Schäfer*, in: Marsch-Barner/Schäfer, Hb börsennotierte AG, § 17 Rn. 9; *Sethe*, in: Assmann/Schneider, WpHG, §§ 37b, 37c Rn. 49.

246 BT-Drucks., 14/8017, S. 93.

247 Vgl. *Fleischer*, in: Assmann/Schütze, Handbuch des Kapitalanlagerechts, 4. Aufl., § 6 Rn. 43; *Mülbert/Steup*, in: Habersack/Mülbert/Schlitt, Unternehmensfinanzierung, § 41 Rn. 184.

248 BR-Drucks. 936/01 (neu), S. 260; *Fleischer*, in: Assmann/Schütze, Handbuch des Kapitalanlagerechts, 4. Aufl., § 6 Rn. 43; *Möllers/Leisch*, in: Kölner Komm WpHG, §§ 37b, 37c Rn. 120 f.; *Mülbert/Steup*, in: Habersack/Mülbert/Schlitt, Unternehmensfinanzierung, § 41 Rn. 187; *Zimmer/Grotheer*, in: Schwark/Zimmer, Kapitalmarktrechtskommentar, §§ 37b, 37c WpHG Rn. 32.

249 Vgl. BT-Drucks., 14/8017, S. 93; *Casper*, in: Kölner Komm KapMuG, §§ 37b, 37c WpHG Rn. 29; *Schäfer*, in: Marsch-Barner/Schäfer, Hb börsennotierte AG, § 17 Rn. 9.

250 *Fuchs*, in: Fuchs WpHG, §§ 37b, 37c Rn. 8; *Klöhn*, ZHR 178 (2014), 55, 81; *Langenbucher*, Aktien- und Kapitalmarktrecht, 3. Aufl., § 17 Rn. 131; *Möllers/Leisch*, in: Kölner Komm WpHG, § 37b, 37c Rn. 118.

251 Vgl. BT-Drucks., 14/8017, S. 93; *Fuchs*, in: Fuchs WpHG, §§ 37b, 37c Rn. 8; *Schäfer*, in: Marsch-Barner/Schäfer, Hb börsennotierte AG, § 17 Rn. 9.

252 Vgl. *Fleischer*, in: Assmann/Schütze, Handbuch des Kapitalanlagerechts, 4. Aufl., § 6 Rn. 43; *Möllers/Leisch*, in: Möllers/Rotter, Ad-hoc-Publizität, § 14 Rn. 11; *Schäfer*,

handeln, in denen es der Emittent unterlassen hat, eine negative Insiderinformation zu veröffentlichen. Ebenso werden jedoch auch solche Fälle erfasst, in denen der Emittent eine positive Insiderinformation nicht veröffentlicht hat.[253] Zu einem bestimmten Zeitpunkt hatte das Anlegerpublikum keine Kenntnis von der publizitätspflichtigen Information, obwohl diese früher hätte veröffentlicht werden müssen. Sie wurde später am Kapitalmarkt öffentlich bekannt, ohne dass sich der Emittent in irgendeiner Weise dazu geäußert hat. In einem solchen Fall bedarf es keiner weiteren Prüfung, ob der Emittent die Insiderinformation *„unverzüglich"* veröffentlicht hat. Festzustellen ist mithin lediglich, ob diese Unterlassung auf grober Fahrlässigkeit beruht hat oder nicht.[254]

b) Verspätete Veröffentlichung

Ein Unterlassen im Sinne des § 37b WpHG liegt auch dann vor, wenn der Emittent zur Veröffentlichung kursrelevanter Information verpflichtet ist (§ 15 WpHG), diese Information aber nicht *„unverzüglich"* und erst verspätet veröffentlicht.[255] Meistens wird eine solche Insiderinformation nicht unverzüglich, sondern erst verspätet veröffentlicht, die sich auf den Preis negativ auswirken kann und daher schon früher hätte veröffentlicht werden müssen. In solchen Fällen kann ein Konflikt zwischen dem Informationsinteresse des Kapitalmarktes und dem Geheimhaltungsinteresse des Emittenten in Betracht kommen. Dies kann im Einzelfall zu einer Befreiung von der Ad-hoc-Publizität nach § 15 Abs. 3 WpHG führen.[256] Darüber hinaus kann auch das Verschweigen positiver Informationen in Betracht kommen.[257]

c) Teilunterlassung

Denkbar ist auch, dass der Emittent eine Insiderinformation unvollständig veröffentlicht. Hierbei geht es um die Fälle, in denen der Emittent zwar eine Ad-hoc-Mitteilung veröffentlicht, dabei jedoch bestimmte kursrelevante Einzelinformationen nicht mitberücksichtigt werden, sodass es zu einer Irreführung

---

in: Marsch-Barner/Schäfer, Hb börsennotierte AG, § 17 Rn. 9; *Sethe,* in: Assmann/Schneider, WpHG, §§ 37b, 37c Rn. 46 f.

253 *Möllers/Leisch,* in: Möllers/Rotter, Ad-hoc-Publizität, § 14 Rn. 12; *Schäfer,* in: Marsch-Barner/Schäfer, Hb börsennotierte AG, § 17 Rn. 9.

254 *Doğan,* Ad-hoc-Publizitätshaftung, 2005, S. 76.

255 BT-Drucks., 14/8017, S. 93; *Fleischer,* NJW 2002, 2977, 2979; *Maier-Reimer/Seulen,* in: Habersack/Mülbert/Schlitt, Kapitalmarktinformation, § 30 Rn. 72; *Möllers/Leisch,* in: Kölner Komm WpHG, § 37b, 37c Rn. 118; *Mülbert/Steup,* in: Habersack/Mülbert/Schlitt, Unternehmensfinanzierung, § 41 Rn. 185; *Sethe,* in: Assmann/Schneider, WpHG, §§ 37b, 37c Rn. 49.

256 Vgl. *Möllers/Leisch,* in: Kölner Komm WpHG, § 37b, 37c Rn. 118; *Möllers/Leisch,* in: Möllers/Rotter, Ad-hoc-Publizität, § 14 Rn. 12.

257 *Möllers/Leisch,* in: Kölner Komm WpHG, § 37b, 37c Rn. 118.

des Anlegerpublikums kommt.[258] In einem solchen Fall kann er sich nicht darauf berufen, dass zum Zeitpunkt der ursprünglichen Veröffentlichung eine Ad-hoc-Mitteilung erfolgte.[259]

d) Missachtung der Vorgaben für die Ad-hoc-Mitteilung

Dem Emittenten steht es nicht frei, wie er die Insiderinformation veröffentlichen kann.[260] Der Emittent muss eine Insiderinformation ausschließlich in der durch § 15 Abs. 7 Satz 1 Nr. 1 WpHG i.V.m. §§ 3a, 3b, 4, 5, 5a WpAIV vorgeschriebenen Art und Weise veröffentlichen.[261] Eine Veröffentlichung von Insiderinformationen in anderer Weise darf nach § 15 Abs. 5 WpHG *expressis verbis* nicht vor der Ad-hoc-Mitteilung vorgenommen werden.[262] Eine solche Information ist nicht als öffentlich bekannt anzusehen. Ein Unterlassen einer Ad-hoc-Mitteilung im Sinne des § 37b WpHG kann daher auch in Betracht kommen, wenn der Emittent eine Information nicht in der gesetzlich bestimmten Art und Weise veröffentlicht hat.[263] Ein Verstoß gegen die Art und Weise der Ad-hoc-Mitteilung kommt deshalb einem Unterlassen gleich. Infolgedessen stellt eine solche Veröffentlichung keine Veröffentlichung im Sinne des § 15 WpHG dar.[264] Ein klassisches Beispiel bildet die Information durch die Presse.[265]

3) Unterlassene Berichtigung: Pflicht zur Korrektur

a) Allgemeines

Die Pflicht zur Korrektur kann sich zum einen daraus ergeben, dass sich die ursprünglich unwahre Mitteilung auf Umstände bezieht, deren Kenntnis – wären die Umstände wahr – selbst eine Insiderinformation im Sinne des § 13 WpHG

258 Vgl. *Mülbert/Steup*, in: Habersack/Mülbert/Schlitt, Unternehmensfinanzierung, § 41 Rn. 183; *Nietsch*, BB 2005, 785, 788; *Zimmer/Grotheer*, in: Schwark/Zimmer, Kapitalmarktrechtskommentar, §§ 37b, 37c WpHG Rn. 31.

259 Vgl. *Jungmichel*, Haftung und Schadenskompensation, 2007, S. 116.

260 Vgl. *Möllers/Leisch*, in: Kölner Komm WpHG, § 37b, 37c Rn. 120.

261 Vgl. BGH vom 13. 12. 2011 – XI ZR 51/10, WM 2012, 303 f. – IKB; *Lenenbach*, Kapitalmarkt, 2. Aufl., Rn. 11.593; *Sethe*, in: Assmann/Schneider, WpHG, §§ 37b, 37c Rn. 52; *Zimmer/Grotheer*, in: Schwark/Zimmer, Kapitalmarktrechtskommentar, §§ 37b, 37c WpHG Rn. 30.

262 Vgl. *Möllers/Leisch*, in: Kölner Komm WpHG, § 37b, 37c Rn. 120.

263 Vgl. OGH Urteil vom 25. Februar 2010 (2009 Do 4662); OGH Urteil vom 12. Mai 2006 (2004 Do 491); OGH Urteil vom 24. November 2000 (2000 Do 2827).

264 *Casper*, in: Kölner Komm KapMuG, §§ 37b, 37c WpHG Rn. 30; *Lenenbach*, Kapitalmarkt, 2. Aufl., Rn. 11.593; *Möllers/Leisch*, in: Kölner Komm WpHG, § 37b, 37c Rn. 120; *Zimmer/Grotheer*, in: Schwark/Zimmer, Kapitalmarktrechtskommentar, §§ 37b, 37c WpHG Rn. 30.

265 Vgl. OGH Urteil vom 29. Juni 1995 (95 Do 467); *Kim, Jung Soo*, Prinzipien des Kapitalmarktrechts, 2. Aufl., S. 807.

darstellen würde. In diesem Fall ergibt sich die Ad-hoc-Mitteilungspflicht bereits unmittelbar aus § 15 Abs. 1 Satz 1 WpHG selbst (sog. *Aktualisierungspflicht*).[266] Die Pflicht zur Korrektur unwahrer Information, die der Emittent gemäß § 15 WpHG veröffentlicht hat, besteht freilich nach dem ausdrücklichen Wortlaut auch dann, wenn die unwahren Informationen nicht kursrelevant waren.[267] In dieser Hinsicht kommt § 15 Abs. 2 Satz 2 WpHG lediglich klarstellender Charakter zu.[268] Das Unterlassen der Berichtigung ist dann als Unterlassen der Veröffentlichung einer Insiderinformation anzusehen. Allerdings ergibt sich die Schadensersatzpflicht grundsätzlich nicht aus § 37b WpHG, sondern bereits aus § 37c WpHG. Beim Unterlassen einer Berichtigung kommt § 37b WpHG deshalb nur dann eine eigenständige Bedeutung zu, wenn die Veröffentlichung fehlerhafter Information weder vorsätzlich noch grob fahrlässig erfolgte und sich deshalb eine Ersatzpflicht nicht bereits aus § 37c WpHG ergibt.[269] Ob die ursprüngliche Kapitalmarktinformation schuldhaft unwahr war oder nicht, ist für das Eingreifen der Berichtigungspflicht irrelevant.[270]

Bezieht sich die unwahre Kapitalmarktinformation auf Umstände, deren Kenntnis – sind die Umstände wahr – selbst keine Insiderinformation darstellen würde, dann bedeutet die Tatsache, dass die wahre Sachlage anders ist, als dem Kapitalmarkt mitgeteilt, ebenfalls keine Insiderinformation. Die Berichtigungspflicht ergibt sich hier zwar nicht aus § 15 Abs. 1 Satz 1 WpHG, aber ergänzend sieht § 15 Abs. 2 Satz 2 WpHG eine Verpflichtung zur Korrektur unwahrer Ad-hoc-Mitteilungen dann vor, sofern die Berichtigung ihrerseits Kursbeeinflussungspotential besitzt.[271] Hat der Emittent unwahre Informationen in einer Ad-hoc-Mitteilung im Sinne des § 15 Abs. 1 WpHG veröffentlicht, so hat er diese gemäß § 15 Abs. 2 Satz 2 WpHG unverzüglich in einer Ad-hoc-Mitteilung zu berichtigen. Es kommt nicht darauf an, ob die Voraussetzungen für eine Veröffentlichungspflicht nach § 15 Abs. 1 Satz 1 WpHG erfüllt sind oder nicht. Ebenso wenig kommt es darauf an, ob die Unwahrheit der Information zwischenzeitlich dem Markt öffentlich

---

266 Vgl. *Sethe,* in: Assmann/Schneider, WpHG, §§ 37b, 37c Rn. 50; *Zimmer/Grotheer,* in: Schwark/Zimmer, Kapitalmarktrechtskommentar, §§ 37b, 37c WpHG Rn. 43; Im US-amerikanischen Recht hat die Rechtsprechung im Rahmen der Generalklausel der Rule 10b-5 eingehende Regeln zur duty to correct und zur duty to update entwickelt.

267 Vgl. § 15 Abs. 2 Satz 2 WpHG, 2. Halbsatz.

268 Vgl. *Dirigo,* Haftung für fehlerhafte Ad-hoc-Publizität, 2011, S. 68; *Maier-Reimer/Seulen,* in: Habersack/Mülbert/Schlitt, Kapitalmarktinformation, § 30 Rn. 70; *Mülbert/Steup,* in: Habersack/Mülbert/Schlitt, Unternehmensfinanzierung, § 41 Rn. 184.

269 Vgl. *Dirigo,* Haftung für fehlerhafte Ad-hoc-Publizität, 2011, S. 68; *Maier-Reimer/Seulen,* in: Habersack/Mülbert/Schlitt, Kapitalmarktinformation, § 30 Rn. 70; *Möllers/Leisch,* in: Kölner Komm WpHG, § 37b, 37c Rn. 123.

270 Vgl. *Sethe,* in: Assmann/Schneider, WpHG, §§ 37b, 37c Rn. 50.

271 Im Ergebnis *Dirigo,* Haftung für fehlerhafte Ad-hoc-Publizität, 2011, S. 69; *Maier-Reimer/Seulen,* in: Habersack/Mülbert/Schlitt, Kapitalmarktinformation, § 30 Rn. 71.

bekannt geworden ist oder nicht.[272] § 37b WpHG kommt grundsätzlich für den Fall in Betracht, in dem der Emittent eine an sich gebotene Berichtigung einer früheren Ad-hoc-Mitteilung unterlassen oder erst verspätet vorgenommen hat.[273] Hierbei stellt sich wiederum die Frage, ob § 37b WpHG auf die Unterlassung einer gebotenen Berichtigung nach § 15 Abs. 2 Satz 2 WpHG anwendbar ist.

Nach einer Ansicht ist § 37b WpHG auf Verstöße gegen die Berichtigungspflicht nach § 15 Abs. 2 Satz 2 WpHG analog anzuwenden.[274] Nach dieser Ansicht besteht der Zweck der §§ 37b, 37c WpHG darin, sämtliche informationellen Transparenzbeeinträchtigungen zu erfassen, die im Zusammenhang mit der Ad-hoc-Mitteilung stehen.[275] Zudem sei es für die Haftung kaum von Bedeutung, ob sich die Berichtigungspflicht aus § 15 Abs. 1 WpHG ergibt, was vom Wortlaut des § 37b WpHG gedeckt wäre oder aus § 15 Abs. 2 Satz 2 WpHG.[276] Dies wird damit begründet, dass sich die Verzögerung oder die Unterlassung einer gebotenen Berichtigung auf die Preisbildung am Kapitalmarkt ebenso auswirke, wie entsprechende Verletzung der Ad-hoc-Mitteilungspflicht, und hierdurch weitere Anleger geschädigt werden könnten.[277] Bedarf für eine gesetzgeberische Maßnahme bestehe nicht.[278]

Die Unterlassung einer Berichtigung ist vom Wortlaut des § 37b WpHG grundsätzlich aber nicht erfasst, weil dieser allein und eindeutig nicht die Veröffentlichung einer *unwahren Information*, sondern die einer *unwahren Insiderinformation* voraussetzt, also die Verletzung des 15 Abs. 1 Satz 1 WpHG.[279] Diese Berichtigung bezieht sich aber nicht auf eine Insiderinformation. Ihre Verletzung ist deshalb nicht als Unterlassung der Veröffentlichung einer Insiderinformation anzusehen.

---

272 Vgl. *Buck-Heeb*, Kapitalmarktrecht, 7. Aufl., § 6 Rn. 336.

273 *Casper*, in: Kölner Komm KapMuG, §§ 37b, 37c WpHG Rn. 29; *Dirigo*, Haftung für fehlerhafte Ad-hoc-Publizität, 2011, S. 68 f.; *Fuchs*, in: Fuchs WpHG, §§ 37b, 37c Rn. 10; *Möllers/Leisch*, in: Kölner Komm WpHG, § 37b, 37c Rn. 119; *Mülbert/Steup*, in: Habersack/Mülbert/Schlitt, Unternehmensfinanzierung, § 41 Rn. 183; *Zimmer/Grotheer*, in: Schwark/Zimmer, Kapitalmarktrechtskommentar, §§ 37b, 37c WpHG Rn. 31.

274 Vgl. *Casper*, in: Kölner Komm KapMuG, §§ 37b, 37c WpHG Rn. 31; *Fleischer*, in: Assmann/Schütze, Handbuch des Kapitalanlagerechts, 4. Aufl., § 6 Rn. 43; *Fuchs*, in: Fuchs WpHG, §§ 37b, 37c Rn. 10; *Möllers/Leisch*, in: Kölner Komm WpHG, § 37b, 37c Rn. 123; *Sethe*, in: Assmann/Schneider, WpHG, §§ 37b, 37c Rn. 50: Nichterwähnung des § 15 Abs. 2 Satz 2 WpHG sei Redaktionsversehen; *Mülbert/Steup*, in: Habersack/Mülbert/Schlitt, Unternehmensfinanzierung, § 41 Rn. 185.

275 Vgl. *Casper*, in: Kölner Komm KapMuG, §§ 37b, 37c WpHG Rn. 31; *Möllers/Leisch*, in: Kölner Komm WpHG, § 37b, 37c Rn. 123.

276 Vgl. *Sethe*, in: Assmann/Schneider, WpHG, §§ 37b, 37c Rn. 50.

277 Vgl. *Fuchs*, in: Fuchs WpHG, §§ 37b, 37c Rn. 10; *Möllers/Leisch*, in: Kölner Komm WpHG, § 37b, 37c Rn. 123; *Sethe*, in: Assmann/Schneider, WpHG, §§ 37b, 37c Rn. 50.

278 *Baums*, ZHR 167(2003), 139, 161.

279 Vgl. *Dirigo*, Haftung für fehlerhafte Ad-hoc-Publizität, 2011, S. 69; *Maier-Reimer/Seulen*, in: Habersack/Mülbert/Schlitt, Kapitalmarktinformation, § 30 Rn. 75; *Möllers/Leisch*, in: Kölner Komm WpHG, § 37b, 37c Rn. 122.

Folglich löst die Verletzung dieser Berichtigungspflicht nicht die Pflicht zum Schadensersatz nach § 37b WpHG aus.[280] Darüber hinaus fehlt es an einer planwidrigen Regelungslücke, weshalb eine analoge Anwendung des § 37b WpHG auch aus diesem Grund ausscheidet.[281]

b) Sonderfall: Gerüchte

§ 13 Abs. 1 Satz 3 WpHG stellt klar, dass zukünftige Ereignisse oder Umstände die Voraussetzungen einer Insiderinformation erfüllen können, sofern ihr Eintritt hinreichend wahrscheinlich ist.[282] Es stellt sich daher die Frage, ob Gerüchte auch unter den Begriff einer Insiderinformation im Sinne des § 13 Abs. 1 WpHG zu subsumieren sind.[283] Hierbei geht es gerade um die Frage, ob der Emittent zu einer unverzüglichen Stellungnahme im Rahmen der Ad-hoc-Mitteilung verpflichtet ist, wenn sich Gerüchte über ihn bzw. sein Finanzinstrument auf dem Kapitalmarkt im Umlauf befinden.[284]

In der Gesetzesbegründung hat der Gesetzgeber aber klargestellt, dass er Gerüchte nicht als Bezugspunkt einer Insiderinformation erfassen wollte, obwohl sie den Börsen- oder Marktpreis eines Insiderpapiers erheblich beeinflussen können.[285] Daher ist ein im Umlauf befindliches Gerücht nicht allein schon deshalb als Insiderinformation anzusehen, weil es geeignet ist, im Falle des Bekanntwerdens den Börsen- oder Marktpreis erheblich zu beeinflussen.[286] Nach dem eindeutigen Wortlaut muss das Eintreten zukünftiger Ereignisse und Umstände hinreichend wahrscheinlich sein, sodass bloße Gerüchte über den Emittenten selbst in der Regel hierfür nicht ausreichen.[287] Infolgedessen begründen bloße Gerüchte grundsätzlich keine Verpflichtung zur Ad-hoc-Mitteilung. Deshalb besteht im Hinblick auf bloße Gerüchte über den Emittenten keine allgemeine Pflicht zur Kommentierung.[288]

---

280 *Dirigo*, Haftung für fehlerhafte Ad-hoc-Publizität, 2011, S. 69; *Maier-Reimer/Seulen*, in: Habersack/Mülbert/Schlitt, Kapitalmarktinformation, § 30 Rn. 71; *Mülbert/Steup*, in: Habersack/Mülbert/Schlitt, Unternehmensfinanzierung, § 41 Rn. 184.

281 Vgl. *Dirigo*, Haftung für fehlerhafte Ad-hoc-Publizität, 2011, S. 69.

282 Vgl. *Holzborn/Israel*, WM 2004, 1948, 1951; *Langenbucher*, Aktien- und Kapitalmarktrecht, 3. Aufl., § 15 Rn. 23 ff.; *Nietsch*, BB 2005, 785, 788.

283 Zu Gerüchten *Neumann*, Gerüchte als Kapitalmarktinformationen, 2010.

284 Hierfür *Buck-Heeb*, Kapitalmarktrecht, 7. Aufl., § 6 Rn. 277; *Fleischer/Schmolke*, AG 2007, 841, 846 ff.

285 Vgl. BT-Drucks. 15/3174, S. 34; *Fleischer/Schmolke*, AG 2007, 841, 846 f.; *Langenbucher*, Aktien- und Kapitalmarktrecht, 3. Aufl., § 15 Rn. 35.

286 Ebenso *Cahn*, Der Konzern 2005, 5, 7; *Holzborn/Israel*, WM 2004, 1948, 1951; *Langenbucher*, Aktien- und Kapitalmarktrecht, 3. Aufl., § 15 Rn. 37.

287 Vgl. BT-Drucks. 15/3174, S. 34; *Cahn*, Der Konzern 2005, 5, 7; *Holzborn/Israel*, WM 2004, 1948, 1951.

288 *Fleischer/Schmolke*, AG 2007, 841, 849 f.; *Gehrt*, Die neue Ad-hoc-Publizität, 1997, S. 141; *Hopt*, ZHR 159 (1995), 135, 153; *Neumann*, Gerüchte als Kapitalmarktinformationen, S. 227; *Pfüller*, in: Fuchs, WpHG, § 15 Rn. 112; *Stoppel*, in: Grunewald/Schlitt,

Dabei ergibt sich allerdings das Problem, wie bloße Gerüchte von Informationen über zukünftige Ereignisse oder Umstände im Sinne des § 13 Abs. 1 WpHG abzugrenzen sind.[289] Nicht entscheidend ist, ob sie eine Eignung zur Kursbeeinflussung haben, weil sich bloße Gerüchte auch auf den Marktpreis eines Insiderpapiers auswirken könnten.[290]

Eine Pflicht zur Korrektur unwahrer Gerüchte könnte nur dann in Betracht kommen, wenn diese aus der Sphäre des Emittenten stammen, nicht aber bei von außen kommenden Informationen.[291] Zudem müssen die unwahren Gerüchte den Emittenten unmittelbar betreffen.[292] Darüber hinaus muss die Kenntnis des Emittenten von Gerüchten eine Insiderinformation darstellen, deren Eintreten in Zukunft hinreichend wahrscheinlich ist.[293] In diesem Fall lässt sich die Verpflichtung zur Kommentierung bzw. Richtigstellung von unzutreffenden Gerüchten aus § 15 Abs. 1 Satz 1 WpHG herleiten.[294] Aber selbst, wenn die unwahre Information nicht aus der Sphäre des Emittenten stammt, darf er sie weder bestätigen noch verstärken, indem er sie in seiner Ad-hoc-Mitteilung wiederholt.[295] Bestätigt bzw. verstärkt er aber unwahre Gerüchte in Form einer Ad-hoc-Mitteilung, liegt darin selbst ein Missbrauch dieses Rechtsinstituts. Infolgedessen bietet sich an, ihn für die gesamte Desinformation verantwortlich zu machen. In dieser Hinsicht dürfte das Interesse des Emittenten vielmehr darin liegen, schnellstmöglich über die wahre Sachlage zu informieren, um das Vertrauen der Anleger zu gewährleisten.[296]

4) Rechtfertigung des Unterlassens

In bestimmten Fällen besteht seitens eines Unternehmens ein Interesse daran, für den Emittenten unmittelbare Insiderinformationen bis zu einem bestimmten

---

Einführung in das Kapitalmarktrecht, 3. Aufl., S. 267; *von Klitzing*, Die Ad-hoc-Publizität, 1999, S. 88 f.; anders *Klöhn*, Kapitalmarkt, Spekulation und Behavioral Finance, S. 249.

289 Vgl. *Cahn*, Der Konzern 2005, 5, 7; *Langenbucher*, Aktien- und Kapitalmarktrecht, 3. Aufl., § 15 Rn. 37; *Stoppel*, in: Grunewald/Schlitt, Einführung in das Kapitalmarktrecht, 3. Aufl., S. 267 m.w.N.

290 *Langenbucher*, Aktien- und Kapitalmarktrecht, 3. Aufl., § 15 Rn. 37; *Wilsing/Goslar*, DStR 2012, 1709, 1711.

291 *Hopt*, ZHR 159 (1995), 135, 153; *Pfüller*, in: Fuchs, WpHG, § 15 Rn. 112; *Sethe*, in: Assmann/Schneider, WpHG, §§ 37b, 37c Rn. 71; so auch *Kim, Jung Soo*, Prinzipien des Kapitalmarktrechts, 2. Aufl., S. 812.

292 *Neumann*, Gerüchte als Kapitalmarktinformationen, S. 233.

293 Vgl. *Holzborn/Israel*, WM 2004, 1948, 1951; *Klöhn*, Kapitalmarkt, Spekulation und Behavioral Finance, S. 248 f.; *Neumann*, Gerüchte als Kapitalmarktinformationen, S. 230.

294 *Neumann*, Gerüchte als Kapitalmarktinformationen, S. 234.

295 *Sethe*, in: Assmann/Schneider, WpHG, §§ 37b, 37c Rn. 71.

296 *Neumann*, Gerüchte als Kapitalmarktinformationen, S. 234.

Zeitpunkt geheim zu halten. Dies gilt insbesondere für Fälle wie M&A oder die Entwicklung neuer Technologien usw.[297] Bei der Ad-hoc-Mitteilungspflicht stellt sich daher die Frage, wie lange die Unterlassung einer publizitätspflichtigen Information im Interesse des Unternehmens zugelassen werden kann.

a) Überblick über die geltende Rechtslage in Deutschland

Der Gesetzgeber hat mit § 15 Abs. 3 WpHG einen Befreiungstatbestand geschaffen.[298] Gemäß § 15 Abs. 3 Satz 1 WpHG kann der Emittent die Veröffentlichung einer Insiderinformation im Sinne des § 15 Abs. 1 WpHG solange eigenverantwortlich aufschieben (*Selbstbefreiung*),[299] wie es zum Schutz seiner berechtigten Interessen erforderlich ist. Darüber hinaus setzt der Befreiungstatbestand voraus, dass keine Irreführung der Öffentlichkeit zu befürchten ist und dass der Emittent die Vertraulichkeit der Insiderinformation gewährleisten kann.[300] Diese drei Voraussetzungen müssen kumulativ erfüllt sein (berechtigte Interessen, keine Irreführung, Vertraulichkeit). Es handelt sich dabei um eine Legalausnahme, deren Voraussetzung der Emittent selbst und eigenverantwortlich überprüfen muss.[301] Dem liegt der Gedanke zugrunde, dass im Einzelfall unternehmerischen Interessen des Emittenten ein Vorrang gegenüber dem Interesse des Kapitalmarktes an der ordnungsgemäßen Information einzuräumen sein kann.[302] Berücksichtigt werden sollen nicht nur das Interesse des Kapitalmarktes an einer unverzüglichen Veröffentlichung, sondern auch die berechtigten Interessen des Emittenten an der Geheimhaltung.[303] Die Veröffentlichung muss also die berechtigten Interessen des Emittenten nachteilig betreffen.

Die Haftung des Emittenten gemäß § 37b WpHG setzt zunächst die Verletzung der Verpflichtung zur Ad-hoc-Mitteilung aus § 15 WpHG voraus.[304] Wenn und solange der Emittent von der Verpflichtung zur Ad-hoc-Mitteilung befreit ist,

---

297 Vgl. *Kim, Jung Soo*, Prinzipien des Kapitalmarktrechts, 2. Aufl., S. 793.

298 Mit dieser Regelung hat der Gesetzgeber Art. 6 Abs. 2 der MarktmissbrauchsRiL umgesetzt. Ausführlich hierzu *Assmann*, in: Assmann/Schneider, WpHG, § 15 Rn. 129 ff.

299 *Klöhn*, ZHR 178 (2014), 55, 57; *Simon*, Der Konzern 2005, 13, 19.

300 Eingehend *Klöhn*, ZHR 178 (2014), 55 ff.; vgl. auch *Cahn/Götz*, AG 2007, 221, 222; *Möllers*, WM 2005, 1393, 1395.; *Nietsch*, BB 2005, 785, 786; *Veil/Koch*, WM 2011, 2297, 2032 f.

301 Vgl. *Bröker*, in: Clausen, Bank- und Börsenrecht, 5. Aufl., § 6 Rn. 99; *Burg/Marx*, AG 2009, 487, 490; *Frowein*, in: Habersack/Mülbert/Schlitt, Kapitalmarktinformation, § 10 Rn. 73; *Holzborn/Israel*, WM 2004, 1948, 1952; *Nietsch*, BB 2005, 785, 786; *Pfüller*, in: Fuchs, WpHG, § 15 Rn. 349.

302 *Pfüller*, in: Fuchs, WpHG, § 15 Rn. 354.

303 Vgl. *Klöhn*, ZHR 178 (2014), 55, 63 und 83; *Pfüller*, in: Fuchs, WpHG, § 15 Rn. 356 f.

304 *Maier-Reimer/Seulen*, in: Habersack/Mülbert/Schlitt, Kapitalmarktinformation, § 30 Rn. 67; *Möllers/Leisch*, NZG 2003, 112, 114; *Sethe*, in: Assmann/Schneider, WpHG, §§ 37b, 37c Rn. 46 und 64.

scheidet eine Schadensersatzpflicht des Emittenten für die Dauer der Befreiung komplett aus. In solchen Fällen fehlt es an einer Veröffentlichungspflicht und damit an einer Unterlassung der Veröffentlichung einer Insiderinformation.[305] Diese Rechtsfolge ergibt sich nicht direkt aus dem Wortlaut des § 37b WpHG, sondern aus systematischen und am Schutzzweck des § 15 WpHG orientierenden Auslegungen. Es wäre widersprüchlich, wenn die Unterlassung einer Insiderinformation im Rahmen des § 15 WpHG einerseits ordnungsgemäß wäre, anderseits im Hinblick auf § 37b WpHG aber ersatzpflichtig werden könnte.[306]

Sobald die Voraussetzung für die Befreiung im Sinne des § 15 Abs. 3 Satz 1 WpHG weggefallen ist, hat der Emittent die Ad-hoc-Mitteilung unverzüglich nachzuholen (§ 15 Abs. 3 Satz 2 WpHG). Unterlässt er es, eine solche Mitteilung nachzuholen, obwohl der Befreiungstatbestand weggefallen und die ihm zugebilligte Frist verstrichen ist, kann – und zwar erst ab diesem Zeitpunkt – eine Haftung nach § 37b WpHG in Betracht kommen.[307] Daher ist der Emittent dazu verpflichtet, die Voraussetzungen für die Befreiung während der gesamten Dauer des Veröffentlichungsaufschubs laufend zu überprüfen.[308] Hiermit geht die Gefahr einher, dass er im Rahmen seiner eigenen Beurteilung berechtigte Interessen für gegeben hält, obwohl solche Interessen objektiv nicht bestehen.[309]

3 Veröffentlichung einer unwahren Insiderinformation, § 37c WpHG

Während § 37b WpHG die unterlassene oder die verspätete Ad-hoc-Mitteilung betrifft, sanktioniert § 37c WpHG die Irreführung des Anlegerpublikums durch

305 Vgl. *Fuchs,* in: Fuchs WpHG, §§ 37b, 37c Rn. 12; *Lenenbach,* Kapitalmarkt, 2. Aufl., Rn. 11.594; *Maier-Reimer/Seulen,* in: Habersack/Mülbert/Schlitt, Kapitalmarktinformation, § 30 Rn. 67; *Maier-Reimer/Webering,* WM 2002, 1857, 1858; *Möllers/Leisch,* NZG 2003, 112, 114; *Möllers/Leisch,* in: Kölner Komm WpHG, § 37b, 37c Rn. 116; *Nietsch,* BB 2005, 785, 786; *Reichert/Weller,* ZRP 2002, 49, 54; *Sethe,* in: Assmann/Schneider, WpHG, §§ 37b, 37c Rn. 64; *Zimmer/Grotheer,* in: Schwark/Zimmer, Kapitalmarktrechtskommentar, §§ 37b, 37c WpHG Rn. 33.

306 Zutreffend *Fuchs,* in: Fuchs WpHG, §§ 37b, 37c Rn. 12; *Möllers/Leisch,* in: Kölner Komm WpHG, § 37b, 37c Rn. 116; *Mülbert/Steup,* in: Habersack/Mülbert/Schlitt, Unternehmensfinanzierung, § 41 Rn. 186; *Sethe,* in: Assmann/Schneider, WpHG, §§ 37b, 37c Rn. 64.

307 *Lenenbach,* Kapitalmarkt, 2. Aufl., Rn. 11.594; *Sethe,* in: Assmann/Schneider, WpHG, §§ 37b, 37c Rn. 47.

308 *Bachmann,* ZHR 172 (2008), 597, 610; *Burg/Marx,* AG 2009, 487, 491; *Casper,* in: Kölner Komm KapMuG, §§ 37b, 37c WpHG Rn. 28; *Stoppel,* in: Grunewald/Schlitt, Einführung in das Kapitalmarktrecht, 3. Aufl., S. 281; *Tollkühn,* ZIP 2004, 2215, 2219.

309 Vgl. *Jungmichel,* Haftung und Schadenskompensation, 2007, S. 135; *Nietsch,* BB 2005, 785, 787 f.

ein aktives Tun, also die Veröffentlichung unwahrer Insiderinformationen.[310] Diese Norm orientiert sich in Wortlaut und in Aufbau eng an § 37b WpHG.[311] Nach § 37c Abs. 1 WpHG ist der Emittent zum Ersatz eines Schadens verpflichtet, der dadurch entsteht, dass ein Dritter auf die Richtigkeit der veröffentlichten Insiderinformation vertraut hat. Der Wortlaut legt die Annahme nahe, dass der Gesetzgeber nur solche Kapitalmarktinformationen erfassen wollte, die in Form einer Ad-hoc-Mitteilung im Sinne des § 15 WpHG veröffentlicht werden.[312] Unerheblich ist, ob die Information für das Unternehmen positiv oder negativ ist.[313]

1) Der Begriff der Unwahrheit

§ 37c Abs. 1 WpHG setzt zunächst voraus, dass die in einer Ad-hoc-Mitteilung enthaltene Angabe zum Zeitpunkt der Transaktion von den tatsächlichen Umständen des Emittenten abweicht, also mit der Wirklichkeit nicht übereinstimmt. Bei der Beantwortung der Frage ist auf den Gesamteindruck der Mitteilung abzustellen.[314] Ist eine Information unwahr, also beispielweise erfunden, dann kann sie den Emittenten in Wirklichkeit nicht unmittelbar betreffen, und zugleich kann es sich nicht um *„nicht öffentlich bekannte Umstände"* handeln.[315] Nähme man diese Formulierung – also ihren Wortlaut – ernst, dann würde die Haftungsnorm generell leerlaufen.[316] Die Definition der Insiderinformation des §13 Abs. 1 WpHG lässt sich für diese Norm daher modifiziert verwenden. Die Insiderinformation im Sinne des § 37c WpHG ist demnach eine Information, die, wäre sie wahr, eine den Emittenten

---

310 BT-Drucks., 14/8017, S. 94; *Langenbucher*, Aktien- und Kapitalmarktrecht, 3. Aufl., § 17 Rn. 133; *Möllers/Leisch*, NZG 2003, 112, 114; *Möllers/Leisch*, in: Möllers/Rotter, Ad-hoc-Publizität, § 14 Rn. 16; *Schäfer*, in: Marsch-Barner/Schäfer, Hb börsennotierte AG, § 17 Rn. 10.

311 Vgl. BT-Drucks., 14/8017, S. 94; *Fuchs*, in: Fuchs WpHG, §§ 37b, 37c Rn. 2.

312 *Möllers/Leisch*, in: Möllers/Rotter, Ad-hoc-Publizität, § 14 Rn. 23; *Sethe*, in: Assmann/Schneider, WpHG, § 37c Rn. 67.

313 BT-Drucks., 14/8017, S. 94; *Möllers/Leisch*, in: Möllers/Rotter, Ad-hoc-Publizität, § 14 Rn. 16.

314 Vgl. *Langenbucher*, Aktien- und Kapitalmarktrecht, 3. Aufl., § 17 Rn. 133; *Maier-Reimer/Webering*, WM 2002, 1857, 1858; *Möllers/Leisch*, in: Kölner Komm WpHG, § 37b, 37c Rn. 140; *Nietsch*, BB 2005, 785, 788 f.; *Sethe, in:* Assmann/Schneider, WpHG, §§ 37b, 37c Rn. 68; *Zimmer/Grotheer*, in: Schwark/Zimmer, Kapitalmarktrechtskommentar, §§ 37b, 37c WpHG Rn. 36.

315 Vgl. *Lenenbach*, Kapitalmarkt, 2. Aufl., Rn. 11.595; *Maier-Reimer/Webering*, WM 2002, 1857, 1858; *Möllers/Leisch*, in: Kölner Komm WpHG § 37b, 37c Rn. 128; *Möllers/ Leisch*, in: Möllers/Rotter, Ad-hoc-Publizität, § 14 Rn. 17; *Schäfer*, in: Marsch-Barner/ Schäfer, Hb börsennotierte AG, § 17 Rn. 10; *Sethe*, in: Assmann/Schneider, WpHG, §§ 37b, 37c Rn. 70.

316 Vgl. *Möllers/Leisch*, in: Kölner Komm WpHG, § 37b, 37c Rn. 128.

unmittelbar betreffende Insiderinformation im Sinne des § 13 Abs. 1 WpHG darstellen würde.[317]

2) Unwahre Insiderinformation

Die Unwahrheit einer Information kann sich zum einen daraus ergeben, dass der Emittent eine inhaltlich unrichtige Information im Rahmen der Ad-hoc-Mitteilung gemäß § 15 WpHG veröffentlicht, die ihn unmittelbar betrifft.[318] Die Unwahrheit liegt zum anderen auch dann vor, wenn die veröffentlichte Information zwar, für sich genommen, richtig ist, sie aber bei einer Gesamtbetrachtung unzutreffend ist, sodass sie zur Irreführung des Anlegerpublikums führen würde.[319] Hiervon erfasst sind aber auch unwahre Informationen über angebliche, tatsächlich nicht bestehende, den Emittenten unmittelbar betreffende Umstände, die, lägen sie vor, eine Eignung zur erheblichen Kursbeeinflussung hätten.[320] Bei der Beurteilung der Kursrelevanz ist nicht auf die tatsächlich bestehenden Umstände, sondern auf die mitgeteilten Umstände abzustellen, auch wenn die veröffentlichten Umstände gar nicht existieren. [321] Informationen über künftige Umstände, Prognose sowie Werturteile sind dann unrichtig, wenn sie durch die ihnen zugrundeliegenden Tatsachen nicht gerechtfertigt bzw. kaufmännisch nicht vertretbar sind.[322]

---

317 *Fuchs,* in: Fuchs WpHG, §§ 37b, 37c Rn. 22; *Lenenbach,* Kapitalmarkt, 2. Aufl., Rn. 11.595; *Maier-Reimer/Webering,* WM 2002, 1857, 1858; *Möllers/Leisch,* in: Möllers/Rotter, Ad-hoc-Publizität, § 14 Rn. 17; *Mülbert/Steup,* in: Habersack/Mülbert/Schlitt, Unternehmensfinanzierung, § 41 Rn. 189; *Schäfer,* in: Marsch-Barner/Schäfer, Hb börsennotierte AG, § 17 Rn. 10; *Sethe,* in: Assmann/Schneider, WpHG, §§ 37b, 37c Rn. 70; *Zimmer/Grotheer,* in: Schwark/Zimmer, Kapitalmarktrechtskommentar, §§ 37b, 37c WpHG Rn. 35.

318 Vgl. *Fleischer,* in: Assmann/Schütze, Handbuch des Kapitalanlagerechts, 4. Aufl., § 6 Rn. 44; *Fuchs,* in: Fuchs WpHG, §§ 37b, 37c Rn. 21.

319 *Fleischer,* in: Assmann/Schütze, Handbuch des Kapitalanlagerechts, 4. Aufl., § 6 Rn. 44; *Lenenbach,* Kapitalmarkt, 2. Aufl., Rn. 11.596; *Möllers/Leisch,* NZG 2003, 112, 114; *Mülbert/Steup,* in: Habersack/Mülbert/Schlitt, Unternehmensfinanzierung, § 41 Rn. 190; *Schäfer,* in: Marsch-Barner/Schäfer, Hb börsennotierte AG, § 17 Rn. 10; *Sethe,* in: Assmann/Schneider, WpHG, § 37b, 37c Rn. 68; *Spindler/Speier,* BB 2005, 2031, 2035; so auch *Hwang,* Illegaler Wertpapierhandel und Schadensersatz, S. 95.

320 *Möllers/Leisch,* in: Möllers/Rotter, Ad-hoc-Publizität, § 14 Rn. 17; *Zimmer/Grotheer,* in: Schwark/Zimmer, Kapitalmarktrechtskommentar, §§ 37b, 37c WpHG Rn. 35.

321 Vgl. *Möllers/Leisch,* NZG 2003, 112, 116; *Möllers/Leisch,* in: Möllers/Rotter, Ad-hoc-Publizität, § 14 Rn. 33; *Möllers/Leisch,* in: Kölner Komm WpHG, § 37b, 37c Rn. 137; *Sethe,* in: Assmann/Schneider, WpHG, §§ 37b, 37c Rn. 68.

322 Vgl. *Lenenbach,* Kapitalmarkt, 2. Aufl., Rn. 11.596; *Möllers/Leisch,* in: Kölner Komm WpHG, § 37b, 37c Rn. 144; *Mülbert/Steup,* in: Habersack/Mülbert/Schlitt, Unternehmensfinanzierung, § 41 Rn. 190; *Zimmer/Grotheer,* in: Schwark/Zimmer, Kapitalmarktrechtskommentar, §§ 37b, 37c WpHG Rn. 36.

Ist eine Kapitalmarktinformation unzutreffend, kommt es darauf an, ob die veröffentlichten Umstände, wären sie wahr, ihrerseits eine Insiderinformation darstellen würden. Ist dies der Fall, so wird eine unwahre Insiderinformation im Sinne des § 37c WpHG veröffentlicht. In diesem Fall kann allein § 37c WpHG in Betracht kommen. Andernfalls erfüllt auch eine unwahre Mitteilung nicht den Tatbestand des § 37c WpHG.[323] Im Regelfall wird es sich in solchen Fällen um die Veröffentlichung einer unwahren positiven Insiderinformation handeln. Ebenso sind jedoch auch unwahre Informationen vorstellbar, die sich auf das Finanzinstrument kurssenkend auswirken.[324]

3) *Unvollständige Insiderinformation*

Nicht alle Veröffentlichungen führen von selbst dazu, dass die betreffende Information öffentlich bekannt wird. Würde der weggelassene Teil einer Information als eine solche angesehen werden, die auf die Transaktionsentscheidung eines Anlegers erheblich würde einwirken können, dann sind diese Umstände nicht als öffentlich bekannt anzusehen.[325] Eine unwahre Insiderinformation kann deshalb auch dann in Betracht kommen, wenn sie inhaltlich unvollständig ist.[326] Eine Ad-hoc-Mitteilung ist in diesem Sinne nur dann vollständig, wenn sie alle wesentlichen Angaben enthält, die erforderlich sind, um dem Anlegerpublikum ein zutreffendes Bild von der publizitätspflichtigen Information zu ermöglichen.[327] Eine unvollständige Veröffentlichung würde dann eine unwahre Mitteilung darstellen, wenn der Emittent einen Teil kursrelevanter Umstände weglässt und deren Aufnahme zu einer anderen Beurteilung führen würde.[328] Das Anlegerpublikum

---

323 Vgl. *Dirigo*, Haftung für fehlerhafte Ad-hoc-Publizität, 2011, S. 69; *Maier-Reimer/Seulen*, in: Habersack/Mülbert/Schlitt, Kapitalmarktinformation, § 30 Rn. 75; *Sethe*, in: Assmann/Schneider, WpHG, §§ 37b, 37c Rn. 70; *Zimmer/Grotheer*, in: Schwark/Zimmer, Kapitalmarktrechtskommentar, §§ 37b, 37c WpHG Rn. 39.

324 Vgl. BT-Drucks., 14/8017, S. 94.

325 Vgl. *Hwang*, Illegaler Wertpapierhandel und Schadensersatz, S. 95.

326 Vgl. *Chang/Cho*, Die Bekämpfung der Börsenkriminalität, S. 37; *Fleischer*, in: Assmann/Schütze, Handbuch des Kapitalanlagerechts, 4. Aufl., § 6 Rn. 44; *Möllers/Leisch*, in: Kölner Komm WpHG, § 37b, 37c Rn. 140; *Mülbert/Steup*, in: Habersack/Mülbert/Schlitt, Unternehmensfinanzierung, § 41 Rn. 183, 190; *Nietsch*, BB 2005, 785, 788; *Schäfer*, in: Marsch-Barner/Schäfer, Hb börsennotierte AG, § 17 Rn. 10; *Sethe*, in: Assmann/Schneider, WpHG, §§ 37b, 37c Rn. 68; *Zimmer/Grotheer*, in: Schwark/Zimmer, Kapitalmarktrechtskommentar, §§ 37b, 37c WpHG Rn. 36.

327 Vgl. *Fuchs*, in: Fuchs WpHG, §§ 37b, 37c Rn. 21; *Sethe*, in: Assmann/Schneider, WpHG, §§ 37b, 37c Rn. 68; *Zimmer/Grotheer*, in: Schwark/Zimmer, Kapitalmarktrechtskommentar, §§ 37b, 37c WpHG Rn. 40.

328 *Langenbucher*, Aktien- und Kapitalmarktrecht, 3. Aufl., § 17 Rn. 133 *Möllers/Leisch*, in: Kölner Komm WpHG, § 37b, 37c Rn. 140; *Mülbert/Steup*, in: Habersack/Mülbert/Schlitt, Unternehmensfinanzierung, § 41 Rn. 183, 190; *Schäfer*, in: Marsch-Barner/Schäfer, Hb börsennotierte AG, § 17 Rn. 10; *Sethe*, in: Assmann/Schneider, WpHG,

muss davon ausgehen dürfen, dass ihm alle wesentlichen Informationen zur Verfügung gestellt werden.[329] Dies kann insbesondere dann der Fall sein, wenn ein Teil der Information nicht veröffentlicht wird, der Emittent aber diese Teilinformation schon früher gemäß § 15 Abs. 1 WpHG hätte veröffentlichen müssen.

4) Abgrenzung zwischen unwahrer und unvollständiger Insiderinformation

Unvollständig bzw. unrichtig ist eine Kapitalmarktinformation auch dann, wenn hinsichtlich tatsächlicher Umstände, die kursrelevant sind, unrichtige Informationen veröffentlicht werden oder die Informationen die wahren Umstände verzerren; darin liegt jedenfalls die Unterlassung der ordnungsgemäßen Veröffentlichung.[330] Da die Unvollständigkeit immer auch einen Unterfall der Unrichtigkeit darstellt und sich die Unvollständigkeit auf das partielle Unterlassen bezieht, ist das Verschweigen gebotener Informationen nicht immer als ein Unterlassen im Sinne des § 37b WpHG anzusehen.[331] Gegebenenfalls kann dies auch den Tatbestand des § 37c WpHG erfüllen, soweit die unvollständige Mitteilung als Veröffentlichung unwahrer Insiderinformation im Sinne des § 37c WpHG anzusehen ist.[332] Aus diesem Grund ergeben sich bei der Abgrenzung zwischen unwahrer und pflichtwidrig unterlassener Veröffentlichung einer Insiderinformation größere Probleme, wobei auf den Einzelfall abzustellen ist.[333] Hierbei ist unter Zugrundelegung des Empfängerhorizontes auf den verständigen Anleger abzustellen.[334] Maßgeblich ist der Gesamteindruck der Mitteilung.[335]

---

§§ 37b, 37c Rn. 68; *Zimmer/Grotheer*, in: Schwark/Zimmer, Kapitalmarktrechtskommentar, §§ 37b, 37c WpHG Rn. 36; so auch *Chang/Cho*, Die Bekämpfung der Börsenkriminalität, S. 37.

329 *Zimmer/Grotheer*, in: Schwark/Zimmer, Kapitalmarktrechtskommentar, §§ 37b, 37c WpHG Rn. 36.

330 *Maier-Reimer/Seulen*, in: Habersack/Mülbert/Schlitt, Kapitalmarktinformation, § 30 Rn. 77; *Mülbert/Steup*, in: Habersack/Mülbert/Schlitt, Unternehmensfinanzierung, § 41 Rn. 190.

331 Vgl. *Maier-Reimer/Seulen*, in: Habersack/Mülbert/Schlitt, Kapitalmarktinformation, § 30 Rn. 77; *Sethe*, in: Assmann/Schneider, WpHG, §§ 37b, 37c Rn. 69.

332 *Baums*, ZHR 167 (2003), 139, 160; *Casper*, in: Kölner Komm KapMuG, §§ 37b, 37c WpHG Rn. 29; *Fuchs*, in: Fuchs WpHG, §§ 37b, 37c Rn. 9; *Maier-Reimer/Seulen*, in: Habersack/Mülbert/Schlitt, Kapitalmarktinformation, § 30 Rn. 77; *Möllers/Leisch*, in: Kölner Komm WpHG, § 37b, 37c Rn. 119; *Mülbert/Steup*, in: Habersack/Mülbert/Schlitt, Unternehmensfinanzierung, § 41 Rn. 183; *Nietsch*, BB 2005, 785, 788; *Zimmer/Grotheer*, in: Schwark/Zimmer, Kapitalmarktrechtskommentar, §§ 37b, 37c WpHG Rn. 31.

333 Vgl. *Möllers/Leisch*, in: Kölner Komm WpHG, § 37b, 37c Rn. 141.

334 Vgl. *Schäfer*, in: Marsch-Barner/Schäfer, Hb börsennotierte AG, § 17 Rn. 11; *Zimmer/Grotheer*, in: Schwark/Zimmer, Kapitalmarktrechtskommentar, §§ 37b, 37c WpHG Rn. 31, 36.

335 *Möllers/Leisch*, in: Kölner Komm WpHG, §§ 37b, 37c Rn. 140; *Sethe*, in: Assmann/Schneider, WpHG, §§ 37b, 37c Rn. 68; *Zimmer/Grotheer*, in: Schwark/Zimmer, Kapitalmarktrechtskommentar, §§ 37b, 37c WpHG Rn. 36.

Das Problem kann sich insbesondere dann ergeben, wenn die weggelassenen Teilinformationen, für sich genommen, keine Ad-hoc-Mitteilungspflicht im Sinne des § 15 WpHG begründen, sie aber nur im Ganzen ein zutreffendes Bild vermitteln können. In diesem Fall kann allein § 37c WpHG in Betracht kommen.[336] Hierbei geht es darum, ob im Einzelfall das Unterlassen einer kursrelevanten Information einer aktiven Täuschung des Kapitalmarktes gleichkommen kann.[337] Fraglich ist dagegen, welche Normen anzuwenden sind, wenn die verschwiegene Teilinformation, für sich betrachtet, bereits die Ad-hoc-Mitteilungspflicht auslösen würde.

Nach einer Ansicht greift in diesem Fall allein § 37b WpHG ein.[338] Eine andere Ansicht geht hingegen davon aus, dass die §§ 37b, 37c WpHG in Fällen des Teilunterlassens zusammenträfen.[339] Entscheidend bei der Abgrenzung zwischen §§ 37b und 37c WpHG ist die hypothetische Situation, die bestünde, wenn der Emittent die Information wahrheitsgemäß veröffentlicht hätte.[340] Hierbei ist zu berücksichtigen, dass der Anwendungsbereich des § 37c WpHG beeinträchtigt würde, wenn man jeden Fall des Teilunterlassens allein unter § 37b WpHG fasste.[341] Die Vorschrift des § 37c WpHG wäre überflüssig, wenn sich alle Teilunterlassung allein unter den Tatbestand des § 37b WpHG subsumieren ließe. Diese Rechtsfolge widerspricht auch dem Willen des Gesetzgebers, der mit § 37c WpHG eine spezielle kapitalmarktrechtliche Schadensersatzhaftung für die Veröffentlichung unwahrer Insiderinformation geschaffen hat.[342]

---

336 Vgl. *Casper,* in: Kölner Komm KapMuG, §§ 37b, 37c WpHG Rn. 29; *Dirigo,* Haftung für fehlerhafte Ad-hoc-Publizität, 2011, S. 70; *Fuchs,* in: Fuchs WpHG, §§ 37b, 37c Rn. 9; *Möllers/Leisch,* in: Kölner Komm WpHG §§ 37b, 37c Rn. 119, 141; *Sethe,* in: Assmann/Schneider, WpHG, §§ 37b, 37c Rn. 69; *Zimmer/Grotheer,* in: Schwark/Zimmer, Kapitalmarktrechtskommentar, §§ 37b, 37c WpHG Rn. 31.

337 *Baums,* ZHR 167 (2003), 139, 161.

338 Vgl. *Baums,* ZHR 167 (2003), 139, 160; *Möllers/Leisch,* in: Kölner Komm WpHG, § 37b, 37c Rn. 119; *Schmolke,* ZBB 2012, 165, 168; *Sethe,* in: Assmann/Schneider, WpHG, §§ 37b, 37c Rn. 69; *Zimmer/Grotheer,* in: Schwark/Zimmer, Kapitalmarktrechtskommentar, §§ 37b, 37c WpHG Rn. 31.

339 Vgl. *Casper,* in: Kölner Komm KapMuG, §§ 37b, 37c WpHG Rn. 29; *Maier-Reimer/Seulen,* in: Habersack/Mülbert/Schlitt, Kapitalmarktinformation, § 30 Rn. 78; *Möllers/Leisch,* in: Kölner Komm WpHG, §§ 37b, 37c Rn. 119, 142; *Mülbert/Steup,* in: Habersack/Mülbert/Schlitt, Unternehmensfinanzierung, § 41 Rn. 183.

340 Vgl. *Möllers/Leisch,* in: Kölner Komm WpHG, §§ 37b, 37c Rn. 142, 240 f.

341 Vgl. *Dirigo,* Haftung für fehlerhafte Ad-hoc-Publizität, 2011, S. 70; *Sethe,* in: Assmann/Schneider, WpHG, §§ 37b, 37c Rn. 69.

342 Vgl. *Hellgardt,* DB 2012, 673, 678.

Es erscheint daher überzeugender, § 37b WpHG auf solche Fälle anzuwenden, in denen die weggelassenen Umstände, für sich genommen, bereits die Ad-hoc-Publizitätspflicht gemäß § 15 WpHG auslösen würden.[343] Hierbei kommt es darauf an, ob die Differenz zwischen dem mitgeteilten und dem tatsächlichen Sachverhalt ihrerseits kursrelevant ist.[344] Nach dem Wortlaut muss sich diese Eignung nicht auf die wahre Sachlage des Emittenten, sondern gerade auf die mitgeteilte unwahre Information beziehen.[345] Überzeichnet der Emittent einen Sachverhalt in einer Ad-hoc-Mitteilung, so ist diese aber nur in Höhe der Überzeichnung unwahr. Hat gerade die Höhe der Differenz ein erhebliches Kursbeeinflussungspotential, dann kann eine Haftung nach § 37c WpHG in Betracht kommen.[346] Auf der Tatbestandsebene ergeben sich aus dieser Unterscheidung keine inhaltlichen Unterschiede. Die Unterscheidung ist in der Praxis insbesondere jedoch deshalb von Bedeutung, weil das Unterlassen regelmäßig leichter nachweisbar ist als die Unrichtigkeit einer Information.[347]

5) Weitere Fallgruppen?

Eine schadensersatzbegründende Handlung bei § 37c WpHG ist die Veröffentlichung unwahrer Insiderinformation. Werden jedoch Informationen, die im Falle ihrer Wahrheit eine Insiderinformation darstellen würden, nicht als Ad-hoc-Mitteilung, sondern auf andere Weise wie beispielweise in einer Pressemitteilung öffentlich bekanntgegeben, ist die Haftung des Emittenten nach § 37c WpHG grundsätzlich ausgeschlossen, weil § 37c WpHG nur für die Ad-hoc-Mitteilung nach § 15 WpHG gilt.[348] Hierbei besteht offensichtlich eine Haftungslücke, die der Gesetzgeber bei der Einführung des § 37c WpHG nicht im Auge hatte.[349] Zwar

---

343 Vgl. *Baums*, ZHR 167 (2003), 139, 160; *Maier-Reimer/Seulen*, in: Habersack/Mülbert/Schlitt, Kapitalmarktinformation, § 30 Rn. 78; *Möllers/Leisch*, in: Kölner Komm WpHG, § 37b, 37c Rn. 119; *Schmolke*, ZBB 2012, 165, 168; *Zimmer/Grotheer*, in: Schwark/Zimmer, Kapitalmarktrechtskommentar, §§ 37b, 37c WpHG Rn. 31.

344 Vgl. *Dirigo*, Haftung für fehlerhafte Ad-hoc-Publizität, 2011, S. 70; *Jungmichel*, Haftung und Schadenskompensation, 2007, S. 125 a. E; *Maier-Reimer/Seulen*, in: Habersack/Mülbert/Schlitt, Kapitalmarktinformation, § 30 Rn. 77; *Möllers/Leisch*, NZG 2003, 112, 116.

345 *Möllers/Leisch*, NZG 2003, 112, 116; *Möllers/Leisch*, in: Kölner Komm WpHG, §§ 37b, 37c Rn. 143; *Möllers/Leisch*, in: Möllers/Rotter, Ad-hoc-Publizität, § 14 Rn. 33; *Sethe*, in: Assmann/Schneider, WpHG, §§ 37b, 37c Rn. 68.

346 *Baums*, ZHR 167 (2003), 139, 159; *Maier-Reimer/Seulen*, in: Habersack/Mülbert/Schlitt, Kapitalmarktinformation, § 30 Rn. 77; *Möllers/Leisch*, NZG 2003, 112, 116.

347 Vgl. *Möllers/Leisch*, in: Kölner Komm WpHG, §§ 37b, 37c Rn. 119; *Sethe*, in: Assmann/Schneider, WpHG, §§ 37b, 37c Rn. 69.

348 Vgl. *Möllers/Leisch*, in: Kölner Komm WpHG, §§ 37b, 37c Rn. 126.

349 Vgl. *Jungmichel*, Haftung und Schadenskompensation, 2007, S. 126; *Möllers/Leisch*, in: Möllers/Rotter, Ad-hoc-Publizität, § 14 Rn. 24 ff.; *Möllers/Leisch*, in: Kölner Komm WpHG, § 37b, 37c Rn. 126.

könnte in diesem Fall ein Unterlassen im Sinne des § 37b WpHG in Betracht kommen, weil der Emittent dazu verpflichtet ist, eine kursrelevante Information gemäß § 15 WpHG unverzüglich zu veröffentlichen. § 37b WpHG greift jedoch nur dann ein, wenn der Emittent *tatsächlich* zur Veröffentlichung einer Ad-hoc-Mitteilung verpflichtet ist. Daher muss die unterlassene Information eine wahre Insiderinformation sein, weil der Emittent zur Veröffentlichung einer unwahren Information nicht verpflichtet ist.[350]

In der Literatur wird zur Schließung der Haftungslücke verschiedentlich empfohlen, die §§ 37b, 37c WpHG über ihren eigentlichen Anwendungsbereich hinaus auf andere Arten von kapitalmarktbezogenen Verlautbarungen analog anzuwenden.[351] Andernfalls sei es den Emittenten möglich, die im Vergleich zum allgemeinen Deliktsrecht deutlich strengere Haftung zu umgehen.[352] Die entsprechende Anwendung des § 37c WpHG komme unter dem Gesichtspunkt einer rechtsmissbräuchlichen Gesetzesumgehung jedenfalls dann in Betracht, wenn der Emittent die Form der Ad-hoc-Mitteilung nur aus Haftungsgründen vermeidet.[353] Nach der Konzeption des Gesetzgebers stelle die Ad-hoc-Mitteilung im Sinne des § 15 WpHG einen Teil eines sekundärmarktbezogenen Informationssystems dar und somit ergänze die Verpflichtung zur periodischen Veröffentlichung.[354] Nach dieser Ansicht sind die §§ 37b, 37c WpHG als Ausdruck einer allgemeinen Informationsvertrauenshaftung anzusehen.[355] Nach dem Schutzzweck der Norm sei 37c WpHG auch auf solche Fälle sinngemäß anzuwenden, in denen der Emittent unwahre Insiderinformationen in der Art und Weise veröffentlicht, den Kapitalmarkt wie bei einer Ad-hoc-Mitteilung effektiv zu informieren. Hieraus lasse sich der Wille des Emittenten deutlich erkennen, die Anwendung des § 37 c WpHG durch andere rechtliche Gestaltungsmöglichkeiten einzuschränken bzw. auszuschließen. Zur Schließung dieser Haftungsrücke sei daher eine teleologische Extension auf Fälle der rechtsmissbräuchlichen Gesetzesumgehung erforderlich.[356]

---

350 *Möllers/Leisch,* in: Möllers/Rotter, Ad-hoc-Publizität, § 14 Rn. 24.

351 Vgl. differenzierend *Mülbert/Steup,* in: Habersack/Mülbert/Schlitt, Unternehmensfinanzierung, § 41 Rn. 277; *dies,* WM 2005, 1633, 1651 f.; *Sethe,* in: Assmann/Schneider, WpHG, § 37c Rn. 30, 67; zu Recht ablehnend *Dühn,* Schadensersatzhaftung, 2003, 105, 114 f.; *Fuchs,* in: Fuchs WpHG, Vor §§ 37b, 37c Rn. 21; *Möllers/Leisch,* in: Kölner Komm WpHG, § 37b, 37c Rn. 81,125; *Zimmer/Grotheer,* in: Schwark/Zimmer, Kapitalmarktrechtskommentar, §§ 37b, 37c WpHG Rn. 22.

352 *Möllers/Leisch,* NZG 2003, 112, 115; *Möllers/Leisch,* in: Möllers/Rotter, Ad-hoc-Publizität, § 14 Rn. 24 f; *Möllers/Leisch,* in: Kölner Komm WpHG, § 37b, 37c Rn. 126.

353 Vgl. *Möllers/Leisch,* in: Kölner Komm WpHG, § 37b, 37c Rn. 127; *Möllers/Leisch,* in: Möllers/Rotter, Ad-hoc-Publizität, § 14 Rn. 24 ff.

354 *Mülbert/Steup,* WM 2005, 1633, 1646.

355 *Mülbert/Steup,* WM 2005, 1633, 1637 ff., 1651 f.

356 Vgl. *Möllers/Leisch,* in: Kölner Komm WpHG, § 37b, 37c Rn. 127; *Möllers/Leisch,* in: Möllers/Rotter, Ad-hoc-Publizität, § 14 Rn. 25.

Diese Ansicht ist aber nicht überzeugend. Der Gesetzgeber hat bei der Einführung der §§ 37b, 37c WpHG die Haftung für fehlerhafte Kapitalmarktinformation ausdrücklich auf die Verletzung der Ad-hoc-Mitteilungspflicht im Sinne des § 15 WpHG beschränkt.[357] Dem eindeutigen Wortlaut des § 37c WpHG lässt sich klar entnehmen, dass der Gesetzgeber bewusst nur eine Haftung des Emittenten für fehlerhafte Ad-hoc-Mitteilungen, nicht aber auch eine solche allgemeine Haftungsnorm für fehlerhafte Kapitalmarktinformationen hat schaffen wollen.[358] Der Gesetzgeber ist sich dieses Problems gewusst gewesen.[359] Vor dem Hintergrund der Entstehungsgeschichte der Norm und ausweislich der Gesetzesbegründung[360] tritt damit deutlich zutage, dass der Gesetzgeber mit den §§ 37b, 37c WpHG ausdrücklich keine umfassende Haftungsnorm schaffen wollte. Vielmehr wollte er die Emittentenhaftung allein auf die Verletzung fehlerhafter Ad-hoc-Mitteilung beschränken.[361] *De lege lata* können deshalb keine spezialgesetzlichen Haftungsnormen neben der Emittentenhaftung für fehlerhafte Ad-hoc-Mitteilungen nach § 15 WpHG in Betracht kommen. Gleichfalls hat der BGH eine planwidrige Regelungslücke abgelehnt.[362] Eine analoge Anwendung des § 37c WpHG auf andere Erklärungen des Emittenten als solche, die von ihm als Ad-hoc-Mitteilung veröffentlicht worden sind, ist daher nicht zu rechtfertigen.[363] Diesen Standpunkt hat der BGH in seiner *IKB*-Entscheidung ganz zutreffend bestätigt.[364] Um den Schutz durch § 37c WpHG nicht leerlaufen zu lassen, kann jedoch eine Unterlassung im Sinne des § 37b WpHG immer dann in Betracht kommen, wenn zum Zeitpunkt der freiwilligen Mitteilung bereits eine Insiderinformation vorliegt, sodass der Emittent diese Information in Form einer Ad-hoc-Mitteilung hätte veröffentlichen

---

357 BT-Drucks., 14/8017, S. 93; *Fuchs,* in: Fuchs WpHG, Vor §§ 37b, 37c Rn. 21.

358 Vgl. *Hannich,* WM 2013, 449, 450; *Jungmichel,* Haftung und Schadenskompensation, 2007, S. 128; *Klöhn,* AG 2012, 345, 347; *Möllers/Leisch,* in: Kölner Komm WpHG, § 37b, 37c Rn. 78; *Schmolke,* ZBB 2012, 165, 168; *Sethe,* in: Assmann/Schneider, WpHG, §§ 37b, 37c Rn. 67.

359 *Jungmichel,* Haftung und Schadenskompensation, 2007, S. 128 m.w.N.

360 BT-Drucks., 14/8017, S. 93 f.

361 Vgl. *Sethe,* in: Assmann/Schneider, WpHG, §§ 37b, 37c Rn. 30 m.w.N.; anders *Doğan,* Ad-hoc-Publizitätshaftung, 2005, S. 87.

362 Vgl. BGH WM 2012, 303, 305 Rn. 17; *Longino,* DStR 2008, 2068, 2071; *Sethe,* in: Assmann/Schneider, WpHG, §§ 37b, 37c Rn. 30, 67; *Spindler,* NZG 2012, 575; *Zimmer/Grotheer,* in: Schwark/Zimmer, Kapitalmarktrechtskommentar, §§ 37b, 37c WpHG Rn. 22; anders *Möllers/Leisch,* NZG 2003, 112, 115; *Möllers/Leisch,* in: Kölner Komm WpHG, § 37b, 37c Rn. 102; *Mülbert/Steup,* WM 2005, 1633, 1651 f.

363 BGH ZIP 2012, 318, 319 – IKB; *Fuchs,* in: Fuchs WpHG, Vor §§ 37b, 37c Rn. 21; *Jungmichel,* Haftung und Schadenskompensation, 2007, S. 128; *Maier-Reimer/Seulen,* in: Habersack/Mülbert/Schlitt, Kapitalmarktinformation, § 30 Rn. 11; anders *Hellgardt,* DB 2012, 673, 678.

364 BGH ZIP 2012, 318, 319 – IKB; insofern zustimmend *Bachmann,* JZ 2012, 578, 580; *Hellgardt,* DB 2012, 673, 678; *Klöhn,* AG 2012, 345, 347.

müssen.[365] Damit steht fest, dass sich der Anwendungsbereich der §§ 37b, 37c WpHG grundsätzlich auf unterlassene oder unwahre Ad-hoc-Mitteilungen beschränkt. Bestehende Haftungslücken, wie etwa eine Haftung für Pressemitteilungen oder Äußerungen in Interviews, die im Wesentlichen auf der Verletzung von Schutzgesetzen im Sinne des § 823 Abs. 2 BGB oder auf sittenwidriger Schädigung im Sinne des § 826 BGB beruhen, können somit nur durch die Anwendung des allgemeinen Deliktsrechts geschlossen werden oder nur *de lege ferenda* in Betracht kommen.[366] Es bleibt jedoch abzuwarten, ob das *IKB*-Urteil des BGH dazu führen wird, dass § 37b WpHG zum entsprechenden Auffangtatbestand solcher Informationen wird.[367]

4 Sonderfall: Prognosen

Seit dem Inkrafttreten des AnSVG besteht Einigkeit darüber, dass auch Prognosen und Planungen als *„Informationen über künftige Ereignisse oder Umstände"* grundsätzlich die Voraussetzung der Insiderinformation erfüllen können.[368] Nach dem Willen des Gesetzgebers könnten sie grundsätzlich auch als ad-hoc-mitteilungspflichtige Insiderinformation im Sinne der §§ 13 Abs. 1, 15 WpHG in Betracht kommen, wenn der Eintritt des prognostizierten Umstandes hinreichend wahrscheinlich ist.[369] Allein ihre Existenz oder der Umstand, dass ein Emittent eine Prognose abgegeben hat, machen diese indes nicht automatisch zur konkreten und damit kursrelevanten Insiderinformation, weil es ihnen in der Praxis häufig an der Eignung zur Kursbeeinflussung fehlt.[370] Es muss sich bei der Prognose also um eine Insiderinformation handeln.

Eine Haftung des Emittenten nach § 37c WpHG im Zusammenhang mit Prognosen kann insbesondere dann in Betracht kommen, wenn die ihnen zugrundeliegende Tatsachengrundlage nicht ausreichend oder falsch ist. Gleiches gilt, wenn die aus den Tatsachen gezogenen Schlussfolgerungen logisch nicht haltbar sind oder kaufmännischer Erfahrung widersprechen.[371] In dieser Hinsicht stellt sich allerdings die Frage, unter welchen Voraussetzungen von einer unwahren Information ausgegangen werden kann. Hierbei ist nicht auf eine *ex-post*-Perspektive,

365 BGH ZIP 2012, 318, 319 – IKB; *Doğan*, Ad-hoc-Publizitätshaftung, 2005, S. 86; *Klöhn*, AG 2012, 345, 347 f.; *Schmolke*, ZBB 2012, 165, 168; *von Bernuth/Wagner/Kremer*, WM 2012, 831, 836 f.

366 Vgl. *Fuchs*, in: Fuchs WpHG, Vor §§ 37b, 37c Rn. 21 und 69 f.; *von Bernuth/Wagner/Kremer*, WM 2012, 831, 832.

367 Vgl. *Hannich*, WM 2013, 449, 450.

368 Ausführlich hierzu *Klöhn*, in: Kölner Komm WpHG, § 15 Rn. 68 ff.

369 Vgl. *Klöhn*, in: Kölner Komm WpHG, § 15 Rn. 68; *Nietsch*, BB 2005, 785, 788.

370 *Buck-Heeb*, Kapitalmarktrecht, 7. Aufl., § 6 Rn. 267.

371 Vgl. *Möllers/Leisch*, in: Kölner Komm WpHG, § 37b, 37c Rn. 144; Vgl. *Nietsch*, BB 2005, 785, 788; *Zimmer/Grotheer*, in: Schwark/Zimmer, Kapitalmarktrechtskommentar, §§ 37b, 37c WpHG Rn. 36.

sondern auf den Zeitpunkt der Veröffentlichung abzustellen. Es kommt darauf an, ob die Prognose zu dem Zeitpunkt der Veröffentlichung unvertretbar war oder nicht. War die Prognose von vornherein vertretbar, so liegt eine Pflichtverletzung nicht vor.[372]

Es gilt als weitgehend sicher, dass die Geschäftsentwicklung des Emittenten auch von exogenen, von ihm nicht beeinflussbaren Faktoren beeinflusst wird. Ob eine bestimmte Geschäftsentwicklung in Zukunft hinreichend wahrscheinlich eintreten wird oder nicht, hängt jedoch ganz wesentlich von den gegenwärtigen Plänen des Emittenten ab, und basiert darauf, in welchem Maße es gelingt, diese Pläne trotz der größeren Ungewissheit zu realisieren.[373] Bei der Beurteilung einer Prognose ist daher entscheidend, ob die geplanten bzw. die prognostizierten Umstände konkret genug sind, sodass ihr Eintreten hinreichend wahrscheinlich ist, um eine Ad-hoc-Mitteilungspflicht auszulösen (§ 13 Abs. 1 Satz 3 WpHG). Dies kann insbesondere dann der Fall sein, wenn die Prognose aufgrund hinreichender Tatsachenbasis für die weitere Geschäftsentwicklung erstellt wird. Jedoch handelt es sich um allgemein formulierte Erwartungen oder langfristige Planungen des Emittenten, kann man infolge der größeren Ungewissheit noch nicht davon ausgehen, dass ihr Eintritt hinreichend wahrscheinlich ist.[374] Allein aus diesem Umstand ergibt sich daher keine Veröffentlichungspflicht. Zudem muss die prognostizierte Information geeignet sein, im Falle ihrer Veröffentlichung den Marktpreis des betreffenden Finanzinstruments erheblich zu beeinflussen. Dies kann häufig nur dann der Fall sein, wenn die Prognose von früheren Geschäftsergebnissen oder Markterwartungen erheblich abweicht, sodass ein verständiger Anleger die Wertung bei seiner Anlagerentscheidung berücksichtigen würde, wenn er die wahre Sachlage kannte.

Es liegt demnach einerseits im Interesse des Kapitalmarktes, dem Emittenten einen Anreiz zu geben, eigene vertretbare Prognose freiwillig zu veröffentlichen.[375] Auf der anderen Seite kann sich die tatsächliche Entwicklung häufig von der Prognose entfernen. In dieser Hinsicht hat die Prognose immer ein gewisses Irreführungspotential. Gerade deshalb müssen an Prognosen des Emittenten gewisse Anforderungen gestellt werden, um das Haftungsrisiko des Emittenten zu begrenzen. Hierfür muss der Emittent bei der Formulierung der Mitteilung größte Sorgfalt walten lassen. Bei der Mitteilung muss er klar erkennen lassen, ob es sich um eine Tatsache oder um eine Prognose handelt.[376] Dabei sollte die zugrundeliegende

372 Vgl. *Möllers/Leisch*, in: Kölner Komm WpHG, § 37b, 37c Rn. 147; *Sethe*, in: Assmann/Schneider, WpHG, §§ 37b, 37c Rn. 80.

373 Vgl. *KFSS*, Leitfaden zur Unternehmenspublizität, Seoul 2003, S. 199.

374 *Parmentier*, WM 2013, 970, 971.

375 Der Emittent verfügt nicht nur über die Informationen über die gegenwärtigen Pläne, sondern kann auch unternehmensinterne, endogene wie regelmäßig auch bereits erkennbare spezielle exogene Faktoren, die die Umsetzung der Pläne positiv oder negativ beeinflussen könnten, sehr viel besser beurteilen.

376 *Nietsch*, BB 2005, 785, 788 f.

Tatsachengrundlage mitgenannt und es sollte dargestellt werden, warum mit hoher Wahrscheinlichkeit vom Eintritt ausgegangen werden kann.[377] Darüber hinaus muss ein deutlicher Hinweis darauf erfolgen, dass es sich trotz hoher Wahrscheinlichkeit des Eintritts um ein noch mit Unsicherheiten behaftetes zukünftiges Ereignis handelt. Des Weiteren sollten auf die wichtigen Faktoren hingewiesen werden, die dazu führen können, dass die Prognosen trotz hoher Wahrscheinlichkeit nicht eintreten (sog. *Safe Harbour Regelung*).[378]

B Korea

1 Kursrelevante Information als ad-hoc-mitteilungspflichtige Information

Die Frage, welche Informationen kursrelevant sind, hat das WpHG nicht beantwortet.[379] Wenn die Rede von einer falschen Angabe oder Darstellung oder von Unterlassung einer Angabe oder Darstellung ist, dann ist die kursrelevante Tatsache gemeint. Nach § 14 WpHG a.F. war damit gemeint, dass der Emittent falsche Angaben oder Darstellungen über kursrelevante Umstände gemacht oder Angaben oder Darstellungen über kursrelevante Umstände unterlassen hat.[380] Mit diesem Merkmal will der Gesetzgeber eine Klageflut wegen fehlerhafter Angaben über nichtkursrelevante Umstände verhindern.[381] Die Rechtsprechung geht von Kursrelevanz aus, wenn sich eine Information auf die Finanzlage oder die Geschäftsentwicklung des Emittenten erheblich auswirken könnte.[382]

Dabei ist auf einen verständigen Anleger abzustellen (§ 47 Abs. 3 FSCMA).[383] Nach der Rechtsprechung sind Informationen immer dann als kursrelevant

377 Vgl. BT-Drucks. 15/3174, S. 34; *Nietsch*, BB 2005, 785, 789.

378 Vgl. *Nietsch*, BB 2005, 785, 789.

379 *Kim/Kim*, Unfair Trading under Capital Market Act, S. 226.

380 Vgl. *Kang, Dae-Seob*, Civil liabilities in securities market, 1992, S. 58 f.; *Kim/Jung*, Kapitalmarktrecht, 3. Auflage, Seoul 2013, S. 231 f.; *Lee, Dong Sin*, Trial Data, Juni 2001, Volume 90, S. 371; *Song/Nam/Kim/Yi*, Zivilrechtliche Haftung der Organmitglieder, Chungbuk 1999, S. 67.

381 Vgl. *Lee, Dong Sin*, Trial Data, Juni 2001, Volume 90, S. 371 f.; *Lee, Sangpok*, Corporate Disclosure, S. 383.

382 Vgl. OGH Urteil vom 29. Juni 1995 (95 Do 467); OGH Urteil vom 11. Mai 2006 (2003 Do 4320); OGH Urteil vom 9. Juni 2009 (2009 Do 1374); OGH Urteil vom 9. Februar 2006 (2005 Do 8652).

383 Vgl. OGH Urteil vom 29. Juni 1995 (95 Do 467); OGH Urteil vom 30. Juni 1995 (94 do 2792); zur alten Rechtslage *Hwang*, Illegaler Wertpapierhandel und Schadensersatz, S. 196 f.; *Kim/Kim*, Unfair Trading under Capital Market Act, S. 226; *Kang, Dae-Seob*, Civil liabilities in securities market, 1992, S. 68; *Kim, Jung Soo*, Prinzipien des Kapitalmarktrechts, 2. Aufl., S. 473; *Lee, Dong Sin*, Trial Data, Juni 2001, Volume 90, S. 373.

anzusehen, wenn ein verständiger Anleger unter Berücksichtigung der Erheblichkeit von Information und Eintrittswahrscheinlichkeit der behaupteten Tatsachen davon ausgehen kann, dass die betreffende Information den Marktpreis eines Finanzinstruments erheblich beeinflussen kann.[384] Demnach sind solche Informationen kursrelevant, die sich auf die rationale Anlageentscheidung eines verständigen Investors oder auf den Wert des betreffenden Finanzinstruments erheblich auswirken können (§ 47 Abs. 3 FSCMA). Dabei ist es nicht erforderlich, dass diese Informationen objektiv betrachtet unbedingt präzis und gewiss sein müssen.[385]

Bei der Frage, ob eine bestimmte Information kursrelevant ist oder nicht, ist die Marktreaktion auf die betreffende Information von größerer Bedeutung.[386] Dies wird damit begründet, dass sie nur dann auf den Willensentschluss eines Investors tatsächlich einwirke, wenn sie bei ihrem Bekanntwerden den Marktpreis erheblich beeinflussen kann. Dem liegt die Grundannahme zugrunde, dass auf den informationseffizienten Kapitalmärkten alle verfügbaren Informationen unmittelbar in den Marktpreis eingeflossen sind, sodass die kursrelevanten Informationen aus der Sicht eines verständigen Anlegers rasch den Marktpreis beeinflussen werden.[387] Infolgedessen sei die Kursentwicklung als Maßstab zur Beurteilung der Kursrelevanz zwar als ein nachträgliches, dennoch aber erhebliches Element anzusehen.[388] Informationen über die möglichen Ereignisse, die den Marktpreis erheblich beeinflussen können, könnten selbst als kursrelevante Information angesehen werden, auch wenn die Eintrittsmöglichkeit oder Erfolgsmöglichkeit dieser Ereignisse tatsächlich sehr gering sei.[389]

Nach dem FSCMA stellen nichtöffentlich bekannte Informationen, die dem Verbot des Insidergeschäfts unterliegen, solche Informationen dar, die sich auf die Anlageentscheidung des Investors erheblich auswirken können. Dabei hat der Gesetzgeber, anders als das alte KWpHG, auf die Anknüpfung an die veröffentlichungspflichtige Information verzichtet.[390] Nach dem alten KWpHG waren die

---

384 OGH Urteil vom 26. April 1994 (93 Do 695); OGH Urteil vom 30. Juni 1995 (94 Do 2792); OGH Urteil vom 11. Mai 2006 (2003 Do 4320); vgl. auch *Chang/Cho*, Die Bekämpfung der Börsenkriminalität, S. 37; *Park, Min-Woo*, A Study on the Article 186(1) of Securities and Exchange Act, *The Journal of Comparative Private Law*, 2007, Volume 38 Nr. 3, S. 974 f.

385 Vgl. OGH Urteil vom 26. April 1994 (93 Do 695); OGH Urteil vom 30. Juni 1995 (94 Do 2792); OGH Urteil vom 27. November 2008 (2008 Do 6219); OGH Urteil vom 9. Juli 2009 (2009 Do 1374); vgl. auch *Rho*, Tae-ak, Business Finance Law, September 2009, Volume 43, S. 26.

386 Vgl. *Hwang*, Illegaler Wertpapierhandel und Schadensersatz, S. 79 f.; *Kim, Jung Soo*, Prinzipien des Kapitalmarktrechts, 2. Aufl., S. 474.

387 Vgl. *Chang/Cho*, Die Bekämpfung der Börsenkriminalität, S. 27.

388 Vgl. Oran v. Stafford (CA-2 2000), 2000-01 CCH Dec. 91, 205; Urteil des Obergerichts Seoul vom 18. Januar 2006 (2005 Na 22673).

389 *Kim, Jung Soo*, Prinzipien des Kapitalmarktrechts, 2. Aufl., S. 475; *Kim/Kim*, Unfair Trading under Capital Market Act, S. 229.

390 Vgl. *Kim, Yong-Jae*, Kapitalmarkt und Recht I, S. 619.

Informationen, die ad-hoc-mitteilungspflichtige Informationen nach dem § 186 KWpHG a.F. sind und zugleich auf die Anlageentscheidung einwirken können, wie etwa Zahlungsunfähigkeit, Eröffnung des Abwicklungsverfahrens, M&A usw., als kursrelevante Informationen anzusehen. Es stellte sich daher die Frage, ob sich die nichtöffentlich bekannte Information auf die ad-hoc-mitteilungspflichtige Sache beschränkte, sodass die Reichweite der kursrelevanten Information begrenzt würde.[391] Im Gegensatz dazu hat der OGH die ad-hoc-mitteilungspflichtige Sache als Beispiel für kursrelevante Information angesehen.[392] Der Gesetzgeber des FSCMA knüpft die kursrelevante Information nicht mehr an die ad-hoc-mitteilungspflichtige Information an und erklärt diejenige Information zur nichtöffentlich bekannten Information, die sich auf den Willensentschluss eines Anlegers erheblich einwirken kann, und hat auf diese Weise das Problem gelöst.[393] Daher können die veröffentlichungspflichtigen Informationen im Sinne des § 161 FSCMA als kursrelevante Information angesehen werden, dennoch sind beide nicht deckungsgleich.[394] Eine nichtöffentlich bekannte Information über kursrelevante Umstände ist eine solche Information, die sich auf die Anlageentscheidung erheblich auswirken kann.[395] Darüber hinaus muss sie in gesetzlich bestimmter Art und Weise noch nicht öffentlich bekannt geworden sein, sodass das Anlegerpublikum von ihr noch nicht Kenntnis nehmen konnte.[396]

2 Prognose als kursrelevante Information in Korea

1) Allgemeines

Wenn von Kapitalmarktinformationen die Rede ist, sind nicht nur Tatsachen, sondern auch Informationen vorstellbar, welche die zukünftige Situation voraussagen und mit der Gefahr einhergehen, dass sie sich nicht wie im Voraus angekündigt verwirklichen.[397] Es geht also um Sachverhalte, die Vorhaben, Pläne oder Absichten

---

391 Vgl. OGH Urteil vom 29. Juni 1995 (95 Do 467); *Kim, Yong-Jae*, Kapitalmarkt und Recht I, S. 619.

392 Vgl. OGH Urteil vom 29. Juni 1995 (95 Do 467); OGH Urteil vom 24. November 2000 (2000 Do 2827); OGH Urteil vom 13. Mai (2007 Do 9769); vgl. auch *Kim, Yong-Jae*, Kapitalmarkt und Recht I, S. 619.

393 Vgl. *Kim, Jung Soo*, Prinzipien des Kapitalmarktrechts, 2. Aufl., S. 1169; *Kim, Yong-Jae*, Kapitalmarkt und Recht I, S. 619; *Rho, Tae-ak*, Business Finance Law, September 2009, Volume 43, S. 27.

394 *Kim/Kwon/Yang*, Capital Market Law, 2. Aufl., S. 384; *Kim, Jung Soo*, Prinzipien des Kapitalmarktrechts, 2. Aufl., S. 465 und 1169.

395 Eingehend *Kim, Jung Soo*, Prinzipien des Kapitalmarktrechts, 2. Aufl., S. 1169 ff.

396 In diesem Sinne OGH Urteil vom 29. Juni 1995 (95 Do 467); *Kim/Kwon/Yang*, Capital Market Law, 2. Aufl., S. 382; *Rho, Tae-ak*, Business Finance Law, September 2009, Volume 43, S. 28.

397 Vgl. *Kim, Jung Soo*, Prinzipien des Kapitalmarktrechts, 2. Aufl., S. 476, 803.

betreffen. Solche Informationen beziehen sich zwar auf Ereignisse oder Umstände, die künftig existieren oder eintreten werden. Sie sind gewissermaßen hinsichtlich einer Anlageentscheidung für potenzielle Kapitalanleger von besonderer Bedeutung.[398] Macht die Verwaltung eines Unternehmens glaubwürdige Prognosen zum Ausgangpunkt eines Geschäfts, haben solche Prognosen eine besondere Bedeutung, weil man auf ihrer Grundlage den jetzigen Wert eines Finanzinstruments in dessen zukünftigen Wert umrechnen kann.[399] Dies kann wiederum hinsichtlich zukünftiger Kursentwicklung eine wichtige Signalwirkung entfalten.[400] Solche Prognosen sind für die potenziellen Kapitalanleger insbesondere dann von besonderer Bedeutung, wenn die Tatsache für die zukünftige Entwicklung eines Unternehmens nicht erfolgversprechend sein kann.[401]

Einerseits hat die Unternehmensverwaltung auch einen Anreiz, eine Prognose zur Entwicklung eines Geschäfts bzw. einer Gesellschaft selbst zu erstellen. Die Vorhersage über eine positive Geschäftsentwicklung begünstigt die Kapitalerhöhung durch öffentliches Angebot, was den Verwaltungsmitgliedern eine gute Reputation einbringen kann. Umgekehrt führt eine negative Meinung über die zukünftige Entwicklung der Gesellschaft zur Senkung der M&A-Möglichkeiten.[402] Börsennotierte Aktiengesellschaften pflegen deshalb häufig in Ad-hoc-Mitteilungen und in ihrem Lagebericht eine Prognose zur weiteren Entwicklung im laufenden oder im kommenden Geschäftsjahr zu veröffentlichen. Die wesentlichen Probleme der Prognose liegen aber darin, dass mit ihr die Gefahr einhergeht, dass sie nicht eintreten wird oder sich als falsch herausstellen kann.[403]

2) *Safe Harbor Rule in Korea*

Es erscheint nicht angemessen, einerseits dem Emittenten einen Anreiz zu geben, prognoseorientierte Informationen freiwillig zu veröffentlichen, anderseits aber noch das Haftungsrisiko bei einer solchen stets immanenten Fehleinschätzung

---

398 Vgl. *Kim, Kwang-Rok*, A Study on the U.S. Mandatory Disclosure System, The Journal of Property Law, 2002, Volume 19 Nr. 1, S. 185; *Lee, Dong Sin*, Trial Data, Juni 2001, Volume 90, S. 377 f.; *Lim, Jai Yeon*, Kapitalmarktrecht, S. 376; *Yoon, Song Han*, Wertpapierhandelsrecht, S. 223.

399 Vgl. *Kim, Jung Soo*, Prinzipien des Kapitalmarktrechts, 2. Aufl., S. 475 f.; *Kim, Kwang-Rok*, A Study on the U.S. Mandatory Disclosure System, The Journal of Property Law, 2002, Volume 19 Nr. 1, S. 185 f.; *Lee, Dong Sin*, Trial Data, Juni 2001, Volume 90, S. 377.

400 *Kim, Jung Soo*, Prinzipien des Kapitalmarktrechts, 2. Aufl., S. 476.

401 *Kim, Yong-Jae*, Kapitalmarkt und Recht I, S. 243.

402 *Kim, Jung Soo*, Prinzipien des Kapitalmarktrechts, 2. Aufl., S. 476.

403 Vgl. *Kim, Jung Soo*, Prinzipien des Kapitalmarktrechts, 2. Aufl., S. 476, 803; *Yoon, Song Han*, Wertpapierhandelsrecht, S. 223.

aufzuerlegen.[404] Hierbei ist darauf zu achten, dass hier künftig entweder eine übermäßige Abschreckung oder eine Klageflut wegen nichteingetretener Prognosen befürchtet werden kann.[405] Handelt es sich um zukunftsbezogene Aussagen zu Geschäftsaussichten und um sonstige Prognosen, so lassen sich übermäßige Haftungsrisiken durch die Aufnahme einer ausdrücklichen sog. *safe harbor rule* vermeiden. Der koreanische Gesetzgeber hat bereits mit der Reform des Wertpapierhandelsgesetzes vom 1. 2. 1999 eine klare Regelung über Prognosen, „sog. *safe harbor rule*", eingeführt (§ 8 Abs. 2 KWpHG a.F.).[406] Damit wollte der Gesetzgeber dem Emittenten ermöglichen, ohne die Gefahr gerichtlicher Klagen Prognosen zu veröffentlichen.[407] Prognosen können danach keine Haftung mehr auslösen, wenn folgende Voraussetzungen erfüllt sind:

Zum einen müssen sie als solche erkennbar sein (§ 162 Abs. 2 Nr. 1 FSCMA), zum anderen sollte deutlich auf wichtige Umstände hingewiesen werden, die dazu führen können, dass die Prognosen nicht eintreten (§ 162 Abs. 2 Nr. 4 FSCMA).[408] Darüber hinaus sollen möglichst ausführliche Erläuterungen über die Grundlagen der prognostizierten Umstände oder der erwarteten Aussichten abgegeben werden (§ 162 Abs. 2 Nr. 2 FSCMA). Demgemäß liegen rechtliche Hindernisse gegen die Veröffentlichung von Prognosen dann nicht vor, solange die zugrundeliegenden Annahmen zutreffend sind und die Prognose kaufmännisch vertretbar ist.[409] Zwar übernimmt der Emittent naturgemäß keine Gewähr dafür, dass sich seine Prognosen tatsächlich erfüllen und seine Werturteile richtig sind. Vielmehr obliegt die endgültige Risikoeinschätzung dem Anleger.[410] Schließlich müssen im zur Veröffentlichung bestimmten Dokument oder in dessen Anlagen enthaltene Prognosen durch eine hinreichende Tatsachenbasis gestützt und vertretbar sein (§ 162 Abs. 2 Nr. 3 FSCMA).[411]

Prognosen sind also nur dann unrichtig, wenn sie nicht durch die ihnen zugrundeliegenden Tatsachen gedeckt oder kaufmännisch nicht vertretbar sind. Außerdem ist bei ordnungsgemäßen Prognosen eine persönliche Haftung natürlicher Personen (insbesondere der Organmitglieder) ausgeschlossen, wenn diese nicht

---

404 So im Ergebnis auch *Kim, Yong-Jae*, Kapitalmarkt und Recht I, S. 244; *Kim, Yongjin*, The Theory and Practice of Capital Market System, S. 629; *Yoon, Song Han*, Wertpapierhandelsrecht, S. 225.

405 Zutreffend *Kang, Dae-Seob*, Kyungnam Law Review, 2000, Volume 16, S. 169; *Yoon, Song Han*, Wertpapierhandelsrecht, S. 225.

406 Ausführlich hierzu *Lim, Jai Yeon*, Kapitalmarktrecht, 457 ff.; zur alten Rechtslage *Song*, The Korean Journal of Securities Law, Dezember 2000, Volume 1 Nr. 1, S. 21 ff.

407 So im Ergebnis *Kim, Yongjin*, The Theory and Practice of Capital Market System, S. 629.

408 Vgl. *Song*, The Korean Journal of Securities Law, Dezember 2000, Volume 1 Nr. 1, S. 11 ff.

409 Vgl. *Chang/Cho*, Die Bekämpfung der Börsenkriminalität, S. 37.

410 Vgl. *Yoon, Song Han*, Wertpapierhandelsrecht, 2005 Seoul, S. 312 f.

411 *Song*, The Korean Journal of Securities Law, Dezember 2000, Volume 1 Nr. 1, S. 22 f.

vorsätzlich oder grob fahrlässig gehandelt haben (§ 162 Abs. 2 Satz 2 FSCMA).[412] Diese *safe harbor rule* gilt auch für Prognosen im Jahresabschluss.[413]

3 Fair Disclosure System in Korea

Gibt ein Emittent kursrelevante Kapitalinformationen selektiv an bestimmte Kapitalanleger weiter, so führt dies unter den Marktteilnehmern zur Informationsasymmetrie.[414] Dies wirkt sich wiederum nachteilig auf das Vertrauen der Anleger aus, gleichbehandelt und gegen die unberechtigte Verwendung kursrelevanter Information geschützt zu werden. Kursrelevante Kapitalmarktinformationen sollen daher nicht vorab bestimmten Personen, insbesondere institutionellen Investoren (*Bereichsöffentlichkeit*), sondern möglichst allen Kapitalanlegern gleichzeitig zur Verfügung gestellt werden (*breite Öffentlichkeit*).[415] Dies wird damit begründet, dass mit der Herstellung der Bereichsöffentlichkeit das Ziel des KWpHG, den Anleger zu schützen, nicht erreicht werde, wenn die Informationen ausschließlich den institutionellen Anlegern öffentlich bekanntgegeben worden sind.[416]

Zur Herstellung dieser informationellen Chancengleichheit hat der koreanische Gesetzgeber daher nach dem US-amerikanischen Vorbild der Regulation FD, die im Januar 2000 in Kraft getreten ist, im November 2002 das sog. *Fair Disclosure System* eingeführt.[417] Mit der Einführung des Fair Disclosure Systems will der Gesetzgeber diese Informationsasymmetrie ausmerzen.[418] Mithilfe der Informationen, die von dem Emittenten unparteilich bekanntgegeben werden, wird es Analysten wieder möglich, den wahren Wert des betroffenen Emittenten zu ermitteln. Denn es sind die Analysten, die den Kapitalanlegern die objektiven Informationen, die sie mithilfe der vom Emittenten angebotenen Informationen herausgefunden haben, zur Verfügung stellen.[419]

---

412 *Song*, The Korean Journal of Securities Law, Dezember 2000, Volume 1 Nr. 1, S. 24.
413 Vgl. Urteil des Landgerichts Seoul West vom 5. November 2009 (2009 Gahab 1535).
414 Vgl. *KFSS*, Leitfaden zur Unternehmenspublizität, Seoul 2003, S. 238; *Lim, Jai Yeon*, Kapitalmarktrecht, S. 650.
415 Vgl. *KFSS*, Leitfaden zur Unternehmenspublizität, Seoul 2003, S. 238.
416 Vgl. *KFSS*, Leitfaden zur Unternehmenspublizität, Seoul 2003, S. 238 f.
417 Regulation Fair Disclosure in den USA, auch allgemein als Regulation FD oder Reg FD bezeichnet, ist eine Verordnung, die von der *US Securities and Exchange Commission (SEC)* verkündet wurde. Sie gilt daher als öffentlich-rechtliche Regulierung. Demgegenüber wird das Fair Disclosure in Korea von der Veröffentlichungsverordnung der KRX geregelt. Die KRX ist also für die Regulierung von Fair Disclosure zuständig. Es gilt daher nicht als öffentlich-rechtliche Regulierung, sondern als Selbstregulierung durch die KRX (vgl. *Kim, Jung Soo*, Prinzipien des Kapitalmarktrechts, 2. Aufl., S. 788).
418 *KFSS*, Leitfaden zur Unternehmenspublizität, Seoul 2003, S. 238.
419 Vgl. Pressemitteilung des FSS (*Financial Supervisory Services*) vom 9. September 2002.

Während die Ad-hoc-Publizität bestimmte Umstände als veröffentlichungspflichtige Informationen festlegt und die Veröffentlichungsfrist gleichmäßig bestimmt, legt *Fair Disclosure* die Veröffentlichungsfrist für bestimmte Informationen fest, auch wenn die Verpflichtung zur Ad-hoc-Mitteilung noch nicht entsteht. Nach dem Willen des Gesetzgebers bezweckt *Fair Disclosure*, die Ad-hoc-Publizität zu ergänzen.[420] Will eine börsennotierte Aktiengesellschaft bestimmte Personen, wie etwa institutionelle Investoren, mit wichtigen Informationen versorgen, die sich erheblich auf den Börsenkurs auswirken können, aber noch nicht dem Kapitalmarkt bekannt gegeben sind, müssen sie diese zunächst der Öffentlichkeit bekannt geben, damit alle Marktteilnehmer den Zugang zu den gleichen Informationen haben. Stellen börsennotierte Aktiengesellschaften bestimmten Personen die Informationen, die unter das Fair Disclosure fallen, selektiv zur Verfügung, haben sie gemäß § 12 Abs. 1 Veröffentlichungsverordnung der KRX diese Tatsache und den Inhalt der zur Verfügung gestellten Informationen mitzuteilen.

Gemäß § 15 Abs. 1 Veröffentlichungsverordnung der KRX fallen hierunter Informationen wie beispielsweise künftige Geschäftspläne, Prognosen über die Geschäftsergebnisse, Vorhersagen über die vorläufigen Geschäftsergebnisse, die sich erheblich auf die Geschäftsführung auswirken. Stellt ein Emittent absichtlich einem bestimmten Kreis wichtige Informationen zur Verfügung, muss er diese gleichzeitig der Öffentlichkeit zugänglich machen. Erfolgt dies unbewusst, muss er diese sofort dem Markt bekanntgeben. Stellt ein Emittent kurz vor der Veröffentlichung – und seien es auch nur wenige Minuten früher – den Medien Informationen zur Verfügung, stellt auch dies einen Verstoß gegen die Pflicht zum *Fair Disclosure* dar.[421][422] In diesem Sinne stellt *Fair Disclosure* die Chancengleichheit unter den Marktteilnehmern sicher, und hierdurch wird die Möglichkeit des Insiderhandels möglichst gering gehalten.[423] Denn *Fair Disclosure* verbietet sog. selektive Offenlegung. Daher ist es nicht möglich, dass Dritte von einem Insider des Emittenten eine Insiderinformation erhalten und auf dieser Grundlage eine

---

420 Vgl. *Byeon/Hong/Kim/Kim/Um/Kim*, Kapitalmarktrecht, 2. Aufl., Seoul 2015, S. 477.

421 Vgl. *Kang, Dae-Seob*, Commercial Cases Review, März 2005, Volume 18 Nr. 1, S. 85; *Kim/Kwon/Yang*, Capital Market Law, 2. Aufl., S. 267; *Lim, Jai Yeon*, Kapitalmarktrecht, S. 650 Fn. 56.

422 Ausgeschlossen vom *Fair Disclosure* sind Journalisten, die sich zum Zwecke der Wahrnehmung des Rechts auf Information der Bürger betätigen, und Personen wie beispielsweise Rechtsanwälte, Wirtschaftsprüfer, Kreditratingagenturen, die kraft Gesetzes *zur Erlangung dieser Informationen* berechtigt und zur Verschwiegenheit verpflichtet sind, soweit es im Rahmen ihrer Berufstätigkeit geschieht. Zur reibungslosen Geschäftsbesorgung der Gesellschaft ist es ausnahmsweise erlaubt, allein den oben genannten Personen die Insiderinformationen notwendigenfalls anzubieten.

423 *KFSS*, Leitfaden zur Unternehmenspublizität, Seoul 2003, S. 238; *Kim, Jung Soo*, Prinzipien des Kapitalmarktrechts, 2. Aufl., S. 787; vgl. auch *Kim, Yongjin*, The Theory and Practice of Capital Market System, S. 555.

Transaktion durchführen. Hierbei kommt es nicht darauf an, ob ein Dritter aufgrund dieser Information eine Transaktion durchführt oder nicht.

4 Veröffentlichungspflicht des Emittenten im Hinblick auf Gerüchte in Korea

1) Allgemeines

Es ist in Korea allgemein anerkannt, dass der Emittent, sofern er für die Gerüchte nicht verantwortlich ist, zur Bestätigung der Gerüchte nicht verpflichtet ist.[424] Beruhen Gerüchte auf einem Fehlverhalten des Emittenten, stellt sich die Frage, ob der Emittent hinsichtlich ihrer Wahrheit Stellung nehmen muss. Hierzu hat der koreanische Gesetzgeber keine klare Aussage getroffen.[425] Einigkeit besteht allerdings darüber, dass der Emittent zur Berichtigung vom Gerücht, die nicht der wahren Lage des Emittenten entsprechen, dann verpflichtet ist, wenn der Emittent in irgendeiner Art oder Weise in einem Zusammenhang mit dem Entstehen des Gerüchtes steht oder das Entstehen der Gerüchte auf einem Fehlverhalten des Emittenten beruht.[426] In diesem Fall muss der Emittent dazu verpflichtet sein, die Gerüchte zu berichtigen.[427] Kommt das Gerücht nicht aus der Sphäre des Unternehmens, ist der Emittent nicht dazu verpflichtet, hinsichtlich des Wahrheitsgehaltes des Gerüchtes Stellung zu nehmen.[428]

2) Offenlegung auf Anfrage in Korea (inquired disclosure)

Gerüchte oder Nachrichten über die börsennotierte Aktiengesellschaft, die sich auf den Börsen- oder Marktpreis erheblich auswirken, können die Funktionsfähigkeit des Marktes extrem beeinträchtigen.[429] Nach dem geltenden koreanischen Recht kann die KRX eine Anfrage an die betreffende Aktiengesellschaft richten, wenn Gerüchte oder Nachrichten über eine börsennotierte Aktiengesellschaft vorliegen, die sich erheblich auf den Börsen- oder Marktpreis auswirken können, oder wenn eine drastische Veränderung des Börsen- oder Marktpreises oder des Handelsvolumens des Finanzinstruments einer börsennotierten Aktiengesellschaft

---

424 Vgl. *Hwang*, Illegaler Wertpapierhandel und Schadensersatz, S. 101; *Kang, Dae-Seob*, Civil liabilities in securities market, 1992, S. 217; *Kim, Jung Soo*, Prinzipien des Kapitalmarktrechts, 2. Aufl., S. 812.

425 *Kim, Jung Soo*, Prinzipien des Kapitalmarktrechts, 2. Aufl., S. 812.

426 Vgl. *Hwang*, Illegaler Wertpapierhandel und Schadensersatz, S. 101; *Kim, Jung Soo*, Prinzipien des Kapitalmarktrechts, 2. Aufl., S. 812 f.

427 So auch *Kim, Jung Soo*, Prinzipien des Kapitalmarktrechts, 2. Aufl., S. 812.

428 Vgl. *Kang, Dae-Seob*, Civil liabilities in securities market, 1992, S. 218 f.

429 Vgl. *Kim, Kwang-Rok*, A Study on the U.S. Mandatory Disclosure System, The Journal of Property Law, 2002, Volume 19 Nr. 1, S. 184; *Lee/Choi*, Wertpapierhandelsrecht, S. 138.

vorliegt (§ 391 Abs. 2 Satz 3 FSCMA).[430] Hinsichtlich dieser Anfrage hat die börsennotierte Aktiengesellschaft gemäß §§ 12 ff. Veröffentlichungsverordnung der KRX zu berichten bzw. zu bestätigen, ob Gerüchte oder Nachrichten wahr oder nicht wahr sind bzw. was wofür ursächlich ist. Wenn die Gerüchte wahr sind, hat der Emittent die Informationen, die der wahren Lage des Emittenten entsprechen, zu veröffentlichen. Andernfalls muss der Emittent diese Gerüchte dementieren. Eine börsennotierte Aktiengesellschaft, die von der KRX eine solche Anfrage erhalten hat, muss spätestens am nächsten Tag nach dem Zugang der Anfrage auf diese antworten. Geht es um die Veröffentlichung auf Anfrage, sind zwei Konstellationen vorstellbar:[431]

Erstens geht es um die Bestätigung, ob Gerüchte oder Nachrichten über die börsennotierte Aktiengesellschaft auf dem Markt wahr sind oder nicht. Hierunter fallen insbesondere solche Umstände, die sich erheblich auf die Geschäftsführung auswirken können, zum Beispiel Transaktionen mit Hauptaktionären usw.[432] Zweitens geht es in den Fällen, in denen der Börsen- oder Marktpreis eines Finanzinstruments oder das Handelsvolumen eines Finanzinstruments vom normalen Ablauf erheblich abweicht, um die Bestätigung, ob Insiderinformationen vorliegen.[433] Hierbei spielt es keine Rolle, ob Gerüchte oder Nachrichten über die börsennotierte Aktiengesellschaft vorliegen oder nicht.[434] Veröffentlichung auf Anfrage beseitigt die Informationsunsicherheit am Kapitalmarkt und trägt hierdurch zum Schutz der Funktionsfähigkeit des Kapitalmarktes bei.[435]

5 Rechtsfertigung des Unterlassens

1) Aktualisierung der veröffentlichten Information in Korea

Kapitalmarktinformationen müssen die für die Beurteilung der Finanzinstrumente wesentlichen Angaben möglichst zeitnah darstellen. Hat der Emittent eine Kapitalmarktinformation zum Zeitpunkt der Veröffentlichung zwar richtig veröffentlicht, entsteht aber im Laufe der Zeit eine Abweichung von der wahren Lage des Emittenten, stellt sich die Frage, ob der Emittent zur Aktualisierung der veröffentlichten Information verpflichtet ist. Dabei geht es also um die Frage, ob Informationen, die zum maßgeblichen Zeitpunkt richtig und vollständig waren, aufgrund

430 Eingehend *Kim, Jung Soo*, Prinzipien des Kapitalmarktrechts, 2. Aufl., S. 784 f.; vgl. auch *Lim, Jai Yeon*, Kapitalmarktrecht, S. 645 f.

431 Zu dieser Problematik ausführlich *Kim, Yongjin*, The Theory and Practice of Capital Market System, S. 593 f.

432 Vgl. *Kim, Yongjin*, The Theory and Practice of Capital Market System, S. 593.

433 *Byeon/Hong/Kim/Kim/Um/Kim*, Kapitalmarktrecht, 2. Aufl., Seoul 2015, S. 473; *Kim, Jung Soo*, Prinzipien des Kapitalmarktrechts, 2. Aufl., S. 786.

434 Vgl. *Kim, Yongjin*, The Theory and Practice of Capital Market System, S. 593; *Lee/Choi*, Wertpapierhandelsrecht, S. 138.

435 Vgl. *Kim, Jung Soo*, Prinzipien des Kapitalmarktrechts, 2. Aufl., S. 785.

nachfolgender Ereignisse ergänzungsbedürftig werden können.[436] In den USA ist es allgemein anerkannt, dass der Emittent in solchen Fällen grundsätzlich nicht dazu verpflichtet ist, solche Informationen zu aktualisieren, wenn er zum Zeitpunkt der Veröffentlichung die betreffenden Informationen ordnungsmäßig veröffentlicht hat.[437] Etwas anderes gilt allerdings für den Fall, in dem der Emittent die Kapitalmarktinformation zwar ordnungsmäßig veröffentlicht hat, sie aber noch auf den Börsenkurs des Emittenten einwirkt und bei den Kapitalanlegern eine falsche oder irreführende Vorstellung erzeugt, weil die bekanntgegebene Information stark von der wahren Lage des Emittenten abweicht.[438] Dies wird insbesondere dann vorkommen, wenn in den Mitteilungen eine Prognose enthalten war oder sich die Mitteilung auf die Geschäftspolitik bzw. die Geschäftsentwicklung eines Unternehmens bezieht. Gleiches gilt, wenn die betreffende Information während der Phase einer M&A-Verhandlung bekannt gemacht wurde.[439]

Die Frage, ob der Emittent eine nach der Veröffentlichung unrichtig gewordene Information aktualisieren muss, um einer Haftung wegen fehlerhafter Kapitalmarktinformation zu entgehen, hat der Gesetzgeber nicht beantwortet; auch die Veröffentlichungsverordnung der KRX schweigt dazu.[440] Daher besteht für den Emittenten grundsätzlich keine positive Pflicht, die nach der Veröffentlichung unrichtig gewordenen Informationen zu aktualisieren, wenn er zum Zeitpunkt der Veröffentlichung die betreffenden Informationen richtig bekanntgegeben hat, obwohl sie wegen der neu eingetretenen Umstände von der wahren Lage des Emittenten stark abweichen.[441] Etwas anderes dürfte für den Fall gelten, in dem die bereits bekanntgegebenen Informationen auch gegenwärtig für richtig gehalten werden und zugleich der Inhalt der veröffentlichten Informationen durch neu eingetretene Umstände erheblich verändert wird. In einem solchen Fall kann die Pflicht zur Aktualisierung durch eine zusätzliche Mitteilung angenommen werden.[442]

---

436 Hierzu *Kang, Dae-Seob*, Civil liabilities in securities market, 1992, S. 214 f.; *Kim, Kwang-Rok*, A Study on the U.S. Mandatory Disclosure System, The Journal of Property Law, 2002, Volume 19 Nr. 1, S. 187.

437 Vgl. Weiner v. The Quaker Oats Co., 129 F. 3d 310 (3d Cir. 1997).

438 Vgl. In Backman v. Polaroid Corp., 910 F. 2d 10 (1st Cir. 1990); zutreffend *Kang, Dae-Seob*, Civil liabilities in securities market, 1992, S. 214.

439 Vgl. *Kim, Jung Soo*, Prinzipien des Kapitalmarktrechts, 2. Aufl., S. 808.

440 Im Ergebnis *Kim, Kwang-Rok*, A Study on the U.S. Mandatory Disclosure System, The Journal of Property Law, 2002, Volume 19 Nr. 1, S. 188.

441 *Kim, Jung Soo*, Prinzipien des Kapitalmarktrechts, 2. Aufl., S. 809; *de lege ferenda* zustimmend *Kim, Kwang-Rok*, A Study on the U.S. Mandatory Disclosure System, The Journal of Property Law, 2002, Volume 19 Nr. 1, S. 188 f.

442 So auch *Kim, Jung Soo*, Prinzipien des Kapitalmarktrechts, 2. Aufl., S. 809.

2) *Veröffentlichung in der Weise „no comment" in Korea*

Es stellt sich die Frage, ob es möglich ist, die Pflicht zur Veröffentlichung in der Weise „*no comment*" zu erfüllen. Damit gemeint ist, dass der Emittent eine im Gang befindliche Verhandlung über M&A weder bestätigt noch dementiert.[443] Hinsichtlich eines im Gang befindlichen bzw. in Erwägung gezogenen Geschäfts kann die Verpflichtung zur Veröffentlichung kursrelevanter Informationen auch in Korea in derartiger Weise erfüllt werden, dass der Emittent lediglich darauf hinweist, das infrage stehende Geschäft werde erst erwogen oder sei noch im Gang. Bei berechtigtem Geheimhaltungsinteresse des Emittenten stelle dies eine technische Umgehungsmethode zur Vermeidung bzw. Verschiebung der Veröffentlichungspflicht dar.[444]

3) *Veröffentlichungsvorbehalt aufgrund eines Antrages in Korea*

Entstehen Umstände, die den Börsen- oder Marktpreis eines Finanzinstruments erheblich beeinflussen können, ist der Emittent nach der Veröffentlichungsverordnung der KRX zur rechtzeitigen, richtigen und vollständigen Veröffentlichung verpflichtet. Etwas anderes gilt für Ereignisse bzw. Tatsachen wie M&A-Verhandlungen[445] oder die Entwicklung neuer Technologien, wobei die Zurückhaltung bei der Veröffentlichung solcher Informationen zum Schutz des berechtigten betrieblichen Interesses an der Geheimhaltung eines Unternehmens erforderlich sein muss.[446] Die Geheimhaltung solcher Umstände ist also von dem berechtigten betrieblichen Interesse gedeckt.[447] In diesem Fall kann eine börsennotierte Aktiengesellschaft der KRX einen Veröffentlichungsvorbehalt über bestimmte Umstände beantragen. Dabei muss der Emittent mit der KRX darüber verhandeln.[448] Ist es unter Berücksichtigung aller Umstände des Einzelfalls und unter Abwägung der beiderseitigen Interessen, also des Interesses an der Geheimhaltung eines Unternehmens und am Anlegerschutz, erforderlich, kann die KRX der börsennotierten Aktiengesellschaft den Vorbehalt der Veröffentlichung einer kursrelevanten Information zubilligen.[449] Die Gesellschaft ist dazu verpflichtet, die betreffende Information geheim zu halten. Ist die Vorbehaltsfrist für die Veröffentlichung abgelaufen

443 *Kim, Jung Soo*, Prinzipien des Kapitalmarktrechts, 2. Aufl., S. 799.
444 *Kim, Jung Soo*, Prinzipien des Kapitalmarktrechts, 2. Aufl., S. 799.
445 Eingehend zu dieser Problematik *Kim, Jung Soo*, Prinzipien des Kapitalmarktrechts, 2. Aufl., S. 800 ff.
446 Vgl. *Kim, Jung Soo*, Prinzipien des Kapitalmarktrechts, 2. Aufl., S. 796; *Kim, Yongjin*, The Theory and Practice of Capital Market System, S. 543 f.; *Lim, Jai Yeon*, Kapitalmarktrecht, S. 647.
447 *Lim, Jai Yeon*, Kapitalmarktrecht, S. 647.
448 Vgl. § 43-2 Abs. 1 Veröffentlichungsverordnung der KRX.
449 Vgl. § 43-2 Abs. 2 Veröffentlichungsverordnung der KRX.

oder entfällt die Bedingung zum Veröffentlichungsvorbehalt, muss sie der KRX diese Tatsache bis spätestens am nächsten Tag mitteilen.[450]

Steht ein Umstand, der unter die Veröffentlichungspflicht fällt, noch auf der Kippe oder ist noch im Gang, so unterliegt der Emittent noch nicht der Veröffentlichungspflicht. Veröffentlicht er diese Information dennoch, stellt der Willensentschluss zum Zeitpunkt der Veröffentlichung eine unternehmerische Entscheidung dar (*Business Judgment Rule*).[451] Es stellt sich jedoch die Frage, wann genau die betreffende Information reif genug ist, um die Veröffentlichungspflicht des Emittenten auszulösen.

6 Schutzlücke bei Unterlassung

1) Grundsätzliches

Die Verzögerung oder die Unterlassung der gebotenen Veröffentlichung einer kursrelevanten Information kann sich auf die Informationseffizienz des Kapitalmarktes und damit auf die Preisbildung am Kapitalmarkt ebenso auswirken wie die Veröffentlichung einer unwahren Information. Nicht nur mit falschen Angaben über kursrelevante Umstände, sondern auch mit der Verzögerung bzw. Unterlassung solcher Umstände könnte der Emittent einen Gewinn machen, oder werden dadurch weitere Anleger geschädigt.[452] Hierdurch wird das Vertrauen des Anlegerpublikums in die Integrität der Unternehmensführung und damit das Vertrauen in den Kapitalmarkt erheblich erschüttert. In dieser Hinsicht liegt es auf der Hand, dass die Unterlassung der gebotenen Veröffentlichung einer kursrelevanten Information, wie auch die Veröffentlichung einer unwahren Information haftungsbewehrt sein müssen.

Vor diesem Hintergrund haben die Gesetzgeber in den verschiedenen Rechtsordnungen wie dem § 37b WpHG in Deutschland und den englischen *Regulations* 2010 eine Haftung für die Unterlassung der gebotenen Veröffentlichung kursrelevanter Information eingeführt. Hierbei handelt es sich um gesetzlich bzw. kraft Börsenordnung gebotene Informationen. Demgegenüber ist die Unterlassung der Veröffentlichung einer kursrelevanten Information vom Wortlaut des § 162 FSCMA grundsätzlich nicht erfasst. Nach dem eindeutigen Wortlaut des § 162 FSCMA ist die Haftung des Emittenten im Falle einer Unterlassung grundsätzlich ausgeschlossen. Sie kommt nur ausnahmsweise und unter besonderen Voraussetzungen vor. Allerdings gibt es dort teilweise eine Hürde beim Verschulden, nämlich Vorsatz oder grober Fahrlässigkeit.

450 Vgl. § 43-2 Abs. 3 Veröffentlichungsverordnung der KRX.

451 *Kim, Jung Soo*, Prinzipien des Kapitalmarktrechts, 2. Aufl., S. 799.

452 Vgl. OGH Urteil vom 30. Juni 1995 (94 do 2792).

2) *Stellungnahme zur Schutzlücke de lege lata*

Die Haftung nach § 162 FSCMA greift allein und eindeutig dann ein, wenn ein Emittent in einem Veröffentlichungsdokument nach §§ 159 ff. FSCMA sowie in dessen Anlagen falsche Angaben oder Darstellungen über kursrelevante Umstände gemacht oder kursrelevante Informationen weggelassen hat. Die Unterlassung ist deshalb nicht als Pflichtverletzung im Sinne des § 162 FSCMA anzusehen. Folglich löst die Unterlassung der Veröffentlichung einer kursrelevanten Information nicht die Pflicht zum Schadensersatz nach § 162 FSCMA aus. Daraus ergibt sich aber eine höchst unstimmige Gesetzlage.

Grundsätzlich besteht keine allgemeine Rechtspflicht zur Wahrnehmung fremder Vermögensinteressen.[453] Daher kann ein Unterlassen im Rechtssinn nur dann in Betracht kommen, wenn *in concreto* eine Rechtspflicht zum Handeln besteht.[454] Das Verschweigen von kursrelevanten Informationen ist nur dann als rechtswidrig anzusehen, wenn *in concreto* eine Rechtspflicht zur Veröffentlichung besteht.[455] *De lege lata* ergibt sich diese Rechtspflicht zur Veröffentlichung kursrelevanter Information aber bereits aus §§ 159 ff. FSCMA. Gemäß § 162 Abs. 1 FSCMA scheidet die Haftung des Emittenten jedoch auch aus, wenn der Emittent eine kursrelevante Information nicht veröffentlicht hat. Eine pflichtwidrige Nichtveröffentlichung kursrelevanter Information hätte regelmäßig einen abweichenden Marktkurs zur Folge wie eine Veröffentlichung einer unwahren Information. Hierdurch würden die Käufer oder die Verkäufer von Finanzinstrumenten des veröffentlichenden Emittenten einen Schaden erleiden, weil sie ihre Finanzinstrumente infolge eines Fehlverhaltens, der nicht unverzüglich erfolgten Veröffentlichung einer kursrelevanten Information, zu teuer kaufen oder zu billig verkaufen. In dieser Hinsicht ist kein Anhaltpunkt ersichtlich und *de lege ferenda* bedenklich, warum Kapitalanleger, die aufgrund einer Unterlassung der unverzüglichen Veröffentlichung kursrelevanter Informationen einen Schaden erlitten haben, schlechtergestellt werden sollen als diejenigen, die dadurch einen Schaden erlitten haben, dass der Emittent falsche Angaben über kursrelevante Umstände gemacht oder solche Umstände weggelassen hat. Diese Rechtsfolge geht zulasten des Anlegerschutzes und gleichzeitig der Funktionsfähigkeit des Marktes, was eine Regulierung rechtfertigt. *De lege ferenda* soll daher die Haftung des Emittenten für die Unterlassung der Veröffentlichung kursrelevanter Information eingeführt werden.[456] Hierdurch werden sämtliche informationellen Schieflagen erfasst, die die Markttransparenz beeinträchtigen können.

---

453 Vgl. BGH 27.5. 1971 Z 56, 228, 238.

454 Vgl. *Maier-Reimer/Seulen*, in: Habersack/Mülbert/Schlitt, Kapitalmarktinformation, § 30 Rn. 67; *Möllers/Leisch*, NZG 2003, 112, 115; *Möllers/Leisch*, in: Kölner Komm WpHG § 37b, 37c Rn. 101; *Sethe*, in: Assmann/Schneider, WpHG, §§ 37b, 37c Rn. 46.

455 *Möllers/Leisch*, NZG 2003, 112, 115; *Möllers/Leisch*, in: Kölner Komm WpHG § 37b, 37c Rn. 118.

456 So im Ergebnis auch *Kim, Kwang-Rok*, A Study on the U.S. Mandatory Disclosure System, The Journal of Property Law, 2002, Volume 19 Nr. 1, S. 188.

§ 3 Emittenten und Organmitglieder als mögliche Adressaten der Schadensersatzhaftung in Deutschland und in Korea

A Rechtslage in Deutschland

1 Emittent als Anspruchsgegner

1) Allgemeines

Eine Haftung des Emittenten aus den §§ 37b, 37c WpHG setzt *de lege lata* bezüglich des Begriffs des Inlandsemittenten voraus, dass die Finanzinstrumente zum Handel an einer „*inländischen Börse*" zugelassen sind.[457] Mit Blick auf die Haftung kommt es grundsätzlich nicht darauf an, ob der Emittent seinen Sitz im Inland oder im Ausland hat, solange seine Finanzinstrumente zum Handel an einer inländischen Börse zugelassen sind.[458]

a) Bereits ab Stellung des Zulassungsantrages

Mit dem AnSVG hat der Gesetzgeber die Ad-hoc-Mitteilungspflicht nach § 15 Abs. 1 Satz 2 WpHG auf Emittenten erweitert, die einen entsprechenden Zulassungsantrag erst gestellt haben. Dem Wortlaut nach trifft die Ad-hoc-Mitteilungspflicht die Emittenten nicht erst ab Zulassung ihres Finanzinstruments, sondern bereits ab Stellung des Zulassungsantrages.[459] Damit wollte der Gesetzgeber die Ad-hoc-Mitteilungspflicht ausweiten, um das Insidergeschäft präventiv zu bekämpfen.[460] Eine entsprechende Erweiterung wurde in §§ 37b, 37c WpHG dagegen nicht übernommen.[461] Er hat einfach auf die Anpassung der Änderungen des § 15 WpHG verwiesen.[462] Gemäß §§ 37b, 37c WpHG sind mithin ausschließlich

---

457 BT-Drucks., 14/8017, S. 93 f; *Fuchs,* in: Fuchs WpHG, §§ 37b, 37c Rn. 3; *Möllers/Leisch,* in: Kölner Komm WpHG, § 37b, 37c Rn. 87; *Rössner/Bolkart,* ZIP 2002, 1471, 1472; *Sethe,* in: Assmann/Schneider, WpHG, §§ 37b, 37c Rn. 34, 42; *Zimmer/Grotheer,* in: Schwark/Zimmer, Kapitalmarktrechtskommentar, §§ 37b, 37c WpHG Rn. 21.

458 Vgl. *Fleischer,* NJW 2002, 2977, 2979; *Möllers/Leisch,* in: Kölner Komm WpHG, § 37b, 37c Rn. 87; *Schäfer,* in: Marsch-Barner/Schäfer, Hb börsennotierte AG, § 17 Rn. 5.

459 *Nietsch,* BB 2005, 785.

460 Vgl. BT-Drucks. 15/3174, S. 34.

461 *Fuchs,* in: Fuchs WpHG, §§ 37b, 37c Rn. 7; *Zimmer/Grotheer,* in: Schwark/Zimmer, Kapitalmarktrechtskommentar, §§ 37b, 37c WpHG Rn. 20a.

462 Vgl. BT-Drucks. 15/3174, S. 40.

solche Emittenten zum Schadensersatz verpflichtet, deren Finanzinstrumente zum Zeitpunkt der Pflichtverletzung bereits zugelassen sind.[463] Infolgedessen erscheint der Kreis der Haftungsadressaten nach den §§ 37b, 37c WpHG enger als der der Ad-hoc-Mitteilungspflichtigen gemäß § 15 WpHG.[464] Es stellt sich daher die Frage, ob ein Emittent im Falle einer Pflichtverletzung zum Schadenersatz verpflichtet sein kann, wenn erst ein Antrag auf Zulassung gestellt, aber die Zulassung noch nicht erfolgt ist.

Hat ein Emittent einen Antrag auf Zulassung gestellt, kommt dies der Zulassung zum Handel an einem organisierten Markt gleich.[465] Außerdem ist es nicht ersichtlich, dass der Gesetzgeber den Anwendungsbereich der §§ 37b, 37c WpHG gegenüber § 15 Abs. 1 Satz 1 WpHG hat einschränken wollen.[466] Aus dem mit den §§ 37b, 37c WpHG verfolgten Zweck lässt sich auch klar erkennen, dass der Emittent bereits ab Stellung des Zulassungsantrags zum Schadenersatz für fehlerhafte Ad-hoc-Mitteilung verpflichtet ist. Das Schutzbedürfnis ist in beiden Fällen gleich.[467] Es käme zu einer widersprüchlichen Rechtslage, wenn einerseits ein Bereich mit der Pflicht zur Ad-hoc-Mitteilung belegt würde, anderseits aber ein Verstoß gegen eine derartige Pflicht nicht zu einer Schadensersatzhaftung führen könnte.[468] Daher ist davon auszugehen, dass es sich in §§ 37b, 37c WpHG um ein reines Redaktionsversehen des Gesetzgebers handelt. Die Regelungen sind also weiterhin entsprechend auf die Emittenten anzuwenden, die lediglich einen Antrag auf Zulassung ihrer Finanzinstrumente gestellt haben.[469]

---

463 Vgl. *Casper,* in: Kölner Komm KapMuG, §§ 37b, 37c WpHG Rn. 21; *Möllers/Leisch,* in: Kölner Komm WpHG, § 37b, 37c Rn. 95.

464 Vgl. *Jungmichel,* Haftung und Schadenskompensation, 2007, S. 61; *Schäfer,* in: Marsch-Barner/Schäfer, Hb börsennotierte AG, § 17 Rn. 7.

465 *Sethe,* in: Assmann/Schneider, WpHG, § 37b, 37c Rn. 40.

466 *Fuchs,* in: Fuchs WpHG, §§ 37b, 37c Rn. 7; *Sethe,* in: Assmann/Schneider, WpHG, § 37b, 37c Rn. 40.

467 Vgl. *Casper,* in: Kölner Komm KapMuG, §§ 37b, 37c WpHG Rn. 21; *Möllers/Leisch,* in: Kölner Komm WpHG, § 37b, 37c Rn. 101; *Sethe,* in: Assmann/Schneider, WpHG, § 37b, 37c Rn. 40.

468 *Schäfer,* in: Marsch-Barner/Schäfer, Hb börsennotierte AG, § 17 Rn. 7; *Sethe,* in: Assmann/Schneider, WpHG, § 37b, 37c Rn. 39.

469 Ebenso *Casper,* in: Kölner Komm KapMuG, §§ 37b, 37c WpHG Rn. 21; *Fuchs,* in: Fuchs WpHG, §§ 37b, 37c Rn. 7; *Maier-Reimer/Seulen,* in: Habersack/Mülbert/Schlitt, Kapitalmarktinformation, § 30 Rn. 65; *Möllers/Leisch,* in: Kölner Komm WpHG, § 37b, 37c Rn. 98 ff.; *Schäfer,* in: Marsch-Barner/Schäfer, Hb börsennotierte AG, § 17 Rn. 7; *Sethe,* in: Assmann/Schneider, WpHG, §§ 37b, 37c Rn. 40; *Zimmer/Grotheer,* in: Schwark/Zimmer, Kapitalmarktrechtskommentar, §§ 37b, 37c WpHG Rn. 20a.

b) *Konzernklausel*

Die Haftungsnormen der §§ 37b, 37c WpHG enthalten keine Konzernklausel.[470] Zudem stellt der Konzern selber keinen Emittenten im Sinne dieser Regelungen dar, weil es sich bei ihm um eine nicht rechtsfähige Unternehmensgruppe handelt.[471] Deshalb ist das zur Unternehmensgruppe gehörende jeweilige Einzelunternehmen im Hinblick auf die Ad-hoc-Mitteilungspflicht grundsätzlich als selbstständiges Unternehmen anzusehen.[472] Daher kann ausschließlich das jeweilige Konzernunternehmen Emittent im Sinne des § 15 WpHG sein, das Adressat der daran anknüpfenden Haftungsnormen der §§ 37b, 37c WpHG ist.[473] Eine Konzernmuttergesellschaft, deren Finanzinstrumente nicht an einer inländischen Börse zum Handel zugelassen sind, ist daher nicht zur Ad-hoc-Publizität verpflichtet und scheidet damit auch aus dem Anwendungsbereich der §§ 37b Abs. 1, 37c Abs. 1 WpHG aus.[474] Die betroffenen Kapitalanleger sind deshalb auch dann nicht anspruchsberechtigt, wenn sie die Finanzinstrumente eines verbundenen Unternehmens gekauft bzw. verkauft haben.[475]

2) *Emittenten von Finanzinstrumenten – Inlandsemittenten*

Bis zum Inkrafttreten des Transparenzrichtlinie-Umsetzungsgesetzes (TUG)[476] hat die Haftung des Emittenten für fehlehrhafte Informationen aus den §§ 37b, 37c WpHG hinsichtlich des Anwendungsbereiches an den Tatbestand des § 15 WpHG angeknüpft. Vom Anwendungsbereich der §§ 15, 37b und 37c WpHG waren sowohl inländische als auch ausländische Emittenten erfasst, sofern die Finanzinstrumente

---

470 Vgl. *Assmann*, in: Assmann/Schneider, WpHG, § 15 Rn. 48; *Hopt*, ZHR 159 (1995), 135, 151.

471 *Braun*, in: Möllers/Rotter, Ad-hoc-Publizität, § 7 Rn. 2.

472 Vgl. *Assmann*, in: Assmann/Schneider, WpHG, § 15 Rn. 48; *Frowein* in: Habersack/Mülbert/Schlitt, Hdb. Kapitalmarktinformation, § 10 Rn. 9.

473 OLG Frankfurt a.M., Urteil vom 18. 4. 2007, Az. 21 U 70/06, AG 2007, 749, 793; *Assmann*, in: Assmann/Schneider, WpHG, § 15 Rn. 48.

474 Vgl. *Assmann*, in: Assmann/Schneider, WpHG, § 15 Rn. 48; *Hopt*, ZHR 159 (1995), 135, 151; *Frowein*, in: Habersack/Mülbert/Schlitt, Kapitalmarktinformation, § 10 Rn. 9.

475 Vgl. OLG Frankfurt a.M., Urteil vom 18. 4. 2007, Az. 21 U 70/06, AG 2007, 749, 793; *Assmann*, in: Assmann/Schneider, WpHG, § 15 Rn. 48; *Hopt*, ZHR 159 (1995), 135, 151; *Möllers/Leisch*, in: Kölner Komm WpHG, § 37b, 37c Rn. 88; *Sethe*, in: Assmann/Schneider, WpHG, § 37b, 37c Rn. 41.

476 Am 20. Januar 2007 sind die wesentlichen gesetzlichen Änderungen des Transparenzrichtlinie-Umsetzungsgesetzes (TUG) in Kraft getreten, mit dem der Gesetzgeber die Vorgaben der EU-Transparenzrichtlinie in deutsches Recht umgesetzt hat. Ziel ist es, die Transparenz am Kapitalmarkt zu verbessern, was sowohl der Markteffizienz als auch dem Anlegerschutz zugutekommt. Durch diese EU-Richtlinie und deren Umsetzung in deutsches Recht sollen Kapitalanleger von Finanzinstrumenten besser und umfassender informiert werden.

zum Handel an einer inländischen Börse zugelassen waren.[477] In diesem Sinne gehen die §§ 37b, 37c WpHG von dem Auswirkungsprinzip aus, und damit kommt ihnen exterritoriale Wirkung zu.[478] Durch das TUG wurde § 15 WpHG geändert, und § 15 Abs. 1 WpHG stellt nunmehr allein auf Inlandsemittenten im Sinne von § 2 Abs. 7 WpHG ab. Demgegenüber hat sich die Formulierung in den §§ 37b, 37c WpHG nicht geändert. Dies bedeutet: Der persönliche Anwendungsbereich der §§ 37b, 37c WpHG ist nicht mehr identisch mit dem des § 15 WpHG.[479]

Zum Teil wird dies in der Literatur hingenommen. Für die Anwendung der §§ 37b, 37c WpHG genüge es, dass Finanzinstrumente des Emittenten an einer inländischen Börse zum Handel zugelassen sind. Sie erfassten damit auch ausländische Emittenten, deren Finanzinstrumente sowohl im Heimatland als auch im Inland zugelassen sind. Denn der Gesetzgeber habe den persönlichen Anwendungsbereich der §§ 37b, 37c WpHG nicht einschränken wollen.[480] Nach anderer Ansicht stellt die fehlende Anpassung an die neue Fassung des § 15 WpHG ein Redaktionsversehen des Gesetzgebers dar, sodass die Emittentenhaftung gemäß den §§ 37b, 37c WpHG auf Inlandsemittenten im Sinne des § 2 Abs. 7 WpHG zu beschränken sei.[481]

Im Ergebnis erscheint die letztere Ansicht zu überzeugen. Ziel des TUG ist es, den internationalen Anwendungsbereich des WpHG zu begrenzen, um zu verhindern, dass grenzüberschreitend agierende Emittenten die gleichen Transparenzpflichten in mehreren Mitgliedstaaten erfüllen müssen. Nach dem Willen des Gesetzgebers wäre dies bei der europaweiten Verbreitung dieser Informationen auch nicht sinnvoll.[482] Aus den Gesetzesmaterialien zum TUG lässt sich auch nicht

---

477 *Doğan*, Ad-hoc-Publizitätshaftung, 2005, S. 69; *Fuchs*, in: Fuchs WpHG, §§ 37b, 37c Rn. 7; *Möllers/Leisch*, in: Kölner Komm WpHG, § 37b, 37c Rn. 87; *Schäfer*, in: Marsch-Barner/Schäfer, Hb börsennotierte AG, § 17 Rn. 6; *Sethe*, in: Assmann/Schneider, WpHG, §§ 37b, 37c Rn. 34; *von Klitzing*, Die Ad-hoc-Publizität, 1999, S. 58.

478 *Doğan*, Ad-hoc-Publizitätshaftung, 2005, S. 69; *Maier-Reimer/Seulen*, in: Habersack/Mülbert/Schlitt, Kapitalmarktinformation, § 30 Rn. 42; *Möllers/Leisch*, in: Kölner Komm WpHG, § 37b, 37c Rn. 87; *Sethe*, in: Assmann/Schneider, WpHG, §§ 37b, 37c Rn. 42.

479 *Fuchs*, in: Fuchs WpHG, §§ 37b, 37c Rn. 7; *Maier-Reimer/Seulen*, in: Habersack/Mülbert/Schlitt, Kapitalmarktinformation, § 30 Rn. 64; *Mülbert/Steup*, in: Habersack/Mülbert/Schlitt, Unternehmensfinanzierung, § 41 Rn. 178; *Sethe*, in: Assmann/Schneider, WpHG, §§ 37b, 37c Rn. 34 m.w.N.

480 *Maier-Reimer/Seulen*, in: Habersack/Mülbert/Schlitt, Kapitalmarktinformation, § 30 Rn. 64.

481 *Fuchs*, in: Fuchs WpHG, §§ 37b, 37c Rn. 7; *Möllers/Leisch*, in: Kölner Komm WpHG, §§ 37b, 37c Rn. 87; *Mülbert/Steup*, in: Habersack/Mülbert/Schlitt, Unternehmensfinanzierung, § 41 Rn. 178 f., 202; *Schäfer*, in: Marsch-Barner/Schäfer, Hb börsennotierte AG, § 17 Rn. 7; *Sethe*, in: Assmann/Schneider, WpHG, §§ 37b, 37c Rn. 34.

482 Begründung zum Entwurf eines Gesetzes zur Umsetzung der Richtlinie 2004/109/EG des Europäischen Parlaments und des Rates vom 15. Dezember 2004 zur Harmonisierung der Transparenzanforderungen in Bezug auf Informationen über

ersehen, dass der Gesetzgeber die §§ 37b, 37c WpHG von § 15 WpHG abkoppeln wollte.[483] Es erscheint daher überzeugender, den tatbestandlichen Gleichlauf der §§ 37b, 37c WpHG mit § 15 WpHG beizubehalten. Der Begriff des Emittenten der §§ 37b, 37c WpHG ist mithin als Inlandsemittent im Sinne des § 2 Abs. 7 WpHG zu verstehen.[484]

3) In den regulierten Markt einbezogene Finanzinstrumente

Die §§ 37b Abs. 1, 37c Abs. 1 WpHG setzen die Zulassung am Markt voraus. Die Finanzinstrumente müssen dem Wortlaut nach zum Handel an einer inländischen Börse zugelassen sein.[485] Damit werden auch solche Unternehmen vom persönlichen Anwendungsbereich nicht erfasst, deren Finanzinstrumente nicht zum Handel an einer inländischen Börse zugelassen, sondern lediglich nach § 33 BörsG in den geregelten Markt einbezogen sind.[486] Die Einbeziehung der ausländischen Finanzinstrumente ist gerade deshalb möglich, weil auf Europaebene im Rahmen der Harmonisierung im Bereich des Kapitalmarktrechts die gleichen Zulassungsvoraussetzungen, Melde- und Transparenzpflichten gelten.[487] Werden bespielweise von einem ausländischen Emittenten emittierte Finanzinstrumente in den regulierten Markt in Deutschland einbezogen, dann ist für diese eine entsprechende

---

Emittenten, deren Wertpapiere zum Handel auf einem geregelten Markt zugelassen sind, und zur Änderung der Richtlinie 2001/34/EG (Transparenzrichtlinie-Umsetzungsgesetz – TUG), BR-Drucks. 579/06, S. 59.

483 Vgl. *Dirigo*, Haftung für fehlerhafte Ad-hoc-Publizität, 2011, S. 32; *Möllers/Leisch,* in: Kölner Komm WpHG, §§ 37b, 37c Rn. 87; *Mülbert/Steup,* in: Habersack/Mülbert/Schlitt, Unternehmensfinanzierung, § 41 Rn. 179; *Schäfer,* in: Marsch-Barner/Schäfer, Hb börsennotierte AG, § 17 Rn. 7; *Sethe,* in: Assmann/Schneider, WpHG, § 37c Rn. 34.

484 Ebenso *Dirigo*, Haftung für fehlerhafte Ad-hoc-Publizität, 2011, S. 32; *Fuchs,* in: Fuchs WpHG, §§ 37b, 37c Rn. 7; *Möllers/Leisch,* in: Kölner Komm WpHG, §§ 37b, 37c Rn. 87; *Mülbert/Steup,* in: Habersack/Mülbert/Schlitt, Unternehmensfinanzierung, § 41 Rn. 202; *Schäfer,* in: Marsch-Barner/Schäfer, Hb börsennotierte AG, § 17 Rn. 5, 7; *Sethe,* in: Assmann/Schneider, WpHG, § 37c Rn. 34; *Zimmer/Grotheer,* in: Schwark/Zimmer, Kapitalmarktrechtskommentar, §§ 37b, 37c WpHG Rn. 20b.

485 Dieser Begriff geht auf die Zeit zurück, als der deutsche Markt noch in Amtlichen Markt und Geregelten Markt geteilt war. Da die Vorschriften an § 15 WpHG anknüpfen, ist nunmehr der organisierte Markt i.S. des § 2 Abs. 5 WpHG gemeint.

486 *Baums,* ZHR 167 (2003), 139, 147; *Fleischer,* in: Assmann/Schütze, Handbuch des Kapitalanlagerechts, 4. Aufl., § 6 Rn. 41; *Möllers/Leisch,* in: Kölner Komm WpHG § 37b, 37c Rn. 104; *Nietsch,* BB 2005, 785; *Sauer,* Haftung für Falschinformation des Sekundärmarktes, 2004, S. 77 f.; *Schäfer,* in: Marsch-Barner/Schäfer, Hb börsennotierte AG, § 15 Rn. 17; *Sethe,* in: Assmann/Schneider, WpHG, § 37c Rn. 37; kritisch *Möllers/Leisch,* in: Möllers/Rotter, Ad-hoc-Publizität, § 14 Rn. 7 f.

487 BT-Drucks., 14/8017, S. 82 f.

Transparenz herzustellen, die § 15 WpHG erreichen will.[488] Es stellt sich dabei die Frage, ob diese ausländischen Emittenten in analoger Anwendung der §§ 37b, 37c WpHG bei Verletzung der Ad-hoc-Mitteilungspflicht haften können.

Prima facie erscheint vieles für eine analoge Anwendung der §§ 37b, 37c WpHG zu sprechen. Entscheidend dagegen spricht allerdings der Umstand, dass diese Einbeziehung nicht auf Antrag des ausländischen Emittenten selbst, sondern allein auf Antrag eines Marktteilnehmers oder von Amts wegen ohne Zustimmung des Emittenten erfolgen kann.[489] Der Emittent hat auf die Einbeziehung in den geregelten Markt keinerlei Einfluss.[490] Eine eigenständige inländische Ad-hoc-Mitteilungspflicht dieser Emittenten ist nicht vorgesehen.[491] Außerdem lässt sich der Regelung des § 33 Abs. 2 Satz 2 BörsG klar entnehmen, dass der Gesetzgeber davon ausgeht, dass die Weiterleitung der auf den ausländischen Märkten veröffentlichten Informationen auf dem inländischen Kapitalmarkt als erforderlich und ausreichend anzusehen ist.[492] Vergleichbare Haftungsbestimmungen als Voraussetzung der Einbeziehung sind gerade nicht vorgesehen.[493] Durch die bloße Einbeziehung von Finanzinstrumenten in den inländischen Kapitalmarkt unterliegt der Emittent als solcher daher nicht der Ad-hoc-Mitteilungspflicht gemäß § 15 WpHG und unterfällt auch nicht dem Anwendungsbereich der §§ 37b, 37c WpHG.[494] Diese Pflicht ergibt sich allein aus den Rechtsnormen in den Ländern, an deren Börsen die Finanzinstrumente des Emittenten zum Handeln zugelassen sind.[495]

Außerdem ist eine zivilrechtliche Haftung auf europäischer Ebene nicht zwingend gegeben. Daher kommt eine Haftung des Emittenten *de lege lata* dann nicht in Betracht, wenn die Finanzinstrumente allein auf einem anderen ausländischen Kapitalmarkt zugelassen sind.[496] Zudem gehen die §§ 37b, 37c WpHG vom Auswirkungsprinzip aus[497] und zielen damit ausschließlich auf den Anlegerschutz für die Finanzinstrumente, die zum Handel an einer inländischen Börse zugelassen

---

488 Vgl. BT-Drucks., 14/8017, S. 83; *Möllers/Leisch,* in: Möllers/Rotter, Ad-hoc-Publizität, § 14 Rn. 7.

489 *Möllers/Leisch,* NZG 2003, 112, 113; *Möllers/Leisch,* in: Kölner Komm WpHG, § 37b, 37c Rn. 104; *Sethe,* in: Assmann/Schneider, WpHG, §§ 37b, 37c Rn. 37.

490 Vgl. *Jungmichel,* Haftung und Schadenskompensation, 2007, S. 67.

491 Vgl. *Möllers/Leisch,* in: Kölner Komm WpHG, § 37b, 37c Rn. 104; *Sethe,* in: Assmann/Schneider, WpHG, §§ 37b, 37c Rn. 38 jeweils m.w.N.

492 Vgl. *Sethe,* in: Assmann/Schneider, WpHG, §§ 37b, 37c Rn. 38.

493 *Möllers/Leisch,* NZG 2003, 112, 114; *Sethe,* in: Assmann/Schneider, WpHG, §§ 37b, 37c Rn. 38.

494 Vgl. *Jungmichel,* Haftung und Schadenskompensation, 2007, S. 68; *Sethe,* in: Assmann/Schneider, WpHG, §§ 37b, 37c Rn. 38.

495 BT-Drucks., 14/8017, S. 83.

496 Vgl. *Casper,* in: Kölner Komm KapMuG, §§ 37b, 37c WpHG Rn. 20.

497 Ausländische Emittenten treffen eine Ad-hoc-Mitteilungspflicht daher nicht in Deutschland, sondern in den Ländern, an deren Börsen ihre Wertpapiere zum Handel zugelassen sind (*Möllers/Leisch,* NZG 2003, 112, 113).

sind.[498] Der Gesetzgeber hat insoweit die Haftung des Emittenten für die fehlerhafte Ad-hoc-Mitteilung abschließend geregelt.[499] Vor diesem Hintergrund kann eine planwidrige Gesetzeslücke nicht angenommen werden. Daher kommt eine analoge Anwendung der §§ 37b, 37c WpHG ebenfalls nicht in Betracht.[500] Die daraus resultierende Schutzlücke sollte *de lege lata* hingenommen werden.

Die einzige im inländischen Anlegerschutz bestehende Lücke liegt darin, dass der Anleger im Falle der Einbeziehung nicht erkennen kann, ob das Wertpapier zugelassen oder lediglich einbezogen ist.[501] Allein aus diesem Umstand lassen sich aber keine planwidrigen Regelungsrücke herleiten, die eine analoge Anwendung der Haftungsumstände rechtfertigen würden. *De lege ferenda* wäre es sinnvoll und wünschenswert, eine Kennzeichnungspflicht für in den regulierten Markt einbezogene Wertpapiere einzuführen.[502]

4) Im Freiverkehr gehandelte Finanzinstrumente

Die Finanzinstrumente, die nur im Freiverkehr (*Open Market*) gehandelt werden, scheiden ebenfalls aus dem Anwendungsbereich des § 15 Abs. 1 WpHG aus, weil ihnen gerade die Zulassung an einer inländischen Börse fehlt.[503] Daher kommt grundsätzlich auch keine Haftung des Emittenten solcher Finanzinstrumente für fehlerhafte Ad-hoc-Mitteilungen gemäß §§ 37b, 37c WpHG in Betracht.[504] Umstritten ist, ob eine analoge Anwendung des § 37c WpHG dann in Betracht kommt, wenn der Emittent, dessen Wertpapiere im Freiverkehr gehandelt werden, eine

---

498 Vgl. *Jungmichel*, Haftung und Schadenskompensation, 2007, S. 68; *Sethe*, in: Assmann/Schneider, WpHG, §§ 37b, 37c Rn. 38.

499 *Baums*, ZHR 167 (2003), 139, 147; *Sethe*, in: Assmann/Schneider, WpHG, §§ 37b, 37c Rn. 38.

500 Vgl. *Longino*, DStR 2008, 2068, 2071; *Möllers/Leisch*, NZG 2003, 112, 113; *Möllers/Leisch*, in: Kölner Komm WpHG, § 37b, 37c Rn. 104; *Sethe*, in: Assmann/Schneider, WpHG, §§ 37b, 37c Rn. 38.

501 *Möllers/Leisch*, NZG 2003, 112, 113; *Möllers/Leisch*, in: Kölner Komm WpHG, § 37b, 37c Rn. 105; *Sethe*, in: Assmann/Schneider, WpHG, §§ 37b, 37c Rn. 38.

502 Vgl. *Möllers/Leisch*, in: Kölner Komm WpHG, § 37b, 37c Rn. 105; *Sethe*, in: Assmann/Schneider, WpHG, §§ 37b, 37c Rn. 38.

503 Vgl. *Abram*, NZG 2003, 307, 308; *Assmann*, in: Assmann/Schneider, WpHG, § 15 Rn. 43; *Braun*, in: Möllers/Rotter, Ad-hoc-Publizität, § 7 Rn. 4; *Hopt*, ZGR 1997, 1, 5 und 23; *Maier-Reimer/Webering*, WM 2002, 1857, 1858 f.; *Möllers/Leisch*, in: Kölner Komm WpHG, § 37b, 37c Rn. 96; *Möllers/Leisch*, NZG 2003, 112, 113; *Rössner/Bolkart*, ZIP 2002, 1471, 1472; *Sethe*, in: Assmann/Schneider, WpHG, §§ 37b, 37c Rn. 39.

504 *Fleischer*, in: Assmann/Schütze, Handbuch des Kapitalanlagerechts, 4. Aufl., § 6 Rn. 41; *Möllers/Leisch*, NZG 2003, 112, 113; *Möllers/Leisch*, in: Kölner Komm WpHG, § 37b, 37c Rn. 102 f.; *Rössner/Bolkart*, ZIP 2002, 1471, 1472; hierzu kritisch *Braun*, in: Möllers/Rotter, Ad-hoc-Publizität, § 7 Rn. 4; *Gehrt*, Die neue Ad-hoc-Publizität, 1997, S. 117 f.; *Hopt*, ZHR 159 (1995), 135, 151; *Struck*, Ad-hoc-Publizitätspflicht zum Schutz der Anleger, 2003, S. 113 ff.; *von Klitzing*, Die Ad-hoc-Publizität, 1999, S. 64.

unwahre Information als Ad-hoc-Mitteilung veröffentlicht. Zum Teil wird dies in der Literatur bejaht.[505] Dies wird damit begründet, der Emittent habe hierdurch einen Vertrauenstatbestand geschaffen, und damit ergebe sich eine diesem entsprechende Haftung allein schon aus dem Verbot des widersprüchlichen Verhaltens (§ 242 BGB). Eine entsprechende Haftung soll sich sogleich auch aus dem Gesichtspunkt der Ingerenz aufdrängen.[506]

Hinsichtlich des objektiven Anwendungsbereichs hat sich der Gesetzgeber aber ausdrücklich gegen die Einbeziehung einer Ad-hoc-Mitteilungspflicht nach § 15 WpHG entschieden.[507] Er wollte diesbezüglich eine Haftung auf zugelassene Finanzinstrumente begrenzen und damit eine uferlose Ausdehnung des Haftungsrisikos für die Emittenten verhindern.[508] Darüber hinaus knüpft die Haftung des Emittenten gemäß §§ 37b, 37c WpHG ausschließlich an eine unterlassene oder eine unwahre Ad-hoc-Mitteilung nach § 15 WpHG an. Beim Freiverkehr besteht aber diese Ad-hoc-Mitteilungspflicht als Grundlage der §§ 37b, 37c WpHG gerade nicht.[509] Denn sie erfasst ausschließlich diejenigen Finanzinstrumente, die zum Handel an einem organisierten Markt im Sinne des § 2 Abs. 5 WpHG zugelassen sind.[510] Ohne Börsenzulassung ergibt sich daher keine allgemeine Verpflichtung zur Veröffentlichung kursrelevanter Umstände für Emittenten aus § 15 WpHG.[511] Zudem lässt sich aus dem Wortlaut des § 15 Abs. 6 Satz 2 WpHG klar erkennen, dass der Gesetzgeber in allen anderen Fällen ausschließlich den Weg über das Deliktsrecht zulassen will.[512] Es besteht daher keine planwidrigen Regelungsrücke.

505 Dafür *Möllers/Leisch,* in: Kölner Komm WpHG, § 37b, 37c Rn. 102; *Möllers/Leisch,* NZG 2003, 112, 113; *Möllers/Leisch,* in: Möllers/Rotter, Ad-hoc-Publizität, § 14 Rn. 5; zu Recht dagegen *Casper,* in: Kölner Komm KapMuG, §§ 37b, 37c WpHG Rn. 20; *Mülbert/Steup,* in: Habersack/Mülbert/Schlitt, Unternehmensfinanzierung, § 41 Rn. 182; *Sethe,* in: Assmann/Schneider, WpHG, §§ 37b, 37c Rn. 39; *Zimmer/Grotheer,* in: Schwark/Zimmer, Kapitalmarktrechtskommentar, §§ 37b, 37c WpHG Rn. 20e.

506 Vgl. *Baums,* ZHR 167 (2003), 139, 155; *Möllers/Leisch,* NZG 2003, 112, 113; *Möllers/Leisch,* in: Möllers/Rotter, Ad-hoc-Publizität, § 14 Rn. 5.

507 BT-Drucks. 12/6679, S. 76.

508 Vgl. § 15 Abs. 6 Satz 2 WpHG; *Sethe,* in: Assmann/Schneider, WpHG, § 37b, 37c Rn. 39.

509 *Mülbert/Steup,* in: Habersack/Mülbert/Schlitt, Unternehmensfinanzierung, § 41 Rn. 182; *Zimmer/Grotheer,* in: Schwark/Zimmer, Kapitalmarktrechtskommentar, §§ 37b, 37c WpHG Rn. 20e.

510 *Abram,* NZG 2003, 307, 308; *Braun,* in: Möllers/Rotter, Ad-hoc-Publizität, § 7 Rn. 4; *Nietsch,* BB 2005, 785.

511 *Möllers/Leisch,* NZG 2003, 112, 113; *Möllers/Leisch,* in: Möllers/Rotter, Ad-hoc-Publizität, § 14 Rn. 5; dafür *de lege ferenda Hopt,* ZGR 1997, 1, 23; *Horn,* in: Festschrift Ulmer, 2003, S. 817, 825.

512 Vgl. *Dirigo,* Haftung für fehlerhafte Ad-hoc-Publizität, 2011, S. 33; *Sethe,* in: Assmann/Schneider, WpHG, §§ 37b, 37c Rn. 39.

Angesichts dieser Umstände existiert keine Möglichkeit, eine analoge Anwendung der §§ 37b, 37c WpHG auf den Freiverkehr anzuerkennen.[513]

2 Ansprüche gegen Organmitglieder

1) *Problemstellung*

Die persönliche Haftung der Organmitglieder zugunsten der Kapitalanleger ist insbesondere dann von besonderer Bedeutung, wenn ein Ersatzanspruch gegen die Gesellschaft aufgrund einer Insolvenz nicht mehr durchsetzbar ist.[514] Anders als bei § 44 BörsG a.F. und § 21 WpPG hat der Gesetzgeber bei der Einführung der §§ 37b, 37c WpHG eine Haftung der verantwortlichen Organmitglieder nicht vorgesehen.[515] Damit hat sich der Gesetzgeber bewusst gegen eine direkte Außenhaftung der Organmitglieder entschieden.[516] Nach dem ausdrücklichen Wortlaut kommt daher eine persönliche Haftung der Vorstand- bzw. der Aufsichtsratsmitglieder aus den §§ 37b, 37c WpHG nicht in Betracht. Dem liegt die Überlegung zugrunde, dass sich auch die Ad-hoc-Mitteilungspflicht nach § 15 WpHG ausschließlich an den Emittenten selbst und nicht an dessen Organe richtet.[517]

2) *Die persönliche Außenhaftung der Organmitglieder für fehlerhafte Kapitalmarktinformationen in der aktuellen Diskussion*

Ob es sich empfiehlt, *de lege ferenda* eine persönliche Organhaftung für fehlerhafte Kapitalmarktinformation einzuführen, ist also eine rechtspolitisch zu beantwortende Frage.

---

513 Vgl. *Dirigo*, Haftung für fehlerhafte Ad-hoc-Publizität, 2011, S. 33; *Rössner/Bolkart*, ZIP 2002, 1471, 1472; *Sethe*, in: Assmann/Schneider, WpHG, §§ 37b, 37c Rn. 39; *Zimmer/Grotheer*, in: Schwark/Zimmer, Kapitalmarktrechtskommentar, §§ 37b, 37c WpHG Rn. 20e.

514 *Fleischer*, BKR 2003, 608, 612; *Gottschalk*, Der Konzern 2005, 274, 275; *Sethe*, in: Assmann/Schneider, WpHG, §§ 37b, 37c Rn. 24 ff.; *Stoppel*, in: Grunewald/Schlitt, Einführung in das Kapitalmarktrecht, 3. Aufl., S. 285.

515 *Baums*, ZHR 166 (2002), 375, 379; *Hellgardt*, Kapitalmarktdeliktsrecht, 2008, S. 429; *Möllers/Leisch*, in: Kölner Komm WpHG, § 37b, 37c Rn. 89; *Rössner/Bolkart*, ZIP 2002, 1471, 1476; *Zimmer/Grotheer*, in: Schwark/Zimmer, Kapitalmarktrechtskommentar, §§ 37b, 37c WpHG Rn. 21.

516 Vgl. *Jungmichel*, Haftung und Schadenskompensation, 2007, S. 60; *Teichmann*, in: Bachmann/Casper/Schäfer/Veil, Steuerungsfunktionen des Haftungsrechts, S. 156.

517 *Casper*, BKR 2005, 83, 86; *Ehricke*, in: Hopt/Voigt, Prospekt- und Kapitalmarktinformationshaftung, S. 187, 287; *Fleischer*, in: Assmann/Schütze, Handbuch des Kapitalanlagerechts, 4. Aufl., § 6 Rn. 6; *Longino*, DStR 2008, 2068, 2071; *Rössner/Bolkart*, ZIP 2002, 1471, 1476 f.

Der Gesetzgeber in Deutschland hat sich mit der Einführung von Schadensersatzansprüchen für fehlerhafte Kapitalmarktinformationen gemäß §§ 37b, 37c WpHG ausdrücklich auch für die ausschließliche Haftung des Emittenten als juristischer Person entschieden. Bereits aus dem klaren Wortlaut §§ 37b, 37c in Verbindung mit § 15 WpHG ergibt sich, dass die Ad-hoc-Mitteilungspflicht nicht die Organmitglieder, sondern den Emittenten selbst betrifft.[518] Dementsprechend ist die Emittentenhaftung der zutreffende Ausgangspunkt kapitalmarktrechtlicher Informationshaftung.[519]

Der Gesetzgeber wollte mit dem geplanten Gesetz zur Verbesserung der Haftung für falsche Kapitalmarktinformationen (Kapitalmarktinformationshaftungsgesetz – KapInHaG) die Durchsetzbarkeit von Ansprüchen der Anleger bei fehlerhafter Kapitalmarkinformation verbessern. Zugleich wollte er neben der Emittentenhaftung gemäß §§ 37b, 37c WpHG eine persönliche Haftung der verantwortlichen Vorstands- und Aufsichtsratsmitglieder für fehlerhafte oder unterlassene Information auf dem Kapitalmarkt einführen. Der Gesetzgeber wollte also alle Organmitglieder, also auch die Aufsichtsratsmitglieder, neben dem Emittenten gesamtschuldnerisch verantwortlich machen. Diese persönliche Haftung der verantwortlichen Vorstands- und Aufsichtsratsmitglieder soll aber nur dann greifen, wenn diese, ebenso wie der Emittenten, vorsätzlich oder grob fahrlässig gehandelt haben.[520]

Die Haftung aus §§ 37b, 37c WpHG war dabei nicht auf eine fehlerhafte Ad-hoc-Mitteilung im Sinne des § 15 WpHG beschränkt. Darüber hinaus wollte der Gesetzgeber die Haftung des Emittenten auf sämtliche Form der fehlerhaften Kapitalmarktinformation ausdehnen. Demgemäß sollen die Organmitglieder nicht nur für schriftliche, sondern auch für mündliche fehlerhafte Kapitalmarktinformation haften, soweit diese sich auf die Kursentwicklung erheblich auswirken. Dieser Entwurf ist auf massive Kritik aus der Praxis und dem Schrifttum[521] gestoßen und Ende 2004 schließlich zurückgezogen worden. Darüber hinaus hat der Gesetzgeber stillschweigend dem Vorschlag der Regierungskommission Corporate Governance, eine persönliche Haftung der Organmitglieder für grob fahrlässige

---

518 *Fuchs,* in: Fuchs WpHG, Vor §§ 37b, 37c Rn. 73.

519 Zutreffend *Fuchs/Dühn,* BKR 2002, 1063, 1070.

520 Erster Entwurf eines Gesetzes zur Verbesserung der Haftung für falsche Kapitalmarktinformation (Kapitalmarktinformationshaftungsgesetz – KapInHaG) vom 16. Aug. 2004 und Zweiter Entwurf vom 7. Okt. 2004, NZG 2004, 1042 ff.

521 Den Entwurf ablehnend *Casper,* BKR 2005, 83 ff; *Sauer,* ZBB 2005, 24 ff.; *Semler/Gittermann,* NZG 2004, 1081, 1085; *Zimmer/Binder,* WM 2005, 577 ff.; zustimmend im Grundsatz *Abram,* NZG 2003, 307, 312; *Gottschalk,* Der Konzern 2005, 274, 279 ff.; *Hopt/Voigt,* in: Hopt/Voigt, Prospekt- und Kapitalmarktinformationshaftung, S. 9, 121 ff.; *Horn,* in: Festschrift Ulmer, 2003, S. 817, 827; *Hutter/Leppert,* NZG 2002, 649, 654; *Möllers,* JZ 2005, 75, 79 ff.; *Reichert/Weller,* ZRP 2002, 49, 56; *Rieckers,* BB 2002, 1213, 1220 f.; *Rössner/Bolkart,* ZIP 2002, 1471, 1476 ff.; *Schäfer,* NZG 2005, 985, 987 ff.; *Veil,* BKR 2005, 91 ff.

unrichtige Kapitalmarktinformationen einzuführen,[522] eine Absage erteilt.[523] Dementsprechend sind allein die Emittenten nach dem Wortlaut der §§ 37b, 37c WpHG zum Schadensersatz verpflichtet.[524] *De lege lata* kommt daher ein unmittelbarer Haftungsanspruch gegen die Organmitglieder nach den §§ 37b, 37c WpHG von vornherein nicht in Betracht.[525] Vor diesem Hintergrund liegt durchaus keine planwidrige Regelungslücke vor, sodass die Haftung aus §§ 37b, 37c WpHG analog nicht in Betracht kommen kann.[526]

Dennoch will die rechtspolitische Auseinandersetzung um die Erweiterung des richtigen Anspruchsgegners als eine erforderliche Regelungsaufgabe[527] im Hinblick auf eine kapitalmarktrechtliche Informationshaftung nicht verstummen.[528] Im Prinzip haben sich mittlerweile folgende Ansichten herausgebildet: Eine

---

522 *Baums,* Bericht der Regierungskommission Corporate Governance, 2001, Rn. 182, 186.

523 Vgl. *Fleischer,* NJW 2002, 2977, 2979; *Möllers/Leisch,* in: Kölner Komm WpHG, § 37b, 37c Rn. 89.

524 Vgl. *Casper,* BKR 2005, 83, 86; *Ehricke,* in: Hopt/Voigt, Prospekt- und Kapitalmarktinformationshaftung, S. 187, 287; *Fleischer,* BKR 2003, 608, 611; *Fuchs,* in: Fuchs WpHG, §§ 37b, 37c Rn. 3; *Holzborn/Foelsch,* NJW 2003, 932, 937; *Möllers/Leisch,* in: Möllers/Rotter, Ad-hoc-Publizität, § 15 Rn. 3.

525 Ebenso *Fleischer,* NJW 2002, 2977, 2979; *Fleischer,* in: Assmann/Schütze, Handbuch des Kapitalanlagerechts, 4. Aufl., § 6 Rn. 41; *Fuchs,* in: Fuchs WpHG, Vor §§ 37b, 37c Rn. 72 ff.; *Gottschalk,* Der Konzern 2005, 274, 276; *Longino,* DStR 2008, 2068, 2071; *Möllers/Leisch,* in: Möllers/Rotter, Ad-hoc-Publizität, § 14 Rn. 131; *Mülbert/Steup,* in: Habersack/Mülbert/Schlitt, Unternehmensfinanzierung, § 41 Rn. 203; *Rössner/Bolkart,* ZIP 2002, 1471, 1476; *Sauer,* Haftung für Falschinformation des Sekundärmarktes, 2004, S. 87; *Schäfer,* in: Marsch-Barner/Schäfer, Hb börsennotierte AG, § 15 Rn. 54; *Sethe,* in: Assmann/Schneider, WpHG, §§ 37b, 37c Rn. 34, 160 ff.; *Zimmer/Grotheer,* in: Schwark/Zimmer, Kapitalmarktrechtskommentar, §§ 37b, 37c WpHG Rn. 21, 128.

526 *Buck-Heeb,* Kapitalmarktrecht, 7. Aufl., § 6 Rn. 391; *Sethe,* in: Assmann/Schneider, WpHG, §§ 37b, 37c Rn. 30; anders *Mülbert/Steup,* in: Habersack/Mülbert/Schlitt, Unternehmensfinanzierung, § 41 Rn. 277; *dies.,* WM 2005, 1633, 1651 ff.

527 Gegen eine verschärfte Organaußenhaftung *Casper,* BKR 2005, 83, 86; *Fuchs/Dühn,* BKR 2002, 1063, 1071; *Fuchs,* in: Fuchs WpHG, Vor §§ 37b, 37c Rn. 72 ff; *Mülbert,* JZ 2002, 826, 832; *Spindler,* WM 2004, 2089, 2094 ff.; *Veil,* ZHR 167 (2003) 365, 397; *Zimmer,* WM 2004, 9, 14; für die Einführung einer strengen Organaußenhaftung *Baums,* Bericht der Regierungskommission Corporate Governance, 2001, Rn. 186; *Hutter/Leppert,* NZG 2002, 649, 654; differenzierend *Fleischer,* Gutachten für den 64. Deutschen Juristentag, 2002. F, 100; *Hopt/Voigt,* in: Hopt/Voigt, Prospekt- und Kapitalmarktinformationshaftung, S. 9, 118 ff.; *Schäfer* NZG 2005, 985 ff.; *Sethe,* in: Assmann/Schneider, WpHG, §§ 37b, 37c Rn. 28 f.

528 Zu der Problematik allgemeiner Außenhaftung der Organe *Bachmann,* in: Bachmann/Casper/Schäfer/Veil, Steuerungsfunktionen des Haftungsrechts, S. 97 f.; *Fleischer,* BKR 2003, 608 ff.; *Fuchs,* in: Fuchs WpHG, Vor §§ 37b, 37c Rn. 72 ff.; *Sethe,* in: Assmann/Schneider, WpHG, §§ 37b, 37c Rn. 24 ff.

Ansicht geht von einer ausschließlichen Emittentenhaftung aus.[529] Die Gegenansicht hält umgekehrt eine ausschließliche Direkthaftung der Organmitglieder für richtig.[530] Eine vermittelnde Ansicht hält den Ansatz der §§ 37b, 37c im Grundsatz für richtig, will ihn aber um eine zusätzliche Außenhaftung der Organmitglieder ergänzen.[531]

3) *Die persönliche Haftung de lege ferenda*

De lege ferenda sprechen keine Gründe dafür, eine über das allgemeine Deliktsrecht hinaus spezialgesetzlich angeordnete ausschließliche oder zusätzliche persönliche Außenhaftung der Organmitglieder gegenüber den Kapitalanlegern anzunehmen.[532]

Als Argument für die persönliche Haftung der Organmitglieder wird auf die sog. Präventiv- und Steuerungswirkungen hingewiesen. Dies erscheint jedoch aus mehreren Gründen wenig überzeugend. Geht man aus von dem für die Leistungsorgane regelmäßig vorhandenen zusätzlichen D&O-Versicherungsschutz durch die Gesellschaft, die durch D&O Versicherung[533] auch wirtschaftlich abgesichert werden kann, muss das Argument des Abschreckungspotentials der Organhaftung weitgehend relativiert werden.[534] Sollte dagegen künftig eine umfangreiche persönliche Organhaftung in Anspruch genommen werden, könnten die haftungsbedrohten Organmitglieder zu einem übervorsichtigen und stark risikoaversen Verhalten verleitet werden, was sich eher schädlich auf die Unternehmensentwicklung und damit auch auf die Kapitalanleger auswirken kann.[535] Die angestrebten Präventiv- und Steuerungswirkungen werden auch dann erreicht, wenn

---

529 Vgl. *Casper*, BKR 2005, 83; *Fuchs/Dühn*, BKR 2002, 1063, 1070 f.; *Kiethe*, DStR 2003, 1982 ff.; *Mülbert*, JZ 2002, 826, 832; *Spindler*, WM 2004, 2089, 2093 ff.; *Zimmer*, WM 2004, 9, 12; *Zimmer/Grotheer*, in: Schwark/Zimmer, Kapitalmarktrechtskommentar, §§ 37b, 37c WpHG Rn. 21.

530 *Baums*, Bericht der Regierungskommission Corporate Governance, 2001, Rn. 186; *Holzborn/Foelsch*, NJW 2003, 932, 937; *Hutter/Leppert*, NZG 2002, 649, 654; *Rieckers*, BB 2002, 1213, 1220; *Rössner/Bolkart*, ZIP 2002, 1471, 1476 ff.

531 *Doğan*, Ad-hoc-Publizitätshaftung, 2005, S. 242 f.; *Fleischer*, NJW 2002, 2977, 2979; *Fleischer*, BKR 2003, 608; *Gottschalk*, Der Konzern 2005, 274; *Hopt/Voigt*, in: Hopt/Voigt, Prospekt- und Kapitalmarktinformationshaftung, S. 9, 118 f.; *Schäfer*, NZG 2005, 985; *Sethe*, in: Assmann/Schneider, WpHG, §§ 37b, 37c Rn. 28 f.

532 *Fuchs/Dühn*, BKR 2002, 1063, 1071; *Fuchs*, in: Fuchs WpHG, Vor §§ 37b, 37c Rn. 74; *Mülbert*, JZ 2002, 826, 832; anders *Baums*, Bericht der Regierungskommission Corporate Governance, 2001, Rn. 182, 186; *Hutter/Leppert*, NZG 2002, 649, 654; *Rieckers*, BB 2002, 1213, 1220; *Rössner/Bolkart*, ZIP 2002, 1471, 1476.

533 Vgl. *Fleischer*, in: Spindler/Stilz, AktG, 3. Aufl., 2015, § 93 Rn. 225 ff.

534 *Fuchs/Dühn*, BKR 2002, 1063, 1071; *Mülbert*, JZ 2002, 826, 832.

535 *Casper*, BKR 2005, 83, 87; *Fleischer*, Gutachten für den 64. Deutschen Juristentag, 2002. F, 102; *Fuchs/Dühn*, BKR 2002, 1063, 1071; *Kiethe*, DStR 2003, 1982, 1987 f.; *Mülbert*, JZ 2002, 826, 832.

der Emittent durch Fehlverhalten der Organmitglieder einen Schaden erleidet und diesen gegenüber den betroffenen Organmitgliedern geltend machen kann.[536] Umgekehrt kann gerade die Emittentenhaftung dem Emittenten einen wichtigen Anreiz zum Aufbau und zum Unterhalt eines funktionsfähigen „*Compliance-System*" bieten. Darüber hinaus kann die substantielle Erweiterung der persönlichen Außenhaftung von Organmitgliedern zugunsten der Kapitalanleger das Risiko missbräuchlicher Klagen durch räuberische Aktionäre bereits bei Fahrlässigkeit erheblich erhöhen.[537]

Für eine direkte Außenhaftung der Organmitglieder wird auch die Befürchtung ins Feld geführt, dass die Emittenten in ihrer Existenz gefährdet sein könnten, wenn sie tatsächlich in erheblich größerem Umfang Schadensersatz leisten müssten. Dies erscheint jedoch nicht zwingend. Hierbei geht es weder um ein kapitalmarkttypisches Risiko noch um eine primäre Frage des Anlegerschutzes.[538] Die Gefahr der Existenzgefährdung ist vielmehr ein allgemeines Risiko jeder Gesellschaft wie zum Beispiel auch bei der Produktionshaftung.[539]

Für eine Ergänzung der Emittentenhaftung durch eine substanzielle Flankierung der Außenhaftung der Organmitglieder lassen sich auch nicht die Aspekte des enttäuschten Anlegervertrauens oder der potentiellen Steuerungs- und Präventivwirkung einer kapitalmarktrechtlichen Organhaftung[540] anführen.[541] Zwar könnte der Kapitalanleger im Einzelfall auf Kompetenz und Integrität bestimmter Vorstandsmitglieder vertraut haben, jedoch trifft dies als Regelfall oder bei anderen Organmitgliedern nicht zu; [542] denn der kapitalmarktrechtliche Vertrauensschutz im Hinblick auf die allgemeinen Kapitalmarktinformationen beschränkt sich auf die Rechtzeitigkeit, Richtigkeit und Vollständigkeit der von dem Emittenten als Marktteilnehmer und Normadressat mitgeteilten Informationen.[543]

Gegen eine Flankierung der ausschließlichen Emittenten- durch eine Außenhaftung der Organmitglieder im Bereich der Kapitalmarktinformation spricht auch das systematische Haftungsgefüge des Aktienrechts, das deutlich zwischen der Innen- und der Außenhaftung der Organmitglieder unterscheidet.[544] Hinsichtlich der Innenhaftung der Organmitglieder sind diese Mitglieder für

---

536 Vgl. *Spindler*, WM 2004, 2089, 2095.

537 *Fuchs*, in: Fuchs WpHG, Vor §§ 37b, 37c Rn. 77; *Semler/Gittermann*, NZG 2004, 1081, 1085.

538 *Fuchs*, in: Fuchs WpHG, Vor §§ 37b, 37c Rn. 75.

539 Vgl. *Hopt*, ZHR 159 (1995), 135, 161.

540 So insbesondere *Fleischer*, Gutachten für den 64. Deutschen Juristentag, 2002. F, 102.

541 *Fuchs/Dühn*, BKR 2002, 1063, 1070 f.; *Fuchs*, in: Fuchs WpHG, Vor §§ 37b, 37c Rn. 76; *Zimmer*, WM 2004, 9, 12.

542 *Fuchs/Dühn*, BKR 2002, 1063, 1070.

543 *Groß*, WM 2002, 477, 481.

544 Vgl. *Casper*, BKR 2005, 83; *Dühn*, Schadensersatzhaftung, 2003, S. 301 ff.; *Fuchs*, in: Fuchs WpHG, Vor §§ 37b, 37c Rn. 74; *Kiethe*, DStR 2003, 1982; *Mülbert*, JZ 2002, 826, 832; *Spindler*, WM 2004, 2089, 2094 ff.

Sorgfaltspflichtverletzungen aus § 93 Abs. 2 Satz 1 AktG – ggf. in Verbindung mit § 116 AktG – grundsätzlich allein im Innenverhältnis gegenüber der Gesellschaft zum Schadensersatz verpflichtet.[545] Dementsprechend kann eine direkte Organhaftung gegenüber den Aktionären oder gegenüber Dritten nur in den seltenen Fällen des § 93 Abs. 5 AktG, des § 117 Abs. 2 AktG in Verbindung mit § 117 Abs. 1 Satz 2 AktG in Betracht kommen. Im Übrigen lässt sie sich allein nach der allgemeinen Deliktshaftung gemäß § 823 Abs. 2 BGB in Verbindung mit einem Schutzgesetz sowie nach § 826 BGB ableiten.

Zudem folgt aus der Organisationsstruktur der Aktiengesellschaft, dass die Organmitglieder allein im Innenverhältnis gegenüber der Gesellschaft verantwortlich sind. Zwar leitet der Vorstand die Gesellschaft in eigener Verantwortung und vertritt sie nach außen. Die Leitung des Unternehmens ist also die zentrale Aufgabe des Vorstands. Jedoch darf dies nicht darüber hinwegtäuschen, dass die Emittenten für sich als Normadressaten nach dem eindeutigen Wortlaut des § 15 WpHG allein zur Verpflichtung ordnungsgemäßer Kapitalmarktinformation verantwortlich sind.[546] Die Emittenten sind nicht nur konzeptionell die richtigen Haftungsadressaten. Darüber hinaus ist die Gesellschaft als zahlungsfähige Schuldnerin regelmäßig in der Lage, kapitalmarktrechtliche Schadensersatzhaftung gegenüber den Kapitalanlegern zu erfüllen.[547]

Schließlich haften Organmitglieder im Bereich der Ad-hoc-Publizität gemäß den Voraussetzungen des Deliktsrechts nach wie vor aus § 826 sowie § 823 Abs. 2 Satz 1 BGB in Verbindung mit einem Schutzgesetz zugunsten der Kapitalanleger persönlich. Die persönliche Außenhaftung der Organmitglieder kommt daher nur über das Deliktsrecht, sogleich nur in besonders schwerwiegenden Ausnahmefällen in Betracht,[548] sodass jedenfalls in solchen Fällen keine *„Haftungslücken"* zu befürchten sind. Dabei ist es vor allem erforderlich und wünschenswert, § 826 BGB kapitalmarktrechtlich zu präzisieren.[549]

B Rechtslage in Korea

1 Grundsätzliches

Während sich die Emittentenhaftung für fehlerhafte Kapitalmarktinformation in Deutschland grundsätzlich allein auf den Emittenten richtet (§§ 37b, 37c WpHG), ist sie in Korea nicht nur auf diesen beschränkt. Die Haftung erstreckt sich auch auf Ausübende bestimmter Berufe, von denen man hinsichtlich ihrer beruflichen Ausbildung eine besondere Vertrauenswürdigkeit erwarten darf. Die Erweiterung

545 Vgl. statt aller *Spindler*, in: Spindler/Stilz, AktG, 3. Aufl., 2015, § 116 Rn. 124 ff.
546 *Fuchs/Dühn*, BKR 2002, 1063, 1070.
547 *Fleischer*, Gutachten für den 64. Deutschen Juristentag, 2002. F, 99.
548 *Kiethe*, DStR 2003, 1982, 1983.
549 *Fuchs*, in: Fuchs WpHG, Vor §§ 37b, 37c Rn. 78.

der Anspruchsverpflichteten wird damit begründet, dass zum Zwecke des Anlegerschutzes die kursrelevanten Kapitalmarktinformationen rechtzeitig, richtig und vollständig zur Verfügung gestellt werden müssten; nur in diesem Fall könnten diese Personen nicht in Anspruch genommen werden.[550] *De lege lata* sind folgende Personen für fehlerhafte Kapitalmarktinformationen in zur Veröffentlichung bestimmten Dokumenten zum Schadensersatz verpflichtet:

Erstens ist dies diejenige Person, die die Veröffentlichungsdokumente (*Disclosure Documents*)[551] eingereicht hat, sowie die Vorstandsmitglieder des betreffenden Unternehmens zum Zeitpunkt der Einreichung des Veröffentlichungsdokumentes (Nr. 1). Zweitens ist derjenige zum Schadensersatz verpflichtet, der als sog. Hintermann im Sinne des § 401-2 Abs. 1 KHGB die Erstellung eines Veröffentlichungsdokumentes richtungsweisend beeinflusst oder sie durchgeführt hat, also Veranlasser einer fehlerhaften Information ist (Nr. 2). Des Weiteren ist zum Schadenersatz verpflichtet, wer als Wirtschaftsprüfer, Sachverständiger oder Ratingagentur einschließlich deren Organisation (bestimmt durch die Präsidentenordnung) die Wahrheit oder Richtigkeit der Beschreibung eines Geschäftsberichtes und in dessen Anlagen mit seiner Unterschrift bestätigt hat (Nr. 3). Zu guter Letzt gehört zum Kreis der Anspruchsverpflichteten, wer eingewilligt hat, seine Meinung hinsichtlich seiner Bewertungen, Analysen oder Bestätigungen in den Beschreibungen des Veröffentlichungsdokumentes und in dessen Anlage anzugeben, und den Inhalt wie dort beschrieben bestätigt hat (Nr. 4).

2 Emittent und Vorstandsmitglied zum Zeitpunkt der Einreichung

Nach dem § 162 Abs. 1 FSCMA ist der Emittent einem Dritten zum Ersatz eines Schadens verpflichtet, der dadurch entstanden ist, dass der Dritte seine Finanzinstrumente gekauft oder veräußert hat, nachdem der Emittent in einem Veröffentlichungsdokument nach §§ 159 FSCMA ff. sowie in dessen Anlagen falsche Angaben oder eine falsche Darstellung über kursrelevante Umstände gemacht oder kursrelevante Informationen weggelassen hat.

1) Tatbestand des § 162 FSCMA

Der Tatbestand des § 162 Abs. 1 FSCMA erfasst, anders als in Deutschland, nicht nur den Emittenten, sondern auch dessen Vorstand. Daher können Vorstände gegenüber den Aktionären auch persönlich haften. Dies setzt voraus, dass der Anspruchsverpflichtete zum Zeitpunkt der Einreichung des Veröffentlichungsdokumentes

550 Vgl. OGH Urteil vom 21. September 2007 (2006 Da 81981).

551 Hierunter fallen Geschäftsbericht, Halbjahresbericht, Quartalsbericht sowie Bericht zu den wesentlichen Fakten (*Report on Material Facts*).

Vorstandsmitglied sein muss (§ 162 Abs. 1 Nr. 1 FSCMA).[552] Daher sind Personen, die erst nach der Veröffentlichung als Vorstandsmitglied berufen werden, nicht zum Schadensersatz verpflichtet. Gleiches gilt für Personen, deren Vorstandsamt durch Amtsniederlegung oder durch Abberufung vor der Veröffentlichung beendet wird. Anders ist es in solchen Fällen, in denen die Zahl der Vorstandsmitglieder im Gesetz oder in der Satzung festgelegt ist, aber nicht alle vorgesehenen Ämter besetzt werden. In einem solchen Fall ist die Person, die durch Ablauf der Amtszeit oder durch Amtsniederlegung aus der Gesellschaft ausgeschieden ist, bis zur nächsten Wahl zum Schadensersatz verpflichtet (§ 386 Abs. 1 KHGB).

Verletzt ein Vorstandsmitglied seine Pflicht und beruht diese Verletzung auf Vorsatz oder auf grober Fahrlässigkeit, dann ist es der Gesellschaft zum Ersatz des daraus entstehenden Schadens als Gesamtschuldner verpflichtet (§ 401 Abs. 1 KHGB). Beruht seine Handlung auf Beschluss des Vorstandes, sind diejenigen Vorstandsmitglieder zum Schadensersatz als Gesamtschuldner verpflichtet, die dem Beschluss des Vorstands zugestimmt haben. Anderes gilt für den Fall, in dem im Protokoll vermerkt wird, dass ein Vorstandsmitglied gegen den Beschluss Widerspruch zu Protokoll gegeben hat. In einem solchen Fall ist es von der Haftung befreit (§§ 401 Abs. 2, 399 Abs. 2 und 3).[553] In dieser Hinsicht stellt sich die Frage, ob es auch im Falle fehlerhafter Kapitalmarktinformation von der Haftung ausgeschlossen werden kann. Hierzu hat der Gesetzgeber keine Regelung getroffen. In einem solchen Fall wird das Vorstandsmitglied in analoger Anwendung von §§ 401 Abs. 2, 399 Abs. 2 und 3 auch von der Haftung befreit sein.[554] Während die Haftung eines Vorstandsmitglieds gegenüber Dritten nach dem KHGB eine vorsätzliche oder eine grob fahrlässige Handlung voraussetzt, kommt die Haftung gemäß § 162 FSCMA bereits ab leicht fahrlässiger Handlung in Betracht. In diesem Sinne stellt diese Regelung einen Fortschritt hinsichtlich des Anlegerschutzes als vorrangigen Regelungsziels kapitalmarktrechtlicher Normen dar.

2) Konzernklausel

Anders als in Deutschland besteht in Korea hinsichtlich der Publizitätspflichten eine Konzernklausel. Entsteht eine Ursache oder geschieht in einer Tochtergesellschaft ein Ereignis, das sich erheblich auf die Geschäftsführung, das Gesellschaftsvermögen usw. des Unternehmens auswirken kann, dann muss die Muttergesellschaft der KRX die eingetretene Tatsache oder den Inhalt des Beschlusses spätestens innerhalb eines Tages nach dem Eintritt der Umstände mitteilen (§ 8 Veröffentlichungsverordnung der KRX).

---

552 Vgl. Urteil des Obergerichts Seoul vom 26. September 2008 (2007 Na 107783, 107790); Urteil des Landgerichts Seoul West vom 5. November 2009 (2009 Gahab 1535).

553 *Lee, Chul Song*, Gesellschaftsrecht, 24. Aufl., S. 792.

554 *Hwang*, Illegaler Wertpapierhandel und Schadensersatz, S. 36.

3 Veranlasser fehlerhafter Information

Wer als sog. Hintermann im Sinne des § 401-2 Abs. 1 KHGB[555] die Erstellung eines Veröffentlichungsdokumentes richtungsweisend beeinflusst oder sie durchgeführt hat, ist zum Schadensersatz verpflichtet. Die Haftung eines Vorstandsmitglieds nach § 162 Abs. 1 Nr. 1 FSCMA kommt nur dann in Betracht, wenn es als Vorstandsmitglied in das Handelsregister eingetragen ist. Demgegenüber kommt die Haftung eines Hintermanns im Sinne des § 162 Abs. 1 Nr. 2 FSCMA dann in Betracht, wenn jemand als solcher die Erstellung eines Veröffentlichungsdokumentes beeinflusst oder sie durchgeführt hat, obwohl er nicht als Vorstandsmitglied in das Handelsregister eingetragen ist.

4 Angehörige bestimmter Berufe

Die Organe einer Kapitalgesellschaft können nicht selten einen Anreiz haben, Anlegern die ungünstige Geschäftsentwicklung ihrer Gesellschaft zu verheimlichen. In dieser Hinsicht sind die Tätigkeit des Sachverständigen und dessen Informationen vor allem für die Anleger von besonderer Bedeutung, die ihre Anlageentscheidung im Vertrauen auf die veröffentlichten Informationen treffen.[556] Fehlerhafte Auskünfte bzw. Gutachten der Angehörigen bestimmter Berufe können sich auf die Preisbildung auf dem Kapitalmarkt zulasten des Anlegerpublikums erheblich auswirken.[557] Daher liegt eine wichtige Aufgabe von Sachverständigen darin, zu prüfen, ob ordnungsgemäß vom Emittenten veröffentlichte Informationen den gesetzlichen und den berufsständischen Voraussetzungen entsprechen. Hierbei ist etwa zu berücksichtigen, ob die Ankünfte bzw. Gutachten ein entsprechendes Bild über die Vermögens-, Erfolgs- und Finanzlage einer Gesellschaft vermitteln.

---

555 Article 401-2 (Liability of Person who Instructs Another Person to Conduct Business)
(1) A person who falls under any of the following subparagraphs shall be deemed to be a director in the application of Articles 399, 401, and 403 to the duties which he instructs or conducts:
1. A person who instructs a director to conduct business by using his influence over the company;
2. A person who conducts business in person under the name of a director; and
3. A person other than a director who conducts the business of the company by using a title which may be recognized as authorized to conduct the business of the company, such as honorary chairman, chairman, president, vice-president, executive director, managing director, director, or others.
(2) In case of paragraph (1), a director who is liable for damages to a company or third party shall be jointly and severally liable therefor with a person under paragraph (1).
[This Article Newly Inserted by Act No. 5591, Dec. 28, 1998].

556 Vgl. Urteil des Obergerichts Seoul vom 16. April 2008 (2004 Da 74400); Urteil vom 25. Oktober 2007 (2006 Da 16758 und 16765).

557 Vgl. OGH Urteil vom 24. September 2002 (2001 Da 9311); Urteil vom 25. Oktober 2007 (2006 Da 16758 und 16765); OGH Urteil vom 28. Januar 2010 (2007 Da 16007).

Nicht immer scheinen Wirtschaftsprüfer bei der Ausführung ihrer Aufgabe hinreichende Sorgfalt walten zu lassen, wie weltweite Bilanzskandale belegen, etwa die Fälle ComROAD in Deutschland, Enron in den USA, Toshiba in Japan und die Daewoo-Unternehmensgruppe in Korea. Vor diesem Hintergrund hat der koreanische Gesetzgeber eine Regelung über die Sachwalter- bzw. Berufshaftung getroffen. Deutsche Wirtschaftsprüfer sind grundsätzlich gegenüber dem zu prüfenden Unternehmen zum Ersatz eines Schadens verpflichtet, der dem Unternehmen durch sein Fehlverhalten entstanden ist. Demgegenüber können die Angehörigen bestimmter Berufe in Korea auch persönlich haften. Nach dem § 162 Abs. 1 Nr. 3 FSCMA sind die Angehörigen bestimmter Berufe einschließlich deren Organisationen zum Schadensersatz verpflichtet, wenn sie die Wahrheit oder Richtigkeit der Beschreibung eines Veröffentlichungsdokumentes und in dessen Anlagen mit ihrer Unterschrift bestätigt haben. Unter diese Berufe fallen insbesondere Wirtschaftsprüfer, Sachverständige, Ratingagenturen, Rechtsanwälte, Patentanwälte sowie Steuerberater, die über eine besondere, vom Staat in Prüfungen anerkannte Sachkunde und damit verbundene Zertifikate verfügen.

In der Praxis geschieht es nicht selten, dass nicht die Angehörigen einer Organisation selbst, sondern ihre Organisation Vertragspartner ist.[558] Vor diesem Hintergrund hat der Gesetzgeber in Korea den Kreis der Anspruchsverpflichteten auf deren Organisation erweitert. Die Rechtfertigung einer solchen Sachwalter- bzw. Berufshaftung für unrichtige Auskünfte und Gutachten gegenüber Dritten, die nicht ihre Vertragspartner sind, ist darin zu finden, dass Auskünfte oder Gutachten von Angehörigen bestimmter Berufe aufgrund von deren Ausbildung eine besondere Bedeutung haben.[559] Für fehlerhafte Auskünfte bzw. Gutachten haften Wirtschaftsprüfer grundsätzlich nach dem § 17 AEASC.[560] In diesem Sinne stellt § 162 FSCMA eine spezielle Sonderregelung für fehlerhafte Kapitalmarktinformation auf dem Sekundärmarkt dar.

5 Andere als Anspruchsverpflichtete in Betracht kommende Personen

Zum Schadensersatz verpflichtet ist letztlich, wer eingewilligt hat, seine Meinung hinsichtlich der Bewertungen, Analysen oder Bestätigungen in den Beschreibungen des Veröffentlichungsdokumentes und in dessen Anlagen anzugeben, und den Inhalt wie dort beschrieben bestätigt hat (§ 162 Abs. 1 Nr. 4 FSCMA). Beide Voraussetzungen müssen kumulativ erfüllt sein. Hierdurch wird verhindert, dass der

558 Vgl. Urteil des Obergerichts Seoul vom 26. September 2008 (2007 Na 107783, 107790); Urteil des Landesgerichts Seoul Hauptviertel (*Seoul Central District Court*) vom 19. Mai 2005 (2003 Gahab 77160).

559 Vgl. OGH Urteil vom 28. Januar 2010 (2007 Da 16007).

560 Act on External Audit of Stock Companies [Enforcement Date 29. November 2014.] [Act No.12715, 28. May 2014., Partial Amendment].

Emittent die Meinung eines Sachverständigen in zur Veröffentlichung bestimmten Dokumenten willkürlich angibt. Billigt der Letztere zwar, dass seine Meinung in zur Veröffentlichung bestimmten Dokumenten angegeben wird, ist in den Dokumenten aber nicht vermerkt, dass er den Inhalt wie dort beschrieben bestätigt hat, dann kann er nicht in Anspruch genommen werden. Dies gilt auch für Prognosen.[561]

561 *Lim, Jai Yeon*, Kapitalmarktrecht, S. 447.

§ 4 Verschulden des Emittenten im deutschen und im koreanischen Kapitalmarktrecht

A Rechtslage in Deutschland

Die Haftung des Emittenten nach den §§ 37b, 37c WpHG für eine unterlassene bzw. eine unrichtige Ad-hoc-Mitteilung ist in subjektiver Hinsicht auf Vorsatz und grobe Fahrlässigkeit beschränkt.[562] Dem Wortlaut nach ist der Emittent zum Schadensersatz verpflichtet, wenn er die Verpflichtung zur Ad-hoc-Mitteilung gekannt hat oder wenn er sie zwar nicht gekannt hat, seine Unkenntnis aber auf grober Fahrlässigkeit beruht.[563] Dem Wortlaut nach kann er sich allein dadurch entlassen, dass er nachweist, dass er weder vorsätzlich noch grob fahrlässig gehandelt hat.[564]

Die Gründe für die Haftungsbeschränkung auf grobe Fahrlässigkeit und Vorsatz hat der Gesetzgeber nicht deutlich zum Ausdruck gebracht.[565] Zum einen können sie in dem Umstand liegen, dass es sich bei der Ad-hoc-Mitteilungspflicht nach § 15 WpHG um eine anlassbezogene und daher oft mit Zeitdruck verbundene Veröffentlichungspflicht handelt, sodass die Gefahr einer Fehleinschätzung des veröffentlichungspflichtigen Sachverhalts oder einer juristisch zu beanstandenden Formulierung in großem Maße gegeben ist.[566] Zudem muss der Emittent unverzüglich entscheiden, ob die betroffene Information kursrelevant ist oder nicht.[567]

---

562 Vgl. *Baums*, ZHR 167 (2003), 139, 190 ff.; *Groß*, WM 2002, 477, 485; *Holzborn/Foelsch*, NJW 2003, 932, 939; *Maier-Reimer/Webering*, WM 2002, 1857, 1859 ff.; *Rössner/Bolkart*, ZIP 2002, 1471, 1474.

563 *Bruchwitz*, in: Just/Voß/Ritz/Becker, Wertpapierhandelsgesetz (WpHG), München 2015, §§ 37b, 37c Rn. 59; *Ehricke*, in: Hopt/Voigt, Prospekt- und Kapitalmarktinformationshaftung, S. 187, 291.

564 Zutreffend *Lenenbach*, Kapitalmarkt, 2. Aufl., Rn. 11.608; *Maier-Reimer/Seulen*, in: Habersack/Mülbert/Schlitt, Kapitalmarktinformation, § 30 Rn. 83; *Sethe*, in: Assmann/Schneider, WpHG, §§ 37b, 37c Rn. 104; *Zimmer/Grotheer*, in: Schwark/Zimmer, Kapitalmarktrechtskommentar, §§ 37b, 37c WpHG Rn. 59.

565 BR-Drucks. 936/01 (neu), S. 261, 263.

566 Vgl. *Fleischer*, Gutachten für den 64. Deutschen Juristentag, 2002. F 104; *Fuchs*, in: Fuchs WpHG, §§ 37b, 37c Rn. 38; *Hopt/Voigt*, in: Hopt/Voigt, Prospekt- und Kapitalmarktinformationshaftung, S. 9, 125; *Nietsch*, BB 2005, 785, 789; *Sethe*, in: Assmann/Schneider, WpHG, §§ 37b, 37c Rn. 101; *Zimmer/Grotheer*, in: Schwark/Zimmer, Kapitalmarktrechtskommentar, §§ 37b, 37c WpHG Rn. 52.

567 Vgl. *Fleischer*, NJW 2002, 2977, 2980; *Fleischer*, Gutachten für den 64. Deutschen Juristentag, 2002. F 104; *Hopt/Voigt*, in: Hopt/Voigt, Prospekt- und Kapitalmarktinformationshaftung, S. 9, 125; *Zimmer/Grotheer*, in: Schwark/Zimmer, Kapitalmarktrechtskommentar, §§ 37b, 37c WpHG Rn. 52.

Darüber hinaus muss er die kursrelevante Information unverzüglich in Form einer Ad-hoc-Mitteilung veröffentlichen. Handelt es sich um überprüfbare Werturteile und Prognosen, dann erweist sich dies als noch schwieriger.[568] Der Gesetzgeber wollte mit der Eingrenzung des Verschuldens auf Vorsatz und grobe Fahrlässigkeit eine uferlose Ausdehnung der Emittentenhaftung verhindern. Andernfalls würde beim Emittenten eine kaum noch übersehbare Haftungsfolge bestehen.[569]

1 Verschuldensmaßstab – Vorsatz und grobe Fahrlässigkeit

Das Verschulden muss sich im Gegensatz zu § 826 BGB ausschließlich auf die Pflichtverletzung, also zwangsläufig stets auf das pflichtwidrige Unterlassen einer Ad-hoc-Mitteilung (§ 37b WpHG) oder auf die Unrichtigkeit der Insiderinformation (§ 37c WpHG), nicht aber auf die gesamten Schadensfolgen beziehen.[570]

1) Vorsatz

Im Zivilrecht umfasst Vorsatz das Wissen und Wollen eines rechtswidrigen Erfolges. Vorsatz liegt also in solchen Fällen vor, in denen der Emittent wissentlich und willentlich einen rechtswidrigen Erfolg verursacht oder gegen eine gesetzliche Pflicht verstößt.[571] Die Unterscheidung zwischen bedingtem Vorsatz und bewusster Fahrlässigkeit kann im Rahmen der Emittentenhaftung nach den §§ 37b, 37c WpHG nicht in Betracht kommen, weil der Emittent nach den §§ 37b Abs. 2 und 37c Abs. 2 WpHG bereits für grob fahrlässiges Verhalten haftet.[572]

2) Grobe Fahrlässigkeit

Ausgehend von den allgemeinen Grundsätzen, liegt grobe Fahrlässigkeit dann vor, wenn der Emittent die im Verkehr objektiv erforderliche Sorgfalt in ungewöhnlich hohem Maße verletzt und ganz naheliegende Überlegungen nicht angestellt oder beiseitegeschoben sowie dasjenige nicht beachtet hat, was im gegebenen Fall

---

568 *Rössner/Bolkart*, ZIP 2002, 1471, 1474; *Sethe*, in: Assmann/Schneider, WpHG, §§ 37b, 37c Rn. 101.

569 *Adams*, BKR 2009, 277, 278; *Fuchs*, in: Fuchs WpHG, §§ 37b, 37c Rn. 38; *Jungmichel*, Haftung und Schadenskompensation, 2007, S. 175.

570 *Ehricke*, in: Hopt/Voigt, Prospekt- und Kapitalmarktinformationshaftung, S. 187, 291; *Fuchs*, in: Fuchs WpHG, §§ 37b, 37c Rn. 37; *Möllers/Leisch*, in: Möllers/Rotter, Ad-hoc-Publizität, § 14 Rn. 62; *Möllers/Leisch*, in: Kölner Komm WpHG § 37b, 37c Rn. 172.

571 BGH NJW 1983, 1739, 1740; vgl. auch *Nietsch*, BB 2005, 785, 787; *Schäfer*, in: Marsch-Barner/Schäfer, Hb börsennotierte AG, § 17 Rn. 13; *Sethe*, in: Assmann/Schneider, WpHG, §§ 37b, 37c Rn. 103.

572 *Jungmichel*, Haftung und Schadenskompensation, 2007, S. 176 m.w.N.; *Möllers/Leisch*, in: Kölner Komm WpHG, § 37b, 37c Rn. 164.

jedem hätte einleuchten müssen.[573] Dabei ist auf die am Markt objektiv erforderliche Sorgfalt abzustellen.[574] Fahrlässiges Verhalten setzt grundsätzlich Voraussehbarkeit und Vermeidbarkeit des schädigenden Erfolges voraus.[575] Für die hier zu beurteilenden §§ 37b, 37c WpHG handelt es sich um eine einheitlich festzulegende Markterwartung für den Verkehrsschutz, sodass allein das Merkmal grober Fahrlässigkeit objektiv festzustellen ist. Dies gilt insbesondere dann, wenn es um die Haftung von größeren Unternehmen geht. Denn von diesen kann man erwarten, dass sie subjektives Fehlverhalten durch eine geeignete Organisation vermeiden.[576]

3) Zurechnung des Verschuldens

Die Erfüllung der Ad-hoc-Mitteilungspflicht stellt den Kernbereich der Leitungsfunktion des Vorstands dar.[577] Die Haftungstatbestände stellen auf den Emittenten selbst ab, weshalb die Kenntnis im Rahmen des Verschuldens auch beim Emittenten vorliegen muss.[578] Das Verschulden bzw. die Kenntnisse der Organe wird dem Emittenten grundsätzlich nach § 31 BGB zugerechnet, weil eine juristische Person zu einem funktionsfähigen Informationsmanagement verpflichtet ist.[579] Dabei ist die Kenntnis oder die grob fahrlässige Unkenntnis des Organmitglieds abzustellen.[580] Dem Emittenten wird aber auch das Verschulden anderer Personen, derer er sich zur Erfüllung seiner Ad-hoc-Mitteilungspflicht bedient, wie unternehmensexterner Informationsdienstleister und Mitarbeiter des Emittenten, die nicht in den

573 BGHZ 10, 14 (16) = NJW 1953, 1139; BGH NJW 1994, 1471; *Möllers/Leisch,* in: Kölner Komm WpHG, § 37b, 37c Rn. 165; *Nietsch,* BB 2005, 785, 787; *Schäfer,* in: Marsch-Barner/Schäfer, Hb börsennotierte AG, § 17 Rn. 13; *Sethe,* in: Assmann/Schneider, WpHG, §§ 37b, 37c Rn. 103; *Zimmer/Grotheer,* in: Schwark/Zimmer, Kapitalmarktrechtskommentar, §§ 37b, 37c WpHG Rn. 53.

574 Vgl. *Sethe,* in: Assmann/Schneider, WpHG, §§ 37b, 37c Rn. 103.

575 Vgl. *Jungmichel,* Haftung und Schadenskompensation, 2007, S. 176.

576 Vgl. *Möllers/Leisch,* in: Kölner Komm WpHG, § 37b, 37c Rn. 166; *Nietsch,* BB 2005, 785, 787; *Sethe,* in: Assmann/Schneider, WpHG, §§ 37b, 37c Rn. 102.

577 *Maier-Reimer/Webering,* WM 2002, 1857, 1860; *Möllers/Leisch,* WM 2001, 1648, 1652; *Möllers/Leisch,* in: Kölner Komm WpHG, § 37b, 37c Rn. 171; *Rössner/Bolkart,* ZIP 2002, 1471, 1476.

578 *Ehricke,* in: Hopt/Voigt, Prospekt- und Kapitalmarktinformationshaftung, S. 187, 291.

579 Vgl. *Buck-Heeb/Dieckmann,* AG 2008, 681, 690; *Casper,* in: Kölner Komm KapMuG, §§ 37b, 37c WpHG Rn. 35; *Fuchs,* in: Fuchs WpHG, §§ 37b, 37c Rn. 37; *Lenenbach,* Kapitalmarkt, 2. Aufl., Rn. 11.609; *Maier-Reimer/Webering,* WM 2002, 1857, 1860; *Möllers/Leisch,* in: Möllers/Rotter, Ad-hoc-Publizität, § 14 Rn. 71; *Möllers/Leisch,* in: Kölner Komm WpHG, § 37b, 37c Rn. 171; *Zimmer/Grotheer,* in: Schwark/Zimmer, Kapitalmarktrechtskommentar, §§ 37b, 37c WpHG Rn. 54.

580 *Casper,* in: Kölner Komm KapMuG, §§ 37b, 37c WpHG Rn. 35; *Ehricke,* in: Hopt/Voigt, Prospekt- und Kapitalmarktinformationshaftung, S. 187, 291; *Lenenbach,* Kapitalmarkt, 2. Aufl., Rn. 11.609; *Leisch,* ZIP 2004, 1573, 1576; *Maier-Reimer/Webering,* WM 2002, 1857, 1860.

Anwendungsbereich von § 31 BGB fallen, über § 831 BGB zugerechnet. Denn bei den §§ 37b, 37c WpHG handelt es sich um deliktische Tatbestände.[581]

4) *Fazit*

Die Emittentenhaftung nach den §§ 37b, 37c WpHG setzt ein vorsätzliches oder ein grob fahrlässiges Verhalten des Emittenten bzw. seiner Organe voraus,[582] sodass in den §§ 37b Abs. 2 und 37c Abs. 2 WpHG eine Stärkung des Anlegerschutzes zu sehen ist. Wegen des Spannungsverhältnisses zwischen der Pflicht zur unverzüglichen und der Pflicht zur ordnungsgemäßen Veröffentlichung handelt es sich bei der Ad-hoc-Mitteilung regelmäßig um ausfüllungsbedürftige, mit einem gewissen Zeitdruck verbundene Tatbestandsmerkmale.[583] Vor diesem Hintergrund lässt sich rechtfertigen, den Verschuldensmaßstab auf Vorsatz und grobe Fahrlässigkeit im Bereich der Haftung auf dem organisierten Kapitalmarkt zu beschränken.[584] Auch international entspricht diese Rechtsfolge dem kapitalmarktrechtlichen Standard. Rechtsvergleichend kann hier vor allem das US-amerikanische Kapitalmarktrecht herangezogen werden. Nach dem US-amerikanischen Kapitalmarktrecht ist *scienter* im Hinblick auf die fehlerhafte Kapitalmarktinformation erforderlich und damit einfache Fahrlässigkeit ist also nicht ausreichend. Dies gilt sowohl im Hinblick auf die primärmarktrechtliche Prospekthaftung nach Sec. 11 SA als auch im Hinblick auf die Haftung nach Sec. 10b SEA i.V.m. Rule 10b-5.[585]

2 Nachweis des Verschuldens: Beweislastumkehr

1) *Grundsätzliches*

a) *Beweislastumkehr zugunsten des Anlegers*

Hinsichtlich der Kapitalmarktinformationshaftung sehen die §§ 37b Abs. 2 und 37c Abs. 2 WpHG als Verschuldensmaßstab Vorsatz und grobe Fahrlässigkeit vor. Sind die Voraussetzungen nach den §§ 37b, 37c WpHG erfüllt, dann wird das Verschulden des Emittenten vom Gesetz widerleglich vermutet. Demzufolge trägt der

---

581 Vgl. *Lenenbach*, Kapitalmarkt, 2. Aufl., Rn. 11.609; *Maier-Reimer/Webering*, WM 2002, 1857, 1860; *Möllers/Leisch*, in: Kölner Komm WpHG, § 37b, 37c Rn. 16, 171 ff.; *Sethe*, in: Assmann/Schneider, WpHG, §§ 37b, 37c Rn. 103.

582 Kritisch zur Haftung für grobe Fahrlässigkeit *Spindler*, WM 2004, 2089, 2096; *Thümmel*, DB 2001, 2331, 2333.

583 Vgl. *Fleischer*, NJW 2002, 2977, 2980.

584 So auch *Nietsch*, BB 2005, 785, 789.

585 Dazu *Baums*, ZHR 167 (2003), 139, 190 f.; *Dühn*, Schadensersatzhaftung, 2003, S. 234; *Fleischer*, Gutachten für den 64. Deutschen Juristentag, 2002. F 104.

Emittent diesbezüglich nunmehr die Beweislast.[586] Hierbei kommt es auf die Kausalität für die Transaktionsentscheidung eines Anlegers nicht an. Daher kann der Emittent sich nicht durch den Nachweis entlasten, dass der Geschädigte die Finanzinstrumente unabhängig von der Fehlinformation gekauft bzw. verkauft hätte.[587] Vielmehr muss der Emittent zu seiner Entlastung nachweisen, dass er weder vorsätzlich noch grob fahrlässig gehandelt hat.[588] In diesem Sinne enthalten die §§ 37b, 37c WpHG für die fehlerhafte Kapitalmarktinformation eine Beweislastumkehr zugunsten des Anlegers.[589] Dadurch sollen zum einen die erheblichen Beweisprobleme im Falle einer Delikthaftung, die einen Vorsatz voraussetzt, beseitigt werden,[590] zum anderen wird bezweckt, eine übertriebene Abschreckung gerade bei freiwilliger Verlautbarung und bei der Ad-hoc-Mitteilung zu vermeiden.[591] Nach dem Willen des Gesetzgebers handelt es sich dabei um eine sachgerechte Beweislastverteilung gemäß den von den Beteiligten beherrschten Verantwortungsbereichen. Er wollte den Anspruchssteller vom Beweis solcher Umstände entlasten, die in dem ausschließlich vom Emittenten beherrschten Verantwortungsbereich liegen.[592] Demzufolge müsse derjenige, der einen von außen nicht einsehbaren Verantwortlichkeitsbereich beherrscht, die Pflichtgemäßheit seines Verhaltens

---

586 BT-Drucks., 14/8017, S. 93; *Baums*, ZHR 167 (2003), 139, 190 f.; *Buck-Heeb*, Kapitalmarktrecht, 7. Aufl., § 6 Rn. 372; *Longino*, DStR 2008, 2068, 2070; *Maier-Reimer/Seulen*, in: Habersack/Mülbert/Schlitt, Kapitalmarktinformation, § 30 Rn. 83; *Nietsch*, BB 2005, 785, 787; *Schäfer*, in: Marsch-Barner/Schäfer, Hb börsennotierte AG, § 17 Rn. 13; *Sethe*, in: Assmann/Schneider, WpHG, §§ 37b, 37c Rn. 104; *Zimmer*, WM 2004, 9, 17; kritisch hierzu *Köndgen*, in: Festschrift Druey, 2002, S. 791, 807 ff.

587 Vgl. *Teichmann*, in: Bachmann/Casper/Schäfer/Veil, Steuerungsfunktionen des Haftungsrechts, S. 156.

588 Zutreffend *Baums*, ZHR 167 (2003), 139, 190; *Casper*, in: Kölner Komm KapMuG, §§ 37b, 37c WpHG Rn. 35; *Ehricke*, in: Hopt/Voigt, Prospekt- und Kapitalmarktinformationshaftung, S. 187, 291; *Fuchs*, in: Fuchs WpHG, §§ 37b, 37c Rn. 40; *Jungmichel*, Haftung und Schadenskompensation, 2007, S. 175; *Maier-Reimer/Webering*, WM 2002, 1857, 1859; *Maier-Reimer/Seulen*, in: Habersack/Mülbert/Schlitt, Kapitalmarktinformation, § 30 Rn. 83; *Mülbert/Steup*, in: Habersack/Mülbert/Schlitt, Unternehmensfinanzierung, § 41 Rn. 194; *Schmolke*, ZBB 2012, 165, 173; *Sethe*, in: Assmann/Schneider, WpHG, §§ 37b, 37c Rn. 65, 104 f.; *Zimmer/Grotheer*, in: Schwark/Zimmer, Kapitalmarktrechtskommentar, §§ 37b, 37c WpHG Rn. 63; anders *Möllers/Leisch*, in: Möllers/Rotter, Ad-hoc-Publizität, § 14 Rn. 37; *Rössner/Bolkart*, ZIP 2002, 1471, 1474.

589 BGH WM 2012, 303 – IKB; *Holzborn/Foelsch*, NJW 2003, 932, 937; *Mülbert/Steup*, in: Habersack/Mülbert/Schlitt, Unternehmensfinanzierung, § 41 Rn. 204; *Zimmer/Grotheer*, in: Schwark/Zimmer, Kapitalmarktrechtskommentar, §§ 37b, 37c WpHG Rn. 62; *Zimmer*, WM 2004, 9, 17.

590 *Sethe*, in: Assmann/Schneider, WpHG, §§ 37b, 37c Rn. 104; *Zimmer*, WM 2004, 9, 17.

591 *Zimmer*, WM 2004, 9, 17.

592 BT-Drucks., 14/8017, S. 93; *Schmolke*, ZBB 2012, 165, 173; *Zimmer/Grotheer*, in: Schwark/Zimmer, Kapitalmarktrechtskommentar, §§ 37b, 37c WpHG Rn. 63.

nachweisen.[593] Diese Rechtsfolge stellt damit einen erheblichen Fortschritt beim Anlegerschutz dar.[594]

b) *Rechtfertigung der Beweislastumkehr*

Diese Beweislastumkehr rechtfertigt sich insbesondere daraus, dass die zu beurteilende Umstände meist ausschließlich in der Sphäre des Emittenten liegen, sodass es dem Anleger in der Praxis regelmäßig unmöglich ist, ein Verschulden aufseiten des zur Ad-hoc-Mitteilung verpflichteten Emittenten nachzuweisen.[595] Denn es handelt sich hierbei um interne Geschehens- und Entscheidungsläufe beim Emittenten, in die der Anleger keinen Einblick hat und damit um einen Sachverhalt, den er weder kennt noch ermitteln kann.[596] Der Anleger verfügt deshalb nur in seltenen Fällen über Einblicke in die informationsauslösenden Vorgänge im Unternehmen des Emittenten.[597] Im Gegensatz dazu besitzt der Emittent die betroffene Insiderinformation oder kann sie sich leicht beschaffen.[598] Dies spricht dafür, auch die Beweislast hinsichtlich der Unverzüglichkeit den Emittenten tragen zu lassen.[599]

---

593 *Fleischer,* in: Assmann/Schütze, Handbuch des Kapitalanlagerechts, 4. Aufl., § 6 Rn. 47; *Hutter/Leppert,* NZG 2002, 649, 654; *Möllers/Leisch,* in: Möllers/Rotter, Ad-hoc-Publizität, § 14 Rn. 40; *Mülbert/Steup,* in: Habersack/Mülbert/Schlitt, Unternehmensfinanzierung, § 41 Rn. 204; *Rössner/Bolkart,* ZIP 2002, 1471, 1474; *Sethe,* in: Assmann/Schneider, WpHG, §§ 37b, 37c Rn. 104; *Zimmer/Grotheer,* in: Schwark/Zimmer, Kapitalmarktrechtskommentar, §§ 37b, 37c WpHG Rn. 62.

594 Vgl. BT-Drucks., 14/8017, S. 95; *Bachmann,* JZ 2012, 578, 581; *Jungmichel,* Haftung und Schadenskompensation, 2007, S. 175.

595 *Hutter/Leppert,* NZG 2002, 649, 654; *Köndgen,* in: Festschrift Druey, 2002, S. 791, 806 f.; *Möllers/Leisch,* in: Möllers/Rotter, Ad-hoc-Publizität, § 14 Rn. 76; *Möllers/Leisch,* in: Kölner Komm WpHG, § 37b, 37c Rn. 214; *Rössner/Bolkart,* ZIP 2002, 1471, 1474; *Reichert/Weller,* ZRP 2002, 49, 54; *Zimmer/Grotheer,* in: Schwark/Zimmer, Kapitalmarktrechtskommentar, §§ 37b, 37c WpHG Rn. 62.

596 Vgl. *Möllers/Leisch,* in: Kölner Komm WpHG, § 37b, 37c Rn. 149; *Sethe,* in: Assmann/Schneider, WpHG, §§ 37b, 37c Rn. 79.

597 *Fuchs,* in: Fuchs WpHG, Vor §§ 37b, 37c Rn. 9; *Jungmichel,* Haftung und Schadenskompensation, 2007, S. 120, 175; *Möllers/Leisch,* in: Möllers/Rotter, Ad-hoc-Publizität, § 14 Rn. 76; *Reichert/Weller,* ZRP 2002, 49, 54; *Rössner/Bolkart,* ZIP 2002, 1471, 1474; *Sethe,* in: Assmann/Schneider, WpHG, §§ 37b, 37c Rn. 79; *Zimmer/Grotheer,* in: Schwark/Zimmer, Kapitalmarktrechtskommentar, §§ 37b, 37c WpHG Rn. 62 f.

598 *Klöhn,* ZHR 178 (2014), 55, 65; *Sethe,* in: Assmann/Schneider, WpHG, §§ 37b, 37c Rn. 79.

599 BT-Drucks., 14/8017, S. 93; *Fleischer,* NJW 2002, 2977, 2980; *Möllers/Leisch,* in: Möllers/Rotter, Ad-hoc-Publizität, § 14 Rn. 40; *Sethe,* in: Assmann/Schneider, WpHG, §§ 37b, 37c Rn. 105; *Zimmer/Grotheer,* in: Schwark/Zimmer, Kapitalmarktrechtskommentar, §§ 37b, 37c WpHG Rn. 63; anders *Rössner/Bolkart,* ZIP 2002, 1471, 1474.

c) *Organisationspflicht des Emittenten*

Der Emittent hat für eine angemessene Organisation in Bezug auf die Ad-hoc-Mitteilung zu sorgen, die innerhalb des Unternehmens einen ordnungsgemäßen Informationsfluss zu den jeweiligen Entscheidungsträgern gewährleisten kann.[600] Ist dies nicht der Fall, dann beruht die Unterlassung auf einem Organisationsmangel, der grobe Fahrlässigkeit begründen kann.[601] Darüber hinaus trifft den Emittenten auch die Pflicht, sich über das allgemeine Börsengeschehen und zugleich in seiner Branche soweit wie möglich Gewissheit zu verschaffen, damit er die Volatilität seiner eigenen Finanzinstrumente, die Sensitivität des Marktpreises gegenüber neuen Informationen annährend einzuschätzen vermag.[602]

2) *Schuldhafte Unterlassung der Veröffentlichung*

Der Emittent kann sich zunächst mit dem Nachweis entlasten, dass die Ad-hoc-Mitteilung noch unverzüglich erfolgte und ihm daher keine vorsätzliche oder grob fahrlässige Handlung vorgeworfen werden kann.[603] Zudem kann sich der Emittent auch dadurch entlasten, dass er nachweist, dass die Unterlassung der Ad-hoc-Mitteilung weder auf Vorsatz noch auf grober Fahrlässigkeit beruht.[604] Darüber hinaus kann er zu seiner Entlastung verschiedene Ansatzpunkte wählen. Im Einzelnen gilt:

a) *Unkenntnis*

Der Emittent kann sich dabei zunächst dadurch entlasten, dass er nachweist, dass er ohne Verschulden keine Kenntnis vom Vorliegen einer Insiderinformation

---

600 *Klöhn*, ZHR 178 (2014), 55, 71; *Maier-Reimer/Seulen*, in: Habersack/Mülbert/Schlitt, Kapitalmarktinformation, § 30 Rn. 83 f.; *Maier-Reimer/Webering*, WM 2002, 1857, 1859; *Nietsch*, BB 2005, 785, 787; *Sethe*, in: Assmann/Schneider, WpHG, §§ 37b, 37c Rn. 107; *Zimmer/Grotheer*, in: Schwark/Zimmer, Kapitalmarktrechtskommentar, §§ 37b, 37c WpHG Rn. 54.

601 *Maier-Reimer/Seulen*, in: Habersack/Mülbert/Schlitt, Kapitalmarktinformation, § 30 Rn. 83.

602 Vgl. *Maier-Reimer/Webering*, WM 2002, 1857, 1859 f.; *Möllers/Leisch*, in: Möllers/Rotter, Ad-hoc-Publizität, § 14 Rn. 66; *Mülbert/Steup*, in: Habersack/Mülbert/Schlitt, Unternehmensfinanzierung, § 41 Rn. 206; *Nietsch*, BB 2005, 785, 787; *Sethe*, in: Assmann/Schneider, WpHG, §§ 37b, 37c Rn. 107; *Zimmer/Grotheer*, in: Schwark/Zimmer, Kapitalmarktrechtskommentar, §§ 37b, 37c WpHG Rn. 56.

603 *Sethe*, in: Assmann/Schneider, WpHG, §§ 37b, 37c Rn. 105; *Zimmer/Grotheer*, in: Schwark/Zimmer, Kapitalmarktrechtskommentar, §§ 37b, 37c WpHG Rn. 59.

604 *Ehricke*, in: Hopt/Voigt, Prospekt- und Kapitalmarktinformationshaftung, S. 187, 291; *Fuchs*, in: Fuchs WpHG, §§ 37b, 37c Rn. 39 f.; *Holzborn/Foelsch*, NJW 2003, 932, 937; *Maier-Reimer/Webering*, WM 2002, 1857, 1859; *Möllers/Leisch*, in: Möllers/Rotter, Ad-hoc-Publizität, § 14 Rn. 40; *Sethe*, in: Assmann/Schneider, WpHG, §§ 37b, 37c Rn. 105; *Zimmer/Grotheer*, in: Schwark/Zimmer, Kapitalmarktrechtskommentar, §§ 37b, 37c WpHG Rn. 63; anders *Rössner/Bolkart*, ZIP 2002, 1471, 1474.

erhalten hatte.[605] Grob fahrlässige Unkenntnis reicht aus, weil nach dem Wortlaut des § 37b Abs. 1 WpHG die Kenntnis des Emittenten von der Insiderinformation nicht ausdrücklich erforderlich ist.[606]

Grobe Fahrlässigkeit liegt jedenfalls dann vor, wenn der Emittent von seiner prinzipiellen Pflicht zur Ad-hoc-Mitteilung überhaupt nichts gewusst hat.[607] Denn mit Stellung des Zulassungsantrags ist von jedem Emittenten börsennotierter Finanzinstrumente grundsätzlich zu verlangen, sich mit den daraus resultierenden Folgepflichten soweit wie möglich vertraut zu machen.[608]

Das Verschulden scheidet ebenfalls dann aus, wenn der Emittent nachweist, dass er ohne grobe Fahrlässigkeit nicht gewusst hat, dass ihn eine Insiderinformation unmittelbar betrifft oder dass sie sich auf ihn selbst oder auf seine Insiderpapiere bezieht.[609] Gleiches gilt, wenn er ohne grobe Fahrlässigkeit davon ausgegangen ist, dass die Kapitalmarktinformationen bereits öffentlich bekannt gewesen sind.[610] Hier trifft ihn aber eine Nachforschungspflicht, um den Vorwurf grober Fahrlässigkeit zu vermeiden.[611]

Die Kenntnis oder die grob fahrlässige Unkenntnis des Emittenten muss sich mithin ausschließlich auf die objektiven Voraussetzungen des § 37b Abs. 1 WpHG, insbesondere auf die Pflicht zur Veröffentlichung der Informationen und deren Kurserheblichkeit, nicht aber auf den gesamten Schadensfolgen beziehen.[612] Damit

---

605 Vgl. *Langenbucher*, Aktien- und Kapitalmarktrecht, 3. Aufl., § 17 Rn. 30; *Mülbert/Steup*, in: Habersack/Mülbert/Schlitt, Unternehmensfinanzierung, § 41 Rn. 194; *Sethe*, in: Assmann/Schneider, WpHG, §§ 37b, 37c Rn. 107; *von Bernuth/Wagner/Kremer*, WM 2012, 831, 835; *Zimmer/Grotheer*, in: Schwark/Zimmer, Kapitalmarktrechtskommentar, §§ 37b, 37c WpHG Rn. 62.

606 Vgl. *Jungmichel*, Haftung und Schadenskompensation, 2007, S. 121.

607 *Fuchs*, in: Fuchs WpHG, §§ 37b, 37c Rn. 37; *Maier-Reimer/Webering*, WM 2002, 1857, 1859; *Möllers/Leisch*, in: Kölner Komm WpHG, § 37b, 37c Rn. 204; *Mülbert/Steup*, in: Habersack/Mülbert/Schlitt, Unternehmensfinanzierung, § 41 Rn. 205; *Nietsch*, BB 2005, 785, 787; *Sethe*, in: Assmann/Schneider, WpHG, §§ 37b, 37c Rn. 107; *Zimmer/Grotheer*, in: Schwark/Zimmer, Kapitalmarktrechtskommentar, §§ 37b, 37c WpHG Rn. 57.

608 Vgl. *Maier-Reimer/Webering*, WM 2002, 1857, 1859 f.; *Möllers/Leisch*, in: Kölner Komm WpHG, § 37b, 37c Rn. 204; *Sethe*, in: Assmann/Schneider, WpHG, §§ 37b, 37c Rn. 107.

609 Vgl. *Möllers/Leisch*, in: Kölner Komm WpHG, § 37b, 37c Rn. 201, 203; *Sethe*, in: Assmann/Schneider, WpHG, §§ 37b, 37c Rn. 107.

610 Vgl. *Möllers/Leisch*, in: Kölner Komm WpHG, § 37b, 37c Rn. 202; *Sethe*, in: Assmann/Schneider, WpHG, §§ 37b, 37c Rn. 107; *Zimmer/Grotheer*, in: Schwark/Zimmer, Kapitalmarktrechtskommentar, §§ 37b, 37c WpHG Rn. 56.

611 *Sethe*, in: Assmann/Schneider, WpHG, §§ 37b, 37c Rn. 107.

612 Vgl. BGH ZBB 2012, 222 Rn. 33; *Ehricke*, in: Hopt/Voigt, Prospekt- und Kapitalmarktinformationshaftung, S. 187, 291; *Fuchs*, in: Fuchs WpHG, §§ 37b, 37c Rn. 37; *Möllers/Leisch*, in: Möllers/Rotter, Ad-hoc-Publizität, § 14 Rn. 62; *Möllers/Leisch*, in: Kölner Komm WpHG, § 37b, 37c Rn. 172; *Schmolke*, ZBB 2012, 165, 173.

sind alle Umstände erfasst, die die Rechtspflicht nach dem § 15 WpHG begründen.[613] Kenntnis hat der Emittent, wenn sein Organ Kenntnis von der publizitätspflichtigen Insiderinformation hat. Hierbei ist die Kenntnis eines einzigen Organmitglieds ausreichend.[614] Der Emittent kann sich deshalb mit dem Nachweis entlasten, dass der Vorstand keine Kenntnis hatte, obwohl er für eine angemessene und ausgerüstete Organisation gesorgt hat, um einen ausreichenden Informationsfluss zu gewährleisten.[615] Diesbezügliche Unkenntnis dürfte jedoch bei der Veröffentlichung solcher Umstände, die im Tätigkeitsbereich des Emittenten eingetreten sind bzw. diesen unmittelbar betreffen, kaum anzunehmen sein.[616] Solche Umstände kann der Emittent selbst am besten überprüfen, und er muss sich über die unternehmensinternen Sachverhalte Gewissheit verschaffen. Bei Informationen, die nicht aus dem Tätigkeitsbereich des Emittenten stammen, dürfte der Entlastungsbeweis leichter zu führen sein.[617]

b) Irrtum über das Vorliegen eines Befreiungstatbestandes

Der Gesetzgeber hat mit § 15 Abs. 3 WpHG einen Befreiungstatbestand geschaffen. Es handelt sich hierbei um ein negatives Tatbestandsmerkmal der gesetzlichen Veröffentlichungspflicht.[618] Hat der Emittent rechtswidrig eine Befreiung im Sinne des § 15 Abs. 3 WpHG angenommen, ohne dass deren Voraussetzungen vorliegen, so verstößt dies nach wie vor gegen die Veröffentlichungspflicht des § 15 Abs. 1 WpHG, sodass die Haftungsfolgen gemäß den §§ 37b, 37c WpHG eintreten können.[619] Entsprechendes gilt, wenn der Emittent von der Pflicht zur

---

613 *Ehricke,* in: Hopt/Voigt, Prospekt- und Kapitalmarktinformationshaftung, S. 187, 291; *Fuchs,* in: Fuchs WpHG, §§ 37b, 37c Rn. 37; *Maier-Reimer/Webering,* WM 2002, 1857, 1859; *Möllers/Leisch,* in: Möllers/Rotter, Ad-hoc-Publizität, § 14 Rn. 63; *Mülbert/Steup,* in: Habersack/Mülbert/Schlitt, Unternehmensfinanzierung, § 41 Rn. 205; *Schäfer,* in: Marsch-Barner/Schäfer, Hb börsennotierte AG, § 17 Rn. 14; *Zimmer/Grotheer,* in: Schwark/Zimmer, Kapitalmarktrechtskommentar, §§ 37b, 37c WpHG Rn. 55.

614 Vgl. *Möllers/Leisch,* in: Kölner Komm WpHG, § 37b, 37c Rn. 174 f.

615 Vgl. *Hellgardt,* Kapitalmarktdeliktsrecht, 2008, S. 476 ff.; *Möllers/Leisch,* in: Kölner Komm WpHG, § 37b, 37c Rn. 179; *Mülbert/Steup,* in: Habersack/Mülbert/Schlitt, Unternehmensfinanzierung, § 41 Rn. 206; *Nietsch,* BB 2005, 785, 787; *Sethe,* in: Assmann/Schneider, WpHG, §§ 37b, 37c Rn. 107.

616 Vgl. *Möllers/Leisch,* in: Kölner Komm WpHG, § 37b, 37c Rn. 176 f., 203; *Möllers/Leisch,* in: Möllers/Rotter, Ad-hoc-Publizität, § 14 Rn. 70; *Mülbert/Steup,* in: Habersack/Mülbert/Schlitt, Unternehmensfinanzierung, § 41 Rn. 206; *Sethe,* in: Assmann/Schneider, WpHG, §§ 37b, 37c Rn. 102, 107; *Zimmer/Grotheer,* in: Schwark/Zimmer, Kapitalmarktrechtskommentar, §§ 37b, 37c WpHG Rn. 54.

617 Vgl. *Mülbert/Steup,* in: Habersack/Mülbert/Schlitt, Unternehmensfinanzierung, § 41 Rn. 206, 208; *Sethe,* in: Assmann/Schneider, WpHG, §§ 37b, 37c Rn. 102, 107.

618 *Möllers/Leisch,* in: Kölner Komm WpHG, § 37b, 37c Rn. 195.

619 *Pfüller,* in: Fuchs, WpHG, § 15 Rn. 350; *Sethe,* in: Assmann/Schneider, WpHG, § 37c Rn. 64.

Ad-hoc-Mitteilung nach § 15 Abs. 1 WpHG zwar ordnungsgemäß befreit war, er aber davon nicht gewusst hat, dass die Voraussetzungen für die Befreiung mittlerweile weggefallen sind.[620] Das Verschulden scheidet mithin dann aus, wenn der Emittent das Bestehen eines Befreiungstatbestandes im Sinne des § 15 Abs. 3 Satz 1 WpHG lediglich leicht fahrlässig verkennt.[621] Der Umstand allein, dass sich der Emittent über die Voraussetzungen der Befreiung geirrt hat, schließt zwar nicht den Tatbestand, wohl aber das Verschulden aus, wenn die Annahme einer Befreiung weder auf Vorsatz noch auf grober Fahrlässigkeit beruht.[622] Hinsichtlich des Vorliegens der Befreiungsvoraussetzungen trifft nach den allgemeinen Beweisregeln die Darlegungs- und Beweislast den Emittenten, weil es sich um einen ihm günstigen Einwand des Haftungsausschlusses handelt.[623] Gelingt ihm dieser Nachweis nicht, kann er sich mit dem Nachweis entlasten, dass die Annahme einer Befreiung nicht auf grober Fahrlässigkeit beruhte. Voraussetzung ist allerdings, dass der Emittent nachweist, dass er zum Zeitpunkt, in dem er die fragliche Insiderinformation gemäß § 15 Abs. 1 WpHG hätte veröffentlichen müssen, eine explizite Entscheidung zur Nichtveröffentlichung getroffen hat.[624] Umstritten ist, ob eine ausführliche Dokumentation des Befreiungsvorgangs zu einem Verschuldensausschluss führen kann.[625] Zum Zwecke des Nachweises ist dem Emittenten anzuraten, eine Befreiungsentscheidung nach § 15 Abs. 3 Satz 4 WpHG zu treffen und deren Gründe auch nachvollzierbar zu dokumentieren.[626]

---

620 *Sven H. Schneider*, BB 2005, 897, 902.

621 *Maier-Reimer/Webering*, WM 2002, 1857, 1859; *Möllers/Leisch*, in: Kölner Komm WpHG, § 37b, 37c Rn. 104, 173 ff.; *Mülbert/Steup*, in: Habersack/Mülbert/Schlitt, Unternehmensfinanzierung, § 41 Rn. 206; *Sethe*, in: Assmann/Schneider, WpHG, §§ 37b, 37c Rn. 64, 107.

622 Vgl. *Möllers/Leisch*, in: Kölner Komm WpHG, § 37b, 37c Rn. 195 ff.; *Mülbert/Steup*, in: Habersack/Mülbert/Schlitt, Unternehmensfinanzierung, § 41 Rn. 186, 206; *Sethe*, in: Assmann/Schneider, WpHG, § 37c Rn. 64.

623 *Möllers/Leisch*, in: Kölner Komm WpHG, § 37b, 37c Rn. 196 m.w.N.; vgl. auch *Jungmichel*, Haftung und Schadenskompensation, 2007, S. 135; *Möllers/Leisch*, in: Möllers/Rotter, Ad-hoc-Publizität, § 14 Rn. 38; *Nietsch*, BB 2005, 785, 786; *Sven H. Schneider*, BB 2005, 897, 902.

624 Vgl. *Möllers/Leisch*, in: Kölner Komm WpHG, § 37b, 37c Rn. 196 f.

625 Eingehend *Ihrig/Kranz*, BB 2013, 451 ff.; *Klöhn*, ZHR 178 (2014), 55, 95 f.

626 Vgl. OLG Stuttgart vom 22. 4. 2009, NZG 2009, 624 632 – DaimlerChrysler II; ebenso *Assmann*, in: Assmann/Schneider, WpHG, §§ 15 Rn. 165; *Burg/Marx*, AG 2009, 487, 490; *Frowein*, in: Habersack/Mülbert/Schlitt, Kapitalmarktinformation, § 10 Rn. 116; *Klöhn*, in: Kölner Komm WpHG, § 15 Rn. 305; *Möllers/Leisch*, in: Kölner Komm WpHG, § 37b, 37c Rn. 197 m.w.N.; *Mülbert/Steup*, in: Habersack/Mülbert/Schlitt, Unternehmensfinanzierung, § 41 Rn. 206; *Schneider/Gilfrich*, BB 2007, 53, 56; *Simon*, Der Konzern 2005, 13, 21; *Sven H. Schneider*, BB 2005, 897, 902.

c) *Fehleinschätzung des Kursbeeinflussungspotentials*

Hatte der Emittent keine Kenntnis von der Pflicht zur Veröffentlichung der Insiderinformation, weil er ihm bekannte Umstände für nicht kursrelevant hielt, so kommt es darauf an, ob er diese Entscheidung ohne grobe Fahrlässigkeit getroffen hat oder nicht.[627] Der Emittent kann sich also auch durch den Nachweis entlasten, er habe das Vorliegen einer Information zwar gekannt, sei aber weder vorsätzlich noch grob fahrlässig davon ausgegangen, dass sie im Falle ihres Bekanntwerdens den Kurs der Insiderpapiere nicht erheblich beeinflussen könne.[628] Dieser eher seltene Fall kann eintreten, wenn der Emittent die Bewertung der Auswirkungen einer Insiderinformation auf das Unternehmen lediglich leicht fahrlässig vorgenommen hat.

Dabei sind sowohl die wirtschaftliche Bedeutung der fraglichen Information im Verhältnis zur Unternehmenssituation als auch die allgemeine Kapitalmarktsituation zu berücksichtigen.[629] Beruht die Fehleinschätzung darauf, dass sich der Emittent mit dem Kurs des von ihm begebenen Finanzinstruments nicht vertraut gemacht hat, oder dass er eine Markt- und Branchenbeobachtung nicht angestellt hat, ist ebenfalls grobe Fahrlässigkeit anzunehmen. Von grober Fahrlässigkeit kann auch dann gesprochen werden, wenn der Emittent zwar mit dem Marktgeschehen vertraut ist, aus ihm aber erkennbar unvertretbare Schlüsse für die Kursrelevanz zieht und er dies hätte erkennen müssen.[630] Gleiches gilt, wenn sich der Emittent der Erkenntnis der üblichen Börsenreaktion verschließt oder er sich überhaupt keine Gedanken über den Einfluss der Information auf den Preis seines Finanzinstruments macht.[631]

---

627 Vgl. *Maier-Reimer/Seulen,* in: Habersack/Mülbert/Schlitt, Kapitalmarktinformation, § 30 Rn. 84; *Möllers/Leisch,* in: Kölner Komm WpHG, § 37b, 37c Rn. 189.

628 Vgl. BGH WM 2012, 303, Rn. 36 ff. – IKB; *Maier-Reimer/Webering,* WM 2002, 1857, 1859; *Möllers/Leisch,* in: Kölner Komm WpHG, § 37b, 37c Rn. 189; *Mülbert/Steup,* in: Habersack/Mülbert/Schlitt, Unternehmensfinanzierung, § 41 Rn. 206; *Möllers/Leisch,* in: Kölner Komm WpHG, § 37b, 37c Rn. 189; *Sauer,* Haftung für Falschinformation des Sekundärmarktes, 2004, S. 89; *Sethe,* in: Assmann/Schneider, WpHG, §§ 37b, 37c Rn. 107; *von Bernuth/Wagner/Kremer,* WM 2012, 831, 835; *Wiechers,* WM 2013, 341, 346 f.; *Zimmer/Grotheer,* in: Schwark/Zimmer, Kapitalmarktrechtskommentar, §§ 37b, 37c WpHG Rn. 56.

629 Vgl. *Jungmichel,* Haftung und Schadenskompensation, 2007, S. 178.

630 Vgl. *Möllers/Leisch,* in: Kölner Komm WpHG, § 37b, 37c Rn. 191; *Nietsch,* BB 2005, 785, 787; *Sethe,* in: Assmann/Schneider, WpHG, §§ 37b, 37c Rn. 107; *von Bernuth/Wagner/Kremer,* WM 2012, 831, 837.

631 So auch *Maier-Reimer/Webering,* WM 2002, 1857, 1859; *Mülbert/Steup,* in: Habersack/Mülbert/Schlitt, Unternehmensfinanzierung, § 41 Rn. 206; *Sethe,* in: Assmann/Schneider, WpHG, §§ 37b, 37c Rn. 107; *Zimmer/Grotheer,* in: Schwark/Zimmer, Kapitalmarktrechtskommentar, §§ 37b, 37c WpHG Rn. 56.

d) Unterlassung einer unverzüglichen Ad-hoc-Mitteilung

Im Falle des § 37b WpHG gilt die Beweislastumkehr auch für die Unverzüglichkeit der Veröffentlichung einer Ad-hoc-Mitteilung.[632] Ist eine Ad-hoc-Mitteilung verspätet erfolgt, muss der Emittent beweisen, dass die Verspätung weder auf Vorsatz noch auf grober Fahrlässigkeit beruhte.[633] Dies setzt zunächst voraus, dass der Emittent über eine angemessene Organisation in Bezug auf die Ad-hoc-Mitteilung verfügt. Beruht die Verspätung darauf, dass der Emittent keine oder eine völlig unzulängliche Organisation für die Ad-hoc-Mitteilung hat, liegt grobe Fahrlässigkeit vor.[634] Gleiches gilt, wenn der Emittent nachweist, dass die Überschreitung der Veröffentlichungsfrist, die ihm zugestanden hat, nicht auf Vorsatz oder grober Fahrlässigkeit beruhte.[635]

e) Die Voraussetzung des Rechtfertigungsirrtums

Die Ad-hoc-Mitteilungspflicht gemäß § 15 WpHG ist eine öffentlich-rechtliche Verpflichtung der Gesellschaft. Tatbestandlich handelt es sich dabei um solche Informationen, die sich auf die Vermögens- und die Finanzlage des Emittenten oder auf den Geschäftsverlauf der Gesellschaft erheblich auswirken und daher für die Finanzinstrumente des Emittenten kursrelevant sind.[636] Diese Verpflichtung entsteht mit der Verwirklichung der objektiven Tatbestandsmerkmale.[637] Hierbei geht es nicht um die subjektive Leistungsfähigkeit des jeweiligen Emittenten, sondern gerade um ein Merkmal des objektiven Tatbestandes.[638] Entscheidend ist mithin lediglich, ob der Emittent die Insiderinformation in Form einer Ad-hoc-Mitteilung nach § 15 WpHG objektiv rechtzeitig veröffentlicht hat oder nicht. Es kommt hier

---

632 BT-Drucks., 14/8017, S. 93; *Fleischer*, NJW 2002, 2977, 2980; *Fuchs*, in: Fuchs WpHG, §§ 37b, 37c Rn. 40; *Möllers/Leisch*, in: Möllers/Rotter, Ad-hoc-Publizität, § 14 Rn. 40; *Mülbert/Steup*, in: Habersack/Mülbert/Schlitt, Unternehmensfinanzierung, § 41 Rn. 194; *Zimmer/Grotheer*, in: Schwark/Zimmer, Kapitalmarktrechtskommentar, §§ 37b, 37c WpHG Rn. 14; *Sethe*, in: Assmann/Schneider, WpHG, §§ 37b, 37c Rn. 79, 105; *Zimmer/Grotheer*, in: Schwark/Zimmer, Kapitalmarktrechtskommentar, §§ 37b, 37c WpHG Rn. 63; anders *Rössner/Bolkart*, ZIP 2002, 1471, 1474.

633 *Bruchwitz*, in: Just/Voß/Ritz/Becker, Wertpapierhandelsgesetz (WpHG), §§ 37b, 37c Rn. 64; *Sethe*, in: Assmann/Schneider, WpHG, §§ 37b, 37c Rn. 105 und 108.

634 Vgl. *Hellgardt*, Kapitalmarktdeliktsrecht, 2008, S. 480; *Möllers/Leisch*, in: Kölner Komm WpHG, § 37b, 37c Rn. 194; *Nietsch*, BB 2005, 785, 787; *Sethe*, in: Assmann/Schneider, WpHG, §§ 37b, 37c Rn. 108.

635 Vgl. *Möllers/Leisch*, in: Kölner Komm WpHG, § 37b, 37c Rn. 194.

636 Vgl. *Spindler/Speier*, BB 2005, 2031, 2032.

637 Vgl. *Gehrt*, Die neue Ad-hoc-Publizität, 1997, S. 170 f.; *Sethe*, in: Assmann/Schneider, WpHG, §§ 37b, 37c Rn. 105.

638 *Casper*, in: Kölner Komm KapMuG, §§ 37b, 37c WpHG Rn. 27; *Möllers/Leisch*, in: Kölner Komm WpHG, § 37b, 37c Rn. 115; *Maier-Reimer/Seulen*, in: Habersack/Mülbert/Schlitt, Kapitalmarktinformation, § 30 Rn. 82.

allein darauf an, ob der objektiv zu bestimmende Zeitraum überschritten ist oder nicht.[639] Ob dem Emittenten das objektive Entstehen einer Insiderinformation zur Kenntnis gelangt ist oder nicht, spielt keine Rolle.[640] Das Unterlassen einer unverzüglichen Veröffentlichung beginnt deshalb bereits dann, wenn die dem Emittenten mit dem Merkmal der Unverzüglichkeit zugebilligte Befreiungsfrist verstrichen ist.[641]

Entscheidend ist die allgemeine Verkehrserwartung an eine geeignete Organisation zur schnellen Kapitalmarktinformation, um Informationsasymmetrien zu verhindern.[642] Die Ad-hoc-Mitteilungspflicht gemäß 15 WpHG setzt also eine Unternehmensorganisation voraus, die unabhängig von der Kenntnis des Emittenten die Veröffentlichung gewährleistet.[643] Es ist die Aufgabe des Emittenten, sein Unternehmen so zu organisieren, dass er von dem Eintreffen einer Insiderinformation Kenntnis erlangen kann.[644] Daher hat er für eine angemessene Organisation in Bezug auf die Ad-hoc-Mitteilung zu sorgen, die innerhalb des Unternehmens unabhängig von der Person des dafür eingesetzten Mitarbeiters einen ordnungsgemäßen Informationsfluss zu den jeweiligen Entscheidungsträgern zu garantieren vermag.[645]

Darüber hinaus trifft den Emittenten auch die Pflicht, sich über das allgemeine Börsengeschehen und zugleich über seine Branche soweit wie irgend möglich Gewissheit zu verschaffen, damit er die Volatilität seiner eigenen Finanzinstrumente, die Sensitivität des Marktpreises gegenüber neuen Informationen hinreichend einzuschätzen vermag.[646] Solche Umstände kann der Emittent selbst am

---

639 Vgl. *Fuchs,* in: Fuchs WpHG, §§ 37b, 37c Rn. 13; *Möllers/Leisch,* in: Kölner Komm WpHG § 37b, 37c Rn. 115; *Sethe,* in: Assmann/Schneider, WpHG, §§ 37b, 37c Rn. 47.

640 *Schäfer,* in: Marsch-Barner/Schäfer, Hb börsennotierte AG, § 15 Rn. 28; *Spindler/Speier,* BB 2005, 2031, 2032; *Versteegen,* in: Kölner Komm WpHG, 1. Aufl., § 15 Rn. 110; *Stoppel,* in: Grunewald/Schlitt, Einführung in das Kapitalmarktrecht, 3. Aufl., S. 278.

641 Vgl. *Maier-Reimer/Seulen,* in: Habersack/Mülbert/Schlitt, Kapitalmarktinformation, § 30 Rn. 67; *Möllers/Leisch,* in: Kölner Komm WpHG, § 37b, 37c Rn. 115; *Sethe,* in: Assmann/Schneider, WpHG, § 37b, 37c Rn. 47.

642 Vgl. *Casper,* in: Kölner Komm KapMuG, §§ 37b, 37c WpHG Rn. 27; *Nietsch,* BB 2005, 785, 787.

643 *Spindler/Speier,* BB 2005, 2031, 2032.

644 Vgl. *Klöhn,* ZHR 178 (2014), 55, 71; *Möllers/Leisch,* in: Kölner Komm WpHG § 37b, 37c Rn. 115; *Nietsch,* BB 2005, 785, 787; *Schäfer,* in: Marsch-Barner/Schäfer, Hb börsennotierte AG, § 15 Rn. 28; *Spindler/Speier,* BB 2005, 2031, 2032.

645 *Klöhn,* ZHR 178 (2014), 55, 71; *Maier-Reimer/Seulen,* in: Habersack/Mülbert/Schlitt, Kapitalmarktinformation, § 30 Rn. 83 f.; *Maier-Reimer/Webering,* WM 2002, 1857, 1859; *Nietsch,* BB 2005, 785, 787; *Sethe,* in: Assmann/Schneider, WpHG, §§ 37b, 37c Rn. 107; *Zimmer/Grotheer,* in: Schwark/Zimmer, Kapitalmarktrechtskommentar, §§ 37b, 37c WpHG Rn. 54.

646 Vgl. *Maier-Reimer/Webering,* WM 2002, 1857, 1859 f.; *Möllers/Leisch,* in: Möllers/Rotter, Ad-hoc-Publizität, § 14 Rn. 66; *Mülbert/Steup,* in: Habersack/Mülbert/Schlitt, Unternehmensfinanzierung, § 41 Rn. 206; *Nietsch,* BB 2005, 785, 787; *Sethe,*

besten überprüfen, und er muss sich daher über die unternehmensinternen Sachverhalte Gewissheit verschaffen.

Der Emittent kann sich deshalb mit dem Nachweis entlasten, dass er von einer Ad-hoc-Mitteilung keine Kenntnis gehabt hat, obwohl er selbst sehr wohl für eine angemessene und ausgerüstete Organisation gesorgt hatte, um einen ausreichenden Informationsfluss zu gewährleisten.[647] Dies setzt zunächst voraus, dass der Emittent über eine angemessene Organisation in Bezug auf Ad-hoc-Mitteilungen verfügt. Umgekehrt beruhen fehlerhafte Informationen darauf, dass der Emittent über gar keine oder eine nur völlig unzulängliche Organisation für die Ad-hoc-Mitteilung verfügt. In einem solchen Fall liegt grobe Fahrlässigkeit vor.[648] Im Zweifelsfall ist er verpflichtet, rechtzeitig den Rat eines mit den Verhältnissen am Kapitalmarkt vertrauten Experten einzuholen.

3) Schuldhafte Veröffentlichung einer unwahren Insiderinformation

Nach § 37c WpHG kann nicht in Anspruch genommen werden, wer nachweist, dass er von der Unwahrheit der veröffentlichten Insiderinformation keine Kenntnis hatte, also die Umstände für wahr gehalten hat, und diese Unkenntnis auch nicht auf grober Fahrlässigkeit beruht.[649] Während § 37b Abs. 2 WpHG das Verschulden auf die Unterlassung und damit auf alle Umstände bezieht, die die Rechtspflicht begründen, muss sich das Verschulden des Emittenten im Falle einer unwahren Ad-hoc-Mitteilung hingegen ausschließlich auf die Unrichtigkeit der veröffentlichten Insiderinformation, nicht aber auch auf weitere Tatbestandsmerkmale beziehen.[650] Der Emittent kann sich also nicht mit dem Nachweis entlasten,

---

in: Assmann/Schneider, WpHG, §§ 37b, 37c Rn. 107; *Zimmer/Grotheer*, in: Schwark/Zimmer, Kapitalmarktrechtskommentar, §§ 37b, 37c WpHG Rn. 56.

647 Vgl. *Hellgardt*, Kapitalmarktdeliktsrecht, 2008, S. 476 ff.; *Möllers/Leisch*, in: Kölner Komm WpHG, § 37b, 37c Rn. 179; *Mülbert/Steup*, in: Habersack/Mülbert/Schlitt, Unternehmensfinanzierung, § 41 Rn. 206; *Nietsch*, BB 2005, 785, 787; *Sethe*, in: Assmann/Schneider, WpHG, §§ 37b, 37c Rn. 107.

648 Vgl. *Hellgardt*, Kapitalmarktdeliktsrecht, 2008, S. 480; *Möllers/Leisch*, in: Kölner Komm WpHG, § 37b, 37c Rn. 194; *Nietsch*, BB 2005, 785, 787; *Sethe*, in: Assmann/Schneider, WpHG, §§ 37b, 37c Rn. 108.

649 Vgl. *Ehricke*, in: Hopt/Voigt, Prospekt- und Kapitalmarktinformationshaftung, S. 187, 291; *Maier-Reimer/Seulen*, in: Habersack/Mülbert/Schlitt, Kapitalmarktinformation, § 30 Rn. 85; *Maier-Reimer/Webering*, WM 2002, 1857, 1860; *Mülbert/Steup*, in: Habersack/Mülbert/Schlitt, Unternehmensfinanzierung, § 41 Rn. 208; *Nietsch*, BB 2005, 785, 789; *Schäfer*, in: Marsch-Barner/Schäfer, Hb börsennotierte AG, § 17 Rn. 15; *Sethe*, in: Assmann/Schneider, WpHG, §§ 37b, 37c Rn. 109; *Zimmer/Grotheer*, in: Schwark/Zimmer, Kapitalmarktrechtskommentar, §§ 37b, 37c WpHG Rn. 60.

650 *Maier-Reimer/Webering*, WM 2002, 1857, 1860; *Möllers/Leisch*, in: Möllers/Rotter, Ad-hoc-Publizität, § 14 Rn. 70; *Mülbert/Steup*, in: Habersack/Mülbert/Schlitt, Unternehmensfinanzierung, § 41 Rn. 208; *Nietsch*, BB 2005, 785, 789 f.; *Sethe*, in: Assmann/

dass er vom Kursbeeinflussungspotential der unwahren Mitteilung keine Kenntnis hatte oder dass er davon ausgegangen ist, dass die betreffende Information ihn nicht unmittelbar betreffe.[651]

Grobe Fahrlässigkeit liegt etwa auch dann vor, wenn der Emittent zwar die Unrichtigkeit der von ihm veröffentlichten Insiderinformation selbst nicht kannte, er aber wusste, dass die ihr zugrundeliegende Tatsachenbasis erkennbar unsicher war.[652] Gleiches gilt, wenn der Emittent eine bloße Prognose oder Einschätzung als bestehende Tatsache ausgibt oder irreführende Kennzahlen verwendet, die keinen Vergleich mit den zuletzt genutzten Kennzahlen ermöglichen (§ 15 Abs. 1 Satz 6 WpHG).[653] Folgerichtig ist eine allein *„ins Blaue hinein"* erfolgte Einschätzung des Emittenten zumindest als grob fahrlässiges Verhalten anzusehen.[654] Dieser soll zudem den Katalog der veröffentlichungspflichtigen Informationen im Emittentenleitfaden der BaFin zurate ziehen.[655] Im Zweifel ist er verpflichtet, rechtzeitig den Rat eines mit den Verhältnissen am Kapitalmarkt vertrauten Experten einzuholen.[656]

Schneider, WpHG, §§ 37b, 37c Rn. 110; *Zimmer/Grotheer*, in: Schwark/Zimmer, Kapitalmarktrechtskommentar, §§ 37b, 37c WpHG Rn. 60.

651 Vgl. *Möllers/Leisch*, in: Kölner Komm WpHG, § 37b, 37c Rn. 205; *Sauer*, Haftung für Falschinformation des Sekundärmarktes, 2004, S. 88 f.; *Sethe*, in: Assmann/Schneider, WpHG, §§ 37b, 37c Rn. 110; *Zimmer/Grotheer*, in: Schwark/Zimmer, Kapitalmarktrechtskommentar, §§ 37b, 37c WpHG Rn. 41, 61.

652 Vgl. *Möllers/Leisch*, WM 2001, 1648, 1662; *Nietsch*, BB 2005, 785, 789; *Rössner/Bolkart*, ZIP 2002, 1471, 1474; *Sethe*, in: Assmann/Schneider, WpHG, §§ 37b, 37c Rn. 109; *Zimmer/Grotheer*, in: Schwark/Zimmer, Kapitalmarktrechtskommentar, §§ 37b, 37c WpHG Rn. 60.

653 Vgl. *Möllers/Leisch*, in: Kölner Komm WpHG, § 37b, 37c Rn. 207; *Sethe*, in: Assmann/Schneider, WpHG, §§ 37b, 37c Rn. 109.

654 Vgl. *Maier-Reimer/Webering*, WM 2002, 1857, 1859; *Möllers/Leisch*, in: Kölner Komm WpHG, § 37b, 37c Rn. 204; *Nietsch*, BB 2005, 785, 789.

655 Vgl. *BaFin*, Emittentenleitfaden, 2013, S. 52 f.

656 BT-Drucks. 12/6679, S. 48; *Ehricke*, in: Hopt/Voigt, Prospekt- und Kapitalmarktinformationshaftung, S. 187, 291; *Hopt*, ZHR 159 (1995), 135, 155; *Maier-Reimer/Webering*, WM 2002, 1857, 1859; *Möllers/Leisch*, in: Möllers/Rotter, Ad-hoc-Publizität, § 14 Rn. 64; *Möllers/Leisch*, in: Kölner Komm WpHG, § 37b, 37c Rn. 190; *Mülbert/Steup*, in: Habersack/Mülbert/Schlitt, Unternehmensfinanzierung, § 41 Rn. 206; *Sauer*, Haftung für Falschinformation des Sekundärmarktes, 2004, S. 89; *Sethe*, in: Assmann/Schneider, WpHG, §§ 37b, 37c Rn. 107; *Zimmer/Grotheer*, in: Schwark/Zimmer, Kapitalmarktrechtskommentar, §§ 37b, 37c WpHG Rn. 56; zurückhaltend *Nietsch*, BB 2005, 785, 788.

B Rechtslage in Korea

1 Allgemeines

Die Schadensersatzhaftung wegen fehlerhafter Kapitalmarktinformation setzt voraus, dass der Emittent eine unwahre Angabe oder eine Darstellung über kursrelevante Umstände macht oder solche Umstände weglässt (§ 162 Abs. 1 Satz 1 FSCMA). Dabei sind Vorsatz oder Fahrlässigkeit des Anmeldepflichtigen nicht erforderlich. Ebenso wenig kommt es auf die Kenntnisnahme der fehlerhaften Darstellung an.[657] Die Haftung des Emittenten für fehlerhafte Information scheidet nur dann aus, wenn dieser nachweisen kann, dass er die Unrichtigkeit der betreffenden Information nicht gekannt hat, selbst dann, wenn er die im Rechtsverkehr erforderliche Sorgfalt beachtet hat.[658] Gleiches gilt, wenn er nachweist, dass der Anspruchsberechtigte die fragliche Tatsache zum Zeitpunkt der Transaktion kannte (§ 162 Abs. 1 Satz 2 FSCMA).[659] Erlangt der Geschädigte zum Zeitpunkt der Transaktion Kenntnis von der Fehlinformation, dann scheidet die Ersatzhaftung aus. Fahrlässige Unkenntnis des Geschädigten schadet nicht.[660] Gleiches gilt, wenn der Geschädigte nachträglich Kenntnis von der Fehlinformation erlangt.[661] Der Emittent kann sich also allein dadurch entlasten, dass er konkret nachweist, dass sich der Geschädigte zum Zeitpunkt der Transaktion nicht auf die Fehlinformation verlassen hat.[662]

Dem Wortlaut nach wird das Vertretenmüssen des Schädigers vorausgesetzt, wobei das Verschulden des Schädigers gesetzlich vermutet wird.[663] Daher trifft die Beweislast nicht den Geschädigten, sondern der Schädiger muss zu seiner Entlastung beweisen, dass er bei der Mitteilung weder vorsätzlich noch fahrlässig gehandelt hat.[664] In diesem Sinne stellt die Ersatzhaftung für fehlerhafte Kapitalmarktinformation eine Verschuldenshaftung dar, wobei die Beweislast gesetzlich

657 Vgl. *Kim, Jung Soo*, Prinzipien des Kapitalmarktrechts, 2. Aufl., S. 825; *Park, Hou-Sang*, Chonnam Law Review, Juni 2007, Volume 27 Nr. 1, S. 184.

658 Vgl. OGH Urteil vom 21. September 2007 (2006 Da 81981).

659 Vgl. *Kim, Jung Soo*, Prinzipien des Kapitalmarktrechts, 2. Aufl., S. 825 f.; *Lee, Sangpok*, Corporate Disclosure, S. 384; *Yoon, Song Han*, Wertpapierhandelsrecht, S. 350.

660 *Kang, Dae-Seob*, Civil liabilities in securities market, 1992, S. 93 f.; *Lee, Dong Sin*, Trial Data, Juni 2001, Volume 90, S. 385.

661 Vgl. *Lee, Dong Sin*, Trial Data, Juni 2001, Volume 90, S. 387.

662 Vgl. *Hwang*, Illegaler Wertpapierhandel und Schadensersatz, S. 203 f.; *Kim, Jung Soo*, Prinzipien des Kapitalmarktrechts, 2. Aufl., S. 829; *Lee, Dong Sin*, Trial Data, Juni 2001, Volume 90, S. 385; *Song/Nam/Kim/Yi*, Zivilrechtliche Haftung der Organmitglieder, Chungbuk 1999, S. 70 f.

663 Im Ergebnis *Lee, Sangpok*, Corporate Disclosure, S. 384.

664 *Kim, Jung Soo*, Prinzipien des Kapitalmarktrechts, 2. Aufl., S. 826; *Lee, Sangpok*, Corporate Disclosure, S. 384.

umgekehrt ist.[665] *De lege lata* in Korea trifft den Anspruchsverpflichteten grundsätzlich nicht verschuldensunabhängige Haftung. Im Falle fehlerhafter Kapitalmarktinformation wird dem Anspruchsverpflichteten die Einrede jedoch nur sehr begrenzt erlaubt.[666] Infolgedessen sind auch Fälle möglich, für die er ohne Verschulden verantwortlich sein könnte.[667] In dieser Hinsicht ist die kapitalmarktrechtliche Ersatzhaftung gegenüber bürgerlich-rechtlicher Deliktshaftung günstiger für den Anspruchssteller.[668]

2 Beweislastumkehr

Der Gesetzgeber hat unter Berücksichtigung einerseits der Wichtigkeit der Veröffentlichung kursrelevanter Information, andererseits der Gefahr fehlerhafter Kapitalmarktinformation die Beweislastumkehr angeordnet.[669] Nach dem eindeutigen Wortlaut des § 162 Abs. 1 Satz 2 wird das Verschulden der Anspruchsverpflichten gesetzlich vermutet.[670] Der Beklagte muss also zu seiner Entlastung beweisen, dass er ohne Fahrlässigkeit gehandelt hat.[671]

Zu seiner Entlastung muss der Anspruchsverpflichtete beweisen, dass er von der Unwahrheit der veröffentlichten Information keine Kenntnis hatte, selbst dann, wenn er die im Rechtsverkehr erforderliche Sorgfalt beachtet hat (§ 162 Abs. 1 Satz 2 FSCMA). Gelingt ihm der Nachweis, dass er nicht gewusst hat, dass die veröffentlichte Information fehlerhaft war, selbst wenn er die im Rechtsverkehr erforderliche Sorgfalt beachtet hat, ist er nach § 162 Abs. 1 Satz 2 FSCMA nicht zum Schadensersatz verpflichtet.[672]

Die erwartete Sorgfalt bestimmt sich im Zivilrecht nicht nach den Möglichkeiten des individuellen Schädigers, sondern nach den Erfordernissen des in Betracht

---

665 Vgl. *Kang, Dae-Seob*, Civil liabilities in securities market, 1992, S. 74; *Kwon, Jong-Ho*, in: Gesellschaft für Wertpapierhandelsrecht (Hrsg.), Kommentar zum Kapitalmarktrecht Bd. 2, 2009 Seoul, § 162, S. 686; *Lee, Dong Sin*, Trial Data, Juni 2001, Volume 90, S. 380 f.; *Lee, Sangpok*, Corporate Disclosure, S. 384; *Song*, The Korean Journal of Securities Law, Dezember 2000, Volume 1 Nr. 1, S. 17.

666 *Lee, Sangpok*, Corporate Disclosure, S. 384.

667 Vgl. *Byeon/Hong/Kim/Um/Kim*, Kapitalmarktrecht, Seoul 2009, S. 382; *Kim, Jung Soo*, Prinzipien des Kapitalmarktrechts, 2. Aufl., S. 825; *Lee, Dong Sin*, Trial Data, Juni 2001, Volume 90, S. 381 f.

668 Korea Securities Law Association (Hrsg.), Kommentar zum Kapitalmarktgesetz, Seoul 2009, S. 686.

669 Vgl. *Kang, Dae-Seob*, Civil liabilities in securities market, Seoul 1992, S. 74.

670 Vgl. OGH Urteil vom 21. September 2007 (2006 Da 81981).

671 Im Ergebnis *Kim, Yong-Jae*, Kapitalmarkt und Recht I, S. 264; *Lee/Choi*, Wertpapierhandelsrecht, S. 140; *Lee, Sangpok*, Corporate Disclosure, S. 384.

672 *Kim, Jung Soo*, Prinzipien des Kapitalmarktrechts, 2. Aufl., S. 825 f.; Schrifttum zur alten Rechtslage: *Lee, Dong Sin*, Trial Data, Juni 2001, Volume 90, S. 381 ff.; *Song/Nam/Kim/Yi*, Zivilrechtliche Haftung der Organmitglieder, Chungbuk 1999, S. 71 ff.

kommenden Verkehrskreises. Dabei sind Aufgaben, Position sowie Berufserfahrung des Anspruchsverpflichteten und alle zur Verfügung stehenden zulässigen Mittel und Möglichkeiten zu berücksichtigen.[673] Im Einzelfall kommt es darauf an, wie ein ordentlicher und gewissenhafter Angehöriger des gleichen Geschäftszweiges gehandelt hätte. Nicht zur Entlastung ausreichend ist deshalb allein die Behauptung, dass der Schädiger keine Kenntnis von der Unwahrheit der gemeldeten Information hatte oder hätte haben können, selbst wenn er eine gebotene und ihm persönlich zumutbare Untersuchung vorgenommen hätte. Zu seiner Entlastung erforderlich ist auch der Nachweis, dass er die in seiner Position erforderliche Ermittlung der betreffenden Umstände vorgenommen hat.[674]

3 Sonderfall: Prognose

Im Falle einer Prognose trifft die Beweislast, anders als bei Veröffentlichung einer unwahren Information, den Anleger. Der Anleger kann von dem Schädiger nur dann Schadensersatz verlangen, wenn er nachweist, dass der Emittent in einer Prognose falsche Angaben oder Darstellungen über kursrelevante Umstände gemacht oder solche Umstände weggelassen hat, und wenn diese Handlung auf Vorsatz oder auf grober Fahrlässigkeit beruht. Darüber hinaus muss er nachweisen, dass er bei seiner Transaktion die Unwahrheit der betreffenden Informationen nicht gekannt hat (§ 162 Abs. 2 Satz 2 FSCMA).

---

673 Vgl. OGH Urteil vom 21. September 2007 (2006 Da 81981); vgl. auch *Lee, Sangpok*, Corporate Disclosure, S. 385.

674 Vgl. OGH Urteil vom 24. September 2002 (2001 Da 9311 und 9328); OGH Urteil vom 21. September 2007 (2006 Da 81981); *Lee, Dong Sin*, Trial Data, Juni 2001, Volume 90, S. 382; *Kim, Yong-Jae*, Kapitalmarkt und Recht I, S. 264; *Lee, Sangpok*, Corporate Disclosure, S. 384.

§ 5 Der zu ersetzende Schaden bei fehlerhafter Kapitalmarktinformation in Deutschland und in Korea

A Rechtslage in Deutschland

Eine zentrale Frage der Haftung für fehlerhafte Kapitalmarktinformation stellt diejenige nach dem ersatzfähigen Schaden dar. Bezüglich der Haftung des Emittenten nach den §§ 37b, 37c WpHG hat der Gesetzgeber keine eindeutige Aussage über Art und Umfang des zu ersetzenden Schadens getroffen.[675] Infolgedessen besteht über die Haftung wegen fehlerhafter Ad-hoc-Mitteilung gemäß § 15 WpHG noch keine Einigkeit.[676] Daher ist ein heftiger Streit darüber entbrannt, welcher Schadensumfang vom Dritten im Einzelfall verlangt werden kann, welche Anforderungen an die Kausalität zwischen dem Publizitätspflichtverstoß und der durchgeführten Transaktion des Schadensersatz begehrenden Anlegers zu stellen sind und welcher hypothetische Kausalverlauf bei ordnungsgemäßer Kapitalmarktinformation zu berücksichtigen ist. Die Frage der haftungsbegründenden Kausalität ist somit unmittelbar eng mit der Frage verbunden, welcher Schaden den Anlegern wegen fehlerhafter Kapitalmarktinformation gemäß den §§ 37b, 37c WpHG zu ersetzen ist.[677]

1 Grundsätzliches

1) Der zu ersetzende Schaden bezüglich einer Prospekthaftung

Der Gesetzgeber hat für die Prospekthaftung im Hinblick auf Art und Umfang des ersatzfähigen Schadens eine klare Regelung getroffen, die in mehreren Aspekten von den §§ 249 ff. BGB abweicht.[678] Gemäß § 21 Abs. 1 WpPG wird im Grundsatz das negative Interesse in Gestalt der Naturalrestitution, also ein Anspruch auf Erstattung des Erwerbspreises und Zahlung der mit dem Erwerb verbundenen

---

675 *Maier-Reimer/Webering*, WM 2002, 1857, 1860; *Möllers/Leisch*, in: Möllers/Rotter, Ad-hoc-Publizität, § 14 Rn. 77; *Mülbert/Steup*, in: Habersack/Mülbert/Schlitt, Unternehmensfinanzierung, § 41 Rn. 210; *Rössner/Bolkart*, ZIP 2002, 1471, 1475; *Sethe,* in: Assmann/Schneider, WpHG, §§ 37b, 37c Rn. 83 ff.

676 Unstreitig ist hingegen, dass der Emittent nicht das positive Interesse schuldet: *Sethe,* in: Assmann/Schneider, WpHG, §§ 37b, 37c Rn. 84.

677 *Möllers/Leisch,* in: Möllers/Rotter, Ad-hoc-Publizität, § 14 Rn. 78; zu dieser Problematik *Schäfer,* NZG 2005, 985, 990 f.

678 Vgl. *Engelhardt,* BKR 2006, 443, 446 f.; *Möllers/Leisch,* in: Kölner Komm WpHG, § 37b, 37c Rn. 265.

üblichen Kosten gewährt. Hat der Anleger zwischenzeitlich die Wertpapiere wieder veräußert, kann er nach § 21 Abs. 2 WpPG den Differenzbetrag zwischen dem Erwerbspreis und dem Veräußerungspreis der Wertpapiere geltend machen. Ersetzt werden soll also allein das negative Interesse in Gestalt eines Geldersatzanspruchs.[679] Eine mit dem BörsG vergleichbare Regelung enthalten die § 13a Abs. 2 VerkProspG und § 127 Abs. 1 Satz 2 InvG.

2) Der zu ersetzende Schaden gemäß § 37b, 37c WpHG

Demgegenüber hat der Gesetzgeber bei der Einführung der §§ 37b, 37c WpHG keine eindeutige Aussage über Art und Umfang des zu ersetzenden Schadens getroffen.[680] Hinsichtlich der Art und der Höhe des zu ersetzenden Schadens hat der Gesetzgeber bei der Einführung der §§ 37b, 37c WpHG darauf verzichtet, auf die §§ 44, 45 BörsG a.F. zu verweisen. Infolgedessen fehlt es bei den §§ 37b, 37c WpHG gerade an einer Regelung über Art und Umfang des zu ersetzenden Schadens.[681] Dem Wortlaut der Regelungen lässt sich daher keine eindeutige Rechtsfolge des zu ersetzenden Schadens entnehmen.[682]

Sofern gesetzlich nichts anderes geregelt ist, dann richtet sich Art und Umfang des zu ersetzenden Schadens auch bei den §§ 37b, 37c grundsätzlich nach den allgemeinen Regelungen des Schadensersatzrechts (§§ 249 ff. BGB), wobei die kapitalmarktrechtlichen Besonderheiten zu berücksichtigen sind.[683] Nach § 249 BGB ist der Anleger daher so zu stellen, wie er stünde, wenn das zum Ersatz verpflichtende Ereignis nicht eingetreten wäre.[684] Ausweislich der Gesetzesmaterialien zum 4. FMFG bedeutet dies, der Anleger sei so zu stellen, als ob der Emittent seine Pflicht ordnungsgemäß erfüllt hätte.[685]

---

679 Zur alten Rechtslage *Möllers/Leisch,* in: Möllers/Rotter, Ad-hoc-Publizität, § 14 Rn. 87. Hierzu kritisch *Barth,* Schadensberechnung, 2006, S. 57.

680 *Engelhardt,* BKR 2006, 443, 446; *Maier-Reimer/Webering,* WM 2002, 1857, 1860; *Möllers/Leisch,* in: Kölner Komm WpHG, § 37b, 37c Rn. 266; *Mülbert/Steup,* in: Habersack/Mülbert/Schlitt, Unternehmensfinanzierung, § 41 Rn. 210; *Rössner/Bolkart,* ZIP 2002, 1471, 1475; *Sethe,* in: Assmann/Schneider, WpHG, §§ 37b, 37c Rn. 83 ff.

681 Vgl. *Fuchs,* in: Fuchs WpHG, §§ 37b, 37c Rn. 33; *Schmolke,* ZBB 2012, 165, 175.

682 Vgl. *Jungmichel,* Haftung und Schadenskompensation, 2007, S. 157 ff. m.w.N.

683 Vgl. *Engelhardt,* BKR 2006, 443, 447; *Findeisen,* WM 2007, 100, 101; *Fleischer,* BB 2002, 1869, 1870; *Fuchs,* in: Fuchs WpHG, §§ 37b, 37c Rn. 33; *Gerber,* DStR 2004, 1793, 1798; *Holzborn/Foelsch,* NJW 2003, 932, 939; *Sethe,* in: Assmann/Schneider, WpHG, §§ 37b, 37c Rn. 83; *Zimmer/Grotheer,* in: Schwark/Zimmer, Kapitalmarktrechtskommentar §§ 37b, 37c WpHG Rn. 86.

684 Vgl. *Adams,* BKR 2009, 277, 279; *Engelhardt,* BKR 2006, 443, 445.

685 BT-Drucks., 14/8017, S. 93.

2 Grundprinzipien zu ersetzenden Schadens

Wie sich ein Anleger in Fällen ordnungsmäßiger Kapitalmarktinformation verhalten hätte, ist aber nicht sicher.[686] Hieraus lässt sich daher ein schlüssiges Konzept des ersatzfähigen Schadens nicht herleiten.[687] Einigkeit besteht allein darüber, dass nicht das positive Interesse zu ersetzen ist, weil im Falle einer fehlerhaften Ad-hoc-Mitteilung keine vertragliche Beziehung zwischen dem Emittenten, also dem Schädiger und den Kapitalanlegern als den Geschädigten besteht.[688] Der Anleger kann mithin nicht verlangen, so gestellt zu werden, als hätte der Emittent die nichtveröffentlichten Umstände ordnungsgemäß veröffentlicht (§ 37b WpHG) oder als wäre die wahrheitswidrig veröffentlichte Insiderinformation richtig gewesen (§ 37c WpHG).[689] In diesem Zusammenhang sind grundsätzlich folgende Verhaltensweisen des Kapitalanlegers denkbar:

1) Vertragsabschlussschaden

Zum einen kann die Informationspflichtverletzung für die Transaktionsentscheidung kausal gewesen sein. Der Anleger hätte bei ordnungsgemäßer Information die Finanzinstrumente überhaupt nicht erworben. Es bleibt dann die Frage, ob anstelle des Kursdifferenzschadens auch der Vertragsabschlussschaden geltend gemacht werden kann, wenn der Anleger nachweist, dass er bei ordnungsgemäßer Information die konkrete Anlageentscheidung nicht getroffen hätte. Hierbei geht es gerade um die Frage, dass er geltend machen könnte, so gestellt zu werden, als hätte er die Transaktion überhaupt nicht vorgenommen.[690] Dies kann insbesondere dann in Betracht kommen, wenn ein Kapitalanleger eine Transaktion wegen der Pflichtverletzung des Emittenten, hier einer fehlerhaften Ad-hoc-Mitteilung, vorgenommen hat, die er aber bei ordnungsgemäßer Information nicht durchgeführt, also die Finanzinstrumente weder gekauft noch verkauft hätte.[691] Hierbei handelt es sich um die Verletzung der Dispositionsfreiheit in Form des wirtschaftlichen Selbstbestimmungsrechts des Anlegers, wobei der Schaden bereits in der

---

686 Auf die Kenntnis von der Insiderinformation kommt es nach der hier vertretenen Ansicht nicht an; anders *Möllers/Leisch*, in: Kölner Komm WpHG § 37b, 37c Rn. 266.

687 Zur konzeptionellen Grundüberlegungen *Fleischer*, BB 2002, 1869, 1870 ff.; *Fleischer*, in: Assmann/Schütze, Handbuch des Kapitalanlagerechts, 4. Aufl., § 6 Rn. 52.

688 *Fuchs/Dühn*, BKR 2002, 1063, 1068; *Maier-Reimer/Webering*, WM 2002, 1857, 1860; *Möllers/Leisch*, BKR 2002, 1071, 1072; *Möllers/Leisch*, in: Möllers/Rotter, Ad-hoc-Publizität, § 14 Rn. 79; *Leisch*, ZIP 2004, 1573, 1578; *Rössner/Bolkart*, ZIP 2002, 1471, 1475; *Sethe*, in: Assmann/Schneider, WpHG, §§ 37b, 37c Rn. 84.

689 *Leisch*, ZIP 2004, 1573, 1578; *Rössner/Bolkart*, ZIP 2002, 1471, 1475; *Sethe*, in: Assmann/Schneider, WpHG, §§ 37b, 37c Rn. 84.

690 *Hopt/Voigt*, in: Hopt/Voigt, Prospekt- und Kapitalmarktinformationshaftung, S. 9, 129; *Leisch*, ZIP 2004, 1573, 1579.

691 So jetzt BGH ZIP 2012, 318 ff. – IKB; bereits *Engelhardt*, BKR 2006, 443, 445.

willenswidrigen vertraglichen Bindung anzusehen ist. Der Anleger könnte deshalb denjenigen Schaden geltend machen, der ihm dadurch entstanden ist, dass er auf die ordnungsgemäße Veröffentlichung kursrelevanter Informationen bzw. die Wahrheit der veröffentlichten Informationen vertraut hat. Der Kapitalanleger irrt bei der Willensentscheidung bezüglich der Vornahme des Umsatzgeschäfts und erleidet diesen Schaden gerade durch den Abschluss eines Vertrages (als *Vertragsabschlussschaden* oder *Transaktionsschaden* bezeichnet).[692]

2) Kursdifferenzschaden

Denkbar ist aber auch, dass der Anleger in jedem Fall die Anlageentscheidung auch ohne Kenntnis der fraglichen Information getroffen, die betreffenden Finanzinstrumente aber zu einem für ihn günstigeren Preis erworben oder veräußert hätte.[693] Der Anleger hat die Finanzinstrumente wegen fehlerhafter Information *„zu teuer"* erworben oder *„zu billig"* verkauft.[694] Der ersatzfähige Schaden besteht nicht in der Einwirkung auf die Willensfreiheit des Kapitalanlegers, sondern in der fehlerhaften Preisbildung auf dem Kapitalmarkt, die durch fehlerhafte Kapitalmarktinformation verursacht worden ist. In diesem Fall beschränkt sich der Ersatzanspruch des Anlegers auf den Unterschiedsbetrag zwischen dem tatsächlichen Transaktionspreis und dem Preis, der sich bei ordnungsgemäßer Kapitalmarktinformation gebildet hätte.[695] Der Anleger ist daher so zu stellen, wie er stünde, wenn er seine

---

692 Vgl. *Maier-Reimer/Seulen*, in: Habersack/Mülbert/Schlitt, Kapitalmarktinformation, § 30 Rn. 100 f. Anders die Terminologie von *Möllers/Leisch*, in: Kölner Komm WpHG, § 37b, 37c Rn. 266 („Vertragsabschlussschaden" versus „Alternativeinteresse").

693 Vgl. *Engelhardt*, BKR 2006, 443, 445; *Fleischer*, BB 2002, 1869, 1872; *Gerber*, DStR 2004, 1793, 1798; *Hopt/Voigt*, in: Hopt/Voigt, Prospekt- und Kapitalmarktinformationshaftung, S. 9, 128 f.; *Leisch*, ZIP 2004, 1573, 1579; *Sauer*, ZBB 2005, 24, 33; *Veil*, ZHR 167 (2003) 365, 386 f. 936.

694 BR-Drucks. 936/01 (neu), S. 261.

695 *Casper*, Der Konzern 2006, 32, 35; *Casper*, in: Kölner Komm KapMuG, §§ 37b, 37c WpHG Rn. 54 ff.; *Fleischer*, in: Assmann/Schütze, Handbuch des Kapitalanlagerechts, 4. Aufl., § 6 Rn. 52; *Fuchs*, in: Fuchs WpHG, §§ 37b, 37c Rn. 33 f.; *Fuchs/Dühn*, BKR 2002, 1063, 1068; *Gerber*, DStR 2004 1793, 1798; *Hellgardt*, Kapitalmarktdeliktsrecht, 2008, S. 504 f.; *Hopt/Voigt*, in: Hopt/Voigt, Prospekt- und Kapitalmarktinformationshaftung, S. 9, 109, 134; *Langenbucher*, ZIP 2005, 239, 240 f.; *Maier-Reimer/Seulen*, in: Habersack/Mülbert/Schlitt, Kapitalmarktinformation, § 30 Rn. 122; *Maier-Reimer/Webering*, WM 2002, 1857, 1860 ff.; *Mülbert/Steup*, WM 2005, 1633, 1635 f.; *Mülbert/Steup*, in: Habersack/Mülbert/Schlitt, Unternehmensfinanzierung, § 41 Rn. 223 ff.; *Mülbert*, JZ 2002, 826, 835; *Müller-Michaels/Wecker*, ZCG 2007, 207, 208 Fn. 9; *Pfüller*, in: Fuchs, WpHG, § 15 Rn. 435; *Rützel*, AG 2003, 69, 79; *Sauer*, ZBB 2005, 24, 30 ff.; *Schäfer*, in: Marsch-Barner/Schäfer, Hb börsennotierte AG, § 17 Rn. 26; *Sethe*, in: Assmann/Schneider, WpHG, §§ 37b, 37c Rn. 97; *Zimmer/Grotheer*, in: Schwark/Zimmer, Kapitalmarktrechtskommentar, §§ 37b, 37c WpHG Rn. 86 ff.; *Zimmer*, WM 2004, 9, 17.

Transaktion nicht zu dem tatsächlichen Preis ausgeführt hätte, sondern zu demjenigen Preis, der sich bei ordnungsgemäßer Information des Emittenten gebildet hätte. Er kann also ausschließlich einen Vermögensschaden in Form einer Kursdifferenz zwischen dem Transaktionspreis und dem hypothetischen Kurs geltend machen (als *Kursdifferenzschaden* bezeichnet).[696]

3 Meinungsspektrum zum Umfang der Schadensersatzpflicht

In Bezug auf die §§ 37b, 37c WpHG ist heftig umstritten, welche Form des Schadensersatzes vom geschädigten Kapitalanleger im Falle fehlerhafter Kapitalmarktinformation verlangt werden kann: Vertragsabschlussschaden in Gestalt einer Rückabwicklung der Transaktion oder Ersatz des Kursdifferenzschadens nach Wahl des Geschädigten einerseits oder – als ausschließliche Rechtsfolge – Ersatz des Kursdifferenzschadens andererseits. Hierbei geht es also gerade um die Frage, ob als Schutzgut der Regelungen allein das Vermögen oder auch die Dispositionsfreiheit des geschädigten Kapitalanlegers in Betracht kommt.

1) Rückgängigmachung der Wertpapiergeschäfte

Einer Ansicht zufolge steht dem Anleger nach seiner Wahl ein Anspruch auf Ersatz des Kursdifferenzschadens oder auf Ersatz des Vertragsabschlussschadens mit der Rechtsfolge der Naturalrestitution zu.[697] Der Anleger könne also auch den Ersatz des Vertragsabschlussschadens oder stattdessen den Kursdifferenzschaden geltend machen.[698] Die §§ 37b, 37c WpHG umfassen ausdrücklich die vollständige Rückabwicklung der Wertpapiertransaktion als Nichtvermögensschaden.

---

696 *Fleischer*, in: Assmann/Schütze, Handbuch des Kapitalanlagerechts, 4. Aufl., § 6 Rn. 36; *Fuchs*, in: Fuchs WpHG, §§ 37b, 37c Rn. 28; *Hopt/Voigt*, in: Hopt/Voigt, Prospekt- und Kapitalmarktinformationshaftung, S. 9, 130; *Maier-Reimer/Seulen*, in: Habersack/Mülbert/Schlitt, Kapitalmarktinformation, § 30 Rn. 101; *Rützel*, AG 2003, 69, 75; *Zimmer/Grotheer*, in: Schwark/Zimmer, Kapitalmarktrechtskommentar, §§ 37b, 37c WpHG Rn. 86 ff.; abweichende Terminologie bei BGHZ 160, 149, 153 – Infomatec II; *Fleischer*, BB 2002, 1869, 1870 (als Differenzschaden bezeichnet); *Möllers/Leisch*, in: Kölner Komm WpHG, § 37b, 37c Rn. 267; *Leisch*, ZIP 2004, 1573, 1578 (als Alternativeinteresse bezeichnet).

697 BGH WM 2012, 303 – IKB; *Bachmann*, JZ 2012, 578, 580 f.; *Büche*, Die Pflicht zur Ad-hoc-Publizität, 2005, S. 146; *Doğan*, Ad-hoc-Publizitätshaftung, 2005, S. 101 ff., 113; *Dühn*, Schadensersatzhaftung, 2003, S. 179 f.; *Ehricke*, in: Hopt/Voigt, Prospekt- und Kapitalmarktinformationshaftung, S. 187, 293 f.; *Engelhardt*, BKR 2006, 443, 447; *Holzborn/Foelsch*, NJW 2003, 932, 939; *Kowalewski/Hellgardt*, DB 2005, 1839, 1840; *Leisch*, ZIP 2004, 1573, 1578 f.; *Lenenbach*, Kapitalmarkt, 2. Aufl., Rn. 11.602 f.; *Möllers/Leisch*, in: Kölner Komm WpHG, § 37b, 37c Rn. 328 ff., 368 ff.; *Möllers*, ZBB 2003, S. 390, 400 f.; *Rieckers*, BB 2002, 1213, 1217; *Rössner/Bolkart*, ZIP 2002, 1471, 1475; *Rössner/Bolkart*, WM 2003, 953, 955 ff.

698 Vgl. *Lenenbach*, Kapitalmarkt, 2. Aufl., Rn. 11.602 f.; *Schmolke*, ZBB 2012, 165, 173.

Nichtvermögensschaden und Vermögensschaden stünden gleichrangig nebeneinander. Daher stehe es dem Kapitalanleger frei, ob er die Rückabwicklung der Transaktion oder stattdessen den Ersatz des Kursdifferenzschadens geltend mache.[699]

Diese Ansicht wird damit begründet, dass die §§ 37b, 37c WpHG hinsichtlich des Schadens nicht auf die Verletzung bestimmter Rechte oder Rechtsgüter abstellten.[700] Nach dem Willen des Gesetzgebers zu den §§ 37b, 37c WpHG bestehe die Aufgabe ordnungsgemäßer Information darin, dem Anlegerpublikum die Informationen, die für eine rationale Anlageentscheidung des jeweiligen Anlegers erforderlich sind, zur Verfügung zu stellen. Schutzgut der ordnungsgemäßen Information sei damit auch das Recht auf die individuelle Dispositionsfreiheit in Form des wirtschaftlichen Selbstbestimmungsrechts des Anlegers. Der Anleger sei also auch vor einem unlauteren Einfluss auf den Willensentschluss geschützt.[701] Infolgedessen sei der geschädigte Anleger daher so zu stellen, wie er stünde, wenn der Emittent seine Veröffentlichungspflicht ordnungsgemäß erfüllt hätte.[702] Darüber hinaus fordere § 37c WpHG, dass der Dritte auf die Richtigkeit der Insiderinformation vertraut haben muss.[703] Dem liegt die Grundannahme zugrunde, dass er in Kenntnis der unwahren Insiderinformation von der Transaktion Abstand genommen hätte.[704] Diese Regelung zur Kausalität habe überhaupt nur hinsichtlich des Vertragsabschlussschadens einen Sinn.[705] Zudem sei es sehr selten vorstellbar, dass der Anleger die fragliche Anlageentscheidung in Kenntnis der Täuschung vorgenommen hätte.[706]

Der ersatzfähige Schaden des Emittenten sei bereits darin zu sehen, dass der Anleger seine Investition wegen fehlerhafter Kapitalmarktinformation des

---

699 Vgl. *Rössner/Bolkart,* ZIP 2002, 1471, 1475.

700 Vgl. *Möllers/Leisch,* in: Kölner Komm WpHG, § 37b, 37c Rn. 270.

701 *Ehricke,* in: Hopt/Voigt, Prospekt- und Kapitalmarktinformationshaftung, S. 187, 295; *Hopt/Voigt,* in: Hopt/Voigt, Prospekt- und Kapitalmarktinformationshaftung, S. 9, 130; *Lenenbach,* Kapitalmarkt, 2. Aufl., Rn. 11.602; *Möllers/Leisch,* in: Möllers/Rotter, Ad-hoc-Publizität, § 14 Rn. 83 ff.; *Möllers/Leisch,* in: Kölner Komm WpHG, § 37b, 37c Rn. 281 ff.; *Rössner/Bolkart,* ZIP 2002, 1471, 1475; *Veil,* ZHR 167 (2003) 365, 370.

702 Vgl. BT-Drucks., 14/8017, S. 93 f.; BGHZ 160, 149, 153 = ZIP 2004, 1593 – Infomatec.

703 *Lenenbach,* Kapitalmarkt, 2. Aufl., Rn.11.583; *Möllers/Leisch,* in: Kölner Komm WpHG, § 37b, 37c Rn. 272, 321; *Möllers/Leisch,* in: Möllers/Rotter, Ad-hoc-Publizität, § 14 Rn. 8; *Leisch,* ZIP 2004, 1573, 1579; *Veil,* ZHR 167 (2003) 365, 370.

704 *Möllers/Leisch,* in: Möllers/Rotter, Ad-hoc-Publizität, § 14 Rn. 80.

705 Vgl. *Möllers/Leisch,* in: Kölner Komm WpHG, § 37b, 37c Rn. 321; *Leisch,* ZIP 2004, 1573, 1579.

706 *Ehricke,* in: Hopt/Voigt, Prospekt- und Kapitalmarktinformationshaftung S. 187, 295; *Möllers/Leisch,* in: Kölner Komm WpHG, § 37b, 37c Rn. 305; *Möllers/Leisch,* BKR 2001, 78, 80 f; *Rützel,* AG 2003, 69, 76.

Emittenten vorgenommen hat.[707] Der Emittent sei deshalb grundsätzlich nicht schutzwürdig. Daher erscheine es wertungsgemäß nicht unbillig, das allgemeine Marktrisiko auf den Emittenten abzuwälzen und dem Anleger die Möglichkeit des Vertragsabschlussschadens in Gestalt einer Rückabwicklung der Transaktion zu eröffnen.[708] Auf diese Weise würde dem Anleger auch das allgemeine Marktrisiko abgenommen, dass seine Investition nicht die erwünschten Erträge abwirft.[709] Dieses Risiko sei gerade die unmittelbare Folge seiner Investition wegen fehlerhafter Kapitalmarktinformation und daher dem Schädiger zuzuordnen. Der Emittent habe dieses Risiko ausgelöst und er müsse es daher tragen.[710] Auch bei der allgemeinen schadensrechtlichen Rückabwicklung eines Vertrages trage der Schädiger das Risiko der unverschuldeten Verschlechterung oder des unverschuldeten Untergangs des Vertragsgegenstandes. Es bestehe daher kein Grund dafür, bei der schadensrechtlichen Abwicklung eines Vertrages unterschiedlich zu verfahren bzw. Einschränkungen vorzunehmen.[711] Der BGH habe in der *IKB*-Entscheidung dem Emittenten das Marktrisiko zugeordnet.[712] Auch insoweit handele es sich nach Ansicht des BGH um den Ersatz des negativen Interesses in Form der Naturalrestitution.[713] Infolgedessen habe der Kapitalanleger einen Anspruch darauf, so gestellt zu werden, als hätte er die infrage stehende Transaktion überhaupt nicht getätigt (*Vertragsabschlussschaden*).[714]

Der Schadensausgleich erfolge mithin im Wege der Naturalrestitution gemäß § 249 Abs. 1 BGB. Der Anleger sei nach § 249 BGB regelmäßig so zu stellen, als hätte er die Transaktion überhaupt nicht getätigt.[715] Die Rückabwicklung stelle eine Naturalrestitution im Sinne dieser Vorschrift dar, und sie könne allein in

---

707 BGH ZIP 2005, 1270, 1272 – EM.TV; BGH NJW 2004, 2971, 2972 – Infomatec; ebenso *Gottschalk*, DStR 2005, 1648, 1650; *Leisch*, ZIP 2004, 1573, 1575; *Schmolke*, ZBB 2012, 165, 173.

708 Vgl. *Baums*, ZHR 167 (2003), 139, 150, 185 f.; *Leisch*, ZIP 2004, 1573, 1579; *Möllers*, ZBB 2003, 390, 400; *Sauer*, ZBB 2005, 24, 30.

709 Vgl. *Baums*, ZHR 167 (2003), 139, 150, 185 f.; *Fleischer*, BB 2002, 1869, 1871; *Fleischer*, DB 2004, 2031, 2035; *Fuchs/Dühn*, BKR 2002, 1063, 1069; *Gottschalk*, DStR 2005, 1648, 1651; *Langenbucher*, Aktien- und Kapitalmarktrecht, 3. Aufl., § 17 Rn. 167; *Rützel*, AG 2003, 69, 76; *Sauer*, ZBB 2005, 24, 30.

710 *Leisch*, ZIP 2004, 1573, 1579.

711 *Rössner/Bolkart*, WM 2003, 953, 955.

712 BGH ZIP 2012, 318 ff. – IKB; ebenso *Ehricke*, in: Hopt/Voigt, Prospekt- und Kapitalmarktinformationshaftung, S. 187, 295 f.; *Leisch*, ZIP 2004, 1573, 1579; *Möllers/Leisch*, BKR 2002, 1071, 1075.

713 BGH ZIP 2005, 1270, 1274; so auch *Möllers*, BB 2005, 1637, 1638; *Leisch*, ZIP 2004, 1573, 1575.

714 BGHZ 160, 149, 153 – Infomatec II ZR 402/02; *Leisch*, ZIP 2004, 1573, 1579.

715 BGH BB 2005, 1644, 1645; ebenso. *Hutter/Stürwald*, NJW 2005, 2428, 2429; *Möllers/Leisch*, WM 2001, 1648, 1656; *Möllers/Leisch*, in: Möllers/Rotter, Ad-hoc-Publizität, § 14 Rn. 80.

diesem Fall Betracht kommen, wobei es auf das Vorliegen eines Vermögensschadens nicht ankommt.[716] Der Anleger kann also die vollständige Rückabwicklung des Geschäfts verlangen.[717] Er könne also in den Fällen der §§ 37b Abs. 1 Nr. 1, 37c Abs. 1 Nr. 1 WpHG die Erstattung des gezahlten Kaufpreises Zug um Zug gegen Übertragung der zu teuer erworbenen Finanzinstrumente verlangen. In den Fällen der §§ 37b Abs. 1 Nr. 2, 37c Abs. 1 Nr. 2 WpHG könne er die Rückverschaffung der zu billig veräußerten Finanzinstrumente Zug um Zug gegen Zahlung des erzielten Verkaufserlöses verlangen.[718] Hat er zwischenzeitlich die Finanzinstrumente wieder veräußert, könne er den Ersatz des Differenzbetrages zwischen dem Erwerbs- und dem Veräußerungspreis geltend machen.[719]

2) Ersatz der Kursdifferenz

In der Literatur wird die Ansicht vertreten, die §§ 37b, 37c WpHG umfassen die schadensrechtliche Rückabwicklung nicht. Sie sieht den nach §§ 37b, 37c WpHG ersatzfähigen Schaden vielmehr auf den sog. Kursdifferenzschaden beschränkt.[720] Ersatzfähig sei mithin der Kursdifferenzschaden.[721] In diesem Fall sei der Anleger allein in seinem Vertrauen darauf geschützt, die Transaktion zu solchen Preisen vorzunehmen, in die alle kursrelevanten Informationen aufgrund ordnungsgemäßer Kapitalmarktinformationen tatsächlich eingepreist sind und die nicht durch fehlerhafte Information verzerrt wurden.[722] Hierfür werden etwa die Gesetzesbegründung und der Schutzzweck der §§ 37b, 37c WpHG sowie die angemessene Verteilung der Kapitalmarktrisiken ins Feld geführt.

Ziel ordnungsgemäßer Kapitalmarktinformation sei es, die Bildung unangemessener Marktpreise zu verhindern, die aufgrund fehlerhafter Information

---

716 *Fleischer,* BB 2002, 1869, 1870; *Möllers/Leisch,* in: Möllers/Rotter, Ad-hoc-Publizität, § 14 Rn. 80; *Möllers/Leisch,* WM 2001, 1648, 1655.

717 Vgl. BGH WM 2012, 303 ff. – IKB; *Möllers/Leisch,* in: Kölner Komm WpHG, § 37b, 37c Rn. 266; kritisch hierzu *Hellgardt,* DB 2012, 673, 674.

718 So etwa *Möllers/Leisch,* BKR 2002, 1071, 1076 f.; *Möllers/Leisch,* in: Möllers/Rotter, Ad-hoc-Publizität, § 14 Rn. 107; *Möllers/Leisch,* in: Kölner Komm WpHG, § 37b, 37c Rn. 263 ff.; *Rössner/Bolkart,* ZIP 2002, 1471, 1475; *Veil,* ZHR 167 (2003) 365, 388; *Zimmer/Grotheer,* in: Schwark/Zimmer, Kapitalmarktrechtskommentar, §§ 37b, 37c WpHG Rn. 86 Fn. 206.

719 BGH ZIP 2004, 1604; BGH ZIP 2005, 1270; *Gottschalk,* DStR 2005, 1648, 1651; *Leisch,* ZIP 2004, 1573, 1575.

720 Eingehend und mit zahlreichen Nachweisen *Langenbucher,* Aktien- und Kapitalmarktrecht, 3. Aufl., § 17 Rn. 170 ff.; *Mülbert/Steup,* in: Habersack/Mülbert/Schlitt, Unternehmensfinanzierung, § 41 Rn. 213 ff.

721 BGHZ 160, 149, 153 = NJW 2004, 2971, 2972; BGH NJW 2004, 2668, 2669; BGH NJW 2005, 2450, 2451.

722 *Hopt/Voigt,* in: Hopt/Voigt, Prospekt- und Kapitalmarktinformationshaftung, S. 9, 130; *Zimmer/Grotheer,* in: Schwark/Zimmer, Kapitalmarktrechtskommentar, §§ 37b, 37c WpHG Rn. 5.

entstehen.[723] Hierbei komme es daher nicht darauf an, ob der Anleger die Anlageentscheidung im Vertrauen auf die konkrete fehlerhafte Information getroffen hat. Es reiche vielmehr aus, dass der Kurs zum Transaktionszeitpunkt durch fehlerhafte Kapitalmarktinformation verzerrt war.[724]

Mittels der den §§ 37b 37c WpHG zugrunde liegenden Ad-hoc-Mitteilungspflicht aus § 15 WpHG wolle der Gesetzgeber lediglich den Anleger davor schützen, infolge fehlerhafter Ad-hoc-Mitteilung seine Finanzinstrumente *„zu teuer"* zu erwerben bzw. *„zu billig"* zu veräußern.[725] Geschützt werden soll allein das Interesse der Anleger an der korrekten Preisbildung am Kapitalmarkt, nicht aber auch die individuelle Entscheidungsfreiheit vor einem unerlaubten Einfluss, weil § 15 WpHG kein Schutzgesetz im Sinne des § 823 Abs. 2 BGB sei. Schutzzweck der Norm sei vielmehr das allgemeine Vertrauen der Anleger in die Preisintegrität am Markt.[726] Der Vertragsabschlussschaden liege daher außerhalb des Schutzzwecks des § 15 WpHG und der §§ 37b, 37c WpHG, und so müsse ein Schutz der Dispositionsfreiheit des einzelnen Anlegers nicht in Betracht kommen.[727] Dies gehe über den Kompensationszweck hinaus. Hätte der Gesetzgeber dies gewollt, hätte er es auch so ausdrücken müssen.[728] Hierbei irre sich der Anleger nicht über seine

723 BT-Drucks. 12/6679, S. 48; BT-Drucks. 12/7918, S. 96; *Assmann*, in: Assmann/Schneider, WpHG, § 15 Rn. 27; *Baums*, ZHR 167 (2003), 139, 150; *Fuchs/Dühn*, BKR 2002, 1063, 1069; *Hopt*, ZHR 159 (1995), 135, 147; *Hopt/Voigt*, in: Hopt/Voigt, Prospekt- und Kapitalmarktinformationshaftung, S. 9, 108; *Köndgen*, in: Festschrift Druey, 2002, S. 791, 795; *Maier-Reimer/Webering*, WM 2002, 1857, 1860; *Möllers*, in: Möllers/Rotter, Ad-hoc-Publizität, § 3 Rn. 43; *Möllers/Leisch*, in: Möllers/Rotter, Ad-hoc-Publizität, § 14 Rn. 95; *Pfüller*, in: Fuchs, WpHG, § 15 Rn. 34 ff.; *Veil*, ZHR 167 (2003) 365, 367; *Zimmer/Kruse*, in: Schwark/Zimmer, Kapitalmarktrechtskommentar, § 15 WpHG Rn. 7, 135.

724 *Baums*, ZHR 167 (2003), 139, 182 und 185 ff.; *Casper*, Der Konzern 2006, 32, 35; *Casper*, in: Kölner Komm KapMuG, §§ 37b, 37c WpHG Rn. 55; *Fuchs*, in: Fuchs WpHG, §§ 37b, 37c Rn. 34 f.; *Hopt/Voigt*, in: Hopt/Voigt, Prospekt- und Kapitalmarktinformationshaftung, S. 9, 130 f.; *Sethe*, in: Assmann/Schneider, WpHG, §§ 37b, 37c Rn. 83 ff.; *Zimmer/Grotheer*, in: Schwark/Zimmer, Kapitalmarktrechtskommentar, §§ 37b, 37c WpHG Rn. 86 ff.; *Zimmer*, WM 2004, 9, 17.

725 BT-Drucks., 14/8017, S. 93.

726 *Casper*, in: Kölner Komm KapMuG, §§ 37b, 37c WpHG Rn. 55; *Hopt/Voigt*, in: Hopt/Voigt, Prospekt- und Kapitalmarktinformationshaftung, S. 9, 130; *Schäfer*, in: Marsch-Barner/Schäfer, Hb börsennotierte AG, § 17 Rn. 26; *Sethe*, in: Assmann/Schneider, WpHG, §§ 37b, 37c Rn. 86; *Zimmer*, WM 2004, 9, 17; anders *Bachmann*, JZ 2012, 578, 581.

727 BT-Drucks., 14/8017, S. 93; *Fleischer*, BB 2002, 1869, 1871; *Maier-Reimer/Webering*, WM 2002, 1857, 1860 ff.; *Sethe*, in: Assmann/Schneider, WpHG, §§ 37b, 37c Rn. 86, 89, 97.

728 Zu §§ 37b, 37c WpHG *Hopt/Voigt*, in: Hopt/Voigt, Prospekt- und Kapitalmarktinformationshaftung, S. 9, 132; *Schäfer*, in: Marsch-Barner/Schäfer, Hb börsennotierte AG, § 17 Rn. 26.

grundsätzliche Anlageentscheidung zum Kauf oder zum Verkauf, sondern über den fehlerhaften Marktpreis.[729] Es handele sich also um das Interesse an einem anderen Vertragsinhalt. In diesem Fall könne der Anleger verlangen, so gestellt zu werden, als hätte er einen Vertrag mit einem anderen Inhalt abgeschlossen.[730] Folgerichtig könne der Anleger ausschließlich den Kursdifferenzschaden geltend machen.

3) Rechtsprechung

a) Rechtsprechung des II. Zivilsenats zu § 826 BGB

Der BGH hat sich bereits in mehreren Entscheidungen zu § 826 BGB dafür ausgesprochen, dass der Anleger den Schadensersatz sowohl in Gestalt der Kursdifferenz als auch in Gestalt der Rückabwicklung des Umsatzgeschäfts geltend machen kann.[731] Der Anleger sei so zu stellen, wie er stünde, wenn der Emittent seine Pflicht zur Ad-hoc-Mitteilung ordnungsgemäß erfüllt hätte.[732] Er gesteht dem Geschädigten damit ein Wahlrecht zu. Dies wird damit begründet, dass § 826 nicht auf die Verletzung bestimmter Rechte oder Rechtsgüter abstelle.[733] Dem BGH zufolge sei der Schaden nicht nur jede nachteilige Einwirkung auf die Vermögenslage, sondern darüber hinaus jede Beeinträchtigung eines rechtlich anerkannten Interesses und jede Belastung mit einer ungewollten Verpflichtung.[734] Diese Rechtsfolge entspreche im Grunde genommen dem Prinzip der Schadenskompensation bei Verletzung der Dispositionsfreiheit[735] und finde Vorbilder bei § 44 Abs. 1 BörsG a.F.[736] sowie bei der allgemeinen bürgerlich-rechtlichen Prospekthaftung. In diesen Fällen sei ein Schaden ebenfalls bereits in der willenswidrigen Verpflichtung eines Vertrages zu sehen.[737] Art und Umfang des zu ersetzenden Schadens bestimmten sich nach §§ 249 ff. BGB.[738] Der BGH verlangt dabei den Nachweis,

---

729 Vgl. *Jungmichel*, Haftung und Schadenskompensation, 2007, S. 156.

730 Vgl. *Leisch*, ZIP 2004, 1573, 1578; *Möllers/Leisch*, in: Kölner Komm WpHG, § 37b, 37c Rn. 267, 368; *Möllers/Leisch*, in: Möllers/Rotter, Ad-hoc-Publizität, § 14 Rn. 81.

731 BGB BGHZ 160, 134 – Infomatec I; BGH NZG 2004, 811 – Infomatec II; NZG 160, 149 – Infomatec III; BGH NZG 2005, 672 – EM.TV; BGH NZG 2007, 345 – ComROAD I; BGH NZG 2007, 346 – ComROAD II; BGH NZG 2007, 269 – ComROAD III; BGH NZG 2007, 708 – ComROAD IV; BGH NZG 2007, 711 – ComROAD V; BGH ZIP 2008, 407 = LMK 2008, 256317 – ComROAD VI und VII – m. Amm. *Klöhn*; BGH WM 2008, 790 – ComROAD VII.

732 BGH ZIP 2005, 1270, 1272; zustimmend *Gottschalk*, Der Konzern 2005, 274, 278 f.; *Möllers*, JZ 2005, 75, 77; anders *Casper*, Der Konzern 2006, 32, 35; *Hutter/Stürwald*, NJW 2005, 2428, 2430.

733 Vgl. BGH NZG 2004, 811, 814 – Infomatec II.

734 Vgl. BGH NZG 2004, 811, 814 – Infomatec II.

735 *Ehricke*, in: Hopt/Voigt, Prospekt- und Kapitalmarktinformationshaftung, S. 187, 296.

736 *Möllers/Leisch*, in: Möllers/Rotter, Ad-hoc-Publizität, § 14 Rn. 88; kritisch zu diesem Argument *Sethe*, in: Assmann/Schneider, WpHG, §§ 37b, 37c Rn. 11 f.

737 BGHZ 123, 106, 112 f. = NJW 1993, 2865.

738 Vgl. BGH NZG 2004, 811, 814 – Infomatec II.

dass die fehlerhafte Kapitalmarkinformation kausal für die Anlageentscheidung gewesen ist. Gelingt dem Anleger dieser Nachweis, könne er die Rückabwicklung eines Umsatzgeschäfts geltend machen.

b) Rechtsprechung des XI. Zivilsenats zum Umfang des ersatzfähigen Schadens

Die Frage der Höhe und der Art des zu ersetzenden Schadens bei einem Verstoß gegen die Ad-hoc-Mitteilungspflicht nach § 15 WpHG hat der BGH in seiner *IKB*-Entscheidung zum Teil entschieden.[739] Dabei hat er nicht nur den Kursdifferenzschaden, sondern auch den sog. Vertragsabschlussschaden als nach §§ 37b, 37c WpHG ersatzfähig angesehen.[740] Der Anleger kann also verlangen, so gestellt zu werden, als hätte er die Anlageentscheidung nicht getätigt.[741] Er kann somit grundsätzlich auch die Erstattung des Kaufpreises Zug um Zug gegen Übertragung der erworbenen Aktien verlangen.[742]

Dem BGH zufolge setzt der Schadensersatz allerdings die Transaktionskausalität voraus. Daher müsse der Anleger beweisen, dass er die Finanzinstrumente bei ordnungsgemäßer Information nicht gekauft hätte. In dieser Hinsicht kämen ihm dabei keinerlei Beweiserleichterungen zugute.[743] Auch ohne einen solchen Nachweis könne der Anleger aber in jedem Fall den Kursdifferenzschaden als Mindestschaden geltend machen.[744] Mithin steht dem Geschädigten ein Wahlrecht zwischen dem Ersatz des Vertragsabschlussschadens und dem Ersatz des Kursdifferenzschadens zu.[745] Der BGH hat den Vertragsabschlussschaden und den Kursdifferenzschaden als alternative Rechtsfolgen im Rahmen desselben Deliktsanspruchs angesehen.[746]

Zur Begründung verweist der BGH auf den Grundsatz der Totalreparation im Sinne des § 249 BGB. Der Grundsatz der uneingeschränkten Totalreparation, nämlich Herstellung des Zustandes, der sich ohne die Pflichtverletzung des Schädigers

739 BGH vom 12. 12. 2011 – XI ZR 51/10, BGHZ 192, 90 = AG 2012, 209 = NZG 2012, 263 = WM 2012, 303 = ZIP 2012, 318.

740 BGH WM 2012, 303 Rn. 47–58: „Der Anspruch aus § 37b Abs. 1 WpHG umfasst [...] die von der Klägerin Zug um Zug begehrte Rückgängigmachung des Erwerbsgeschäfts."

741 BGHZ 160, 149, 153 – Infomatec II ZR 402/02; BGH ZIP 2005, 1270, 1271 f. – EM.TV; BGH NJW 2004, 2668, 2669 – Infomatec II ZR 217/03; BGH WM 2007, 684, 685.

742 So bereits *Möllers/Leisch*, WM 2001, 1648, 1656; vgl. auch *von Bernuth/Wagner/Kremer*, WM 2012, 831, 835.

743 Vgl. BGH WM 2012, 303 Rn. 61– IKB.

744 Vgl. BGH WM 2012, 303 Rn. 67– IKB; *Bachmann*, JZ 2012, 578, 579.

745 BGHZ 160, 149, 153 = NJW 2004, 2971, 2972 – Infomatec III; BGH NJW, 2668, 2669 – Infomatec II; BGH NJW 2005, 2450, 2451 – EM.TV; kritisch hierzu *Hellgardt*, DB 2012, 673, 674.

746 Vgl. BGH ZIP 2012, 318, Rn. 67 – IKB.

gebildet hätte, gelte auch im Anwendungsbereich der §§ 37b, 37c WpHG.[747] Weder aus dem Wortlaut noch aus dem Schutzzweck ergebe sich eine Einschränkung des ersatzfähigen Schadens.[748] Ebenso wenig lasse sich eine schutzzweckbezogene Einschränkung für die Haftung aus §§ 37b, 37c WpHG aus dem Schutzzweck der verletzten Ad-hoc-Mitteilungspflicht gemäß § 15 WpHG herleiten.[749] Ursprünglich habe zwar § 15 WpHG einen Individualschutz nicht bezweckt, diese Situation habe sich aber durch die Einführung der §§ 37b, 37c WpHG grundlegend geändert.[750] Ausweislich der Gesetzesmaterialien zum 4. FMFG solle die Ad-hoc-Mitteilung nach § 15 WpHG dazu beitragen, dass Marktteilnehmer frühzeitig über marktrelevante Informationen verfügen, damit sie sachgerechte Anlageentscheidungen treffen können.[751] Damit werde auch der Individualschutz bezweckt.[752]

Zudem spreche der Wortlaut von § 37c WpHG für diese Rechtsfolge; dem Wortlaut nach sei der Emittent zum Ersatz des Schadens verpflichtet, der dadurch entstanden ist, dass ein Dritter auf die Richtigkeit der Insiderinformation vertraut hat. Dies sei ein Hinweis auf die Kausalität zwischen der Ad-hoc-Mitteilung und der Anlageentscheidung, was als Kausalitätserfordernis überflüssig wäre,[753] wenn lediglich der Kursdifferenzschaden ersatzfähig sein sollte.[754] Infolgedessen beschränke sich der zu ersetzende Schaden nicht auf den Ersatz des Kursdifferenzschadens, sondern erfasse auch die Rückabwicklung des Umsatzgeschäfts.[755]

Insbesondere das Argument, der Emittent habe lediglich das informationsbedingte Irreführungsrisiko zu tragen und das allgemeine Marktrisiko habe grundsätzlich beim Anleger zu verbleiben, erweise sich als unzutreffend. Das verbreitete Argument, dass die Rechtsfolge des Vertragsabschlussschadens dem Emittenten das allgemeine Marktrisiko aufbürde,[756] weist der BGH mit einem Verweis auf § 346 Abs. 3 Nr. 3 BGB zurück. Danach müsse der Schädiger bei jeder Form täuschungsbedingter Rückabwicklung die Gefahr der zufälligen Verschlechterung tragen.[757]

---

747 BGH ZIP 2012, 318, Rn. 51 – IKB; *Mülbert/Steup*, in: Habersack/Mülbert/Schlitt, Unternehmensfinanzierung, § 41 Rn. 214.

748 Vgl. BGH ZBB 2012, 222 Rn. 52 ff. – IKB; *Schmolke*, ZBB 2012, 165, 174.

749 Vgl. *Schmolke*, ZBB 2012, 165, 174.

750 BGH ZIP 2012, 318, 324 f., Rn. 54, 56, 57– IKB; vgl. auch *Fuchs*, in: Fuchs WpHG, §§ 37b, 37c Rn. 4; *Möllers/Leisch*, in: Kölner Komm WpHG, §§ 37b, 37c Rn. 9; *Sethe*, in: Assmann/Schneider, WpHG, §§ 37b, 37c Rn. 9.

751 BT-Drucks., 14/8017, S. 87 zu § 15 WpHG; vgl. auch BGH ZIP 2012, 318, 325, Rn. 56 – IKB.

752 BGH ZIP 2012, 318, 325, Rn. 58 – IKB.

753 BGH ZIP 2012, 318 – IKB, Rn. 53; so auch *Möllers/Leisch*, in: Kölner Komm WpHG, §§ 37b, 37c Rn. 272.

754 Insbesondere gegen diese Argumentation *Fuchs/Dühn*, BKR 2002, 1063, 1069.

755 BGH ZIP 2012, 318, 319 – IKB.

756 *Fleischer*, BB 2002, 1869, 1871; *Fleischer*, DB 2004, 2031, 2035; *Fuchs*, in: Fuchs WpHG, §§ 37b, 37c Rn. 35; *Fuchs/Dühn*, BKR 2002, 1063, 1069; *Schmolke*, ZBB 2012, 165, 174; *Sethe*, in: Assmann/Schneider, WpHG, §§ 37b, 37c Rn. 91.

757 Vgl. BGH ZIP 2012, 318, 325 Rn. 58. – IKB.

Dementsprechend solle die Gefahr einer zurück zu gewährenden Sache generell beim Schädiger liegen. Hätte der Geschädigte den Vertrag nicht abgeschlossen, wäre die zufällige Verschlechterung beim Geschädigten nicht entstanden. Dies müsse auch im Rahmen der §§ 37b, 37c WpHG gelten.[758]

4) *Stellungnahme*

Die Begründung des BGH ist widersprüchlich und ist in der Literatur überwiegend auf Kritik gestoßen.[759] Ungeachtet der *IKB*-Entscheidung des BGH erscheint die herrschende Ansicht auch weiterhin überzeugend.[760] Im Einzelnen gilt:

Die historische und die systematische Auslegung der Haftungsnormen sprechen auch für den Kursdifferenzschaden. Das einzige Argument für die Annahme eines Vertragsabschlussschadens ist in dem Wortlaut des § 37c Abs. 1 WpHG zu finden, wonach der Kapitalanleger *„auf die Richtigkeit der Insiderinformation"* vertraut haben muss. Aus den Gesetzesmaterialien lässt sich aber klar erkennen, dass der Gesetzgeber mit den §§ 37b, 37c WpHG nicht nur solche Kapitalanleger hat erfassen wollen. Vielmehr wollte er jeden Anleger vermögensrechtlich davor schützen, die Finanzinstrumente infolge fehlerhafter Kapitalmarktinformation *„zu teuer"* gekauft oder *„zu billig"* verkauft zu haben.[761] Denn auch derjenige, der die fehlerhafte Ad-hoc-Mitteilung nicht selbst zur Kenntnis genommen hat, aber das Finanzinstrument zu dem Preis, der wegen der fehlerhaften Kapitalmarktinformation verzerrt ist, gekauft bzw. verkauft hat, ist schutzwürdig.[762] Der Anspruch auf Ersatz des Vertragsabschlussschadens soll sich daraus ergeben, dass § 37c Abs. 1 WpHG eine Transaktionskausalität voraussetzte, die auch für § 37b WpHG gelten müsse. Es wäre aber widersprüchlich, wenn der BGH auch ohne einen solchen Nachweis in jedem Fall einen Anspruch auf den Kursdifferenzschaden als Mindestschaden einräumen würde.[763] Im Hinblick auf die systemmetrischen Strukturen

---

758 Vgl. BGH ZIP 2012, 318, 325 Rn. 58. – IKB; *Möllers/Leisch,* in: Kölner Komm WpHG, § 37b, 37c Rn. 293.

759 *Hellgardt,* DB 2012, 673 677 f.; *Klöhn,* AG 2012, 345, 352 ff.; *Maier-Reimer/Seulen,* in: Habersack/Mülbert/Schlitt, Kapitalmarktinformation, § 30 Rn. 117 ff; *Mülbert/Steup,* in: Habersack/Mülbert/Schlitt, Unternehmensfinanzierung, § 41 Rn. 213 ff.; *Schmolke,* ZBB 2012, 165, 175 f.; kritisch auch *Spindler,* NZG 2012, 575,577 f., allerdings mit differenziertem, am Verschuldensmaßstab orientierten Lösungsansatz. Zustimmend allerdings *Bachmann,* JZ 2012, 578, 581.

760 So auch *Fleischer,* in: Assmann/Schütze, Handbuch des Kapitalanlagerechts, 4. Aufl., § 6 Rn. 52; *Mülbert/Steup,* in: Habersack/Mülbert/Schlitt, Unternehmensfinanzierung, § 41 Rn. 210.

761 BT-Drucks., 14/8017, S. 93; *Fuchs/Dühn,* BKR 2002, 1063, 1069; *Hopt/Voigt,* in: Hopt/Voigt, Prospekt- und Kapitalmarktinformationshaftung, S. 9, 129; *Hutter/Leppert,* NZG 2002, 649, 655; *Rützel,* AG 2003, 69, 75; *Veil,* ZHR 167 (2003) 365, 386.

762 Vgl. *Sethe,* in: Assmann/Schneider, WpHG, §§ 37b, 37c Rn. 12.

763 Vgl. *Bachmann,* JZ 2012, 578, 579; *Maier-Reimer/Seulen,* in: Habersack/Mülbert/Schlitt, Kapitalmarktinformation, § 30 Rn. 118.

der Anspruchsgrundlagen zwischen § 37b WpHG und § 37c WpHG lässt sich klar erkennen, dass der Gesetzgeber eine identische Rechtsfolge mit einem einheitlichen Schadenstypus angestrebt hat. Daher soll die Rechtsfolge des § 37c WpHG über den Wortlaut hinaus Anwendung finden.[764]

Zudem besteht auch kein Grund, dass ein dringendes Schutzbedürfnis für die Zuerkennung einer Rückgängigmachung des Vertrages bei fehlerhafter Ad-hoc-Mitteilung zwingend notwendig ist, um Kapitalanleger aus einer ansonsten unlösbaren Situation zu befreien.[765] Der Anleger wird nämlich durch die Einschränkung auf den Kursdifferenzschaden nicht schlechtergestellt als bei der Rechtsfolge des Vertragsabschlussschadens.[766] Bereits mit dem Ersatz des Kursdifferenzschadens erreichen Kapitalanleger eine Kompensation für ihr mit dem Umsatzgeschäft verfolgtes Ziel. Der Anleger wird also durch die Kompensation in Form des Kursdifferenzschadens bereits hinreichend geschützt.[767] Darüber hinaus geht es hierbei um börsennotierte Finanzinstrumente, sodass sie diese jederzeit wiederkaufen bzw. veräußern können.[768]

Zur Begründung des Vertragsabschlussschadens rekurriert der BGH in der *IKB*-Entscheidung auf die Regelung des § 346 Abs. 3 Satz 1 Nr. 3 BGB.[769] Diese Einschätzung zur Verteilung des Verschlechterungsrisikos lässt sich schon deshalb nicht *per se* auf die Transaktion auf dem Sekundärmarkt übertragen, weil diese Normen auf Zweipersonenverhältnisse ausgerichtet sind, in denen der Täuschende typischerweise von der Pflichtverletzung profitiert.[770] Im Falle der §§ 37b, 37c WpHG hat der Anleger seine Finanzinstrumente gerade nicht an den Emittenten veräußert oder sie von diesem erworben, sondern hat die fragliche Transaktion mit einem Dritten auf dem Markt abgeschlossen.[771] Schädiger und Vertragspartner sind deshalb nicht identisch, und der Schädiger profitiert nicht von der Informationspflichtverletzung. Ein solcher Schaden hat also nichts mit der Desinformation des Kapitalmarktes zu tun und liegt damit außerhalb des Schutzzwecks dieser Norm.[772]

---

764 *Jungmichel*, Haftung und Schadenskompensation, 2007, S. 171 f.

765 Vgl. *Mülbert/Steup*, in: Habersack/Mülbert/Schlitt, Unternehmensfinanzierung, § 41 Rn. 219; im Ergebnis auch *Sethe*, in: Assmann/Schneider, WpHG, §§ 37b, 37c Rn. 87.

766 Vgl. *Jungmichel*, Haftung und Schadenskompensation, 2007, S. 169.

767 Vgl. *Sethe*, in: Assmann/Schneider, WpHG, §§ 37b, 37c Rn. 87.

768 *Sethe*, in: Assmann/Schneider, WpHG, §§ 37b, 37c Rn. 87.

769 Vgl. *Schmolke*, ZBB 2012, 165, 175.

770 *Klöhn*, AG 2012, 345, 354; *Mülbert/Steup*, in: Habersack/Mülbert/Schlitt, Unternehmensfinanzierung, § 41 Rn. 216.

771 *Casper*, in: Kölner Komm KapMuG, §§ 37b, 37c WpHG Rn. 55; *Fuchs/Dühn*, BKR 2002, 1063, 1068.

772 Begründung zu dem RegE 4. Finanzmarktförderungsgesetz vom 18. 1. 2002, BT-Drucks, 14/8017, S. 93; so auch *Fleischer*, ZIP 2005, 1805, 1809; *Maier-Reimer/Seulen*, in: Habersack/Mülbert/Schlitt, Kapitalmarktinformation, § 30 Rn. 130; *Maier-Reimer/Webering*, WM 2002, 1857, 1860; *Mülbert/Steup*, in: Habersack/Mülbert/Schlitt, Unternehmensfinanzierung, § 41 Rn. 213; *Sethe*, in: Assmann/Schneider, WpHG, §§ 37b, 37c Rn. 86, 89, 97.

Zudem sind diese Normen nicht auf Geschäfte abzustellen, die wiederholt abgewickelt werden, und in denen man nicht nur von der Pflichtverletzung eines Dritten profitieren, sondern von ihr auch geschädigt werden kann.[773]

Darüber hinaus geht der Kapitalanleger das Risiko des Wertverlustes typischerweise deshalb ein, weil dieses Risiko gerade das zwangsläufige Gegenteil der von ihm erhofften Chance auf Wertsteigerung darstellt.[774] Hierbei geht es mithin um das Risiko, das mit einem Umsatzgeschäft auf dem Kapitalmarkt zwingend verbunden ist. In diesem Sinne wird diese Einschätzung den kapitalmarktrechtlichen Besonderheiten nicht gerecht.[775] Das allgemeine Marktrisiko realisiert sich nicht zufällig beim Kapitalanleger, sondern deshalb, weil es mit dem Erwerb eines Finanzinstruments vom Anleger bewusst übernommen wird.[776] Die Zubilligung der Rückabwicklung hätte zur Folge, dem Emittenten aber gerade das von der Pflichtverletzung unabhängige Marktrisiko aufzubürden.[777] Es widerspräche dem Sinn und Zweck einer Norm, die zur Herstellung der Markteffizienz dient, ihr Schutzgut so zu bestimmen, dass nur die informationsbedingten Risiken vom Emittenten zu tragen sind. Demgegenüber sollte das allgemeine Risiko bei Wertpapiertransaktionen auf dem anonymen Kapitalmarkt grundsätzlich bei dem Anleger verbleiben.[778] Der Schutzzweck der Ad-hoc-Mitteilung liegt darin, die Kapitalanleger davor zu schützen, ihre Finanzinstrumente wegen fehlerhafter Kapitalmarktinformation „*zu teuer*“ zu erwerben oder „*zu billig*“ zu veräußern, nicht aber auch vor allgemeinen Marktrisiken.[779]

Die Rückabwicklung des Umsatzgeschäfts geht über den Kompensationszweck hinaus. Daher wurde eine solche Rückabwicklung im Rahmen der §§ 37b, 37c WpHG in der Literatur bis zur *IKB*-Entscheidung des BGH überwiegend mit Recht abgelehnt.[780] Angesichts dieser Umstände ist diese Begründung, die als

773 Vgl. *Klöhn*, AG 2012, 345, 354.

774 *Lutter/Drygala*, in: Kölner Komm zum AktG, 3. Aufl., § 71 Rn. 99.

775 Vgl. *Klöhn*, AG 2012, 345, 353; *Mülbert/Steup*, in: Habersack/Mülbert/Schlitt, Unternehmensfinanzierung, § 41 Rn. 216; *Schmolke*, ZBB 2012, 165, 175.

776 Bereits *Fleischer*, BB 2002, 1869, 1871; gleichsinnig auch *Fuchs*, in: Fuchs WpHG, §§ 37b, 37c Rn. 35; *Schmolke*, ZBB 2012, 165, 175; *Sethe*, in: Assmann/Schneider, WpHG, §§ 37b, 37c Rn. 91.

777 *Casper*, in: Kölner Komm KapMuG, §§ 37b, 37c WpHG Rn. 56; *Fleischer*, NJW 2002, 2977, 2981; *Schäfer*, in: Marsch-Barner/Schäfer, Hb börsennotierte AG, § 17 Rn. 26.

778 So auch *Baums*, ZHR 167 (2003), 139, 150; *Fleischer*, BB 2002, 1869, 1872; *Fleischer/Kalss*, AG 2002, 329, 331; *Fuchs/Dühn*, BKR 2002, 1063, 1069; *Gerber*, DStR 2004, 1793, 1798; *Veil*, ZHR 167 (2003), 365, 390.

779 Vgl. BR-Drucks. 936/01 (neu), S. 261; *Fleischer*, BB 2002, 1869, 1871; *Fuchs/Dühn*, BKR 2002, 1063, 1069; *Hopt/Voigt*, in: Hopt/Voigt, Prospekt- und Kapitalmarktinformationshaftung, S. 9, 111.

780 LG Hamburg, Urteil vom 10. Juni 2009 – Az. 329 O 377/08, BeckRS 2009, 21350; *Barth*, Schadensberechnung, 2006, S. 253 ff.; *Baums*, ZHR 167 (2003), 139, 185 ff.; *Fleischer*, DB 2004, 2031, 2035; *Fleischer*, in: Assmann/Schütze, Handbuch des Kapitalanlagerechts, 4. Aufl., § 6 Rn. 52; *Fuchs/Dühn*, BKR 2002, 1063, 1069; *Hopt/Voigt*,

Schaden nicht den Erwerb oder die Veräußerung selbst nennt, sondern nur dessen *„zu teuren"* Erwerb bzw. *„zu billigen"* Verkauf, entgegen der Auslegung des BGH in der *IKB*-Entscheidung noch als Hinweis auf den Kursdifferenzschaden zu verstehen.[781]

Nach alledem sprechen die besseren Gründe dafür, dass der anspruchsberechtigte Anleger im Rahmen der §§ 37b, 37c WpHG entgegen der Ansicht des XI. Zivilsenats lediglich den Kursdifferenzschaden geltend machen kann.[782] Diese Einschätzung wird schließlich auch durch einen rechtsvergleichenden Blick auf andere Rechtsordnungen wie etwa diejenige in Korea bestätigt. Angesichts der Unsicherheiten über den Umfang des zu ersetzenden Schadens in Deutschland ist aber eine gesetzgeberische Klarstellung der Schadensberechnung wünschenswert.

B Rechtslage in Korea

1 Grundsätzliches

Ein rechtsvergleichender Blick zeigt, dass auch die koreanischen Gerichte in Fällen fehlerhafter Kapitalmarktinformation ausschließlich den Kursdifferenzschaden gewähren.[783] Bezüglich des zu ersetzenden Schadens hat der koreanische Gesetzgeber, anders als es in Deutschland der Fall ist, eine klare Regelung getroffen. Unter einem Schaden im Sinne des Bürgerlichen Gesetzbuches versteht man jede Einbuße an Rechtsgütern aufgrund eines bestimmten Ereignisses. Hierzu zählen sowohl Vermögensschäden als auch immaterielle Schäden. Anders als in Deutschland kann der Geschädigte nach dem koreanischen Bürgerlichen Gesetzbuch bei

---

in: Hopt/Voigt, Prospekt- und Kapitalmarktinformationshaftung, S. 9, 130 f.; *Kowalewski/Hellgardt,* DB 2005, 1839, 1840; *Langenbucher,* ZIP 2005, 239, 240 f.; *Longino,* DStR 2008, 2068, 2071; *Maier-Reimer/Webering,* WM 2002, 1857, 1860 ff.; *Mülbert,* JZ 2002, 826, 835; *Mülbert/Steup,* WM 2005, 1633, 1635 f.; *Reichert/Weller,* ZRP 2002, 49, 55; *Rützel,* AG 2003, 69, 76; *Schäfer,* in: Marsch-Barner/Schäfer, Hb börsennotierte AG, § 17 Rn. 26; *Sauer,* ZBB 2005, 24, 30; *Sethe,* in: Assmann/Schneider, WpHG, §§ 37b, 37c Rn. 83 ff.; *Zimmer/Grotheer,* in: Schwark/Zimmer, Kapitalmarktrechtskommentar, §§ 37b, 37c WpHG Rn. 87 ff.

781 So auch *Fleischer,* BB 2002, 1869, 1872; *Fuchs,* in: Fuchs WpHG, Vor §§ 37b, 37c Rn. 34; *Gerber,* DStR 2004, 1793, 1798; *Hannich,* WM 2013, 449, 453; *Hellgardt,* DB 2012, 673, 677 ff.; *Klöhn,* AG 2012, 345, 350 ff.; *Mülbert,* JZ 2002, 826, 835; *Mülbert/Steup,* in: Habersack/Mülbert/Schlitt, Unternehmensfinanzierung, § 41 Rn. 220; *Sauer,* ZBB 2005, 24, 30 f.; *Schmolke,* ZBB 2012, 165, 173 ff.; *Zimmer/Grotheer,* in: Schwark/Zimmer, Kapitalmarktrechtskommentar, §§ 37b, 37c WpHG Rn. 87.

782 Vgl. *Schmolke,* ZBB 2012, 165, 176; differenzierend *Spindler,* NZG 2012, 575, 578, der nunmehr zwischen dem vorsätzlichen und dem fahrlässigen Verstoß gegen die Ad-hoc-Mitteilungspflicht unterscheidet.

783 Vgl. OGH Urteil vom 28. Mai 2004 (2003 Da 69607 und 69614); OGH Urteil vom 27. Mai 2004 (2003 Da 55486); Urteil des Obergerichts Seoul vom 4. Juni 2007 (2005 Na 99154).

Verletzung seiner Person oder Beschädigung einer Sache statt Naturalherstellung allein Ersatz in Geld verlangen. (§§ 763,[784] 394[785] KBGB).[786] Demgemäß wird der entstandene Schaden in Geld umgewandelt, und der Geschädigte kann ausschließlich diesen Betrag als Schadensersatz verlangen.[787] Würde eine Naturalrestitution zuerkannt, auch wenn darüber keine besondere Vereinbarung der Parteien besteht, wäre dies nach dem koreanischen Zivilrecht grundsätzlich rechtswidrig.[788] Anders als bei Leistungsstörungen kommt es bei unerlaubten Handlungen sehr selten vor, dass Parteien im Voraus besondere Vereinbarungen darüber treffen, wie der Schaden ersetzt werden soll.[789] Daher dürfte der (praktische) Anwendungsbereich der Naturalrestitution hinsichtlich der Ersatzhaftung aus Delikt äußerst gering sein.[790] Ein anderes, auf Rückabwicklung gerichtetes Ergebnis kann unter den engeren Voraussetzungen anderer Anspruchsgrundlagen – namentlich derjenigen des § 750 KBGB wegen vorsätzlicher oder fahrlässiger Schädigung – in Betracht kommen.

2 Höhe und Methode zur Berechnung des zu ersetzenden Schadens

Um Streitigkeiten über die Höhe eines Schadensersatzanspruches auszuschließen, hat der Gesetzgeber eine klare Regelung über einen pauschalierten Schadensersatz getroffen. Damit wollte er die Geltendmachung von Schadensersatzansprüchen wegen fehlerhafter Kapitalmarktinformation erleichtern.[791] Nach § 162 Abs. 3 FSCMA bestimmt sich die Höhe des zu ersetzenden Schadens also grundsätzlich nach dem Differenzbetrag zwischen dem tatsächlichen Transaktionspreis und dem Marktpreis zum Zeitpunkt der letzten mündlichen Verhandlung – liegt kein Marktpreis vor, dann nach dem vermutlichen Verkaufspreis.[792] Veräußert der Geschädigte die Finanzinstrumente vor dem Zeitpunkt der letzten mündlichen

784 § 763 KBGB (Entsprechende Anwendung) §§ 393, 394, 396, 399 BGB sind auf den Schadensersatz wegen unerlaubter Handlung sinngemäß anzuwenden.

785 § 394 KBGB (Art des Ersatzanspruchs) soweit nicht anders von den Partien vereinbart, ist der Vermögensschaden in Geld zu ersetzen.

786 Vgl. *Kim, Yong-Jae*, Kapitalmarkt und Recht I, S. 264; *Kim/Kim*, Unfair Trading under Capital Market Act, S. 342; *Kim, Jung Soo*, Prinzipien des Kapitalmarktrechts, 2. Aufl., S. 1367.

787 Vgl. *Kim, Jung Soo*, Prinzipien des Kapitalmarktrechts, 2. Aufl., S. 1367.

788 OGH Urteil vom 12. Oktober 1961 (4293 Minsang 115); *Kim/Kim*, Unfair Trading under Capital Market Act, S. 342.

789 Vgl. *Kim, Jung Soo*, Prinzipien des Kapitalmarktrechts, 2. Aufl., S. 1367.

790 So auch *Kim, Jung Soo*, Prinzipien des Kapitalmarktrechts, 2. Aufl., S. 1367.

791 OGH Urteil vom 21. September 2007 (2006 Da 81981); Urteil vom 25. Oktober 2007 (2006 Da 16758 und 16765); *Lee, Dong Sin*, Trial Data, Juni 2001, Volume 90, S. 404.

792 Vgl. *Lee, Dong Sin*, Trial Data, Juni 2001, Volume 90, S. 408; *Suh, Wan-Suk*, Business Law Review, März 2004, Volume 16, S. 220 ff. m.w.N.; *Yi, Jun-Seob*, The Korean Journal of Securities Law, Dezember 2003, Volume 4 Nr. 2, S. 39.

Verhandlung, bestimmt sich die Höhe des Schadensersatzes nach der Differenz zwischen dem tatsächlichen Kaufpreis und dem Verkaufspreis.

1) Anspruch bei Besitz

Ist der Anleger zum Zeitpunkt der letzten mündlichen Verhandlung noch Inhaber der Finanzinstrumente, richtet sich die Höhe des zu ersetzenden Schadens nach dem Differenzbetrag zwischen dem tatsächlichen Transaktionspreis und dem Marktpreis zum Zeitpunkt der letzten mündlichen Verhandlung.[793] Liegt ein Marktpreis nicht vor, so gilt als Marktpreis der Preis, den der Anleger an der Börse hätte erzielen können (§ 162 Abs. 3 Nr. 1 FSCMA).[794] Ist der Marktpreis höher als der Verkaufspreis, scheidet die Haftung des Anspruchsverpflichteten aus, selbst wenn er eine unerlaubte Handlung begangen hat.[795] Der Gesetzgeber geht davon aus, dass in einem solchen Fall der Anleger keinen Schaden erleidet, der durch seine Transaktion aufgrund fehlerhafter Kapitalmarktinformation entstanden ist. Zudem sollen adäquate verursachte Vorteile, die der Anleger nach dem Erwerb des betreffenden Finanzinstruments erzielt hat, auf den zu ersetzenden Schaden angerechnet werden.[796] Dies entspricht auch dem Zweck des Schadensersatzes.[797] Andernfalls würde es zu einer unbilligen Entlastung des Schädigers kommen.

2) Anspruch bei Verkauf

Veräußert der Geschädigte die Finanzinstrumente vor dem Zeitpunkt der letzten mündlichen Verhandlung, bestimmt sich die Höhe des Schadensersatzes nach der Differenz zwischen dem tatsächlichen Kaufpreis und dem Verkaufspreis (§ 162 Abs. 3 Nr. 2 FSCMA).[798] In diesem Fall kommt es allein auf den Verkaufspreis an. Daher spielt die weitere Kursentwicklung nach dem Verkauf für die Schadensermittlung keine Rolle.[799] Der Verkaufspreis ist grundsätzlich der Erlös, den der

793 Kritisch zu dieser Problematik *Kim, Jung Soo*, Prinzipien des Kapitalmarktrechts, 2. Aufl., S. 577.

794 Vgl. *Lee, Dong Sin,* Trial Data, Juni 2001, Volume 90, S. 408; *Suh, Wan-Suk*, Business Law Review, März 2004, Volume 16, S. 220 ff. m.w.N.; *Yi, Jun-Seob,* The Korean Journal of Securities Law, Dezember 2003, Volume 4 Nr. 2, S. 39.

795 Kristisch *Lee, Dong Sin,* Trial Data, Juni 2001, Volume 90, S. 406 f.; *Park, Hou-Sang,* Business Law Review, Dezember 2005, Volume 23 Nr. 1, S. 356 f; *Yi, Jun-Seob,* The Korean Journal of Securities Law, Dezember 2003, Volume 4 Nr. 2, S. 58 ff.

796 Vgl. Urteil des Obergerichts Seoul vom 18. Januar 2006 (2005 Na 22673).

797 Vgl. *Park, Hou-Sang,* Business Law Review, Dezember 2005, Volume 23 Nr. 1, S. 356.

798 Vgl. OGH Urteil vom 11. Oktober 2002 (2002 Da 38521); LG Seoul vom 30. Mai 2002 (2002 Na 20).

799 Vgl. *Kim/Kim,* Unfair Trading under Capital Market Act, S. 339; *Lee, Dong Sin,* Trial Data, Juni 2001, Volume 90, S. 409; *Park, Hou-Sang,* Business Law Review, Dezember 2005, Volume 23 Nr. 1, S. 357.

Anleger an der Börse erzielt hat. Es ist aber unerheblich, ob die Veräußerung an der Börse oder im außerbörslichen Handel erfolgt. Daher können auch die Verkaufserlöse im außerbörslichen Handel sowie die Erlöse bei *face-to-face* Geschäften als Verkaufspreis in Betracht kommen.[800] Verkauft der Anleger die Finanzinstrumente unter dem Marktpreis, den er an der Börse erzielen kann, ist der tatsächliche Verkaufserlös dennoch maßgebend, wenn er diese Finanzinstrumente nach Treu und Glauben veräußert hat.[801] Veräußert er seine Finanzinstrumente unter dem Börsenpreis und beruht dies auf Vorsatz oder auf Fahrlässigkeit, dann kann die Schadensminderungspflicht des Anlegers in Betracht kommen. Gegebenenfalls kann der zu ersetzenden Schaden wegen des Verschuldens gemindert werden.[802]

Erwirbt der Anleger die Finanzinstrumente sowohl vor und als auch nach der fehlerhaften Information und veräußert er einen Teil der Finanzinstrumente vor dem Zeitpunkt der letzten mündlichen Verhandlung und hält den Rest bis zum Zeitpunkt der letzten mündlichen Verhandlung, ist nach dem jetzigen Wertpapierdepotsystem nicht leicht zu identifizieren, welche der veräußerten Finanzinstrumente er vor der oder nach der Fehlinformation gekauft hat.[803] Daher könnte die Höhe des Verkaufspreises und des Marktpreises zum Zeitpunkt der letzten mündlichen Verhandlung oder zum Zeitpunkt der Veräußerung der Finanzinstrumente zulasten einer Partei gehen.[804] In der Praxis wird auf Empfehlung des Gerichts angenommen, dass die Finanzinstrumente der Erwerbsreihenfolge entsprechend oder anteilsmäßig wieder veräußert werden.[805]

3) Fazit

De lege lata steht es dem Anleger frei, vom Schädiger zu ersetzenden Schaden auszuwählen.[806] Zunächst kann er seine Finanzinstrumente verkaufen und dann den Unterschiedsbetrag zwischen dem Kaufs- und dem Verkaufspreis als Schadensersatz geltend machen. Stattdessen kann er seine Finanzinstrumente bis zur letzten mündlichen Verhandlung weiter behalten und die Kursdifferenz zwischen dem Transaktionspreis und dem Marktpreis zum Zeitpunkt der letzten mündlichen Verhandlung als Schadensersatz verlangen. Diese Berechnungsmethode gilt auch für die Schadensersatzhaftung wegen fehlerhafter Information auf dem Primärmarkt.

---

800 *Lee, Dong Sin,* Trial Data, Juni 2001, Volume 90, S. 409.

801 *Lee, Dong Sin,* Trial Data, Juni 2001, Volume 90, S. 409.

802 Vgl. Urteil vom 27. November 2008 (2008 Da 31751); vgl. auch *Kang, Dae-Seob*, Civil liabilities in securities market, Seoul 1992, S. 113; *Lee, Sangpok*, Corporate Disclosure, S. 392; *Park, Hou-Sang,* Business Law Review, Dezember 2005, Volume 23 Nr. 1, S. 358.

803 Ausführlich hierzu *Lim, Jai Yeon*, Kapitalmarktrecht, S. 628 f.

804 *Lee, Sangpok*, Corporate Disclosure, S. 391; *Lim, Jai Yeon*, Kapitalmarktrecht, S. 629.

805 *Kim/Jung*, Kapitalmarktrecht, 3. Auflage, Seoul 2013, S. 281; *Lim, Jai Yeon*, Kapitalmarktrecht, S. 629 Fn. 34.; *Lee, Sangpok*, Corporate Disclosure, S. 392.

806 Vgl. *Lee, Dong Sin,* Trial Data, Juni 2001, Volume 90, S. 409.

Ungeachtet dieser gesetzlichen Schadensberechnung gemäß § 162 Abs. 3 FSCMA ist die Geltendmachung eines darüber hinausgehenden Schadens nicht ausgeschlossen.[807] Aus Sicht des Anlegerschutzes stellt dies einen Fortschritt dar.[808] Vor diesem Hintergrund pflegt die Rechtsprechung bei der Berechnung des zu ersetzenden Schadens statt dieser gesetzlichen Berechnungsmethode die Methode der Ereignisstudie (*event study method*) zu verwenden.[809]

3 Ereignisstudie

Der OGH in Korea hat hinsichtlich der Berechnung des zu ersetzenden Schadens eine Leitentscheidung getroffen, bei der die Ereignisstudie[810] verwendet wurde.[811] Er hat hinsichtlich der Schadensberechnung mit der Ereignisstudie darauf hingewiesen, dass der Differenzbetrag zwischen dem hypothetischen Preis (im Folgenden: normaler Preis), der sich ohne Fehlverhalten des Emittenten gebildet hätte, und dem Transaktionspreis, der durch das Fehlverhalten des Emittenten verzerrt worden ist, als Schaden anzusehen sei.[812] In diesem Fall sollte das Gericht aufgrund schwieriger Fragen auf einen Sachverständigen angewiesen sein.[813] Veräußert der Anleger zwischenzeitlich seine Finanzinstrumente zu einem niedrigeren als dem normalen Preis, gilt die Kursdifferenz zwischen dem Kaufpreis und dem Verkaufspreis als Schaden.[814]

Sinn und Zweck der Ersatzhaftung liegt in der Kompensation des erlittenen Schadens, und unter diesem Gesichtspunkt stellt diese die angemessenste verfügbare Methode für die Schadensberechnung dar.[815] Bei der Berechnung nach dieser

---

807 Anders *Lee, Dong Sin,* Trial Data, Juni 2001, Volume 90, S. 408.

808 Vgl. *Park, Hou-Sang,* Business Law Review, Dezember 2005, Volume 23 Nr. 1, S. 357.

809 Vgl. Urteil des Obergerichts Seoul vom 18. Januar 2006 (2005 Na 22673); eingehend *Kim/Kim,* Unfair Trading under Capital Market Act, S. 339 f.; *Kim, Jung Soo,* Prinzipien des Kapitalmarktrechts, 2. Aufl., S. 837 f.

810 Entwickelt sich der Marktpreis eines Finanzinstruments wegen fehlerhafter Information oder Marktmanipulation von der Regel abweichend, werden häufig Ereignisstudien zur Berechnung des zu ersetzenden Schadens eingesetzt. Diese geht davon aus, dass bei Existenz eines effizienten Kapitalmarktes eine kursrelevante Information sofort in den Marktpreis eingearbeitet wird.

811 Ausführlich hierzu *Kim, Jung Soo,* Prinzipien des Kapitalmarktrechts, 2. Aufl., S. 1364 f.; zur alten Rechtslage *Kim, Joo Young/Kim, Tae Sun,* Berechnungsmethode beim Schadenersatzanspruch im Falle der Aktienmanipulation, The Korean Journal of Securities Law, Juni 2001, Volume 2 Nr. 1, S. 131 f.

812 Vgl. OGH Urteil vom 28. Mai 2004 (2003 Da 69607 und 69614); OGH Urteil vom 27. Mai 2004 (2003 Da 55486); Urteil des Obergerichts Seoul vom 4. Juni 2007 (2005 Na 99154).

813 Vgl. OGH Urteil vom 28. Mai 2004 (2003 Da 69607 und 69614); Urteil des Obergerichts Seoul vom 18. Januar 2006 (2005 Na 22673).

814 OGH Urteil vom 11. Oktober 2002 (2002 Da 38521).

815 Vgl. *Hwang,* Illegaler Wertpapierhandel und Schadensersatz, S. 156; *Kim, Jung Soo,* Prinzipien des Kapitalmarktrechts, 2. Aufl., S. 1364 f.; *Kim, Joo Young/Kim, Tae Sun,*

Methode werden solche Ereignisse, die nach der infrage stehenden Transaktion eingetreten sind (z.B. plötzlich aufgetretene öffentliche Übernahme) – außer in besonderen Fällen –, nicht mitberücksichtigt. Demgemäß lässt die weitere Kursentwicklung nach der Transaktion den beim Anleger bereits mit der Transaktion entstandenen Schaden unberührt.[816] Daher kommt eine ungerechtfertigte Bereicherung aufseiten des Klägers nicht infrage.[817] Die Schwierigkeiten bei der Berechnung nach dieser Methode liegen jedoch darin, einen normalen Preis, also den hypothetischen Preis zu ermitteln, der sich zum Zeitpunkt der Transaktion gebildet hätte, wenn der Emittent die betreffende Information rechtzeitig, richtig und vollständig veröffentlicht hätte.[818] Weiterhin kann sich der normale Preis ohne das schädigende Ereignis nur hypothetisch gestalten. Darüber hinaus könnte es außer fehlerhafter Kapitalmarktinformation noch verschiedene andere Faktoren gegeben haben, die auf den Marktpreis des Finanzinstruments erheblich einwirken können,[819] und dabei bleibt die Frage offen, wie die Einwirkung fehlerhafter Information von anderen Faktoren unterschieden werden kann.[820]

Berechnungsmethode beim Schadenersatzanspruch im Falle der Aktienmanipulation, The Korean Journal of Securities Law, Juni 2001, Volume 2 Nr. 1, S. 131; *Kim/Kim*, Unfair Trading under Capital Market Act, S. 339; *Park, Hou-Sang*, Business Law Review, Mai 2005, Volume 19 Nr. 4, S. 344.

816 Vgl. *Park, Hou-Sang*, Business Law Review, Mai 2005, Volume 19 Nr. 4, S. 344.

817 *Kim/Kim*, Unfair Trading under Capital Market Act, S. 339.

818 *Kim, Jung Soo*, Prinzipien des Kapitalmarktrechts, 2. Aufl., S. 1365; *Kim/Kim*, Unfair Trading under Capital Market Act, S. 339; *Park, Hou-Sang*, Business Law Review, Mai 2005, Volume 19 Nr. 4, S. 344.

819 Vgl. Urteil vom 25. Oktober 2007 (2006 Da 16758 und 16765); *Chang/Cho*, Die Bekämpfung der Börsenkriminalität, S. 26 f.; *KFSS*, Leitfaden zur Unternehmenspublizität, Seoul 2003, S. 199.

820 Vgl. *Kim, Jung Soo*, Prinzipien des Kapitalmarktrechts, 2. Aufl., S. 1365; *Kim/Kim*, Unfair Trading under Capital Market Act, S. 339; *Park, Hou-Sang*, Business Law Review, Mai 2005, Volume 19 Nr. 4, S. 344.

§ 6 Kausalität bei fehlerhafter Kapitalmarktinformation in Deutschland und in Korea

A Rechtslage in Deutschland

Ein weiteres Problem bei der Geltendmachung eines Anspruchs wegen fehlerhafter Kapitalmarktinformation ist die Darlegungs- und Beweislast. Sie ist für die kapitalmarktrechtlichen Ansprüche deshalb von zentraler Bedeutung, weil die haftungsbegründende Kausalität in einer gewissen Interdependenz zum ersatzfähigen Schaden steht. Die an die Kausalität der fehlerhaften Kapitalmarktinformation zu stellenden Anforderungen hängen grundsätzlich von dem geltend gemachten Interesse und damit vom Umfang des nach den §§ 37b, 37c WpHG zu ersetzenden Schadens ab.[821] Hierbei geht es gerade um die Frage, ob und, wenn ja, in welchem Maße der Anleger nachweisen muss, dass er wegen fehlerhafter Information des Emittenten eine Transaktion vorgenommen hat, die er ohne die Pflichtverletzung des Emittenten nicht vorgenommen hätte, und er gerade deshalb einen Schaden erlitten hat.[822]

1 Meinungsspektrum zum Nachweis der haftungsbegründenden Kausalität

1) Bei Geltendmachung eines Vertragsabschlussschadens

Der Anspruch auf Ersatz des Vertragsabschlussschadens setzt, sofern er überhaupt für nach §§ 37b, 37c WpHG ersatzfähig angesehen wird, die sog. Transaktionskausalität voraus. Anspruchsberechtigt ist grundsätzlich nur, wer bei Kenntnis der wahrheitsgemäßen Information die getätigte Transaktion gar nicht vorgenommen hätte.[823] Die Darlegungs- und Beweislast liegt grundsätzlich beim Anleger.[824] Bei

821 *Casper*, in: Kölner Komm KapMuG, §§ 37b, 37c WpHG Rn. 45; *Fuchs*, in: Fuchs WpHG, §§ 37b, 37c Rn. 28; *Schäfer*, NZG 2005, 985, 990 f.

822 Vgl. *Lenenbach*, Kapitalmarkt, 2. Aufl., § 11 Rn. 11.604.

823 BGHZ 160, 134, 144 ff = ZIP 2004, 1599, 1602 f.; BGH WM 2005, 1358, 1361; BGH ZIP 679, 680 f.; BGH ZIP 2007, 1560, 1561 f.; BGH WM 2008, 395, 396 f; *Baums*, ZHR 167 (2003), 139, 181 ff.; *Holzborn/Foelsch*, NJW 2003, 932, 939; *Langenbucher*, Aktien- und Kapitalmarktrecht, 3. Aufl., § 17 Rn. 151; *Leisch*, ZIP 2004, 1573, 1579; *Maier-Reimer/Webering*, WM 2002, 1857, 1860; *Rössner/Bolkart*, ZIP 2002, 1471, 1475 f.; *Rützel*, AG 2003, 69, 74.

824 *Casper*, in: Kölner Komm KapMuG, §§ 37b, 37c WpHG Rn. 51; *Engelhardt*, BKR 2006, 443, 447 f.; *Fleischer*, NJW 2002, 2977, 2980; *Findeisen*, WM 2007, 100, 101; *Fleischer*, in: Assmann/Schütze, Handbuch des Kapitalanlagerechts, 4. Aufl., § 6 Rn. 45; *Leisch*,

Geltendmachung eines Vertragsabschlussschadens muss er grundsätzlich konkret nachweisen, dass die fehlerhafte Kapitalmarktinformation gerade für seine Anlageentscheidung kausal gewesen ist.[825] Er muss also bei seiner Anlageentscheidung auf die konkrete Informationslage vertraut und auf deren Grundlage seine Anlageentscheidung getroffen haben.[826]

Diese Ansicht geht davon aus, dass die §§ 37b, 37c WpHG – ebenso wie bei § 826 BGB – eine konkrete Kausalität zwischen fehlerhafter Kapitalmarktinformation und Anlageentscheidung voraussetzt.[827] Zur Begründung wird insbesondere auf den Wortlaut des § 37c WpHG verwiesen. Nach § 37c Abs. 1 WpHG sei der Schaden zu ersetzen, der dadurch entstanden ist, dass der Anleger auf die Richtigkeit der Insiderinformation *„vertraut"* hat.[828] Hierbei müsse der Anleger darlegen bzw. beweisen, dass er den Inhalt einer veröffentlichten unwahren Insiderinformation zur Kenntnis genommen hat, und gerade diese Information für seine Anlageentscheidung ursächlich war.[829] Bei § 37b Abs. 1 WpHG sei ein solcher Schaden ersatzfähig, der *„durch die Unterlassung"* entstanden ist. Aus diesem eindeutigen Wortlaut lasse sich klar erkennen, dass eine konkrete Kausalität zwischen der

---

ZIP 2004, 1573, 1579; *Möllers*, JZ 2005, 75, 78; *Rössner/Bolkart*, ZIP 2002, 1471, 1475 f.; *Veil*, ZHR 167(2003), 365, 370.

825 So auch der BGH NZG 2007, 708, 709 f. – ComROAD VI; BGH NZG 2008, 382 sowie 385 und 387 – ComROAD VI, VII und VIII; BGH ZIP 2007, 679 – ComROAD II; BGH ZIP 2007, 681, 682 – ComROAD I; BGH BB 2007, 960, 971; *Fuchs*, in: Fuchs WpHG, §§ 37b, 37c Rn. 28; *Hutter/Stürwald*, NJW 2005, 2428, 2430; *Lenenbach*, Kapitalmarkt, 2. Aufl., Rn. 11.606; *Möllers/Leisch*, in: Möllers/Rotter, Ad-hoc-Publizität, § 14 Rn. 111; *Möllers/Leisch*, in: Kölner Komm WpHG, § 37b, 37c Rn. 295; *Mülbert/Steup*, in: Habersack/Mülbert/Schlitt, Unternehmensfinanzierung, § 41 Rn. 224; *Veil*, ZHR 167 (2003) 365, 370.

826 So etwa *Buck-Heeb*, Kapitalmarktrecht, 7. Aufl., § 6 Rn. 374; *Engelhardt*, BKR 2006, 443, 447 f.; *Leisch*, ZIP 2004, 1573, 1579; *Möllers/Leisch*, BKR 2002, 1071, 1077; *Möllers*, JZ 2005, 75, 78; *Möllers/Leisch*, in: Kölner Komm WpHG, § 37b, 37c Rn. 360; *Rössner/Bolkart*, ZIP 2002, 1471, 1475 f.

827 *Baums*, ZHR 167 (2003), 139, 181 ff.; *Buck-Heeb/Dieckmann*, AG 2008, 681, 691; *Leisch*, ZIP 2004, 1573, 1579; *Lenenbach*, Kapitalmarkt, 2. Aufl., Rn. 11.587 ff.; *Mülbert/Steup*, in: Habersack/Mülbert/Schlitt, Unternehmensfinanzierung, § 41 Rn. 224 ff.

828 Vgl. *Buck-Heeb/Dieckmann*, AG 2008, 681, 691; *Mülbert/Steup*, in: Habersack/Mülbert/Schlitt, Unternehmensfinanzierung, § 41 Rn. 224.

829 So auch der BGH NZG 2007, 708, 709 f. – ComROAD VI; BGH NZG 2008, 382 sowie 385 und 387 – ComROAD VI, VII und VIII; BGH ZIP 2007, 679 – ComROAD II; BGH ZIP 2007, 681, 682 – ComROAD I; BGH BB 2007, 960, 971; *Fuchs*, in: Fuchs WpHG, §§ 37b, 37c Rn. 28; *Hutter/Stürwald*, NJW 2005, 2428, 2430; *Lenenbach*, Kapitalmarkt, 2. Aufl., Rn. 11.606; *Möllers/Leisch*, in: Möllers/Rotter, Ad-hoc-Publizität, § 14 Rn. 111; *Möllers/Leisch*, in: Kölner Komm WpHG, § 37b, 37c Rn. 460; *Mülbert/Steup*, in: Habersack/Mülbert/Schlitt, Unternehmensfinanzierung, § 41 Rn. 224; *Veil*, ZHR 167 (2003) 365, 370.

fehlerhaften Ad-hoc-Mitteilung und der Anlageentscheidung erforderlich sei.[830] Diese Rechtsfolge entspreche den allgemeinen Grundsätzen beim täuschungsbedingten Geschäftsabschluss.[831] Dieser Ansicht liegt die Annahme zugrunde, der Schutzzweck der §§ 37b, 37c WpHG sei in dem Schutz des Anlegers vor einem unzulässigen Einfluss auf die Integrität seiner Willensbildung zu sehen.[832] Eine Kausalität sei hierbei dann anzunehmen, wenn der Anleger bei ordnungsgemäßer Information die betroffene Transaktion nicht getätigt hätte.[833] Ein allgemeines Vertrauen des Anlegers auf die ordnungsgemäße Marktpreisbildung reiche dagegen nicht aus.[834] Diese solle jedoch regelmäßig bejaht werden, weil die fehlerhafte Kapitalmarktinformation beim potentiellen Anleger einen Irrtum auslösen und er sie zur Grundlage seiner Anlageentscheidung machen würde.[835] Der Anleger könne jedoch statt des Vertragsabschlussschadens auch ohne Nachweis der Transaktionskausalität jedenfalls den Kursdifferenzschaden geltend machen.[836] In diesem Fall müsse der Anleger einzig beweisen, dass ohne die Informationspflichtverletzung zum Transaktionszeitpunkt ein für ihn günstigerer Marktpreis bestanden hätte.[837]

---

830 *Buck-Heeb/Dieckmann*, AG 2008, 681, 691; *Fuchs*, in: Fuchs WpHG, §§ 37b, 37c Rn. 29; *Hutter/Stürwald*, NJW 2005, 2428, 2430; *Möllers*, JZ 2005, 75, 78; *Mülbert/Steup*, WM 2005, 1633, 1636 f.

831 BGH ZIP 2005, 1270, 1271 f.; BGH ZIP 2004,1593, 1594; eingehend *Baums*, ZHR 167 (2003), 139, 185.

832 *Möllers/Leisch*, in: Kölner Komm WpHG, § 37b, 37c Rn. 11.

833 Vgl. *Fleischer*, NJW 2002, 2977, 2980; *Fuchs*, in: Fuchs WpHG, §§ 37b, 37c Rn. 30; *Möllers/Leisch*, in: Kölner Komm WpHG, § 37b, 37c Rn. 365; *Mülbert/Steup*, in: Habersack/Mülbert/Schlitt, Unternehmensfinanzierung, § 41 Rn. 225; *Rützel*, AG 2003, 69, 73 ff.

834 *Buck-Heeb/Dieckmann*, AG 2008, 681, 691; *Fuchs*, in: Fuchs WpHG, §§ 37b, 37c Rn. 29.

835 Vgl. *Baums*, ZHR 167 (2003), 139, 182 ff; *Buck-Heeb/Dieckmann*, AG 2008, 681, 683.

836 BGH ZIP 2012, 318, 319 – IKB; *Abram*, NZG 2003, 307, 311 f.; *Doğan*, Ad-hoc-Publizitätshaftung, 2005, S. 113; *Dühn*, Schadensersatzhaftung, 2003, 177 f.; *Ehricke*, in: Hopt/Voigt, Prospekt- und Kapitalmarktinformationshaftung, S. 187, 292 ff.; *Escher-Weingart/Lägeler/Eppinger*, WM 2004, 1845, 1848 f.; *Fleischer*, BB 2002, 1869, 1872 f.; *Holzborn/Foelsch*, NJW 2003, 932, 939 f.; *Kowalewski/Hellgardt*, DB 2005, 1839, 1840; *Lenenbach*, Kapitalmarkt, 2. Aufl., Rn. 11.602 f.; *Leisch*, ZIP 2004, 1573, 1578 f.; *Möllers/Leisch*, BKR 2002, 1071, 1073 ff.; *Oulds*, in: Kümpel/Wittig, Bank- und Kapitalmarktrecht, 4. Aufl., Rn. 14.267; *Rieckers*, BB 2002, 1213, 1216 f.; *Rössner/Bolkart*, ZIP 2002, 1471, 1475.

837 *Leisch*, ZIP 2004, 1573, 1578; *Maier-Reimer/Webering*, WM 2002, 1857, 1860; *Möllers/Leisch*, BKR 2002, 1071, 1079; *Möllers/Leisch*, in: Möllers/Rotter, Ad-hoc-Publizität, § 14 Rn. 125; anders auch bei Geltendmachung eines Kursdifferenzschadens sei die haftungsbegründende Kausalität erforderlich *Hutter/Stürwald*, NJW 2005, 2428, 2430; *Mülbert/Steup*, in: Habersack/Mülbert/Schlitt, Unternehmensfinanzierung, § 41 Rn. 224; *Veil*, ZHR 167 (2003) 365, 370.

2) Bei Geltendmachung eines Kursdifferenzschadens

Für den Kursdifferenzschaden wird teils dasselbe verlangt. Gleiches gelte auch dann, wenn im Rahmen der §§ 37b, 37c WpHG allein der Kursdifferenzschaden ersatzfähig sein sollte, weil auch der Kursdifferenzschaden selbst dadurch entstanden sein müsse, dass der Anleger eine Entscheidung aufgrund fehlerhafter Kapitalmarktinformation getroffen hat.[838] *De lege ferenda* wäre es aber wünschenswert, das Erfordernis der konkreten Kausalität zu streichen.[839]

Die ganz überwiegende Ansicht will hingegen auf eine konkrete Kausalität verzichten. Es solle für den Nachweis der Kausalität genügen, dass der Anleger im Vertrauen auf eine ordnungsgemäße Preisbildung getäuscht wird.[840] Aus den Gesetzgebungsmaterialien lasse sich klar erkennen, dass es dem Gesetzgeber entscheidend darauf angekommen sei, dass der Kapitalanleger „*zu teuer*" gekauft bzw. „*zu billig*" verkauft haben müsse.[841] Dies sei ein Hinweis darauf, dass der Anleger auf die Effizienz der Kapitalmärkte und damit auf die ordnungsgemäße Preisbildung, nicht aber auf eine konkrete Ad-hoc-Mitteilung des Emittenten vertraut habe.[842]

Macht der Kapitalanleger allein den Kursdifferenzschaden geltend, dann ist es nicht erforderlich, die Kausalität zwischen fehlerhafter Kapitalmarktinformation und ihrer Anlageentscheidung konkret nachzuweisen.[843] Hierbei kommt es

---

838 *Fuchs,* in: Fuchs WpHG, §§ 37b, 37c Rn. 29 f.; *Hutter/Stürwald,* NJW 2005, 2428, 2430; *Maier-Reimer/Webering,* WM 2002, 1857, 1860; *Mülbert/Steup,* WM 2005, 1633, 1637; *Mülbert/Steup,* in: Habersack/Mülbert/Schlitt, Unternehmensfinanzierung, § 41 Rn. 224; *Rützel,* AG 2003, 69, 78; *Veil,* ZHR 167 (2003) 365, 370.

839 Vgl. *Fuchs,* in: Fuchs WpHG, §§ 37b, 37c Rn. 29.

840 *Baums,* ZHR 167 (2003), 139, 181 ff.; *Engelhardt,* BKR 2006, 443, 447 f.; *Fleischer,* BB 2002, 1869, 1874; *Hopt/Voigt,* WM 2004, 1801, 1804; *Hopt/Voigt,* in: Hopt/Voigt, Prospekt- und Kapitalmarktinformationshaftung, 2005, S. 9, 133 ff.; *Kowalewski/Hellgardt,* DB 2005, 1839, 1840; *Leuschner,* ZIP 2008, 1050, 1054 ff.; *Lenenbach,* Kapitalmarkt, 2. Aufl., Rn. 11.607; *Maier-Reimer/Seulen,* in: Habersack/Mülbert/Schlitt, Kapitalmarktinformation, § 30 Rn. 124 ff.; *Maier-Reimer/Webering,* WM 2002, 1857, 1860 f.; *Möllers/Leisch,* in: Kölner Komm WpHG, §§ 37b, 37c Rn. 383; *Möllers/Leisch,* BKR 2002, S. 1071, 1079; *Rössner/Bolkart,* ZIP 2002, 1471, 1475; *Sauer,* Haftung für Falschinformation des Sekundärmarktes, 2004, S. 127 ff.; *Schäfer,* in: Marsch-Barner/Schäfer, Hb börsennotierte AG, § 17 Rn. 29 ff.; *Sethe,* in: Assmann/Schneider, WpHG, §§ 37b, 37c Rn. 97 f.; *Zimmer/Grotheer,* in: Schwark/Zimmer, Kapitalmarktrechtskommentar, §§ 37b, 37c WpHG Rn. 90.

841 BR-Drucks. 936/01 (neu), S. 261.

842 *Schäfer,* in: Marsch-Barner/Schäfer, Hb börsennotierte AG, § 17 Rn. 26; anders *Fuchs,* in: Fuchs WpHG, §§ 37b, 37c Rn. 30.

843 Anders *Fuchs,* in: Fuchs WpHG, §§ 37b, 37c Rn. 28; *Hutter/Stürwald,* NJW 2005, 2428, 2430; *Mülbert/Steup,* WM 2005, 1633, 1636 f.; *Mülbert/Steup,* in: Habersack/Mülbert/Schlitt, Unternehmensfinanzierung, § 41 Rn. 224; *Rützel,* AG 2003, 69, 73 ff. auch bei Geltendmachung eines Kursdifferenzschadens sei die haftungsbegründende Kausalität konkret nachzuweisen.

lediglich auf die Kausalität fehlerhafter Information für die Kursverzerrung an. Ob der Anleger überhaupt die fehlerhaften Informationen kannte, oder ob er in voller Unkenntnis gehandelt hat, spielt keine Rolle.[844] Ebenso wenig kommt es darauf an, ob er bei ordnungsgemäßer Veröffentlichung eine andere Anlageentscheidung getroffen hätte.[845] Denn es ist ohne Relevanz, wie sich ein Kapitalanleger bei ordnungsgemäßer Kapitalmarkinformation verhalten hätte. Es ist mithin nicht erforderlich, mit dem strengeren Beweismaß des § 286 ZPO konkret nachzuweisen, dass der Anleger die unwahre Ad-hoc-Mitteilung persönlich zur Kenntnis genommen und auf dieser Grundlage eine Transaktion vorgenommen hat bzw. dass er bei ordnungsgemäßer Veröffentlichung einer Insiderinformation von dem Geschäft Abstand genommen hätte.[846] Ausreichend und erforderlich ist daher der Nachweis, dass die Preisbildung am Kapitalmarkt dadurch fehlerhaft gewesen ist, dass nicht alle relevanten Kapitalmarktinformationen zur Verfügung standen bzw. die veröffentlichten Informationen unzutreffend waren.[847] Der Anleger hätte ohne fehlerhafte Kapitalmarktinformation die Finanzinstrumente zum Zeitpunkt der Transaktion zu einem für ihn günstigeren Preis erworben.[848]

Dieser Ansicht liegt die Annahme zugrunde, dass die fehlerhafte Kapitalmarktinformation immer kausal für den verzerrten Börsenkurs des Finanzinstruments und diese Pflichtverletzung kursrelevant gewesen sei.[849] Bei ordnungsgemäßer Information hätte zum Zeitpunkt der Transaktion ein für den Anleger günstigerer Preis bestanden.[850] Die haftungsbegründende Kausalität liege bereits darin, dass der Marktpreis infolge fehlerhafter Kapitalmarktinformation verzerrt worden sei,

---

844 Vgl. *Engelhardt*, BKR 2006, 443, 448.

845 Ebenso *Baums*, ZHR 167 (2003), 139, 180 ff.; *Fleischer*, DB 2004, 2031, 2034; *Hopt/Voigt*, in: Hopt/Voigt, Prospekt- und Kapitalmarktinformationshaftung, S. 9, 109, 131 und 134; *Kowalewski/Hellgardt*, DB 2005, 1839, 1840; *Leuschner*, ZIP 2008, 1050, 1054 ff.; *Möllers*, NZG 2008, 413, 415; *Möllers/Leisch*, WM 2001, 1648, 1656; *Möllers/Leisch*, in: Kölner Komm WpHG § 37b, 37c Rn. 383 ff.; *Möllers/Leisch*, in: Möllers/Rotter, Ad-hoc-Publizität, § 14 Rn. 83; *Sauer*, ZBB 2005, 24, 29; *Sethe*, in: Assmann/Schneider, WpHG, §§ 37b, 37c Rn. 97.

846 Vgl. *Fuchs*, in: Fuchs WpHG, §§ 37b, 37c Rn. 28; *Hopt/Voigt*, in: Hopt/Voigt, Prospekt- und Kapitalmarktinformationshaftung, S. 9, 134; *Möllers/Leisch*, in: Kölner Komm WpHG § 37b, 37c Rn. 383; *Sauer*, ZBB 2005, 24, 29; *Zimmer*, WM 2004, 9, 17.

847 *Fuchs*, in: Fuchs WpHG, §§ 37b, 37c Rn. 28; *Sethe*, in: Assmann/Schneider, WpHG, §§ 37b, 37c Rn. 97.

848 *Baums*, ZHR 167 (2003), 139, 182; *Fuchs*, in: Fuchs WpHG, §§ 37b, 37c Rn. 28; *Hopt/Voigt*, WM 2004, 1801, 1804; *Maier-Reimer/Webering*, WM 2002, 1857, 1860; *Möllers/Leisch*, in: Möllers/Rotter, Ad-hoc-Publizität, § 14 Rn. 125; *Schwark*, in: Festschrift Hadding, 2004, S. 1117, 1136; *Zimmer/Grotheer*, in: Schwark/Zimmer, Kapitalmarktrechtskommentar, §§ 37b, 37c WpHG Rn. 90.

849 Vgl. *Buck-Heeb/Dieckmann*, AG 2008, 681, 687.

850 *Baums*, ZHR 167 (2003), 139, 182; *Maier-Reimer/Webering*, WM 2002, 1857, 1860; *Möllers/Leisch*, in: Möllers/Rotter, Ad-hoc-Publizität, § 14 Rn. 125; *Möllers/Leisch*, in: Kölner Komm WpHG, § 37b, 37c Rn. 383; *Sethe*, in: Assmann/Schneider, WpHG,

und sie entfalte sich vielmehr schon über die Transaktion zu diesem verzerrten Preis selbst.[851] Die Formulierung, *„dass der Dritte auf die Richtigkeit der Insiderinformation vertraut“*, stelle ein Redaktionsversehen dar. Daher soll diese Formulierung so zu verstehen sein, dass der Anleger auf die Effizienz der Kapitalmärkte und damit auf eine ordnungsgemäße Markt- und Börsenpreisbildung vertraute.[852]

3) Rechtsprechung

Eine allgemeine Beweiserleichterung hinsichtlich der haftungsbegründenden Kausalität wurde vom BGH bislang abgelehnt. Sie würde zu einer uferlosen Haftung aus dem offenen Haftungstatbestand des § 826 BGB führen.[853] Der BGH hat zunächst in der *Infomatec*-Entscheidung einen Rückgriff auf die Figur einer Anlagestimmung grundsätzlich abgelehnt.[854] In der *EM.TV*-Entscheidung hat er diesen Standpunkt dahingehend bestätigt, dass eine einzelne Ad-hoc-Mitteilung regelmäßig noch keine Anlagestimmung erzeuge.[855] Darüber hinaus hat der BGH eine entsprechende Anwendung der sog. *fraud-on-the-market-theory* im Rahmen des § 826 BGB in seiner jüngsten Entscheidung ausdrücklich abgelehnt.[856] Hieraus lässt sich klar erkennen, dass der Anleger die Kausalität zwischen fehlerhafter

§§ 37b, 37c Rn. 97; *Veil*, ZHR 167 (2003) 365, 377 f.; *Zimmer/Grotheer*, in: Schwark/Zimmer, Kapitalmarktrechtskommentar, §§ 37b, 37c WpHG Rn. 90.

851 *Baums*, ZHR 167(2003), 139, 182; *Casper*, Der Konzern 2006, 32, 34; *Hopt/Voigt*, in: Hopt/Voigt, Prospekt- und Kapitalmarktinformationshaftung, S. 9, 134; *Maier-Reimer/Webering*, WM 2002, 1857, 1860; *Möllers/Leisch*, in: Möllers/Rotter, Ad-hoc-Publizität, § 14 Rn. 125; *Sauer*, ZBB 2005, 24, 28 ff.; *Schäfer*, in: Marsch-Barner/Schäfer, Hb börsennotierte AG, § 17 Rn. 30; *Veil*, ZHR 167 (2003) 365, 377 ff.; *Zimmer*, WM 2004, 9, 17.

852 *Maier-Reimer/Webering*, WM 2002, 1857, 1861; *Möllers/Leisch*, in: Möllers/Rotter, Ad-hoc-Publizität, § 14 Rn. 83; *Sethe*, in: Assmann/Schneider, WpHG, §§ 37b, 37c Rn. 98 i.V.m. Rn. 10 ff.; *Zimmer/Grotheer*, in: Schwark/Zimmer, Kapitalmarktrechtskommentar, §§ 37b, 37c WpHG Rn. 90.

853 BGHZ 160, 134 – Infomatec I; BGH NZG 2004, 811 – Infomatec II; BGH NZG 160, 149 – Infomatec III; BGH NZG 2005, 672 – EM.TV; BGH NZG 2007, 345 – ComROAD I; BGH NZG 2007, 346 – ComROAD II; BGH NZG 2007, 269 – ComROAD III; BGH NZG 2007, 708 – ComROAD IV; BGH NZG 2007, 711 – ComROAD V; BGH ZIP 2008, 407 = LMK 2008, 256317 – ComROAD VI und VII – m. Amm. *Klöhn*; BGH WM 2008, 790 – ComROAD VII.

854 Vgl. BGH NJW 2004, 2664, 2667 – Infomatec; BGH NJW 2004, 2668, 2671 – Infomatec; zu dieser Problematik *Buck-Heeb/Dieckmann*, AG 2008, 681, 683 ff.

855 BGH, *Beschluss* vom 26. 6. 2006 – II ZR 153/05, NZG 2007, 269; hierzu *Fleischer*, ZIP 2005, 1805, 1806 f.; *Longino*, DStR 2008, 2068, 2073.

856 BGH vom 4. 6. 2007, II ZR 147/05 – ComROAD IV, WM 2007, 1557, 1558 f.; vgl. auch *Buck-Heeb/Dieckmann*, AG 2008, 681, 685 f.

Kapitalmarktinformation und seinem individuellen Willensentschluss in vollem Umfang nachweisen muss.[857]

Der BGH schließt sich in der *IKB*-Entscheidung dem nach der Schadensart differenzierenden Ansatz an. Macht der Anleger den Vertragsabschlussschaden geltend, trägt er die Darlegungs- und Beweislast dafür, dass er die Finanzinstrumente aufgrund einer fehlerhaften Ad-hoc-Mitteilung erworben hat. Er hätte bei Kenntnis der pflichtwidrigen Unterlassung kursrelevanter Insiderinformation die Finanzinstrumente nicht gekauft.[858] Dabei kommen ihm grundsätzlich keine Beweiserleichterungen zugute.[859]

Der BGH ist sich bewusst, dass die Ablehnung sämtlicher Beweiserleichterungen für den Nachweis der Kausalität bei Geltendmachung des Vertragsabschlussschadens die Beweisführung zwischen dem Pflichtverstoß des Emittenten und einer Anlageentscheidung des Anlegers nahezu unmöglich macht.[860] Er weist deshalb ausdrücklich darauf hin, dass jedenfalls der Kursdifferenzschaden ersatzfähig sei.[861] Macht der Anleger allein den Kursdifferenzschaden geltend, komme es nicht darauf an, ob er bei ordnungsgemäßer Kapitalmarktinformation von der Transaktion Abstand genommen hätte oder nicht. Daher könne er ohne einen konkreten Nachweis der Kausalität in jedem Fall den Kursdifferenzschaden als Mindestschaden geltend machen.[862] Folglich müsse er lediglich nachweisen, dass bei ordnungsgemäßer Information ein für ihn günstigerer Börsen- oder Marktpreis zum Zeitpunkt seiner Transaktion bestanden hätte.[863] In diesem Fall kann der Schaden dem BGH zufolge nach § 287 ZPG geschätzt werden.[864]

4) *Stellungnahme*

Zustimmung verdient die neue BGH-Entscheidung, im Falle der Geltendmachung des Kursdifferenzschadens auf eine haftungsbegründende Kausalität zwischen Pflichtverletzung und Anlageentscheidung zu verzichten. Der Verzicht auf die konkrete Kausalität entspricht auch der internationalen Fließrichtung des

857 Vgl. *Buck-Heeb/Dieckmann*, AG 2008, 681, 691; *Schäfer*, in: Marsch-Barner/Schäfer, Hb börsennotierte AG, § 17 Rn. 31.

858 Vgl. BGH ZBB 2012, 222, Rn. 59, 63 – IKB.

859 Vgl. BGH WM 2012, 303 Rn. 61 ff. – IKB.

860 BGH WM 2012, 303 Rn. 63 – IKB; *Schäfer*, in: Marsch-Barner/Schäfer, Hb börsennotierte AG, § 17 Rn. 33.

861 BGH WM 2012, 303 Rn. 67 – IKB.

862 BGH WM 2012, 303 Rn. 67 – IKB; dazu *Bachmann*, JZ 2012, 578 ff.; *Hannich*, WM 2013, 449 f.; *Hellgardt*, DB 2012, 673 ff.; *Hopt*, WM 2013, 101 ff.; *Klöhn*, AG 2012, 345 ff.; *Kocher*, WM 2013, 1305 ff.; *Schmolke*, ZBB 2012, 165 ff.; *Spindler*, NZG 2012, 575 ff.; *von Bernuth/Wagner/Kremer*, WM 2012, 831 ff.

863 BGH WM 2012, 303 ff., Rn 67 – IKB.

864 BGH NZG 2012, 263, 269 – IKB; *Möllers/Leisch*, in: Kölner Komm WpHG, § 37b, 37c Rn. 356 f.

Kapitalmarktrechts.[865] Demzufolge ist es erforderlich und ausreichend, dass der Anleger nachweist, dass die fehlerhafte Kapitalmarktinformation für die verzerrte Preisbildung ursachlich gewesen ist.[866]

Die Schadensersatzpflicht setzt zunächst nicht den Eintritt irgendeines Schadens als sog. haftungsbegründende Kausalität, sondern die Verletzung einer Verpflichtung zum Handeln voraus.[867] Sie setzt also immer die Unterlassung der Veröffentlichung einer Insiderinformation oder die Veröffentlichung einer unwahren Insiderinformation voraus.[868] Für die haftungsbegründende Kausalität kommt es nicht darauf an, ob der Kapitalanleger von den Kapitalmarktinformationen selbst Kenntnis erlangt hat oder nicht, und seine Anlageentscheidung gerade durch diese fehlerhafte Kapitalmarktinformation beeinflusst worden ist oder nicht.[869] Denn jeder Marktpreis bildet sich dadurch, wie groß das Angebot bestimmter Produkte oder Dienstleistungen und wie hoch die Nachfrage danach ist.[870] Entsprechendes gilt für die Finanzinstrumente. Daher dürfte eine Kausalität lediglich dahingehend genügen, dass die fehlerhafte Information für die Anlageentscheidung des Anlegers *„zum gegebenen Preis"* unsachlich gewesen ist.[871] Es kommt hier einzig darauf an, ob sich die in Rede stehende Informationspflichtverletzung auf den Marktpreis ausgewirkt und der Anleger dementsprechend zu einem künstlich verzerrten Preis

---

865 So auch *Fleischer*, BKR 2003, 608, 613.

866 Vgl. BGH WM 2012, 303 ff. – IKB; so auch *Bachmann*, JZ 2012, 578, 581; *Casper*, in: Kölner Komm KapMuG, §§ 37b, 37c WpHG Rn. 51; *Gottschalk*, DStR 2005, 1648, 1654; *Hellgardt*, DB 2012, 673, 678; *Kowalewski/Hellgardt*, DB 2005, 1839, 1840; *Leisch*, ZIP 2004, 1573, 1578; *Möllers/Leisch*, in: Möllers/Rotter, Ad-hoc-Publizität, § 15 Rn. 75; *Sauer*, ZBB 2005, 24, 29 f.; anders *Hutter/Stürwald*, NJW 2005, 2428, 2430.

867 *Maier-Reimer/Seulen*, in: Habersack/Mülbert/Schlitt, Kapitalmarktinformation, § 30 Rn. 146; *Zimmer*, WM 2004, 9, 11.

868 Vgl. *Maier-Reimer/Seulen*, in: Habersack/Mülbert/Schlitt, Kapitalmarktinformation, § 30 Rn. 146; *Möllers/Leisch*, in: Möllers/Rotter, Ad-hoc-Publizität, § 14 Rn. 117.

869 Vgl. *Hopt/Voigt*, in: Hopt/Voigt, Prospekt- und Kapitalmarktinformationshaftung, S. 9, 134; *Maier-Reimer/Seulen*, in: Habersack/Mülbert/Schlitt, Kapitalmarktinformation, § 30 Rn. 126.

870 Vgl. *Chang/Cho*, Die Bekämpfung der Börsenkriminalität, S. 26.

871 *Baums*, ZHR 167 (2003), 139, 181; *Casper*, Der Konzern 2006, 32, 34; *Engelhardt*, BKR 2006, 443, 448; *Fuchs*, in: Fuchs WpHG, §§ 37b, 37c Rn. 28; *Hopt/Voigt*, in: Hopt/Voigt, Prospekt- und Kapitalmarktinformationshaftung, S. 9, 133 ff.; *Langenbucher*, ZIP 2005, 239, 240 f.; *Maier-Reimer/Seulen*, in: Habersack/Mülbert/Schlitt, Kapitalmarktinformation, § 30 Rn. 124 ff.; *Maier-Reimer/Webering*, WM 2002, 1857, 1860 ff.; *Möllers/Leisch*, BKR 2002, 1071, 1079; *Rössner/Bolkart*, ZIP 2002, 1471, 1475; *Sauer*, ZBB 2005, 24, 29 f.; *Schäfer*, in: Marsch-Barner/Schäfer, Hb börsennotierte AG, § 17 Rn. 29 ff.; *Schäfer*, NZG 2005, 985, 991; *Schwark*, in: Festschrift Hadding, 2004, S. 1117, 1135 f.; *Sethe*, in: Assmann/Schneider, WpHG, §§ 37b, 37c Rn. 97 ff.; *Zimmer*, WM 2004, 9, 17; *Zimmer/Grotheer*, in: Schwark/Zimmer, Kapitalmarktrechtskommentar, §§ 37b, 37c WpHG Rn. 90.

gehandelt hat oder nicht.[872] Sofern eine Information im Falle ihres Bekanntwerdens den Börsen- oder Marktpreis eines Finanzinstruments erheblich beeinflussen kann, könnte sie sich auch auf Angebot und Nachfrage des Finanzinstruments auswirken. Fehlerhafte Insiderinformation würde regelmäßig zu einer fehlerhaften Preisbildung führen.[873] Es wäre deshalb in der Regel unproblematisch, den Nachweis für die haftungsbegründende Kausalität zu führen, wenn der Emittent fehlerhafte Insiderinformationen veröffentlicht und sich Börsen- oder Marktpreise zum Zeitpunkt der Transaktion höher oder niedriger gebildet haben.[874]

Gegen die hier vertretene Ansicht lässt sich auch nicht der Wortlaut des § 37c Abs. 1 WpHG vorbringen. Nach dem Wortlaut des § 37c WpHG ist der Emittent zum Ersatz eines solchen Schadens verpflichtet, der dadurch entsteht, dass der Dritte auf die Richtigkeit der Insiderinformation vertraut hat.[875] Nimmt man den Wortlaut ernst, müsste der Anleger nachweisen, dass er die Transaktion bei ordnungsgemäßer Information überhaupt nicht getätigt hätte.[876] Daraus würde sich aber eine höchst unstimmige Gesetzeslage ergeben. Gemäß § 37c Abs. 3 WpHG scheidet die Haftung des Emittenten aus, wenn der Anleger die Unrichtigkeit der veröffentlichten Insiderinformation zum Zeitpunkt seiner Transaktion kannte.[877] Diese Bestimmung wäre entbehrlich, wenn der Anspruch von vornherein nur dann bestehen würde, wenn der Anleger auf die Richtigkeit einer Insiderinformation vertraut hat, d.h. auf deren Grundlage seine Anlageentscheidung getroffen hat.[878] Wäre das tatsächliche Vertrauen des Anlegers auf die Richtigkeit einer Insiderinformation erforderlich, so müssten auch solche Anleger anspruchsberechtigt sein, die ihre Transaktion zwar nach der Korrekturmeldung getätigt haben, davon

---

872 *Sauer*, Haftung für Falschinformation des Sekundärmarktes, 2004, S. 314; *Zimmer*, WM 2004, 9, 17.

873 Vgl. *Abram*, NZG 2003, 307, 311; *Leisch*, ZIP 2004, 1573, 1575 f.

874 *Baums*, ZHR 167 (2003), 139, 180; *Doğan*, Ad-hoc-Publizitätshaftung, 2005, S. 98; *Fleischer*, in: Assmann/Schütze, Handbuch des Kapitalanlagerechts, 4. Aufl., § 6 Rn. 45; *Hopt/Voigt*, in: Hopt/Voigt, Prospekt- und Kapitalmarktinformationshaftung, 2005, S. 9, 134; *Maier-Reimer/Seulen*, in: Habersack/Mülbert/Schlitt, Kapitalmarktinformation, § 30 Rn. 146; *Schäfer*, in: Marsch-Barner/Schäfer, Hb börsennotierte AG, § 17 Rn. 30; *Sethe*, in: Assmann/Schneider, WpHG, §§ 37b, 37c Rn. 97; *Veil*, ZHR 167 (2003) 365, 377 ff.; *Zimmer*, WM 2004, 9, 17; *Sauer*, Haftung für Falschinformation des Sekundärmarktes, 2004, S. 127 f. m.w.N.

875 Vgl. *Sethe*, in: Assmann/Schneider, WpHG, §§ 37b, 37c Rn. 98.

876 *Leisch*, ZIP 2004, 1573, 1579; *Maier-Reimer/Seulen*, in: Habersack/Mülbert/Schlitt, Kapitalmarktinformation, § 30 Rn. 125; *Mülbert/Steup*, WM 2005, 1633, 1636.

877 *Mülbert/Steup*, WM 2005, 1633, 1638; *Zimmer/Grotheer*, in: Schwark/Zimmer, Kapitalmarktrechtskommentar, §§ 37b, 37c WpHG Rn. 9.

878 *Maier-Reimer/Seulen*, in: Habersack/Mülbert/Schlitt, Kapitalmarktinformation, § 30 Rn. 125; anders *Hutter/Stürwald*, NJW 2005, 2428, 2430; *Mülbert/Steup*, WM 2005, 1633, 1636.

aber nicht gewusst haben.[879] In diesem Fall scheidet die Haftung des Emittenten aber ausdrücklich aus. Daher ist die Formulierung des § 37c Abs. 1 WpHG *„auf die Richtigkeit der Insiderinformation vertraut"* korrigierend dahingehend zu verstehen, dass der Kapitalanleger auf die Transparenz der Kapitalmärkte und demgemäß auf eine korrekte Markt- und Börsenpreisbildung vertraut hat.[880]

Im Ergebnis lässt sich festhalten, dass der Kapitalanleger im Falle des § 37c WpHG nicht zum Nachweis der positiven Kenntnis von der unwahren Insiderinformation verpflichtet ist. Im Falle des § 37b WpHG soll der Kapitalanleger nicht nachweisen müssen, dass er bei ordnungsgemäßer Kapitalmarktinformation von seiner Transaktion Abstand genommen hätte.[881]

2 Haftungsausfüllende Kausalität

Die Höhe des Kursdifferenzschadens umfasst nicht mehr die haftungsbegründende, sondern die haftungsausfüllende Kausalität.[882] Den Anleger trifft die Darlegungs- und Beweislast auch für die haftungsausfüllende Kausalität. Er muss also beweisen, dass die Pflichtverletzung im Sinne der §§ 37b, 37c WpHG zur Beeinflussung des Kurses geführt hat bzw. dass ohne die Informationspflichtverletzung zum Transaktionszeitpunkt ein für ihn günstigerer Kurs bestanden hätte.[883] Grundsätzlich muss er die konkrete Schadenshöhe darlegen und beweisen, mit anderen Worten: welche Kursdifferenz er als Schaden durch das Fehlverhalten des Emittenten erlitten hat.[884] Hierbei dürfte in der Regel ein Gutachten eines Sachverständigen erforderlich sein. Bei Vorliegen ausreichender Anhaltspunkte kann das Gericht jedoch die Schadenshöhe im Wege des Freibeweises gemäß § 287 ZPO ermitteln.[885]

---

879 *Baums*, ZHR 167 (2003), 139, 162; *Maier-Reimer/Seulen*, in: Habersack/Mülbert/Schlitt, Kapitalmarktinformation, § 30 Rn. 125.

880 Vgl. *Hellgardt*, Kapitalmarktdeliktsrecht, 2008, S. 504 f.; *Maier-Reimer/Seulen*, in: Habersack/Mülbert/Schlitt, Kapitalmarktinformation, § 30 Rn. 127; *Schmolke*, ZBB 2012, 165, 177; *Sethe*, in: Assmann/Schneider, WpHG, §§ 37b, 37c Rn. 98 i.V.m. Rn. 10 ff.

881 Vgl. *Maier-Reimer/Seulen*, in: Habersack/Mülbert/Schlitt, Kapitalmarktinformation, § 30 Rn. 128; *Sethe*, in: Assmann/Schneider, WpHG, §§ 37b, 37c Rn. 97 m.w.N.

882 Eingehend *Sauer*, ZBB 2005, 24, 30 ff.

883 Vgl. *Möllers/Leisch*, in: Kölner Komm WpHG, § 37b, 37c Rn. 383.

884 *Jungmichel*, Haftung und Schadenskompensation, 2007, S. 174.

885 Vgl. *Buck-Heeb/Dieckmann*, AG 2008, 681, 90; *Fleischer*, BB 2002, 1869, 1874; *Fuchs/Dühn*, BKR 2002, 1063, 1069; *Gottschalk*, DStR 2005, 1648, 1651; *Jungmichel*, Haftung und Schadenskompensation, 2007, S. 174; *Möllers/Leisch*, in: Kölner Komm WpHG, § 37b, 37c Rn. 389; *Mülbert/Steup*, in: Habersack/Mülbert/Schlitt, Unternehmensfinanzierung, § 41 Rn. 233; *Sethe*, in: Assmann/Schneider, WpHG, §§ 37b, 37c Rn. 95; *Zimmer/Grotheer*, in: Schwark/Zimmer, Kapitalmarktrechtskommentar, §§ 37b, 37c WpHG Rn. 92.

B Rechtslage in Korea

Auf dem Sekundärmarkt ist es für den Geschädigten nicht leicht, nachzuweisen, dass in der Mitteilung eine falsche Darstellung enthalten war.[886] In der Regel wird dies durch die Ermittlung bzw. Beaufsichtigung der Aufsichtsbehörde geklärt, und der Geschädigte kann erst dann von dem Bestehen einer fehlerhaften Information Kenntnis nehmen, wenn dieses Bekanntwerden zur Senkung des Börsen- oder des Marktpreises des betreffenden Finanzinstruments führt.[887] Demzufolge kommt die zivilrechtliche Haftung des Emittenten für fehlerhafte Kapitalmarktinformation zumeist erst nach der öffentlich-rechtlichen Maßnahme, nach einer Anzeige bei der Staatanwaltschaft oder nach einem Strafurteil in Betracht.[888] Im Hinblick darauf erlegt der Gesetzgeber dem Schädiger die Verpflichtung zum Schadensersatz auf, wenn eine Rechtsverletzung des Schädigers vorliegt, es sei denn, dass er nachweist, dass er auch dann um die Fehlerhaftigkeit der betreffenden Information nicht gewusst hätte, wenn er die im Verkehr erforderliche Sorgfalt beachtet hätte.[889]

1 Haftungsbegründende Kausalität

1) Allgemeines

Die Transaktionskausalität bedeutet, dass der Geschädigte tatsächlich auf die fehlerhafte Kapitalmarktinformation vertraut und die Finanzinstrumente auf dieser Grundlage erworben hat.[890] Solche Transaktionskausalität, also das Bestehen eines Vertrauens seitens des Geschädigten, ist hinsichtlich allgemeiner deliktischer Haftung sinnvoll und nicht verzichtbar. Es ist allgemein anerkannt, dass der Kläger im Rahmen der Schadensersatzhaftung wegen unerlaubter Handlung regelmäßig die Beweislast trägt (§ 750 KBGB).[891] Daher muss er grundsätzlich nachweisen, dass er die fehlerhafte Information gekannt und zur Grundlage seiner Transaktionsentscheidung gemacht hat.

---

886 Vgl. *Lee, Chul Song*, Human Rights and Justice, September 1999, Volume 277, S. 9 f.

887 Vgl. *Kim, Yong-Jae*, Kapitalmarkt und Recht I, S. 255.

888 Vgl. Urteil des Landesgerichts Seoul Hauptviertel (*Seoul Central District Court*) vom 27. Juli 2004 (2000 Gahab 78872); *Kim, Jung Soo*, Prinzipien des Kapitalmarktrechts, 2. Aufl., S. 826; *Lim, Jai Yeon*, Kapitalmarktrecht, Seoul 2014, S. 423.

889 Vgl. *Hwang*, Illegaler Wertpapierhandel und Schadensersatz, S. 200; *Kim, Jung Soo*, Prinzipien des Kapitalmarktrechts, 2. Aufl., S. 826; *Lee, Sangpok*, Corporate Disclosure, S. 385; *Lim, Jai Yeon*, Kapitalmarktrecht, S. 633 f.

890 Vgl. *Kim, Jung Soo*, Prinzipien des Kapitalmarktrechts, 2. Aufl., S. 828; *Lee, Dong Sin*, Trial Data, Juni 2001, Volume 90, S. 389.

891 *Lee, Chul Song*, Human Rights and Justice, September 1999, Volume 277, S. 12; *Suh, Wan-Suk*, Business Law Review, März 2004, Volume 16, S. 215 f.

Die Transaktionen finden aber auf öffentlichen Kapitalmärkten, anonym und massenhaft und nicht *face-to-face*, sondern unter unbestimmten Personen statt.[892] Darüber hinaus ist es nicht selten, dass der Anleger von der fehlerhaften Kapitalmarktinformation nicht selbst Kenntnis nimmt, sondern seine Transaktion im Vertrauen auf die ordnungsgemäße Marktpreisbildung vornimmt, also darauf, dass der Preis den wahren Wert des Finanzinstruments widerspiegelt.[893] In dieser Hinsicht ist die Transaktionskausalität, anders als in den klassischen *face-to-face*-Geschäften, im Rahmen der kapitalmarktrechtlichen Ersatzhaftung entbehrlich und stellt somit eine unangemessene Belastung für den Kläger dar.[894] Hierbei stellt sich die Frage, ob diese Transaktionskausalität auch für die Deliktshaftung aus Transaktionen auf dem Kapitalmarkt erforderlich ist.

2) *Wortlaut und Meinungsspektrum über die haftungsbegründende Kausalität*

Entsteht dem Anleger dadurch ein Schaden, dass der Emittent falsche Angaben oder Darstellungen über die kursrelevanten Umstände gemacht oder kursrelevante Informationen in der Mitteilung weggelassen hat, kann der Anleger nach dem § 162 Abs. 1 FSCMA Schadensersatz geltend machen. Es geht dabei um die Frage, ob § 162 FSCMA die Transaktionskausalität voraussetzt.

Einer Ansicht nach ist diese Transaktionskausalität erforderlich. Macht der Geschädigte Schadensersatz wegen fehlerhafter Kapitalmarktinformation auf dem Sekundärmarkt geltend, müsse er nachweisen, dass er die betreffende Information gekannt und auf dieser Grundlage seine Transaktion getroffen hat.[895] Die herrschende Ansicht geht demgegenüber davon aus, nach dem Wortlaut sei allein die *Loss Causation*, nicht aber die Transaktionskausalität erforderlich, wobei die *Loss Causation* widerleglich vermutet werde.[896] Macht der Geschädigte Schadensersatz wegen fehlerhafter Kapitalmarktinformation geltend, müsse er allein nachweisen,

---

892 *KFSS*, Leitfaden zur Unternehmenspublizität, Seoul 2003, S. 131; *Kim, Jung Soo*, Prinzipien des Kapitalmarktrechts, 2. Aufl., S. 828; *Park, Hou-Sang*, Chonnam Law Review, Juni 2007, Volume 27 Nr. 1, S. 161 ff. m.w.N.

893 Vgl. Urteil vom 12. September 1997 (96 Da 41991); OGH Urteil vom 25. Oktober (2006 Da 16758 und 16765); Urteil des Obergerichts Seoul vom 16. April 2008 (2004 Da 74400); Urteil des Obergerichts Seoul vom 3. November 2006 (2005 Na 50043).

894 Vgl. OGH Urteil vom 11. Oktober 2002 (2002 Da 38521); OGH Urteil vom 21. September 2007 (2006 Da 81981); *Kim/Kim*, Unfair Trading under Capital Market Act, S. 333 f.; *Lee, Dong Sin*, Trial Data, Juni 2001, Volume 90, S. 395.

895 *Lee, Sangpok*, Corporate Disclosure, S. 386 f.

896 Vgl. *Kang, Dae-Seob*, Commercial Cases Review, September 2006, Volume 19 Nr. 3, S. *251; Kim, Jung Soo*, Prinzipien des Kapitalmarktrechts, 2. Aufl., S. 828 f.; *Lim, Jai Yeon*, Kapitalmarktrecht, S. 633; *Park, Hou-Sang*, Chonnam Law Review, Juni 2007, Volume 27 Nr. 1, S. 196; anders *Yi, Jun-Seob*, The Korean Journal of Securities Law, Dezember 2003, Volume 4 Nr. 2, S. 27 und 38.

dass der Emittent in einem zur Veröffentlichung bestimmten Dokument wie *Report on Material Facts* oder in dessen Anlagen für die Beurteilung der Finanzinstrumente wesentliche Angaben, also solche, die den Marktpreis erheblich beeinflussen können, unrichtig oder unvollständig gemacht hat.[897] Daher müsse der Schädiger zur Entlastung nachweisen, dass er weder vorsätzlich noch fahrlässig gehandelt hat oder dass der Geschädigte zum Zeitpunkt der Transaktion Kenntnis von der Fehlinformation hatte.[898] Diese Ansicht erscheint überzeugend.

3) Rechtsprechung

Auf die sog. *fraud-on-the-market-theory* sich stützend, vermutet die koreanische Rechtsprechung die Transaktionskausalität wie im Falle der Primärmarkthaftung auch bei der Ersatzhaftung für den Verstoß gegen die Veröffentlichungspflicht auf dem Sekundärmarkt.[899] Die Rechtsprechung hat also diese Theorie im Rahmen der Schadensersatzhaftung wegen fehlerhafter Kapitalmarktinformation im Geschäftsbericht anerkannt und die Transaktionskausalität bejaht.[900] Dies entspräche der sog. *fraud-on-the-market-theory* des US-amerikanischen Kapitalmarktrechts.[901]

Dieser Theorie liegt die Annahme zugrunde, dass die Kapitalanleger in modernen Kapitalmärkten generell auf die korrekte Marktpreisbildung vertrauten, also darauf, dass sich der Marktpreis ordnungsgemäß gebildet habe und nicht durch fehlerhafte Information verzerrt sei, und sie folglich ihre Transaktion im Vertrauen auf die Marktintegrität vornehmen.[902] Diese Theorie geht weiter davon aus, dass der Marktpreis unter Berücksichtigung aller öffentlich verfügbaren Informationen den wahren Wert der Aktien widerspiegelt.[903] Ist die falsche bzw. die weggelassene Information kursrelevant, müsse dies die Marktpreisbildung beeinflussen. Ist der Markt durch fehlerhafte Information irregeführt worden, seien damit alle

---

897 Zur alten Rechtslage *Kang, Dae-Seob*, Civil liabilities in securities market, 1992, S. 11.

898 OGH Urteil vom 19. August 2010 (2008 Da 92336); OGH Urteil vom 25. Oktober 2007 (2006 Da 16758 und 16765); so auch *Kim, Jung Soo*, Prinzipien des Kapitalmarktrechts, 2. Aufl., S. 828; *Lim, Jai Yeon*, Kapitalmarktrecht, S. 631; *Suh, Wan-Suk*, Business Law Review, März 2004, Volume 16, S. 218 f.

899 OGH Urteil vom 25. November 2007 (2006 Da 16758 und 16765) – Daewoo Electronics; OGH Urteil vom 21. September 2007 (2006 Da 81981); Urteil des Obergerichts Seoul vom 18. Januar 2006 (2005 Na 22673); Urteil des Landesgerichts Seoul Hauptviertel (*Seoul Central District Court*) vom 19. Mai 2005 (2003 Gahab 77160).

900 Vgl. OGH Urteil vom 11. Oktober 2002 (2002 Da 38521).

901 *Lim, Jai Yeon*, Kapitalmarktrecht, S. 633.

902 Vgl. OGH Urteil vom 12. September 1997 (97 Da 41991); OGH Urteil vom 25. Oktober 2007 (2006 Da 16758 und 16765); vgl. OGH Urteil vom 11. Oktober 2002 (2002 Da 38521); Urteil des Obergerichts Seoul vom 18. Januar 2006 (2005 Na 22673); in diesem Sinne *Kim, Jung Soo*, Prinzipien des Kapitalmarktrechts, 2. Aufl., S. 829; *Lim, Jai Yeon*, Kapitalmarktrecht, S. 633.

903 Vgl. Basic Inc. v. Levinson, 485 U.S. 224, 244 (1988).

Kapitalanleger, die auf die korrekte Marktpreisbildung vertraut haben, ebenfalls getäuscht worden. In diesem Sinne stelle eine solche Handlung eine Markttäuschung dar. Dies begründe zugleich die Täuschung gegenüber den Kapitalanlegern, die ihre Transaktionen im Vertrauen auf den Markt vorgenommen haben. Daher könne der Geschädigte ohne Nachweis der Transaktionskausalität Schadensersatz geltend machen, es sei denn, dass der Beklagte das Nichtbestehen der Transaktionskausalität beweisen kann.[904] Dieser Denkansatz hat sich im Rahmen der US-amerikanischen Rechtsprechung entwickelt und ist in der Regel allein auf die Fälle kapitalmarkrechtlicher Schadensersatzhaftung anwendbar. Nach der Rechtsprechung in Korea ist diese Theorie aber auch auf Ansprüche aus deliktischer Haftung anzuwenden.[905]

2 Haftungsausfüllende Kausalität (*Loss Causation* – Beweislastumkehr)

1) *Allgemeines*

Macht ein Kapitalanleger Schadensersatz wegen fehlerhafter Kapitalmarktinformation geltend, trägt er grundsätzlich die Beweislast. Er muss also beweisen, dass die unerlaubte Handlung des Emittenten für das Entstehen seines Schadens ursächlich war.[906] Ein solcher Nachweis ist schwer zu führen, weil der Marktpreis auf dem Kapitalmarkt von vielfältigen rationalen und irrationalen Faktoren beeinflusst wird.[907] Hat der Geschädigte nach dem allgemeinen rechtlichen Grundsatz die Beweislast für die *Loss Causation* zu tragen, stellt dies eine unüberwindbare Hürde für den Kläger dar, an der die Geltendmachung eines Ersatzanspruchs scheitern würde.[908] Vor diesem Hintergrund erlegt der koreanische Gesetzgeber dem Schädiger zum Zwecke des Anlegerschutzes die Beweislast auf, um die Geltendmachung des Schadensersatzes zu erleichtern.[909]

---

904 Vgl. Urteil des Landesgerichts Seoul Hauptviertel (*Seoul Central District Court*) vom 19. Mai 2005 (2003 Gahab 77160); *Lim, Jai Yeon*, Kapitalmarktrecht, S. 633; anders *Yi, Jun-Seob*, The Korean Journal of Securities Law, Dezember 2003, Volume 4 Nr. 2, S. 27 und 38.

905 OGH Urteil vom 28. Januar 2010 (2007 Da 16007).

906 Vgl. *Kim, Jung Soo*, Prinzipien des Kapitalmarktrechts, 2. Aufl., S. 829; *Lee, Sangpok*, Corporate Disclosure, S. 388.

907 OGH Urteil vom 25. Oktober 2007 (2006 Da 16758 und 16765); Urteil des Obergerichts Seoul vom 18. Januar 2006 (2005 Na 22673); *Lee, Dong Sin*, Trial Data, Juni 2001, Volume 90, S. 395; *Park, Hou-Sang*, Chonnam Law Review, Juni 2007, Volume 27 Nr. 1, S. 200 f.

908 OGH Urteil vom 25. Oktober 2007 (2006 Da 16758 und 16765); *Kang, Dae-Seob*, Civil liabilities in securities market, 1992, S. 107 f.; *Park, Hou-Sang*, Chonnam Law Review, Juni 2007, Volume 27 Nr. 1, S. 185.

909 Vgl. OGH Urteil vom 21. September 2007 (2006 Da 81981); OGH Urteil vom 25. Oktober 2007 (2006 Da 16758 und 16765); *Lee, Chul Song*, Human Rights and Justice,

2) *Wortlaut und Beweislastumkehr*

Der Gesetzgeber in Korea hat eine gesetzliche Regelung über die Höhe des zu ersetzenden Schadens eingeführt (162 Abs. 3 FSCMA). Gelingt dem Schädiger der Nachweis für das Nichtbestehen der Kausalität zwischen dem Schaden und der fehlerhaften Information nicht, kann der Geschädigte grundsätzlich den gesetzlich festgelegten Betrag als Mindestschaden geltend machen (§ 162 Abs. 3 FSCMA).[910] In diesem Sinne trägt der Beklagte die Beweislast für das Nichtbestehen der *Loss Causation.*[911] Infolgedessen ist es nicht erforderlich, dass der Anspruchsteller die Kausalität zwischen dem Schaden und der unerlaubten Handlung des Anspruchsgegners beweist.[912] Diese Beweislastumkehr stellt eine Modifikation der Beweislastverteilung für die Zwecke des Kapitalmarktrechts dar, d.h. für den Anlegerschutz und den Funktionsschutz.[913]

Ungeachtet dessen kann der Anspruchsverpflichtete sich dadurch entlasten, dass er nachweist, dass die Kursveränderungen ganz bzw. teilweise nicht auf die Fehlinformation zurückzuführen sind.[914] Gelingt ihm der Nachweis, kann er sich um den Nachweis betreffenden Teil entlasten. Der zu ersetzende Schaden wird also

---

September 1999, Volume 277, S. 9; *Park, Hou-Sang,* Chonnam Law Review, Juni 2007, Volume 27 Nr. 1, S. 185.

910 OGH Urteil vom 25. Oktober 2007 (2006 Da 16758 und 16765); ausführlich hierzu *Lee, Dong Sin,* Trial Data, Juni 2001, Volume 90, S. 402 ff.

911 Vgl. OGH Urteil vom 11. Oktober 2002 (2002 Da 38521); OGH Urteil vom 21. September 2007 (2006 Da 81981); Urteil des Obergerichts Seoul vom 18. Januar 2006 (2005 Na 22673); *Kim, Jung Soo,* Prinzipien des Kapitalmarktrechts, 2. Aufl., S. 829 f.; *Kwon, Jong-Ho,* in: Gesellschaft für Wertpapierhandelsrecht (Hrsg.), Kommentar zum Kapitalmarktrecht Bd. 2, 2009 Seoul, § 162, S. 687; *Lim, Jai Yeon,* Kapitalmarktrecht, S. 634; *Lee, Sangpok,* Corporate Disclosure, S. 388; zur alten Rechtslage *Lee, Chul Song,* Human Rights and Justice, September 1999, Volume 277, S. 12.

912 OGH Urteil vom 11. Oktober 2002 (2002 Da 38521); *Kim, Jung Soo,* Prinzipien des Kapitalmarktrechts, 2. Aufl., S. 829; *Lim, Jai Yeon,* Kapitalmarktrecht, S. 634; zur alten Rechtslage *Lee, Chul Song,* Human Rights and Justice, September 1999, Volume 277, S. 12; *Lee, Dong Sin,* Trial Data, Juni 2001, Volume 90, S. 404; *Suh, Wan-Suk,* Business Law Review, März 2004, Volume 16, S. 216; *Yoon, Song Han,* Wertpapierhandelsrecht, 2005 Seoul, S. 367.

913 Vgl. *Kang, Dae-Seob,* Civil liabilities in securities market, 1992, S. 74; *Lee, Sangpok,* Corporate Disclosure, S. 384; *Park, Hou-Sang,* Business Law Review, Mai 2005, Volume 19 Nr. 4, S. 355.

914 Vgl. OGH Urteil vom 21. September 2007 (2006 Da 81981); Urteil des Landgerichts Seoul West vom 5. November 2009 (2009 Gahab 1535); *Kim, Jung Soo,* Prinzipien des Kapitalmarktrechts, 2. Aufl., S. 831; *Lee, Chul Song,* Human Rights and Justice, September 1999, Volume 277, S. 12; *Lee, Dong Sin,* Trial Data, Juni 2001, Volume 90, S. 410.

um den betreffenden Teil der Einrede verringert (§ 162 Abs. 4 FSCMA).[915] Gleiches gilt, wenn er nachweist, dass die Gesamtheit oder ein Teil des erlittenen Schadens nicht auf fehlerhafte Information, sondern auf andere Gründe, also allgemeine Marktentwicklungen oder besondere Branchenrisiken, zurückzuführen ist.[916]

3) *Nachweis des Nichtbestehens der haftungsausfüllenden Kausalität*

Nach dem FSCMA trifft den Beklagten die Beweislast hinsichtlich der Kausalität zwischen Pflichtverletzung und Schaden im Rahmen der kapitalmarktrechtlichen Schadensersatzhaftung.[917] Es stellt sich dabei die Frage, wieweit man das Bestehen bzw. das Nichtbestehen der Kausalität zwischen dem Schaden und fehlerhafter Kapitalmarktinformation nachweisen muss. Hierbei sind folgende Fälle vorstellbar.

Ist der Marktpreis eines Finanzinstruments nach der fehlerhaften Information – wie beispielsweise unwahrer Information – abgestürzt, kann demjenigen ein Schaden entstehen, der nach der Fehlinformation eine Transaktion vorgenommen hat. In diesem Fall kann sich der Schädiger darauf berufen, es sei nicht sicher, dass der Kursverfall allein auf die infrage stehende Handlung, also die fehlerhafte Kapitalmarktinformation zurückzuführen sei, sondern es könnten andere Faktoren bestanden haben, die die Preisbildung beeinflusst haben könnten.[918] Dieses Argument reicht aber für die Widerlegung der gesetzlichen Vermutung betreffend die Höhe des zu ersetzenden Schadens nicht aus.[919]

Zudem ist der Fall vorstellbar, dass der Marktpreis eines Unternehmens nach dem Bekanntwerden fehlerhafter Kapitalmarktinformation, z.B. einer Bilanztäuschung, nicht fällt, sondern steigt.[920] Hierbei stellt sich die Frage, ob sich der Emittent darauf berufen kann, dass es keine Kausalität zwischen Pflichtverletzung und Schaden gebe. Nach einer Rechtsprechung ist dieser Schaden dadurch entstanden, dass der Anleger die Finanzinstrumente zu einem teureren Preis als dem Preis gekauft habe, der sich bei Veröffentlichung der wahren Finanzlage gebildet hätte.

---

915 OGH Urteil vom 11. Oktober 2002 (2002 Da 38521); *Lee, Chul Song*, Human Rights and Justice, September 1999, Volume 277, S. 12; *Lee, Dong Sin*, Trial Data, Juni 2001, Volume 90, S. 410 f.

916 Vgl. OGH Urteil vom 21. September 2007 (2006 Da 81981); *Lee, Chul Song*, Human Rights and Justice, September 1999, Volume 277, S. 12.

917 OGH Urteil vom 11. Oktober 2002 (2002 Da 38521); *Kwon, Jong-Ho*, in: Gesellschaft für Wertpapierhandelsrecht (Hrsg.), Kommentar zum Kapitalmarktrecht Bd. 2, 2009 Seoul, § 162, S. 687.

918 Vgl. OGH Urteil vom 25. Oktober 2007 (2005 Da 60246).

919 Vgl. OGH Urteil vom 21. September 2007 (2006 Da 81891); OGH Urteil vom 25. Oktober 2007 (2006 Da 16758 und 16765); Urteil des Obergerichts Seoul vom 16. April 2008 (2004 Da 74400).

920 Vgl. Urteil vom 25. Oktober 2007 (2006 Da 16758 und 16765); Urteil des Obergerichts Seoul vom 16. April 2008 (2004 Da 74400).

Daher spiele es für die Beurteilung der Kausalität keine Rolle, wieweit sich das Bekanntwerden der fehlerhaften Information, also die Bilanztäuschung, auf den Marktpreis ausgewirkt hat.[921]

Es ist auch der Fall vorstellbar, dass ein Anleger die Finanzinstrumente vor dem öffentlichen Bekanntwerden einer fehlerhaften Information erworben und sie während der Desinformationsphase wieder veräußert hat.[922] In diesem Fall wäre es auch möglich, dass die Marktpreisbildung dadurch beeinflusst wurde, dass die Tatsache, nämlich dass der Emittent eine fehlerhafte Kapitalmarktinformation veröffentlicht hatte, vor ihrem öffentlichen Bekanntwerden am Markt durchgesickert war.[923] Zu seiner Entlastung hat der Anspruchsverpflichtete zu beweisen, dass die Tatsache dem Markt nicht im Voraus bekannt geworden war oder andere Gründe bestanden hatten und wieweit diese auf den Marktpreis des betreffenden Finanzinstruments einwirkten.[924] Gleiches gilt, wenn er den hypothetischen Marktpreis nachweist, der sich ohne sein Fehlverhalten zum Zeitpunkt der Transaktion gebildet hätte.[925] Dementsprechend reiche es für die Entlastung nicht aus, wenn er nachweise, dass der Anleger die Finanzinstrumente vor dem Bekanntwerden der fehlerhaften Information wieder veräußert habe.[926]

4) Beschränkung des zu ersetzenden Schadensumfangs zugunsten des Anspruchsgegners

De lege lata ist der Anspruchsberechtigte nicht gezwungen, die *Loss Causation* konkret nachzuweisen. Hierbei stellt sich die Frage, ob sich der Anspruchsgegner dadurch entlasten kann, dass er nachweist, dass die Kursveränderungen ganz bzw. teilweise nicht auf die Fehlinformation zurückzuführen sind.[927] In diesem Hinblick hat der Gesetzgeber eine klare Regelung getroffen. Weist der Anspruchsgegner nach, dass die Gesamtheit oder ein Teil des zu ersetzenden Schadens nicht auf die fehlerhafte Kapitalmarktinformation zurückzuführen ist, scheidet ein Anspruch auf Schadensersatz zu dem infrage gestellten Teil aus (§ 162 Abs. 4 FSCMA).[928] Der Anspruchsgegner trägt also die Beweislast für das Nichtbestehen der *Loss*

921 Vgl. Urteil des Obergerichts Seoul vom 18. Januar 2006 (2005 Na 22673).
922 Vgl. OGH Urteil vom 21. September 2007 (2006 Da 81981).
923 Vgl. Urteil vom 25. Oktober 2007 (2006 Da 16758 und 16765); Urteil des Obergerichts Seoul vom 16. April 2008 (2004 Da 74400).
924 OGH Urteil vom 21. September 2007 (2006 Da 81981); OGH Urteil vom 27. November 2008 (2008 Da 31751).
925 Urteil vom 25. Oktober 2007 (2006 Da 16758 und 16765); OGH Urteil vom 27. November 2008 (2008 Da 31751).
926 Vgl. OGH Urteil vom 21. September 2007 (2006 Da 81891).
927 Hierzu *Lee, Sangpok*, Corporate Disclosure, S. 392.
928 Vgl. *Hwang*, Illegaler Wertpapierhandel und Schadensersatz, S. 206; *Lee, Sangpok*, Corporate Disclosure, S. 392.

Causation.[929] Hiermit wollte der Gesetzgeber dem Geschädigten die Geltendmachung von Schadensersatzansprüchen wegen fehlerhafter Kapitalmarktinformation erleichtern.[930] Dem liegt die Grundannahme zugrunde, dass nach der Veröffentlichung kursrelevanter Informationen auch eine Vielzahl anderer Faktoren auf die Preisbildung einwirken kann.[931] Daher sollen Faktoren, die mit der fehlerhaften Kapitalmarktinformation nicht in Zusammenhang stehen, wie etwa Börsensturz oder Finanzkrise, den Anspruchsverpflichteten nicht zur Last gelegt werden.[932] Daher erscheint es sachgerecht, einen Anspruch auf Schadensersatz zu dem infrage gestellten Teil auszuschließen, wenn der Anspruchsgegner nachweist, dass die Gesamtheit oder ein Teil des zu ersetzenden Schadens nicht auf seinem Fehlverhalten beruht.[933] In diesem Sinne dient diese Regelung der Beschränkung des zu ersetzenden Schadensumfangs zugunsten des Anspruchsgegners.[934]

3 Schlussfolgerung

§ 162 Abs. 1 FSCMA regelt die Fälle, in denen der Emittent in der Mitteilung unwahre Angaben oder Darstellungen über kursrelevante Umstände gemacht oder kursrelevante Umstände weggelassen hat und dadurch der Anleger, der die Finanzinstrumente des Emittenten kauft oder veräußert, einen Schaden erleidet. Nach diesem Wortlaut ist allein die Kausalität zwischen Pflichtverletzung und Schaden erforderlich, nicht aber auch die Transaktionskausalität.[935] Dies entspricht der

929 Vgl. OGH Urteil vom 11. Oktober 2002 (2002 Da 38521); OGH Urteil vom 21. September 2007 (2006 Da 81981); Urteil des Obergerichts Seoul vom 18. Januar 2006 (2005 Na 22673); *Kim, Jung Soo*, Prinzipien des Kapitalmarktrechts, 2. Aufl., S. 829 f.; *Kwon, Jong-Ho*, in: Gesellschaft für Wertpapierhandelsrecht (Hrsg.), Kommentar zum Kapitalmarktrecht Bd. 2, 2009 Seoul, § 162, S. 687; *Lim, Jai Yeon*, Kapitalmarktrecht, S. 634; *Lee, Sangpok*, Corporate Disclosure, S. 388; zur alten Rechtslage *Lee, Chul Song*, Human Rights and Justice, September 1999, Volume 277, S. 12.

930 Vgl. OGH Urteil vom 21. September 2007 (2006 Da 81981); Urteil vom 25. Oktober 2007 (2006 Da 16758 und 16765).

931 Vgl. OGH Urteil vom 25. Oktober 2007 (2006 Da 16758, 16765); Urteil des Obergerichts Seoul vom 16. April 2008 (2004 Da 74400); ebenso *Lee, Dong Sin*, Trial Data, Juni 2001, Volume 90, S. 408 f.

932 OGH Urteil vom 25. Oktober 2007 (2006 Da 16758, 16765); vgl. auch *Lee, Sangpok*, Corporate Disclosure, S. 392.

933 OGH Urteil vom 25. Oktober 2007 (2006 Da 16758, 16765); im Ergebnis *Kim, Jung Soo*, Prinzipien des Kapitalmarktrechts, 2. Aufl., S. 838; *Shin, Young-Moo*, Wertpapierhandelsrecht, Seoul 1987, S. 240.

934 *Lee, Sangpok*, Corporate Disclosure, S. 392.

935 OGH Urteil vom 11. Oktober 2002 (2002 Da 38521); OGH Urteil vom 21. September 2007 (2006 Da 81981); OGH Urteil vom 19. August 2010 (2008 Da 92336); ebenso *Lim, Jai Yeon*, Kapitalmarktrecht, S. 633.

fraud-on-the-market-theory, die sich im Rahmen des US-amerikanischen Kapitalmarktrechts entwickelt hat. Daher muss der Anleger die Transaktionskausalität nicht beweisen, vielmehr kann er vom Schädiger Schadensersatz verlangen, wenn dieser das Nichtbestehen der *Loss Causation* nicht nachweisen kann.[936]

936 Vgl. OGH Urteil vom 11. Oktober 2002 (2002 Da 38521); OGH Urteil vom 21. September 2007 (2006 Da 81891).

§ 7 Ausschluss des Anspruchs

A Rechtslage in Deutschland

Der Gesetzgeber hat in den §§ 37b Abs. 3 und 37c Abs. 3 WpHG hinsichtlich eines schadensbegründenden Mitverschuldens eine abschließende gesetzliche Regelung in den haftungsbegründenden Tatbestand aufgenommen. Maßgeblich ist die Kenntnis zu dem Zeitpunkt, zu dem der Dritte die betroffene Transaktion vorgenommen hat, also der Transaktionszeitpunkt. Hierbei ist jeweils auf den Zeitpunkt des schuldrechtlichen Geschäfts abzustellen.[937] Nachträgliche Kenntniserlangung schadet nicht. Hierbei handelt es sich um eine gesetzlich angeordnete Sonderregelung des haftungsbegründenden Mitverschuldens (§ 254 BGB).[938]

1 Grundsätzliches

1) Kenntnis

Nach den allgemeinen Haftungstatbeständen ist eine Haftung des Schädigers dann ausgeschlossen, wenn der Geschädigte nicht schutzwürdig ist.[939] Dies ist bei der Unterlassung einer Ad-hoc-Mitteilung dann der Fall, wenn der Anleger die nicht oder verspätet veröffentlichte Insiderinformation im Falle des § 37b Abs. 1 Nr. 1 WpHG bei dem Erwerb oder im Falle des § 37b Abs. 1 Nr. 2 WpHG bei der Veräußerung kannte.[940] Liegt Kenntnis des Geschädigten im Sinne des §§ 37b Abs. 3 WpHG vor, scheiden Ansprüche komplett aus.[941]

---

937 *Langenbucher*, Aktien- und Kapitalmarktrecht, 3. Aufl., § 17 Rn. 139 f.; *Lenenbach*, Kapitalmarkt, 2. Aufl., Rn. 11.610; *Maier-Reimer/Seulen*, in: Habersack/Mülbert/Schlitt, Kapitalmarktinformation, § 30 Rn. 93; *Möllers/Leisch*, in: Möllers/Rotter, Ad-hoc-Publizität, § 14 Rn. 127; *Möllers/Leisch*, in: Kölner Komm WpHG, § 37b, 37c Rn. 260; *Sethe*, in: Assmann/Schneider, WpHG, §§ 37b, 37c Rn. 57, 111; *Zimmer/Grotheer*, in: Schwark/Zimmer, Kapitalmarktrechtskommentar, §§ 37b, 37c WpHG Rn. 79.

938 BT-Drucks., 14/8017, S. 94; *Möllers/Leisch*, in: Möllers/Rotter, Ad-hoc-Publizität, § 14 Rn. 127; *Möllers/Leisch*, in: Kölner Komm WpHG, § 37b, 37c Rn. 259; *Sethe*, in: Assmann/Schneider, WpHG, §§ 37b, 37c Rn. 111; *Zimmer/Grotheer*, in: Schwark/Zimmer, Kapitalmarktrechtskommentar, §§ 37b, 37c WpHG Rn. 77; anders. *Fuchs*, in: Fuchs WpHG, §§ 37b, 37c Rn. 41; *Mülbert/Steup*, in: Habersack/Mülbert/Schlitt, Unternehmensfinanzierung, § 41 Rn. 234. Hierbei handele es sich um einen Fall fehlender haftungsbegründender Kausalität.

939 Vgl. *Möllers/Leisch*, in: Möllers/Rotter, Ad-hoc-Publizität, § 14 Rn. 127.

940 Vgl. OLG Schleswig vom 16. 12. 2004 – 5 U 50/04, AG 2005, 212 f.

941 *Möllers/Leisch*, in: Kölner Komm WpHG, § 37b, 37c Rn. 256; *Schäfer*, in: Marsch-Barner/Schäfer, Hb börsennotierte AG, § 17 Rn. 23; *Sethe*, in: Assmann/Schneider, WpHG, §§ 37b, 37c Rn. 111.

Hinsichtlich der Schadensentstehung kommt es nach dem Wortlaut eindeutig allein auf die positive Kenntnis des Kapitalanlegers an, sodass selbst grob fährlässige Unkenntnis nicht zu einem Anspruchsausschluss führt.[942] In diesem Sinne hat sich der Gesetzgeber gegen eine Nachprüfungspflicht zulasten des Anlegers entschieden. Den Anleger trifft daher keine Nachprüfungspflicht, selbst wenn die Unrichtigkeit der Information naheliegt.[943] Diese Kenntnis muss sich bei § 37b WpHG ausschließlich auf den Inhalt der Insiderinformation, also auf die Unterlassung der gemäß § 15 WpHG zu veröffentlichenden Insiderinformation beziehen. Demgegenüber kommt es auf deren rechtliche Würdigung als Insiderinformation nicht an.[944]

Entsprechendes gilt im Falle einer unwahren Ad-hoc-Mitteilung, wenn der Kapitalanleger die Unrichtigkeit der veröffentlichten Insiderinformation im Falle des § 37c Abs. 1 Nr. 1 WpHG beim Erwerb oder im Falle des § 37c Abs. 1 Nr. 2 WpHG bei der Veräußerung kannte. Es kommt für die Haftung lediglich darauf an, ob der Kapitalanleger zum Zeitpunkt der Transaktion positive Kenntnis von der Unrichtigkeit der Insiderinformation hatte oder nicht. Diese Kenntnis muss sich ausschließlich auf den Inhalt der Insiderinformation, also auf die Unrichtigkeit der veröffentlichten Insiderinformation beziehen.[945] Dabei kommt es nicht darauf an, dass der Dritte im Falle einer unwahren Information auch die wahren Umstände kennt.[946]

942 Vgl. BT-Drucks., 14/8017, S. 94; Diese Rechtsfolge entspricht der Prospekthaftungsregelungen der §§ 45 BörsG a.F. und § 127 InvG; vgl. BT-Drucks., 14/8017, S. 94; *Fleischer*, NJW 2002, 2977, 2981; *Fuchs*, in: Fuchs WpHG, §§ 37b, 37c Rn. 41; *Groß*, AG 1999, 199, 209; *Hutter/Leppert*, NZG 2002, 649, 654; *Möllers/Leisch*, in: Möllers/Rotter, Ad-hoc-Publizität, § 14 Rn. 127; *Möllers/Leisch*, in: Kölner Komm WpHG, § 37b, 37c Rn. 259; *Mülbert/Steup*, in: Habersack/Mülbert/Schlitt, Unternehmensfinanzierung, § 41 Rn. 234 Fn. 2; *Sethe*, in: Assmann/Schneider, WpHG, §§ 37b, 37c Rn. 111; *Zimmer/Grotheer*, in: Schwark/Zimmer, Kapitalmarktrechtskommentar, §§ 37b, 37c WpHG Rn. 77.

943 Vgl. *Jungmichel*, Haftung und Schadenskompensation, 2007, S. 181; *Möllers/Leisch*, in: Möllers/Rotter, Ad-hoc-Publizität, § 14 Rn. 127; *Mülbert/Steup*, in: Habersack/Mülbert/Schlitt, Unternehmensfinanzierung, § 41 Rn. 234 Fn. 2.

944 Vgl. *Maier-Reimer/Seulen*, in: Habersack/Mülbert/Schlitt, Kapitalmarktinformation, § 30 Rn. 150; *Maier-Reimer/Webering*, WM 2002, 1857, 1862; *Möllers/Leisch*, in: Kölner Komm WpHG, § 37b, 37c Rn. 257; *Sethe*, in: Assmann/Schneider, WpHG, §§ 37b, 37c Rn. 111.

945 *Maier-Reimer/Seulen*, in: Habersack/Mülbert/Schlitt, Kapitalmarktinformation, § 30 Rn. 150 m.w.N.; *Maier-Reimer/Webering*, WM 2002, 1857, 1862; *Mülbert/Steup*, in: Habersack/Mülbert/Schlitt, Unternehmensfinanzierung, § 41 Rn. 234; *Sethe*, in: Assmann/Schneider, WpHG, §§ 37b, 37c Rn. 111.

946 Vgl. *Casper*, in: Kölner Komm KapMuG, §§ 37b, 37c WpHG Rn. 33; *Maier-Reimer/Seulen*, in: Habersack/Mülbert/Schlitt, Kapitalmarktinformation, § 30 Rn. 150; *Möllers/Leisch*, in: Kölner Komm WpHG, § 37b, 37c Rn. 257.

Dabei muss es auf die Kenntnis des einzelnen Anlegers ankommen.[947] Ist die unterlassene Information oder die Unwahrheit der veröffentlichten Information allgemein bekannt gewesen, kommen §§ 37b Abs. 1 und 37c Abs. 1 WpHG bereits nicht in Betracht, weil es schon an der Kausalität fehlt.[948] Ein Anspruch aus § 37c WpHG kann also nur dann ausgeschlossen werden, wenn der Dritte auch weiß, dass der Markt falsch informiert worden ist.[949] Andernfalls wären solche Anleger benachteiligt, die zwar von den wahren Umständen Kenntnis haben, aber die Informationsverletzung nicht kennen und deshalb von einer ordnungsgemäßen Marktpreisbildung ausgehen.[950] Entsprechend ist § 37b Abs. 3 WpHG dahingehend zu verstehen, dass auch ein solcher Anspruch nur dann ausscheidet, wenn der Dritte sowohl die nichtveröffentlichte Tatsache kennt als auch weiß, dass sie nicht allgemein bekannt, also Gegenstand einer Insiderinformation, ist.[951]

2) Darlegungs- und Beweislast

Bei der Kenntnis handelt es sich um einen für den Emittenten günstigen Einwand des Haftungsausschlusses. Daher liegt die Darlegungs- und Beweislast für den Ausschluss des Anspruchs beim Emittenten.[952] Dies entspricht den zu § 254 BGB entwickelten allgemeinen Grundsätzen der Beweislastverteilung, wonach jeder Beteiligte für die Voraussetzung einer für ihn günstigen Norm beweispflichtig ist.[953] Im Falle des § 37b WpHG muss der Emittent darlegen bzw. beweisen, dass der Anleger zum Zeitpunkt seiner Transaktion Kenntnis von der Unterlassung einer Ad-hoc-Mitteilung hatte. Bei § 37c WpHG muss er nachweisen, dass der Anleger zum Transaktionszeitpunkt Kenntnis von der Veröffentlichung unwahrer Insiderinformation hatte.[954] Da eine ungewöhnliche Kursentwicklung jedoch nicht einmal als Indiz für fahrlässige Unkenntnis angesehen werden kann, ist es nahezu

---

947 Vgl. *Casper,* in: Kölner Komm KapMuG, §§ 37b, 37c WpHG Rn. 60; *Fuchs,* in: Fuchs WpHG, §§ 37b, 37c Rn. 41; *Sethe,* in: Assmann/Schneider, WpHG, §§ 37b, 37c Rn. 112.

948 Vgl. *Fuchs,* in: Fuchs WpHG, §§ 37b, 37c Rn. 41; *Sethe,* in: Assmann/Schneider, WpHG, §§ 37b, 37c Rn. 112.

949 *Maier-Reimer/Seulen,* in: Habersack/Mülbert/Schlitt, Kapitalmarktinformation, § 30 Rn. 150.

950 *Casper,* in: Kölner Komm KapMuG, §§ 37b, 37c WpHG Rn. 60.

951 Vgl. *Casper,* in: Kölner Komm KapMuG, §§ 37b, 37c WpHG Rn. 32, 60; *Maier-Reimer/Webering,* WM 2002, 1857, 1862; *Maier-Reimer/Seulen,* in: Habersack/Mülbert/Schlitt, Kapitalmarktinformation, § 30 Rn. 150; anders *Möllers/Leisch,* in: Kölner Komm WpHG, § 37b, 37c Rn. 257; *Sethe,* in: Assmann/Schneider, WpHG, §§ 37b, 37c Rn. 111.

952 *Fuchs,* in: Fuchs WpHG, §§ 37b, 37c Rn. 41; *Sethe,* in: Assmann/Schneider, WpHG, §§ 37b, 37c Rn. 111; *Zimmer/Grotheer,* in: Schwark/Zimmer, Kapitalmarktrechtskommentar, §§ 37b, 37c WpHG Rn. 82.

953 Vgl. *Doğan,* Ad-hoc-Publizitätshaftung, 2005, S. 123.

954 *Möllers/Leisch,* in: Kölner Komm WpHG, § 37b, 37c Rn. 262; *Mülbert/Steup,* in: Habersack/Mülbert/Schlitt, Unternehmensfinanzierung, § 41 Rn. 234.

unmöglich, positive Kenntnis des Anlegers nachzuweisen.[955] Angesichts der praktischen Schwierigkeit ist die Bedeutung der Ausschlussnormen daher gering.[956]

2 Anspruchsausschluss wegen Mitverschuldens

Es stellt sich die Frage, ob der Emittent dem geschädigten Anleger den Einwand des Mitverschuldens im Sinne des § 254 BGB entgegenhalten kann. Hierbei geht es gerade um die Frage, ob neben dem Haftungsausschluss nach den §§ 37b Abs. 3 und 37c Abs. 3 WpHG auch noch eine Einschränkung der Schadensersatzpflicht nach dem jeweiligen Verursachungs- und Verantwortungsgrad entsprechend § 254 BGB geltend gemacht werden kann.[957] Dies kann zum einen im Zusammenhang mit der Schadensentstehung und zum anderen im Zusammenhang mit einem Verstoß des Geschädigten gegen die Pflicht zur Schadensminderung in Betracht kommen.

1) Schadensentstehungsphase

Der Gesetzgeber hat in den §§ 37b Abs. 3 und 37c Abs. 3 WpHG eine abschließende Sonderregelung im Hinblick auf das schadensbegründende Mitverschulden bei der Schadensentstehung vorgesehen. Eine bloße Minderung des Ersatzanspruchs wegen Mitverschuldens des Anlegers nach § 254 Abs. 1 BGB kommt nicht in Betracht.[958]

2) Schadensminderungspflicht?

Hält der Anspruchsberechtigte die erworbenen Finanzinstrumente nach Kenntnis seines Anspruchs länger als nötig, kann sich bei sinkenden Kursen dadurch der Schaden erhöhen. Hierbei stellt sich die Frage, ob den Kapitalanleger eine Kursbeobachtungs- und Verkaufspflicht bei fallenden Kursen unter dem Gedanken der Schadensminderungspflicht im Sinne des § 254 Abs. 2 Satz 1 BGB trifft und er die Finanzinstrumente hätte rechtzeitig verkaufen müssen, um die Differenz zwischen Kauf- und Verkaufspreis so gering wie möglich zu halten.[959]

---

955 Vgl. BGH ZIP 2004, 1593, 1599 – Infomatec.

956 *Fuchs*, in: Fuchs WpHG, §§ 37b, 37c Rn. 41; *Möllers/Leisch*, in: Kölner Komm WpHG, § 37b, 37c Rn. 262; *Zimmer/Grotheer*, in: Schwark/Zimmer, Kapitalmarktrechtskommentar, §§ 37b, 37c WpHG Rn. 82.

957 *Fleischer/Kalss*, AG 2002, 329, 334; *Hutter/Leppert*, NZG 2002, 649, 655; *Rössner/Bolkart*, WM 2003, 953, 955; *Rützel*, AG 2003, 69, 77 ff.; *Thümmel*, DB 2001, 2331, 2333.

958 Vgl. *Buck-Heeb/Dieckmann*, AG 2008, 681, 690; *Casper*, in: Kölner Komm KapMuG, §§ 37b, 37c WpHG Rn. 61; *Möllers/Leisch*, in: Kölner Komm WpHG, § 37b, 37c Rn. 259; *Schäfer*, in: Marsch-Barner/Schäfer, Hb börsennotierte AG, § 17 Rn. 23; *Sethe*, in: Assmann/Schneider, WpHG, §§ 37b, 37c Rn. 111; *Zimmer/Grotheer*, in: Schwark/Zimmer, Kapitalmarktrechtskommentar, §§ 37b, 37c WpHG Rn. 77.

959 Vgl. LG Augsburg, ZIP 2002, 1881, 1883 – Infomatec II; *Groß*, AG 1999, 199, 201; *Holzborn/Foelsch*, NJW 2003, 932, 934; *Jungmichel*, Haftung und Schadenskompensation, 2007, S. 181 m.w.N.

In der Literatur wird hinsichtlich der Haftung im Zusammenhang mit der Ad-hoc-Mitteilung eine solche Obliegenheit abgelehnt.[960] Dies setze eine Kursbeobachtungsobliegenheit voraus, die sich aus § 254 Abs. 2 Satz 1 BGB nicht ergebe und dem Anleger auch nicht zumutbar sei. Zudem sei sie hinsichtlich ihrer Intensität und Reichweite in der Praxis kaum rechtssicher handhabbar.[961] Es bleibe also völlig unklar, welche Kriterien für eine solche Obliegenheit gelten und wie lange dem geschädigten Anleger bei sinkenden Kursen eine Kursbeobachtungs- bzw. Verkaufspflicht auferlegt sein sollte.[962] Darüber hinaus bestehe die Möglichkeit, auf Kosten des Emittenten zu spekulieren.[963] Bei sinkenden Kursen könnte der Kursverfall sogar noch beschleunigt werden, wenn nämlich geschädigte Anleger massenhaft die betroffenen Finanzinstrumente weiter verkaufen würden.[964] Infolgedessen würde dies zur nachträglichen Schadensvertiefung führen.

Gegen eine solche Obliegenheit spreche weiter, dass sie eine unzulässige *ex-post*-Betrachtung darstelle. Die Schadensminderung durch den Verkauf sei nur dann vorstellbar, wenn die Börsen- oder Marktpreise nach dem Verkauf weiter sinken.[965] Die Tatsache, dass der Anleger nach Kenntnis seines Anspruchs bei sinkenden Kursen die Finanzinstrumente nicht rechtzeitig verkauft hat, könne mithin umgekehrt ebenfalls keinen Mitverschuldensvorwurf begründen.[966] Dem

---

960 *Doğan*, Ad-hoc-Publizitätshaftung, 2005, S. 123 ff.; *Fleischer/Kalss*, AG 2002, 329, 334 f.; *Fleischer*, NJW 2002, 2977, 2981; *Fuchs*, in: Fuchs WpHG, §§ 37b, 37c Rn. 36; *Gottschalk*, Der Konzern 2005, 274, 279; *Hellgardt*, Kapitalmarktdeliktsrecht, 2008, S. 532; *Kort*, AG 2005, 21, 25; *Lenenbach*, Kapitalmarkt, 2. Aufl., Rn. 11. 557; *Maier-Reimer/Seulen*, in: Habersack/Mülbert/Schlitt, Kapitalmarktinformation, § 30 Rn. 183; *Möllers/Leisch*, in: Kölner Komm WpHG, § 37b, 37c Rn. 393; *Mülbert/Steup*, in: Habersack/Mülbert/Schlitt, Unternehmensfinanzierung, § 41 Rn. 235; *Sethe*, in: Assmann/Schneider, WpHG, §§ 37b, 37c Rn. 96, 156; *Zimmer/Grotheer*, in: Schwark/Zimmer, Kapitalmarktrechtskommentar, §§ 37b, 37c WpHG Rn. 94; anders *Hutter/Leppert*, NZG 2002, 649, 655; *Rieckers*, BB 2002, 1213, 1219; *Thümmel*, DB 2001, 2331, 2333.

961 Vgl. *Fleischer*, DB 2004, 2031, 2035; *Fleischer/Kalss*, AG 2002, 329, 334 f.; *Fuchs*, in: Fuchs WpHG, Vor §§ 37b, 37c Rn. 56; *Gottschalk*, Der Konzern 2005, 274, 279; *Möllers/Leisch*, in: Möllers/Rotter, Ad-hoc-Publizität, § 14 Rn. 130; *Rützel*, AG 2003, 69, 78.

962 *Rützel*, AG 2003, 69, 78.

963 *Baums*, ZHR 167 (2003), 139, 186 f.; *Fleischer/Kalss*, AG 2002, 329, 334; *Maier-Reimer/Seulen*, in: Habersack/Mülbert/Schlitt, Kapitalmarktinformation, § 30 Rn. 183.

964 Vgl. *Fleischer*, in: Assmann/Schütze, Handbuch des Kapitalanlagerechts, 4. Aufl., § 6 Rn. 37; *Fleischer/Kalss*, AG 2002, 329, 335; *Gottschalk*, Der Konzern 2005, 274, 279; *Rützel*, AG 2003, 69, 78.

965 *Möllers/Leisch*, in: Möllers/Rotter, Ad-hoc-Publizität, § 14 Rn. 130; *Möllers/Leisch*, in: Kölner Komm WpHG, § 37b, 37c Rn. 393.

966 *Buck-Heeb/Dieckmann*, AG 2008, 681, 690; *Fleischer*, NJW 2002, 2977, 2981; *Fleischer/Kalss*, AG 2002, 329, 335; *Fuchs*, in: Fuchs WpHG, Vor §§ 37b, 37c Rn. 56; *Gottschalk*, Der Konzern 2005, 274, 279; *Hellgardt*, Kapitalmarktdeliktsrecht, 2008, S. 532; *Jungmichel*, Haftung und Schadenskompensation, 2007, S. 181; *Maier-Reimer/Seulen*, in: Habersack/Mülbert/Schlitt, Kapitalmarktinformation, § 30 Rn. 152;

Kapitalanleger sei nicht zumuten, sich darüber Gewissheit zu verschaffen, wie sich der Kurs des Finanzinstruments bis zur Streitentscheidung entwickelt.[967] Dieser Kritik ist zuzustimmen.[968]

Im Hinblick auf den zu ersetzenden Schaden kommen diese Fragen bei der Haftung aus den §§ 37b, 37c WpHG dann nicht in Betracht, wenn der Anleger ausschließlich einen Kursdifferenzschaden geltend machen kann.[969] Bei Geltendmachung eines Kursdifferenzschadens bestimmt sich der Schaden nach der Kursdifferenz zum Zeitpunkt der Transaktion, und die weitere Entwicklung des Preises wirkt sich deshalb nicht auf die Höhe des zu ersetzenden Schadens aus.[970] Dabei kommt es für die Schadenshöhe nicht darauf an, ob der Anleger die Finanzinstrumente weiterhin behalten oder bereits veräußert hat. Der Kapitalanleger hat deshalb keine Möglichkeit, den bereits entstandenen Schaden durch den Verkauf nachträglich zu verringern.[971] Eine Obliegenheit zur Schadensminderung im Sinne des § 254 Abs. 2 Satz 1 BGB kann also überhaupt nur dann in Betracht kommen, wenn der Anleger einen Vertragsabschlussschaden in Gestalt einer schadensrechtliche Rückabwicklung geltend macht.[972]

Möllers/Leisch, in: Möllers/Rotter, Ad-hoc-Publizität, § 14 Rn. 130; *Sethe,* in: Assmann/Schneider, WpHG, §§ 37b, 37c Rn. 156; *Zimmer/Grotheer,* in: Schwark/Zimmer, Kapitalmarktrechtskommentar, §§ 37b, 37c WpHG Rn. 94.

967 Vgl. *Fleischer/Kalss,* AG 2002, 329, 335; *Möllers/Leisch,* in: Möllers/Rotter, Ad-hoc-Publizität, § 14 Rn. 130; *Möllers/Leisch,* in: Kölner Komm WpHG, § 37b, 37c Rn. 393.

968 Ebenso *Fleischer,* in: Assmann/Schütze, Handbuch des Kapitalanlagerechts, 4. Aufl., § 6 Rn. 37; *Möllers/Leisch,* in: Möllers/Rotter, Ad-hoc-Publizität, § 14 Rn. 130; *Mülbert/Steup,* in: Habersack/Mülbert/Schlitt, Unternehmensfinanzierung, § 41 Rn. 235.

969 *Casper,* in: Kölner Komm KapMuG, §§ 37b, 37c WpHG Rn. 61; *Fleischer,* DB 2004, 2031, 2034; *Fuchs,* in: Fuchs WpHG, Vor §§ 37b, 37c Rn. 56; *Maier-Reimer/Seulen,* in: Habersack/Mülbert/Schlitt, Kapitalmarktinformation, § 30 Rn. 152; *Maier-Reimer/Webering,* WM 2002, 1857, 1860; *Mülbert/Steup,* in: Habersack/Mülbert/Schlitt, Unternehmensfinanzierung, § 41 Rn. 235; *Rützel,* AG 2003, 69, 78; *Sethe,* in: Assmann/Schneider, WpHG, §§ 37b, 37c Rn. 96, 156; im Ergebnis auch *Möllers/Leisch,* in: Kölner Komm WpHG, § 37b, 37c Rn. 393.

970 *Dühn,* Schadensersatzhaftung, 2003, S. 166; *Maier-Reimer/Seulen,* in: Habersack/Mülbert/Schlitt, Kapitalmarktinformation, § 30 Rn. 152; *Mülbert/Steup,* in: Habersack/Mülbert/Schlitt, Unternehmensfinanzierung, § 41 Rn. 235; *Rützel,* AG 2003, 69, 78; *Zimmer/Grotheer,* in: Schwark/Zimmer, Kapitalmarktrechtskommentar, §§ 37b, 37c WpHG Rn. 94.

971 Vgl. *Doğan,* Ad-hoc-Publizitätshaftung, 2005, S. 123 f. m.w.N.; *Fleischer/Kalss,* AG 2002, 329, 334 f.; *Hellgardt,* Kapitalmarktdeliktsrecht, 2008, S. 532; *Jungmichel,* Haftung und Schadenskompensation, 2007, S. 181; *Maier-Reimer/Webering,* WM 2002, 1857, 1860; *Möllers/Leisch,* in: Kölner Komm WpHG, § 37b, 37c Rn. 393 und 482; *Mülbert/Steup,* in: Habersack/Mülbert/Schlitt, Unternehmensfinanzierung, § 41 Rn. 235; *Sethe,* in: Assmann/Schneider, WpHG, §§ 37b, 37c Rn. 96, 156; *Zimmer/Grotheer,* in: Schwark/Zimmer, Kapitalmarktrechtskommentar, §§ 37b, 37c WpHG Rn. 94.

972 Vgl. *Casper,* in: Kölner Komm KapMuG, §§ 37b, 37c WpHG Rn. 61; *Jungmichel,* Haftung und Schadenskompensation, 2007, S. 181; *Möllers/Leisch,* in: Kölner Komm

3 Berichtigung bzw. Nachholung der Information

1) Allgemeines

Hat der Emittent eine inhaltlich unrichtige Information veröffentlicht, ist er zur unverzüglichen Berichtigung verpflichtet. Diese Verpflichtung zur unverzüglichen Berichtigung ergibt sich entweder aus § 15 Abs. 1 WpHG oder aus § 15 Abs. 2 WpHG, weil entweder die Berichtigung selbst den Tatbestand des § 15 Abs. 1 WpHG erfüllt, also selbst eine Insiderinformation darstellt, oder aber weil § 15 Abs. 2 WpHG eingreift.[973] Nicht entscheidend ist, ob der betroffene Kapitalanleger von der Nachholung bzw. der Berichtigung persönlich Kenntnis erlangt hat und seine Entscheidung auf ihr beruht oder nicht.[974] Allein der Umstand, dass die Information im Falle des § 37b WpHG nachholend als Ad-hoc-Mitteilung veröffentlicht bzw. die unwahre Information im Falle des § 37c WpHG in Form einer Ad-hoc-Mitteilung berichtigt wurde, berührt den bereits entstandenen Anspruch grundsätzlich nicht mehr, wenn die fehlerhafte Mitteilung auf grober Fahrlässigkeit oder Vorsatz beruhte.[975] Dabei ist die Berichtigung bzw. die Nachholung grundsätzlich in derselben Form der Veröffentlichung vorzunehmen, die zuvor bei der fehlerhaften Ad-hoc-Mitteilung benutzt wurde.

2) Rechtsfolge der Berichtigung bzw. der Nachholung der Information

Kapitalanleger, die nach der Berichtigung bzw. der Nachholung der Information zu einer Anlageentscheidung gelangt sind, sind daher ab diesem Zeitpunkt bereits nicht mehr aktivlegitimiert.[976] Denn die Desinformationsphase ist mit der Berichtigung abgeschlossen, und von da an entstehen eben deshalb keine neuen Schadensersatzansprüche mehr. Dies wird damit begründet, dass solche Anleger keinen Schaden erlitten haben können, weil mit der Berichtigung die Kausalität zwischen der ursprünglich fehlerhaften Kapitalinformation und der Anlageentscheidung unterbrochen wird.[977] In einem solchen Fall sind diejenigen, die ihre Finanzinstrumente nach diesem Zeitpunkt erwerben oder veräußern, grundsätzlich so gestellt,

---

WpHG, § 37b, 37c Rn. 393; *Zimmer/Grotheer,* in: Schwark/Zimmer, Kapitalmarktrechtskommentar, §§ 37b, 37c WpHG Rn. 94.

973 Vgl. *Sethe,* in: Assmann/Schneider, WpHG, §§ 37b, 37c Rn. 113.

974 Vgl. *Baums,* ZHR 167(2003), 139, 162; *Zimmer/Grotheer,* in: Schwark/Zimmer, Kapitalmarktrechtskommentar, §§ 37b, 37c WpHG Rn. 46.

975 Vgl. *Möllers/Leisch,* in: Kölner Komm WpHG, § 37b, 37c Rn. 261; *Sethe,* in: Assmann/Schneider, WpHG, §§ 37b, 37c Rn. 113; *Zimmer/Grotheer,* in: Schwark/Zimmer, Kapitalmarktrechtskommentar, §§ 37b, 37c WpHG Rn. 44, 80.

976 Vgl. *Sethe,* in: Assmann/Schneider, WpHG, §§ 37b, 37c Rn. 113; *Zimmer/Grotheer,* in: Schwark/Zimmer, Kapitalmarktrechtskommentar, §§ 37b, 37c WpHG Rn. 47.

977 Vgl. *Lenenbach,* Kapitalmarkt, 2. Aufl., Rn. 11.610; *Möllers/Leisch,* in: Kölner Komm WpHG, § 37b, 37c Rn. 261; *Sethe,* in: Assmann/Schneider, WpHG, §§ 37b, 37c Rn. 113 ff.

wie wenn der Emittent eine Veröffentlichung unwahrer Insiderinformationen nicht vorgenommen hätte.[978]

Entsprechendes gilt, wenn das Anlegerpublikum auf zugleich funktionale und verlässliche Art und Weise von der Unterlassung einer Insiderinformation bzw. von der Veröffentlichung unwahrer Insiderinformation Kenntnis hat.[979] Hierbei kommt es darauf an, dass das breite Anlegerpublikum Kenntnis von der Insiderinformation erlangt oder nicht. Nicht entscheidend ist, wer die Insiderinformation öffentlich bekannt gemacht hat. Ob der Emittent selbst die der Insiderinformation zugrundeliegenden Umstände nachholend in einer Ad-hoc-Meldung gemäß § 15 WpHG veröffentlicht oder diese auf sonstige Weise allmählich ans Licht kommen, spielt keine Rolle.[980]

4 Verjährung

1) Allgemeines

Nach dem Wortlaut der §§ 37b Abs. 4 und 37c Abs. 4 WpHG a.F. verjährte der Schadensersatzanspruch in einem Jahr von dem Zeitpunkt an, zu dem der Dritte von der Unterlassung der unverzüglichen Veröffentlichung (37b Abs. 4 WpHG) bzw. von der Unwahrheit der veröffentlichten Insiderinformation (37c Abs. 4 WpHG) Kenntnis erlangt hat, spätestens jedoch in drei Jahren seit der Unterlassung der Veröffentlichung bzw. der Veröffentlichung unwahrer Insiderinformation.[981] Der Gesetzgeber hatte sich bei der Regelung der Verjährung des Anspruchs nach den §§ 37b Abs. 4 und 37c Abs. 4 WpHG a.F. für eine gesetzliche Modifikation der Verjährungsregelung entschieden. Gleichzeitig mit der Einführung der Haftung bei Verstößen gegen die Ad-hoc-Publizität im Rahmen des 4. FMFG wurden die Verjährungsfristen novelliert und inhaltlich angepasst.[982] Wie bei den allgemeinen Verjährungsregeln, so bestimmte sich die Verjährung also auch bei den spezialgesetzlichen Vorschriften nach einer subjektiven, relativen Einjahresfrist (kenntnisabhängige Verjährungsfrist) und einer objektiven, absoluten Dreijahresfrist (kenntnisunabhängige Verjährungsfrist).[983] Die für deliktische Ansprüche geltende

978 Vgl. *Zimmer/Grotheer*, in: Schwark/Zimmer, Kapitalmarktrechtskommentar, §§ 37b, 37c WpHG Rn. 46.

979 *Möllers/Leisch*, in: Kölner Komm WpHG, § 37b, 37c Rn. 234; *Sethe*, in: Assmann/Schneider, WpHG, §§ 37b, 37c Rn. 59.

980 Vgl. *BaFin*, Emittentenleitfaden, 2013, S. 34.

981 Kritisch hierzu *Rössner/Bolkart*, ZIP 2002, 1471, 1477; *Rössner/Bolkart*, WM 2003, 953, 959; *Sethe*, in: Assmann/Schneider, WpHG, §§ 37b, 37c Rn. 116, 117, 120; *Zimmer/Grotheer*, in: Schwark/Zimmer, Kapitalmarktrechtskommentar, §§ 37b, 37c WpHG Rn. 96, 98.

982 Vgl. *Jungmichel*, Haftung und Schadenskompensation, 2007, S. 182.

983 Vgl. BR-Drucks. 936/01 (neu), S. 230; *Zimmer/Grotheer*, in: Schwark/Zimmer, Kapitalmarktrechtskommentar, §§ 37b, 37c WpHG Rn. 95 ff.

Regelverjährung von drei Jahren (§§ 195, 199 Abs. 1 BGB) wurde für die speziellen Haftungsansprüche zugunsten des Emittenten verkürzt.[984]

Die Regelung unterschied sich damit in dreifacher Hinsicht von den Regelverjährungen. Zunächst reichte, anders als nach § 199 Abs. 1 Nr. 2 BGB, grob fahrlässige Unkenntnis nicht aus. Auch im Hinblick auf den Verjährungsbeginn war nicht auf das Jahresende abzustellen, sondern begann die Frist bereits mit der haftungsbegründenden Handlung zu laufen.[985] Die Dauer der kenntnisabhängigen relativen Verjährungsfrist war auf ein Jahr und damit die kenntnisunabhängige absolute Verjährungsfrist auf drei Jahre verkürzt.

Der wesentliche Zweck der Verjährungsverkürzung lag darin, das Risiko zu vermeiden, dass ein Anleger auf Kosten des Emittenten spekuliert.[986] Der Gesetzgeber wollte mit der kenntnisunabhängigen absoluten Verjährungsfrist der Schnelllebigkeit des Geschäftsverkehrs im Wertpapierbereich Rechnung tragen.[987] Hinsichtlich einer kapitalmarktrechtlichen Haftung sei eine zeitnahe Abwicklung erforderlich.[988] Dem Wortlaut nach wurde mit Ablauf eines bestimmten Zeitraums, und zwar drei Jahre nach der Pflichtverletzung, die kenntnisunabhängige Verjährungsfrist einheitlich für alle Geschädigten bestimmt.[989] Damit wollte der Gesetzgeber eine hinreichende Rechtssicherheit für den Emittenten schaffen.[990] Die subjektive Verjährungsregelung wurde damit begründet, dass es den Kaptalanlegern durchaus zumutbar sei, innerhalb eines Jahres die notwendigen rechtlichen Schritte einzuleiten, um ihre Ersatzansprüche durchzusetzen.[991]

Diese Spezialregelungen wurden aufgrund vieler kritischer Stimmen durch das am 10. 7. 2015 in Kraft getretene Kleinanlegerschutzgesetz[992] aufgehoben. Der Gesetzgeber in Deutschland hat die §§ 37b Abs. 4 und 37c Abs. 4 WpHG in der bis zum 9. Juli 2015 geltenden Fassung gestrichen. Er hat somit eine einheitliche Verjährung hinsichtlich der kapitalmarkrechtlichen und deliktischen Ansprüche geschaffen. Damit wollte er den Anlegerschutz weiter verbessern und zugleich das

---

984 *Fuchs,* in: Fuchs WpHG, §§ 37b, 37c Rn. 42; *Rössner/Bolkart,* WM 2003, 953, 959.

985 Vgl. *Lenenbach,* Kapitalmarkt, 2. Aufl., Rn. 11.610; *Sethe,* in: Assmann/Schneider, WpHG, §§ 37b, 37c Rn. 116; *Zimmer/Grotheer,* in: Schwark/Zimmer, Kapitalmarktrechtskommentar, §§ 37b, 37c WpHG Rn. 96.

986 Vgl. *Möllers/Leisch,* in: Kölner Komm WpHG, § 37b, 37c Rn. 370.

987 BT-Drucks., 14/8017, S. 94; kritisch *Rössner/Bolkart,* ZIP 2002, 1471, 1477.

988 *Fuchs,* in: Fuchs WpHG, §§ 37b, 37c Rn. 44; *Maier-Reimer/Webering,* WM 2002, 1857, 1862; zweifelnd *Rössner/Bolkart,* ZIP 2002, 1471, 1476.

989 *Sethe,* in: Assmann/Schneider, WpHG, §§ 37b, 37c Rn. 117; *Zimmer/Grotheer,* in: Schwark/Zimmer, Kapitalmarktrechtskommentar, §§ 37b, 37c WpHG Rn. 98.

990 BT-Drucks., 14/8017, S. 94.

991 BT-Drucks., 14/8017, S. 94; *Jungmichel,* Haftung und Schadenskompensation, 2007, S. 182; *Möllers/Leisch,* in: Möllers/Rotter, Ad-hoc-Publizität, § 14 Rn. 144; *Möllers/Leisch,* in: Kölner Komm WpHG §§ 37b, 37c Rn. 397; anders *Rössner/Bolkart,* ZIP 2002, 1471, 1476.

992 Kleinanlegerschutzgesetz vom 3. Juli 2015, BGBl. 2015 I S. 1114.

Risiko von Vermögensschaden vermindern und damit das Vertrauen des Anlegers in den Finanzmarkt in Deutschland stärken.[993] Daher kommt auch bei Schadensersatzansprüchen wegen fehlerhafter, irreführender oder unterlassener Kapitalmarktinformationen allein die regelmäßige Verjährungsfrist wie bei §§ 195, 199 BGB in Betracht. Die Verjährungsfrist ist damit auch für diese Ansprüche nach §§ 195, 199 BGB zu berechnen.[994]

2) Nachholung bzw. Berichtigung

Hat der Emittent die unterlassene Ad-hoc-Mitteilung förmlich nachgeholt bzw. die unwahre Ad-hoc-Mitteilung entsprechend § 15 Abs. 2 Satz 1 in Form einer Ad-hoc-Mitteilung berichtigt, so stellt sich die Frage, ob eine kenntnisabhängige, relative Verjährungsfrist mit der Kenntnisnahme des Anlegers von diesen Mitteilungen beginnt.[995] Die Nachholung einer zunächst unterbliebenen Ad-hoc-Mitteilung hat jedenfalls nicht automatisch zur Folge, dass alle potentiellen Anleger Kenntnis von der Unterlassung erlangen. Dies kann für den Fall nur dann bejaht werden, soweit sich aus der nachgeholten Ad-hoc-Mitteilung nicht nur die betreffende Insiderinformation ergibt, sondern auch, dass und wann eine Ad-hoc-Mitteilung ursprünglich unterblieben ist (§ 37b WpHG).[996] Wird eine unwahre Insiderinformation berichtet, dann kommt es darauf an, ob sich aus der Korrekturmeldung ergibt oder nicht, dass die ursprüngliche Mitteilung unrichtig war.[997]

5 Darlegungs- und Beweislast

Nach den allgemeinen Beweisregeln trägt derjenige die Darlegungs- und Beweislast für die Voraussetzung der Verjährung, der sich auf sie beruft.[998] Hinsichtlich der relativen Verjährung muss der Emittent die positive Kenntnis des Anlegers

---

993 Vgl. Entwurf eines Kleinanlegerschutzgesetzes, BT-Drucks., 14/4708, S. 1.

994 Zu dieser Problematik ausführlich *Druckenbrodt*, NJW 2015, 3749 ff.

995 Vgl. *Möllers/Leisch,* in: Kölner Komm WpHG, § 37b, 37c Rn. 403; *Sethe,* in: Assmann/Schneider, WpHG, §§ 37b, 37c Rn. 116.

996 *Möllers/Leisch,* in: Kölner Komm WpHG, § 37b, 37c Rn. 403; *Sethe,* in: Assmann/Schneider, WpHG, §§ 37b, 37c Rn. 116; *Zimmer/Grotheer,* in: Schwark/Zimmer, Kapitalmarktrechtskommentar, §§ 37b, 37c WpHG Rn. 96.

997 *Fuchs,* in: Fuchs WpHG, §§ 37b, 37c Rn. 43; *Sethe,* in: Assmann/Schneider, WpHG, §§ 37b, 37c Rn. 116; *Zimmer/Grotheer,* in: Schwark/Zimmer, Kapitalmarktrechtskommentar, §§ 37b, 37c WpHG Rn. 96.

998 *Möllers/Leisch,* in: Kölner Komm WpHG, § 37b, 37c Rn. 406; *Möllers/Leisch,* in: Möllers/Rotter, Ad-hoc-Publizität, § 14 Rn. 143; *Mülbert/Steup,* in: Habersack/Mülbert/Schlitt, Unternehmensfinanzierung, § 41 Rn. 236; *Sethe,* in: Assmann/Schneider, WpHG, §§ 37b, 37c Rn. 118; *Zimmer/Grotheer,* in: Schwark/Zimmer, Kapitalmarktrechtskommentar, §§ 37b, 37c WpHG Rn. 100 ff.

einschließlich des Zeitpunkts von dessen Kenntniserlangung nachweisen.[999] Im Falle des § 37b WpHG muss er zu seiner Entlastung darlegen bzw. beweisen, dass der Anleger von der Insiderinformation Kenntnis hatte und ihm bekannt war, dass die Insiderinformation zum maßgeblichen Zeitpunkt nicht öffentlich bekanntgemacht worden war. Im Falle des § 37c WpHG ist vom Emittenten mithin nachzuweisen, dass der Anleger Kenntnis davon hatte, dass der Emittent eine unwahre Ad-hoc-Mitteilung veröffentlicht hatte.[1000]

Kenntnis des Anlegers liegt dann vor, wenn dieser aufgrund der ihm bekannten Tatsachen einen Schadensersatz mit hinreichender Aussicht auf Erfolg geltend machen kann.[1001] Im Hinblick auf die absolute Verjährung muss der Emittent den Zeitpunkt der Unterlassung bzw. der Veröffentlichung der unwahren Ad-hoc-Mitteilung darlegen und beweisen.[1002] Hierbei gerät der Emittent bei einer lediglich verspäteten Veröffentlichung einer Insiderinformation in ein Dilemma.[1003] Die Unterlassung beginnt erst nach Ablauf der dem Emittenten zugebilligten Veröffentlichungsfrist, wonach der Emittent eine ihn unmittelbar betreffende Insiderinformation unverzüglich veröffentlichen muss. Um den Vorwurf der Verspätung zu vermeiden, hat der Emittent mithin zu beweisen, wann die ihn unmittelbar betreffende Insiderinformation eingetreten ist. Zudem muss er nachweisen, dass die Veröffentlichung gerade noch rechtzeitig erfolgt ist.[1004] Mit Blick auf den Ablauf der kenntnisunabhängigen Verjährungsfrist, die mit der Unterlassung beginnt, ist er jedoch umgekehrt daran interessiert, den Beginn des Verjährungsbeginns möglichst früh zu behaupten.[1005] Dies hätte aber zur Folge, den Kreis der Anspruchsberechtigten zu erweitern.[1006]

999 *Casper,* in: Kölner Komm KapMuG, §§ 37b, 37c WpHG Rn. 62; *Jungmichel,* Haftung und Schadenskompensation, 2007, S. 183; *Möllers/Leisch,* in: Kölner Komm WpHG, § 37b, 37c Rn. 406; *Zimmer/Grotheer,* in: Schwark/Zimmer, Kapitalmarktrechtskommentar, §§ 37b, 37c WpHG Rn. 100.

1000 Vgl. *Maier-Reimer/Webering,* WM 2002, 1857, 1863; *Möllers/Leisch,* in: Möllers/Rotter, Ad-hoc-Publizität, § 14 Rn. 143.

1001 Vgl. BGHZ 48, 181, 183; *Möllers/Leisch,* in: Kölner Komm WpHG, § 37b, 37c Rn. 406.

1002 *Möllers/Leisch,* in: Kölner Komm WpHG, § 37b, 37c Rn. 408; *Zimmer/Grotheer,* in: Schwark/Zimmer, Kapitalmarktrechtskommentar, §§ 37b, 37c WpHG Rn. 101.

1003 *Sethe,* in: Assmann/Schneider, WpHG, §§ 37b, 37c Rn. 119.

1004 *Möllers/Leisch,* in: Kölner Komm WpHG, § 37b, 37c Rn. 408; *Mülbert/Steup,* in: Habersack/Mülbert/Schlitt, Unternehmensfinanzierung, § 41 Rn. 236; *Sethe,* in: Assmann/Schneider, WpHG, §§ 37b, 37c Rn. 119.

1005 *Sethe,* in: Assmann/Schneider, WpHG, §§ 37b, 37c Rn. 119.

1006 *Möllers/Leisch,* in: Kölner Komm WpHG, § 37b, 37c Rn. 408.

B Rechtslage in Korea

1 Grundsätzliches

Liegt eine fehlerhafte Kapitalmarktinformation hinsichtlich der kursrelevanten Umstände vor, so ist das Vorstandsmitglied eines Unternehmens, von dem der Geschäftsbericht ausgeht, demjenigen, der ohne Kenntnis von der fehlerhaften Information die Finanzinstrumente gekauft bzw. veräußert hat, zum Schadensersatz verpflichtet. Der Anspruchsverpflichtete kann sich zunächst dadurch entlasten, dass er nachweist, dass er von der Fehlerhaftigkeit der betreffenden Information selbst dann nicht gewusst hätte, wenn er die im Verkehr erforderliche Sorgfalt beachtet hätte.[1007] Der Anspruch ist auch dann ausgeschlossen, wenn der Anleger zum Zeitpunkt seiner Transaktion die fehlerhafte Insiderinformation oder die Unrichtigkeit der Insiderinformation kannte (§ 162 Abs. 1 Satz 2 FSCMA). Hinsichtlich der Schadensentstehung kommt es allein auf die positive Kenntnis des Anlegers an, sodass selbst grob fährlässige Unkenntnis nicht zu einem Anspruchsausschluss führt.[1008]

Nach der Rechtsprechung scheidet die Ersatzhaftung aus, wenn der Anleger zum Zeitpunkt der Transaktion die Fehlerhaftigkeit der kursrelevanten Informationen kannte, wobei den Emittenten die Beweislast dafür trifft, dass der Anleger tatsächlich diese Kenntnis hatte.[1009] Hieraus lässt sich klar erkennen, dass die Haftungsnorm für die fehlerhafte Kapitalmarktinformation eine Fahrlässigkeitshaftung darstellt und der Schädiger sich auch durch den Nachweis bösen Glaubens des Geschädigten entlasten kann.[1010] Gleiches gilt, wenn der Emittent nachweist, dass er selbst dann keine Kenntnis von der fehlerhaften Information hätte erlangen können, wenn er die im Verkehr erforderliche Sorgfalt beachtet hätte. Damit ist gemeint, dass er zu beweisen hat, dass er die gebotenen und ihm persönlich zumutbaren Ermittlungen der betreffenden Umstände vorgenommen hat (*Due Diligence*).[1011] Darüber hinaus muss er nachweisen, dass er davon ausgegangen ist,

---

1007 Eingehend *Lee, Dong Sin*, Trial Data, Juni 2001, Volume 90, S. 381 ff.; bereits *Shin, Young-Moo*, Wertpapierhandelsrecht, Seoul 1987, S. 239; gegen Anwendung dieser Regelung auf die Emittenten *Kim, Jung Soo*, Prinzipien des Kapitalmarktrechts, 2. Aufl., S. 550.

1008 Im Ergebnis auch *Kim, Jung Soo*, Prinzipien des Kapitalmarktrechts, 2. Aufl., S. 828.

1009 Urteil vom 19. August 2010 (2008 Da 92336); in diesem Sinne auch *Kim, Jung Soo*, Prinzipien des Kapitalmarktrechts, 2. Aufl., S. 826; *Lee, Dong Sin*, Trial Data, Juni 2001, Volume 90, S. 380 f.

1010 Vgl. *Lee, Dong Sin*, Trial Data, Juni 2001, Volume 90, S. 385; *Lee, Sangpok*, Corporate Disclosure, S. 385.

1011 Urteil vom 19. August 2010 (2008 Da 92336); *Byeon/Hong/Kim/Um/Kim*, Kapitalmarktrecht, Seoul 2009, S. 382; *Lee, Dong Sin*, Trial Data, Juni 2001, Volume 90, S. 383.

dass die betreffende Information der wahren Lage der Gesellschaft entsprach und hierfür vernünftige Gründe bestanden haben und dass er auf die Wahrheit der Information wirklich vertraut hat.[1012]

2 Anspruchsausschluss wegen Mitverschuldens

1) Meinungsspektrum in Korea

Wer gegen die Publizitätspflicht verstößt, ist nach dem FSCMA zum Schadensersatz verpflichtet. Dabei stellt sich wiederum die Frage, ob die Höhe des zu ersetzenden Schadens wegen eines Mitverschuldens von Klägern beschränkt werden kann. Hinsichtlich des Schadenseintritts hat die koreanische Rechtsprechung diese Möglichkeit bejaht.[1013] In der Literatur wird auch die Meinung vertreten, dass die Haftungsbeschränkung wegen des Mitverschuldens von Geschädigten hinsichtlich des Schadenseintritts bzw. der Schadenserweiterung durchaus möglich sei.[1014] Auch im Rahmen der Schadensersatzhaftung gemäß § 162 Abs. 1 FSCMA gelte grundsätzlich die Maxime des Schadensersatzrechts, auch wenn die Höhe des zu ersetzenden Schadens gesetzlich vermutet werde und der Beklagte die Beweislast für die Kausalität zwischen Pflichtverletzung und Schaden trage.[1015] Dem Prinzip nach solle der Geschädigte vermögensmäßig so gestellt werden, wie er stünde, wenn das schädigende Ereignis nicht eingetreten wäre. Vom Grundsatz her solle der Geschädigte durch den Schadensersatz nicht schlechter, aber eben auch nicht bessergestellt werden, als er ohne das Schadensereignis stehen würde. Hierdurch soll eine sachgerechte Schadensverteilung gewährleistet werden.[1016]

1012 Vgl. Urteil vom 21. September 2007 (2006 Da 81981); *Lim, Jai Yeon*, Kapitalmarktrecht, S. 631.

1013 Vgl. in diesem Sinne bereits Urteil des Landesgerichts Seoul Süd vom 6. Mai 1992 (92 Gahab 11689); ebenso Urteil des Obergerichts Seoul vom 16. April 2008 (2004 Da 74400); Urteil des Obergerichts Seoul vom 18. Januar 2006 (2005 Na 22673); Urteil des Landgerichts Seoul West vom 5. November 2009 (2009 Gahab 1535); Urteil des Landesgerichts Seoul Hauptviertel (*Seoul Central District Court*) vom 27. Juli 2004 (2000 Gahab 78872); Urteil des Landesgerichts Seoul Hauptviertel (*Seoul Central District Court*) vom 19. Mai 2005 (2003 Gahab 77160); im Prinzip bejahend OGH Urteil vom 25. Oktober 2007 (2006 Da 16758 und 16765); OGH Urteil vom 28. Januar 2010 (2007 Da 16007); OGH Urteil vom 11. Oktober 2012 (2010 Da 86709).

1014 Vgl. *Kim, Jung Soo*, Prinzipien des Kapitalmarktrechts, 2. Aufl., S. 838; *Lee, Sangpok*, Corporate Disclosure, S. 392; in diesem Sinne auch Urteil des Obergerichts Seoul vom 3. November 2006 (2005 Na 50043); Urteil des Landesgerichts Seoul Hauptviertel (*Seoul Central District Court*) vom 19. Mai 2005 (2003 Gahab 77160).

1015 Vgl. OGH Urteil vom 11. Oktober 2012 (2010 Da 86709); Urteil des Landesgerichts Seoul Hauptviertel (*Seoul Central District Court*) vom 27. Juli 2004 (2000 Gahab 78872); so auch *Kim, Jung Soo*, Prinzipien des Kapitalmarktrechts, 2. Aufl., S. 838.

1016 Urteil vom 25. Oktober 2007 (2006 Da 16758 und 16765); *Kim, Jung Soo*, Prinzipien des Kapitalmarktrechts, 2. Aufl., S. 838; *Lim, Jai Yeon*, Kapitalmarktrecht, S. 637.

2) *Rechtsprechung in Korea*

Der OGH in Korea hat im Rahmen der Schadensersatzhaftung wegen falscher Mitteilung unwahrer Insiderinformation eine Leitentscheidung getroffen. In diesem Fall hat der Geschädigte seine Finanzinstrumente nach dem Zeitpunkt, zu dem öffentlich bekannt wurde, dass die wahre Finanzlage des Emittenten der Wahrheit nicht entsprach, nicht veräußert, sondern weiter behalten, auch wenn der Marktpreis nach dem Bekanntwerden der fehlerhaften Information weiter gefallen war.[1017] Der OGH geht davon aus, dass es sich bei jeder Anlageentscheidung letztlich um einen individuell geprägten Willensentschluss handele, der von einer Vielzahl rationaler und irrationaler Faktoren bestimmt werde, die allerdings nicht verallgemeinerbar, sondern im Einzelfall zu betrachten seien.[1018] Dementsprechend begründe allein die Tatsache, dass der Geschädigte die Finanzinstrumente nicht rechtzeitig veräußert hat, kein Mitverschulden und führe auch nicht zu einer Schadensteilung, es sei denn, es bestünden besondere Umstände.[1019]

3) *Fazit*

Hat der Kapitalanleger die Finanzinstrumente nach Erlangung der Kenntnis seines Anspruchs nicht rechtzeitig veräußert, so kann ihm kein Verstoß gegen die Schadensminderungsobliegenheit zur Last gelegt werden.[1020] Entsprechendes gilt für den Fall, in dem er die Finanzinstrumente tatsächlich zu billig veräußert hat.[1021] Im Ergebnis obliegt dem geschädigten Anleger keine Kursbeobachtungs- bzw. Verkaufspflicht zur Schadensminderung bei sinkenden Kursen.

3 Verjährung

Der Schadensersatzanspruch verjährt ein Jahr nach Kenntnisnahme des Berechtigten von der infrage stehenden Information, spätestens drei Jahre ab dem Tag, an dem die Mitteilung erfolgte, wenn der Dritte den Anspruch auf Schadensersatz innerhalb der jeweiligen Frist nicht geltend macht (§ 162 Abs. 5 FSCMA).

Die Verjährungsfrist beginnt mit dem Zeitpunkt, zu dem der Dritte Kenntnis von der Fehlerhaftigkeit der Information erlangt hat.[1022] Mit dem Tag der Kenntnisnahme ist der Tag gemeint, an dem der Geschädigte falsche Angaben über

---

1017 Urteil vom 25. Oktober 2007 (2006 Da 16758 und 16765).

1018 Urteil vom 25. Oktober 2007 (2006 Da 16758 und 16765); Urteil des Obergerichts Seoul vom 16. April 2008 (2004 Da 74400); vgl. auch *Park, Hou-Sang*, Chonnam Law Review, Juni 2007, Volume 27 Nr. 1, S. 189.

1019 Urteil vom 25. Oktober 2007 (2006 Da 16758 und 16765).

1020 Urteil vom 25. Oktober 2007 (2006 Da 16758 und 16765).

1021 Ebenso *Park, Hou-Sang*, Business Law Review, Mai 2005, Volume 19 Nr. 4, S. 357 f.

1022 *Kim, Jung Soo*, Prinzipien des Kapitalmarktrechts, 2. Aufl., S. 839; *Lim, Jai Yeon*, Kapitalmarktrecht, S. 636.

kursrelevante Umstände oder über die Unterlassung kursrelevanter Information in einer Mitteilung tatsächlich Kenntnis erlangt hat.[1023] Für die Kenntnisnahme reicht es aus, dass der Anspruchsteller ohne besondere Umstände eine solche Tatsache tatsächlich erfahren hätte, wenn eine durchschnittliche Person von der falschen Mitteilung bzw. der Unterlassung einer kursrelevanten Information in einer Mitteilung Kenntnis hat nehmen können.[1024] In der *Daewoo Electronics*-Entscheidung haben sich die Beklagten darauf berufen, dass die Kläger bereits zum Zeitpunkt der Pressemitteilung, in der auf die Möglichkeit der Bilanztäuschung durch die Unternehmensgruppe-Daewoo hingewiesen wurde, die unwahre Information gekannt hätten. Demgegenüber hat das Gericht entschieden, dass die Kläger erst zu dem Zeitpunkt, ab dem die Berichterstattung über den Abschluss der *Due Diligence* für die Unternehmensgruppe-Daewoo begonnen hatte oder dessen Ergebnis durch eine Pressemitteilung offiziell bekannt gegeben worden war, Kenntnis von der Bilanztäuschung genommen haben.[1025]

4 Ausdehnung der Frist zum Anlegerschutz?

Nach herrschender Ansicht stellt die Frist gemäß § 162 Abs. 5 FSCMA wie im Falle des Primärmarktes eine Ausschlussfrist dar.[1026] Nach der Rechtsprechung ist diese nicht als Frist der Klageeinreichung, sondern als Rechtsausübungsfrist anzusehen.[1027] Grundsätzlich ist diese Frist auf schnelle Feststellung eines

1023 Urteil vom 12. September 1997 (96 Da 41991); OGH Urteil vom 19. August 2010 (2008 Da 92336); OGH Urteil vom 25. Oktober 2007 (2006 Da 16758 und 16765); *Kim, Jung Soo*, Prinzipien des Kapitalmarktrechts, 2. Aufl., S. 839; *Lee, Sangpok*, Corporate Disclosure, S. 393; *Suh, Wan-Suk*, Business Law Review, März 2004, Volume 16, S. 227 m.w.N.

1024 OGH Urteil vom 21. Dezember 1993 (93 Da 30402); Urteil vom 12. September 1997 (96 Da 41991); Urteil vom 25. Oktober 2007 (2006 Da 16758 und 16765); Urteil vom 19. August 2010 (2008 Da 92336); OGH Urteil vom 27. November 2008 (2008 Da 31751).

1025 OGH Urteil vom 27. November 2008 (2008 Da 31751); Urteil des Obergerichts Seoul vom 18. Januar 2006 (2005 Na 22673); Urteil des Obergerichts Seoul vom 13. Januar 2010 (2009 Na 48932); Urteil des Landesgerichts Seoul Hauptviertel (*Seoul Central District Court*) vom 27. Juli 2004 (2000 Gahab 78872).

1026 Vgl. *Byeon/Hong/Kim/Um/Kim*, Kapitalmarktrecht, Seoul 2009, S. 387; *Hwang*, Illegaler Wertpapierhandel und Schadensersatz, S. 204 f.; *Kang, Dae-Seob*, Civil liabilities in securities market, 1992, S. 118; *Kim, Jung Soo*, Prinzipien des Kapitalmarktrechts, 2. Aufl., S. 839; *Kim, Yong-Jae*, Kapitalmarkt und Recht I, S. 264; *Lee, Dong Sin*, Trial Data, Juni 2001, Volume 90, S. 415; *Lee, Sangpok*, Corporate Disclosure, S. 393; *Shin, Young-Moo*, Wertpapierhandelsrecht, Seoul 1987, S. 241; *Suh, Wan-Suk*, Business Law Review, März 2004, Volume 16, S. 226; *Song*, The Korean Journal of Securities Law, Dezember 2000, Volume 1 Nr. 1, S. 20.

1027 OGH Urteil vom 12. Januar 2012 (2011 Da 80203).

Rechtsverhältnisses gerichtet.[1028] Es ist aber nicht selten, dass ein längerer Zeitraum vergeht, bis die fehlerhafte Kapitalmarktinformation dem Markt bekannt wird oder der Anleger Kenntnis von der Fehlerhaftigkeit der betreffenden Information erlangt.[1029] Im Hinblick auf diesen Gesichtspunkt wird in der Literatur darauf hingewiesen, dass zum Zwecke des Anlegerschutzes und zur Stärkung des Vertrauens in die Finanzmärkte diese Ausschlussfrist ausgedehnt werden solle.[1030] Auch in Deutschland wurde die kenntnisabhängige Verjährungsfrist aufgrund vieler kritischer Stimmen durch das 4. FMFG einheitlich auf ein Jahr ausgedehnt.[1031] Aber auch nach der Verlängerung der Verjährungsfrist wurde die Kritik an dieser Regelung nicht leiser. Im Einzelnen gilt:[1032]

Angesichts der Komplexität zahlreicher Sachverhalte dürfe die subjektive Frist von einem Jahr nicht immer ausreichen, um die zur Vorbereitung der Geltendmachung eines Anspruchs erforderlichen Recherchen durchzuführen.[1033] Die Anspruchsteller sollten nicht dazu gezwungen werden, ohne umfassende Klärung des Sachverhalts Klage zur Unterbrechung der Verjährung zu erheben.[1034]

1028 Vgl. *Kim, Jung Soo*, Prinzipien des Kapitalmarktrechts, 2. Aufl., S. 839; *Kim, Yong-Jae*, Kapitalmarkt und Recht I, S. 264; *Lee, Dong Sin,* Trial Data, Juni 2001, Volume 90, S. 415; *Lee, Chul Song*, Human Rights and Justice, September 1999, Volume 277, S. 9 f.; *Shin, Young-Moo,* Wertpapierhandelsrecht, Seoul 1987, S. 240 f.; *Song*, The Korean Journal of Securities Law, Dezember 2000, Volume 1 Nr. 1, S. 20; *Song/Nam/Kim/Yi*, Zivilrechtliche Haftung der Organmitglieder, Chungbuk 1999, S. 73.

1029 Vgl. Urteil des Obergerichts Seoul vom 16. April 2008 (2004 Da 74400); Urteil des Landesgerichts Seoul Hauptviertel (*Seoul Central District Court*) vom 27. Juli 2004 (2000 Gahab 78872); Urteil des Landesgerichts Seoul Hauptviertel (*Seoul Central District Court*) vom 19. Mai 2005 (2003 Gahab 77160); in diesem Sinne auch *Kim/Kim*, Unfair Trading under Capital Market Act, S. 344.

1030 *Kim, Jung Soo*, Prinzipien des Kapitalmarktrechts, 2. Aufl., S. 839; *Kim/Kim*, Unfair Trading under Capital Market Act, Seoul 2015, S. 345; so im Ergebnis auch *Kim/Jung*, Kapitalmarktrecht, 3. Auflage, Seoul 2013, S. 469; *Song/Nam/Kim/Yi*, Zivilrechtliche Haftung der Organmitglieder, Chungbuk 1999, S. 73.

1031 BR-Drucks. 936/01 (neu), S. 230.

1032 Kritisch hierzu m.w.N. *Sethe,* in: Assmann/Schneider, WpHG, §§ 37b, 37c Rn. 121 ff.; s. auch *Möllers/Leisch,* in: Kölner Komm WpHG, §§ 37b, 37c Rn. 398 f.; *Rössner/Bolkart*, ZIP 2002, 1471, 1477; *Zimmer/Grotheer*, in: Schwark/Zimmer, Kapitalmarktrechtskommentar, §§ 37b, 37c WpHG Rn. 97.

1033 So auch *Jungmichel*, Haftung und Schadenskompensation, 2007, S. 183; *Rössner/Bolkart*, ZIP 2002, 1471, 1477; *Sethe,* in: Assmann/Schneider, WpHG, §§ 37b, 37c Rn. 121; *Zimmer/Grotheer*, in: Schwark/Zimmer, Kapitalmarktrechtskommentar, §§ 37b, 37c WpHG Rn. 97.

1034 *Möllers/Leisch,* in: Kölner Komm WpHG, §§ 37b, 37c Rn. 370; *Möllers/Leisch,* in: Möllers/Rotter, Ad-hoc-Publizität, § 14 Rn. 144; *Rössner/Bolkart*, ZIP 2002, 1471, 1477; *Zimmer/Grotheer*, in: Schwark/Zimmer, Kapitalmarktrechtskommentar, §§ 37b, 37c WpHG Rn. 97.

Zudem erscheine das Argument, die „*Schnelllebigkeit des Wertpapierbereichs*" erfordere eine kurze Verjährungsfrist, auch nicht überzeugend.[1035] Von der regelmäßigen Verjährung solle nur dann abgewichen werden, wenn dafür zwingende Sachgründe vorliegen.[1036] Die in §§ 37b, 37c WpHG a.F. bewehrte Emittentenhaftung unterscheide sich aber nicht in besonderer Weise von anderer Delikthaftung oder Vertragshaftung, sodass sich die kurze Verjährung negativ auf das Vertrauen der Anleger in den Kapitalmarkt auswirke.[1037] Darüber hinaus mache der Geschädigte einen Schadensersatz gegen die Gesellschaft funktional wie ein Dritter geltend, der durch die unerlaubte Handlung des Emittenten einen Schaden erlitten hat.[1038] Dieser Kritik ist zuzustimmen. Dementsprechend sollte § 162 FSCMA *de lege ferenda* so wie in Deutschland gestrichen werden.

1035 *Möllers/Leisch,* in: Kölner Komm WpHG, §§ 37b, 37c Rn. 398; *Sethe,* in: Assmann/Schneider, WpHG, §§ 37b, 37c Rn. 121.

1036 BT-Drucks., 14/8017, S. 155; kritisch auch *Möllers/Leisch,* in: Kölner Komm WpHG, §§ 37b, 37c Rn. 398; *Rössner/Bolkart,* ZIP 2002, 1471, 1477; *Sethe,* in: Assmann/Schneider, WpHG, §§ 37b, 37c Rn. 121.

1037 BT-Drucks., 14/8017, S. 155; *Möllers/Leisch,* in: Kölner Komm WpHG, §§ 37b, 37c Rn. 398.

1038 Vgl. BGH NJW 2005, 2450, 2452 – EM.TV.

§ 8 Anspruchsberechtigter: der potentielle Anspruchsinhaber

A Rechtslage in Deutschland

Im Unterschied zu den klassischen Deliktstatbeständen setzen die §§ 37b, 37c WpHG nicht allein das Vorliegen eines Schadens voraus, der durch ein tatbestandsmäßiges, rechtswidriges und schuldhaftes Verhalten entstanden ist.[1039] Zusätzlich hat der Gesetzgeber aus dem Kreis möglicher Geschädigter ausschließlich diejenigen als Anspruchsberechtigte bestimmt, die während der Desinformationsphase des Marktes *„eine Transaktion“* in den Finanzinstrumenten vorgenommen haben.[1040] Nach §§ 37b, 37c WpHG sind nur zwei Gruppen von Anlegern anspruchsberechtigt: Zum einen diejenigen, die während der Desinformationsphase die Finanzinstrumente des Emittenten *„zu teuer“* gekauft haben (§§ 37b Abs. 1 Nr. 1, 37c Abs. 1 Nr. 1), zum anderen diejenigen, die während der Desinformationsphase ihre Finanzinstrumente, die sie vor der Desinformationsphase erworben haben, *„zu billig“* veräußert haben (§§ 37b Abs. 1 Nr. 2, 37c Abs. 1 Nr. 2 WpHG).[1041] Damit wollte der Gesetzgeber missbräuchlichen Schadensersatzklagen vorbeugen und zugleich dem Tatbestand einen griffigen Zuschnitt geben.[1042]

1 Transaktionserfordernis

Beide Regelungen setzen *„eine Transaktion“* voraus, die in der Desinformationsphase abgewickelt wurde. Gemäß §§ 37b, 37c WpHG sind nur diejenigen Kapitalanleger zum Schadensersatz berechtigt, die während der Desinformationsphase des Kapitalmarktes *„eine für sie nachteilige Transaktion“* mit Finanzinstrumenten vorgenommen haben.[1043]

1039 Vgl. *Möllers/Leisch,* in: Kölner Komm WpHG, § 37b, 37c Rn. 216.

1040 Rechtsvergleichend entspricht die Anknüpfung der Anspruchsberechtigung an das Transaktionserfordernis während der Desinformationsphase dem sog. Birnbaum-Grundsatz nach dem US-amerikanischen Kapitalmarktrecht (*Birnbaum v. Newport Steel Corp.*, 193 F.2d 461 (2d Cir. 1952); (*Baums*, ZHR 167 (2003), 139, 178 f.).

1041 BT-Drucks., 14/8017, S. 93; *Fleischer*, BB 2002, 1869 ff.; *Mülbert/Steup*, in: Habersack/Mülbert/Schlitt, Unternehmensfinanzierung, § 41 Rn. 195 ff.; *Zimmer/Grotheer*, in: Schwark/Zimmer, Kapitalmarktrechtskommentar, §§ 37b, 37c WpHG Rn. 64.

1042 Vgl. *Möllers/Leisch,* in: Möllers/Rotter, Ad-hoc-Publizität, § 14 Rn. 42; *Möllers/Leisch,* in: Kölner Komm WpHG, § 37b, 37c Rn. 216.

1043 Dazu *Maier-Reimer/Seulen,* in: Habersack/Mülbert/Schlitt, Kapitalmarktinformation, § 30 Rn. 90 ff.; *Möllers/Leisch,* in: Möllers/Rotter, Ad-hoc-Publizität, § 14 Rn. 56 f.; *Sethe,* in: Assmann/Schneider, WpHG, §§ 37b, 37c Rn. 63; kritisch hierzu *Baums,* ZHR 166 (2002), 375, 379.

1) *Betroffene Finanzinstrumente*

Die Haftung nach den §§ 37b, 37c WpHG setzt voraus, dass die Kapitalanleger ihre Transaktion gerade mit solchen Finanzinstrumenten des Emittenten getätigt haben, für die die betreffende Information kursrelevant ist.[1044] Nach dem eindeutigen Wortlaut von §§ 37b Abs. 1, 37c Abs. 1 WpHG muss es sich also um Finanzinstrumente handeln, die vom pflichtwidrig handelnden Emittenten selbst emittiert worden sind.[1045]

Nicht anspruchsberechtigt sind daher solche Kapitalanleger, die während der Desinformationsphase eine Transaktion in von Dritten begebenen Derivaten getätigt haben, die sich auf ein Finanzinstrument des infrage stehenden Emittenten beziehen. Sie können vom Emittenten keinen Schadensersatz gemäß §§ 37b, 37c WpHG verlangen.[1046] Den Emittenten der Derivate könnte zwar im Einzelfall selbst eine Ad-hoc-Mitteilungspflicht treffen, hierbei dürfte es aber regelmäßig bereits an der unmittelbaren Betroffenheit fehlen.[1047] Eine Haftung des Emittenten für weitere Fallgruppen fehlerhafter Kapitalmarktinformation kann ausschließlich aus dem Deliktsrecht in Betracht kommen, das keine derartige Einschränkung kennt.[1048]

2) *Eine Transaktion während der Desinformationsphase*

a) *Eine Transaktion*

Bei der Einführung der §§ 37b, 37c WpHG hat der Gesetzgeber zur Begrenzung der Risiken für die Emittenten nicht alle Kapitalanleger, die durch einen Verstoß gegen die Ad-hoc-Mitteilungspflicht nach § 15 WpHG einen Schaden erlitten haben, als schutzwürdig angesehen. Vielmehr wollte der Gesetzgeber die Haftung allein auf solche Fälle beschränken, in denen die Kapitalanleger während der Desinformationsphase eine Transaktion vorgenommen haben.[1049] Zum Schadensersatz

---

1044 Vgl. *Maier-Reimer/Seulen,* in: Habersack/Mülbert/Schlitt, Kapitalmarktinformation, § 30 Rn. 89 m.w.N.

1045 Vgl. *Casper,* in: Kölner Komm KapMuG, §§ 37b, 37c WpHG Rn. 44; *Möllers/Leisch,* in: Kölner Komm WpHG, §§ 37b, 37c Rn. 254; *Sethe,* in: Assmann/Schneider, WpHG, §§ 37b, 37c Rn. 45.

1046 Vgl. *Dirigo,* Haftung für fehlerhafte Ad-hoc-Publizität, 2011, S. 97; *Hellgardt,* Kapitalmarktdeliktsrecht, 2008, S. 363; *Maier-Reimer/Webering,* WM 2002, 1857, 1859; *Möllers/Leisch,* in: Kölner Komm WpHG, § 37b, 37c Rn. 254; *Mülbert/Steup,* in: Habersack/Mülbert/Schlitt, Unternehmensfinanzierung, § 41 Rn. 222; *Sethe,* in: Assmann/Schneider, WpHG, §§ 37b, 37c Rn. 45; kritisch *Zimmer/Grotheer,* in: Schwark/Zimmer, Kapitalmarktrechtskommentar, §§ 37b, 37c WpHG Rn. 76 m.w.N.

1047 Vgl. *Casper,* in: Kölner Komm KapMuG, §§ 37b, 37c WpHG Rn. 44; *Möllers/Leisch,* in: Kölner Komm WpHG, § 37b, 37c Rn. 254.

1048 Vgl. *Sethe,* in: Assmann/Schneider, WpHG, § 37c Rn. 45.

1049 *Baums,* ZHR 167 (2003), 139, 178 f.; *Maier-Reimer/Seulen,* in: Habersack/Mülbert/Schlitt, Kapitalmarktinformation, § 30 Rn. 86; *Zimmer,* WM 2004, 9, 16.

berechtigt ist deshalb nur, wer *während der Desinformationsphase* die Finanzinstrumente entweder *nur erworben* oder *nur veräußert* hat.[1050]

Nicht anspruchsberechtigt sind vor allem die potentiellen Kapitalanleger, die während der Desinformationsphase des Kapitalmarktes weder das Erwerbs- noch das Veräußerungsgeschäft getätigt haben, aber bei ordnungsgemäßer Kapitalmarktinformation eine andere Anlageentscheidung getroffen hätten.[1051] In diesem Fall fehlt es an einer Transaktion. Von der Geltendmachung von Schadensersatzansprüchen sind damit zunächst die Altanleger ausgeschlossen, die wegen einer inhaltlich unrichtigen zu positiven Kapitalmarktinformation ihre Finanzinstrumente gehalten haben, die sie an sich hätten verkaufen wollen.[1052] Ein Schaden ist dann vorstellbar, wenn sich diese Information schließlich als falsch herausstellt und die Börsen- oder Marktpreise auf dem Kapitalmarkt während der Desinformationsphase einbrechen.[1053] Gleiches gilt für die potentiellen Kapitalanleger, die aufgrund einer fehlerhaften Information von einem beabsichtigten Erwerb Abstand genommen haben.[1054] Ein Schaden kann in diesem Fall dann entstehen,

---

1050 Vgl. *Casper*, in: Kölner Komm KapMuG, §§ 37b, 37c WpHG Rn. 6; *Maier-Reimer/Seulen*, in: Habersack/Mülbert/Schlitt, Kapitalmarktinformation, § 30 Rn. 86; *Möllers/Leisch*, in: Kölner Komm WpHG, §§ 37b, 37c Rn. 252 ff.; kritisch hierzu *Baums*, ZHR 166 (2002), 375, 379; *Reichert/Weller*, ZRP 2002, 49, 56.

1051 *Baums*, ZHR 167 (2003), 139, 177; *Ehricke*, in: Hopt/Voigt, Prospekt- und Kapitalmarktinformationshaftung, S. 187, 281; *Fleischer*, in: Assmann/Schütze, Handbuch des Kapitalanlagerechts, 4. Aufl., § 6 Rn. 51; *Fuchs*, in: Fuchs WpHG, Vor §§ 37b, 37c Rn. 23; *Hannich*, WM 2013, 449; *Hopt/Voigt*, in: Hopt/Voigt, Prospekt- und Kapitalmarktinformationshaftung, S. 9, 110 f.; *Maier-Reimer/Seulen*, in: Habersack/Mülbert/Schlitt, Kapitalmarktinformation, § 30 Rn. 86 f. und 95; *Maier-Reimer/Webering*, WM 2002, 1857, 1859; *Möllers/Leisch*, in: Möllers/Rotter, Ad-hoc-Publizität, § 14 Rn. 56; *Möllers/Leisch*, in: Kölner Komm WpHG, § 37b, 37c Rn. 252; *Schäfer*, in: Marsch-Barner/Schäfer, Hb börsennotierte AG, § 17 Rn. 22; *Veil*, ZHR 167 (2003) 365, 369; *Sethe*, in: Assmann/Schneider, WpHG, §§ 37b, 37c Rn. 63; *Zimmer/Grotheer*, in: Schwark/Zimmer, Kapitalmarktrechtskommentar, §§ 37b, 37c WpHG Rn. 75.

1052 *Casper*, in: Kölner Komm KapMuG, §§ 37b, 37c WpHG Rn. 43; *Maier-Reimer/Webering*, WM 2002, 1857, 1859; *Möllers/Leisch*, in: Kölner Komm WpHG, §§ 37b, 37c Rn. 252; *Sethe*, in: Assmann/Schneider, WpHG, §§ 37b, 37c Rn. 63; *Zimmer/Grotheer*, in: Schwark/Zimmer, Kapitalmarktrechtskommentar, §§ 37b, 37c WpHG Rn. 75; kritisch hinsichtlich des Transaktionserfordernisses *Baums*, ZHR 166 (2002), 375, 379; *Fleischer*, NJW 2002, 2977, 2980; *Fleischer*, BB 2002, 1869; *Reichert/Weller*, ZRP 2002, 50, 56.

1053 Vgl. *Jungmichel*, Haftung und Schadenskompensation, 2007, S. 133; *Möllers/Leisch*, in: Möllers/Rotter, Ad-hoc-Publizität, § 14 Rn. 57.

1054 *Baums*, ZHR 167 (2003), 139, 177 f.; *Fleischer*, in: Assmann/Schütze, Handbuch des Kapitalanlagerechts, 4. Aufl., § 6 Rn. 51; *Fleischer*, ZIP 2005, 1805, 1808; *Hannich*, WM 2013, 449; *Maier-Reimer/Webering*, WM 2002, 1857, 1859; *Möllers/Leisch*, in: Möllers/Rotter, Ad-hoc-Publizität, § 14 Rn. 56; *Schäfer*, in: Marsch-Barner/Schäfer, Hb börsennotierte AG, § 17 Rn. 16; *Sethe*, in: Assmann/Schneider, WpHG, §§ 37b, 37c Rn. 63; *Veil*, BKR 2005, 91, 95; *Zimmer/Grotheer*, in: Schwark/Zimmer,

wenn während der Desinformationsphase die Börsen- oder Marktpreise auf dem Kapitalmarkt steigen.[1055] Der potentielle Anleger könnte also die Kurssteigerung als entgangenen Gewinn geltend machen.[1056] Die §§ 37b, 37c WpHG setzen aber *eine für ihn nachteilige Transaktion* voraus, und in diesen Fällen haben sie gerade *keine Transaktion* getätigt.[1057]

Darüber hinaus scheidet ein Anspruch auch dann aus, wenn der Anleger während der Desinformationsphase Finanzinstrumente sowohl gekauft als auch wiederverkauft (oder *vice versa*) hat.[1058] Ausgeschlossen sind deshalb auch solche Anleger, die nach der Veräußerung gleichartige Finanzinstrumente noch während der Desinformationsphase wiedergekauft haben, weil sie die Finanzinstrumente ebenfalls noch *„zu billig"* erworben haben. In diesen Fällen war der Preis bei beiden Transaktionen verzerrt.[1059]

Kapitalmarktrechtskommentar, §§ 37b, 37c WpHG Rn. 75.; hierzu kritisch *Baums*, ZHR 166 (2002), 375, 379; *Fleischer*, Gutachten für den 64. Deutschen Juristentag, 2002. F 107; *Reichert/Weller*, ZRP 2002, 49, 55 f.

1055 Vgl. *Jungmichel*, Haftung und Schadenskompensation, 2007, S. 133. Selbst wenn er dies nachweist, kann er den entgangenen Gewinn nicht als Schadensersatz nach § 826 BGB verlangen. Zwar wäre dieser Gewinn als ein ersatzfähiger Schaden anzunehmen. Dass der potentielle Kapitalanleger wegen der fehlerhaften Kapitalmarktinformation davon abgehalten wurde, Gewinne durch Erwerb der betroffenen Finanzinstrumente zu erzielen, genügt jedoch nicht für eine vorsätzliche sittenwidrige Schädigung durch die falsche Veröffentlichung einer angeblichen Insiderinformation.

1056 Vgl. *Jungmichel*, Haftung und Schadenskompensation, 2007, S. 133.

1057 *Fleischer*, NJW 2002, 2977, 2980; *Fleischer*, in: Assmann/Schütze, Handbuch des Kapitalanlagerechts, 4. Aufl., § 6 Rn. 51; *Maier-Reimer/Seulen*, in: Habersack/Mülbert/Schlitt, Kapitalmarktinformation, § 30 Rn. 86 ff.; *Maier-Reimer/Webering*, WM 2002, 1857, 1859; *Schäfer*, in: Marsch-Barner/Schäfer, Hb börsennotierte AG, § 17 Rn. 22; *Zimmer/Grotheer*, in: Schwark/Zimmer, Kapitalmarktrechtskommentar, §§ 37b, 37c WpHG Rn. 75.

1058 *Casper*, in: Kölner Komm KapMuG, §§ 37b, 37c WpHG Rn. 37; *Doğan*, Ad-hoc-Publizitätshaftung, 2005, S. 59; *Ehricke*, in: Hopt/Voigt, Prospekt- und Kapitalmarktinformationshaftung, S. 187, 281; *Langenbucher*, Aktien- und Kapitalmarktrecht, 3. Aufl., § 17 Rn. 149; *Maier-Reimer/Webering*, WM 2002, 1857, 1858 f.; *Maier-Reimer/Seulen*, in: Habersack/Mülbert/Schlitt, Kapitalmarktinformation, § 30 Rn. 97 m.w.N.; *Möllers/Leisch*, in: Möllers/Rotter, Ad-hoc-Publizität, § 14 Rn. 45; *Schäfer*, in: Marsch-Barner/Schäfer, Hb börsennotierte AG, § 17 Rn. 16; *Sethe*, in: Assmann/Schneider, WpHG, §§ 37b, 37c Rn. 63.

1059 Vgl. *Maier-Reimer/Seulen*, in: Habersack/Mülbert/Schlitt, Kapitalmarktinformation, § 30 Rn. 97, 151; *Möllers/Leisch*, in: Möllers/Rotter, Ad-hoc-Publizität, § 14 Rn. 45 und 57; *Sethe*, in: Assmann/Schneider, WpHG, §§ 37b, 37c Rn. 63; *Zimmer*, WM 2004, 9, 18; kritisch hierzu *Fleischer*, NJW 2002, 2977, 2980; *Reichert/Weller*, ZRP 2002, 49, 56; für die Einbeziehung dieser Gruppe *de lege ferenda Escher-Weingart/Lägeler/Eppinger*, WM 2004, 1845, 1847.

b) Desinformationsphase

Die Haftung des Emittenten aus den §§ 37b, 37c WpHG geht davon aus, dass die korrekte Preisbildung auf dem Kapitalmarkt während der Desinformationsphase infolge fehlerhafter Information gestört ist.[1060] Für diese Haftungsnorm kommt es auf den Zeitpunkt an, zu dem das Anlegerpublikum von der Insiderinformation oder der Unrichtigkeit einer veröffentlichten Insiderinformation Kenntnis erlangt.[1061]

Im Falle des § 37c WpHG beginnt die Phase mit der Veröffentlichung einer unwahren Ad-hoc-Mitteilung und endet dann, wenn die Unwahrheit der veröffentlichten Insiderinformation dem Markt bekannt wird.[1062] Sie endet jedenfalls, wenn der Emittent eine Ad-hoc-Mitteilung veröffentlicht, in der er die fehlerhafte Kapitalmarktinformation berichtigt.[1063] Hierbei kommt es nicht darauf an, ob das Anlegerpublikum persönlich von dieser Berichtigung Kenntnis erlangt oder nicht.[1064]

Die Bestimmung der Desinformationsphase im Falle des § 37b WpHG bereitet dagegen größere Probleme, denn es kommt hier auf den Zeitpunkt der Unterlassung ab. Hierbei ist auf die Maßgabe des § 15 Abs. 1 WpHG abzustellen.[1065] Diese Phase beginnt bei § 37b WpHG also grundsätzlich mit dem Beginn der pflichtwidrigen Unterlassung einer Ad-hoc-Mitteilung. Daher muss die Transaktion nach Beginn der Unterlassung erfolgt sein, d.h. nach dem Zeitpunkt, zu dem die Ad-hoc-Mitteilung ohne grobe Fahrlässigkeit spätestens hätte erfolgen müssen.[1066] Die Desinformationsphase endet dann, wenn der Umstand öffentlich bekannt wird.

1060 *Maier-Reimer/Seulen,* in: Habersack/Mülbert/Schlitt, Kapitalmarktinformation, § 30 Rn. 86; *Sethe,* in: Assmann/Schneider, WpHG, § 37c Rn. 44.

1061 *Maier-Reimer/Seulen,* in: Habersack/Mülbert/Schlitt, Kapitalmarktinformation, § 30 Rn. 92; *Zimmer/Grotheer,* in: Schwark/Zimmer, Kapitalmarktrechtskommentar, §§ 37b, 37c WpHG Rn. 67 m.w.N.

1062 *Jungmichel,* Haftung und Schadenskompensation, 2007, S. 130; *Maier-Reimer/Seulen,* in: Habersack/Mülbert/Schlitt, Kapitalmarktinformation, § 30 Rn. 91 f.

1063 Vgl. *Jungmichel,* Haftung und Schadenskompensation, 2007, S. 131; *Maier-Reimer/Seulen,* in: Habersack/Mülbert/Schlitt, Kapitalmarktinformation, § 30 Rn. 92; *Mülbert/Steup,* in: Habersack/Mülbert/Schlitt, Unternehmensfinanzierung, § 41 Rn. 197.

1064 *Baums,* ZHR 167 (2003), 139, 162.

1065 *Jungmichel,* Haftung und Schadenskompensation, 2007, S. 130; *Möllers/Leisch,* in: Möllers/Rotter, Ad-hoc-Publizität, § 14 Rn. 46; *Mülbert/Steup,* in: Habersack/Mülbert/Schlitt, Unternehmensfinanzierung, § 41 Rn. 196; *Zimmer/Grotheer,* in: Schwark/Zimmer, Kapitalmarktrechtskommentar, §§ 37b, 37c WpHG Rn. 66.

1066 Vgl. BT-Drucks., 14/8017, S. 93; *Escher-Weingart/Lägeler/Eppinger,* WM 2004, 1845; *Maier-Reimer/Seulen,* in: Habersack/Mülbert/Schlitt, Kapitalmarktinformation, § 30 Rn. 90 f.; *Sethe,* in: Assmann/Schneider, WpHG, §§ 37b, 37c Rn. 47; *Zimmer/Grotheer,* in: Schwark/Zimmer, Kapitalmarktrechtskommentar, §§ 37b, 37c WpHG Rn. 66 u. 71; OLG Schleswig AG 2005, 212, 213 – Mobilcom AG.

Jedenfalls ist sie also dann beendet, wenn die Insiderinformation vom Emittenten als Ad-hoc-Mitteilung im Sinne des § 15 WpHG veröffentlicht wird.[1067]

3) Maßgebende Transaktion

Soweit es auf den Erwerb der Finanzinstrumente ankommt, ist immer der Abschluss eines entgeltlichen schuldrechtlichen Geschäfts maßgebend, nicht die Erfüllung.[1068] Denn bereits beim Abschluss des schuldrechtlichen Geschäfts bestimmt sich der für das Finanzinstrument zu zahlende Preis, und damit entsteht der Schaden des Anlegers, weil sich der anschließende Vollzug des Geschäfts auf den zuvor vereinbarten Preis nicht mehr auswirkt.[1069] Vielmehr ist entscheidend, ob der Dritte vor Bekanntwerden der wahren Lage ein obligatorisches Umsatzgeschäft abgeschlossen hat oder nicht. Gleiches gilt für den Zeitpunkt der Veräußerung.[1070]

2 Aktivlegitimierte Erwerber und Veräußerer

1) Aktivlegitimierte Erwerber (§§ 37b Abs. 1 Nr. 1, 37c Abs. 1 Nr. 1 WpHG)

Anspruchsberechtigt im Falle des Erwerbs sind zunächst diejenigen Kapitalanleger, die *„nach der Unterlassung“* bzw. *„nach der Veröffentlichung“* der unwahren Insiderinformation die fraglichen Finanzinstrumente erworben haben. Zudem müssen sie bei Bekanntwerden der Insiderinformation oder der Unrichtigkeit der veröffentlichten Information noch Inhaber dieser Finanzinstrumente sein.[1071] Darüber hinaus muss der Anleger hierdurch einen Schaden erlitten haben.[1072]

1067 Vgl. *Baums*, ZHR 167 (2003), 139, 161 f.; *Jungmichel*, Haftung und Schadenskompensation, 2007, S. 131; *Maier-Reimer/Seulen*, in: Habersack/Mülbert/Schlitt, Kapitalmarktinformation, § 30 Rn. 92 a.E; *Möllers/Leisch*, in: Möllers/Rotter, Ad-hoc-Publizität, § 14 Rn. 47; *Mülbert/Steup*, in: Habersack/Mülbert/Schlitt, Unternehmensfinanzierung, § 41 Rn. 196.

1068 *Casper*, in: Kölner Komm KapMuG, §§ 37b, 37c WpHG Rn. 37; *Maier-Reimer/Webering*, WM 2002, 1857, 1858 f.; *Möllers/Leisch*, in: Kölner Komm WpHG, § 37b, 37c Rn. 220; *Sethe*, in: Assmann/Schneider, WpHG, §§ 37b, 37c Rn. 57; *Zimmer/Grotheer*, in: Schwark/Zimmer, Kapitalmarktrechtskommentar, §§ 37b, 37c WpHG Rn. 64.

1069 Vgl. *Maier-Reimer/Seulen*, in: Habersack/Mülbert/Schlitt, Kapitalmarktinformation, § 30 Rn. 93; *Sethe*, in: Assmann/Schneider, WpHG, §§ 37b, 37c Rn. 74.

1070 *Maier-Reimer/Seulen*, in: Habersack/Mülbert/Schlitt, Kapitalmarktinformation, § 30 Rn. 93 f. m.w.N.; *Sethe*, in: Assmann/Schneider, WpHG, §§ 37b, 37c Rn. 57.

1071 *Möllers/Leisch*, in: Möllers/Rotter, Ad-hoc-Publizität, § 14 Rn. 45; *Mülbert/Steup*, in: Habersack/Mülbert/Schlitt, Unternehmensfinanzierung, § 41 Rn. 198 ff.; *Schäfer*, in: Marsch-Barner/Schäfer, Hb börsennotierte AG, § 17 Rn. 16 ff.; *Sethe*, in: Assmann/Schneider, WpHG, §§ 37b, 37c Rn. 43 ff.; *Zimmer/Grotheer*, in: Schwark/Zimmer, Kapitalmarktrechtskommentar, §§ 37b, 37c WpHG Rn. 65 ff.

1072 Vgl. *Möllers/Leisch*, in: Kölner Komm WpHG, § 37b, 37c Rn. 217; *Schäfer*, in: Marsch-Barner/Schäfer, Hb börsennotierte AG, § 17 Rn. 17 f.

Ein Schaden kann in diesem Fall dann entstehen, wenn die wahre Lage des Emittenten schlechter ist, als dem Markt bekannt. Der Emittent unterlässt also eine für ihn negative Insiderinformation, oder er veröffentlicht wahrheitswidrig eine den Kurs positiv beeinflussende Insiderinformation.[1073] Demzufolge hat sich die fehlerhafte Information kurssteigernd ausgewirkt, oder sie hat verhindert, sich auf den Börsen- oder Marktpreis kurssenkend auszuwirken.[1074] Bei ordnungsgemäßer Information hätte sich der Börsen- oder Marktpreis zum Transaktionszeitpunkt niedriger gebildet. Der Geschädigte hat die Finanzinstrumente mithin *„zu teuer"* gekauft.[1075] In diesem Fall erleidet er einen Schaden dadurch, dass die fehlerhafte Information öffentlich bekannt wird und der Börsen- oder Marktpreis wieder einbricht.[1076]

Es ist für die bereits entstandene Haftung unerheblich, ob der Anleger die Finanzinstrumente später, also nach Bekanntwerden der Insiderinformation (§ 37b WpHG) bzw. nach Bekanntwerden von deren Unrichtigkeit (37c WpHG) weiter hält oder sie bis zum Zeitpunkt der letzten mündlichen Verhandlungen veräußert.[1077] In diesem Zusammenhang sind also zwei Konstellationen denkbar.

a) Aktivlegitimierte Erwerber im Falle der Unterlassung negativer Insiderinformation (§ 37b Abs. 1 Nr. 1 WpHG)

Im Falle des Unterlassens der Veröffentlichung einer negativen Insiderinformation ergibt sich die Schadensersatzpflicht aus § 37b Abs. 1 Nr. 1 WpHG. Anspruchsberechtigt sind Kapitalanleger, die die Finanzinstrumente des Emittenten nach der Unterlassung erworben haben und bei Bekanntwerden der Insiderinformation noch Inhaber sind, also Neuerwerber von Finanzinstrumenten.[1078]

Dies kommt dann in Betracht, wenn die wahre Lage des Emittenten schlechter ist, als dem Kapitalmarkt bekannt, also die unterlassene Insiderinformation negativ ist und eine nachgeholte Ad-hoc-Mitteilung dazu führt, auf den Marktpreis

---

1073 Vgl. *Möllers/Leisch,* in: Kölner Komm WpHG, § 37b, 37c Rn. 217 f.; *Schäfer/Weber/Wolf,* ZIP 2008, 197, 198; *Veil,* ZHR 167 (2003) 365, 369.

1074 *Maier-Reimer/Seulen,* in: Habersack/Mülbert/Schlitt, Kapitalmarktinformation, § 30 Rn. 87; *Schäfer,* in: Marsch-Barner/Schäfer, Hb börsennotierte AG, § 17 Rn. 20.

1075 BT-Drucks., 14/8017, S. 93.

1076 Vgl. *Schäfer,* in: Marsch-Barner/Schäfer, Hb börsennotierte AG, § 17 Rn. 20; *Schäfer/Weber/Wolf,* ZIP 2008, 197, 198.

1077 Vgl. BR-Drucks. 936/01 (neu), S. 263; *Möllers/Leisch,* in: Kölner Komm WpHG, § 37b, 37c Rn. 231.

1078 BT-Drucks., 14/8017, S. 93 f; *Fleischer,* BB 2002, 1869; *Mülbert/Steup,* in: Habersack/Mülbert/Schlitt, Unternehmensfinanzierung, § 41 Rn. 198; *Sethe,* in: Assmann/Schneider, WpHG, §§ 37b, 37c Rn. 54 f.; *Zimmer/Grotheer,* in: Schwark/Zimmer, Kapitalmarktrechtskommentar, §§ 37b, 37c WpHG Rn. 65.

eines Finanzinstruments kurssenkend einzuwirken.[1079] Mit anderen Worten: Ein Emittent hat eine für ihn negative Insiderinformation, die ihn unmittelbar betrifft, vollständig zu veröffentlichen unterlassen oder nicht unverzüglich veröffentlicht.[1080] Bei ordnungsgemäßer Information hätten die Kapitalanleger die Finanzinstrumente nicht zu dem tatsächlich gezahlten, sondern zu einem günstigeren Preis erworben.[1081] Ihnen ist ein Schaden durch den zu teuren Erwerb eines Finanzinstruments entstanden.

Zusätzlich muss der Anleger beim vollständigen Bekanntwerden der unterlassenen Information noch Inhaber der Finanzinstrumente sein.[1082] Hierbei ist auf den Zeitpunkt des schuldrechtlichen Geschäfts abzustellen.[1083] Zu diesem Zeitpunkt wirkt sich die Unterlassung einer Ad-hoc-Mitteilung auf den Kauf- bzw. den Verkaufspreis aus und erleidet der Anleger einen Schaden. Erforderlich ist also, dass der Anleger das schuldrechtliche Umsatzgeschäft noch nicht oder zumindest erst nach dem Bekanntwerden abgeschlossen hat.[1084]

Hierbei stellt sich die Frage, bis wann er Inhaber der Finanzinstrumente sein muss. Als spätester Erwerbszeitpunkt wird das vollständige Bekanntwerden der Insiderinformation angesehen.[1085] Er muss die Finanzinstrumente deshalb spätestens vor dem vollständigen Bekanntwerden erwerben. Es kommt dabei also darauf an, dass die Unterlassung einer Veröffentlichung als Verstoß gegen die Ad-hoc-Mitteilungspflicht nach § 15 WpHG anzusehen ist.[1086] Veräußert der Anleger bereits vor dem Bekanntwerden einer negativen Insiderinformation die Finanzinstrumente wieder, dann ist eine Haftung des Emittenten ausgeschlossen, weil sich die unterlassene oder verspätete Ad-hoc-Mitteilung auf den vom Anleger beim

1079 Vgl. *Mülbert/Steup*, in: Habersack/Mülbert/Schlitt, Unternehmensfinanzierung, § 41 Rn. 198; *Schäfer*, in: Marsch-Barner/Schäfer, Hb börsennotierte AG, § 17 Rn. 17; OLG Schleswig WM 2005, 696, 696.

1080 Vgl. AG München, DB 2001, 2336; *Casper*, in: Kölner Komm KapMuG, §§ 37b, 37c WpHG Rn. 38; *Langenbucher*, Aktien- und Kapitalmarktrecht, 3. Aufl., § 17 Rn. 139; *Schäfer*, in: Marsch-Barner/Schäfer, Hb börsennotierte AG, § 17 Rn. 18.

1081 *Mülbert/Steup*, in: Habersack/Mülbert/Schlitt, Unternehmensfinanzierung, § 41 Rn. 198; *Sethe*, in: Assmann/Schneider, WpHG, §§ 37b, 37c Rn. 55.

1082 BT-Drucks., 14/8017, S. 93; *Möllers/Leisch*, in: Möllers/Rotter, Ad-hoc-Publizität, § 14 Rn. 49 f.; *Sethe*, in: Assmann/Schneider, WpHG, §§ 37b, 37c Rn. 55 f.

1083 *Fuchs*, in: Fuchs WpHG, §§ 37b, 37c Rn. 18 Fn. 36; *Möllers/Leisch*, in: Kölner Komm WpHG, § 37b, 37c Rn. 220; *Sethe*, in: Assmann/Schneider, WpHG, §§ 37b, 37c Rn. 56, 58.

1084 *Maier-Reimer/Seulen*, in: Habersack/Mülbert/Schlitt, Kapitalmarktinformation, § 30 Rn. 94; *Möllers/Leisch*, in: Kölner Komm WpHG, § 37b, 37c Rn. 220; *Sethe*, in: Assmann/Schneider, WpHG, §§ 37b, 37c Rn. 57 f.

1085 Vgl. *Möllers/Leisch*, in: Möllers/Rotter, Ad-hoc-Publizität, § 14 Rn. 49 f.; *Sethe*, in: Assmann/Schneider, WpHG, §§ 37b, 37c Rn. 55.

1086 Vgl. *Zimmer/Grotheer*, in: Schwark/Zimmer, Kapitalmarktrechtskommentar, §§ 37b, 37c WpHG Rn. 67.

Verkauf erzielten Preis überhaupt ausgewirkt hat.[1087] Gleiches gilt, wenn der Anleger die Finanzinstrumente nach Bekanntwerden einer veröffentlichungspflichtigen Information erworben hat.

b) Aktivlegitimierte Erwerber im Falle der Veröffentlichung unwahrer Insiderinformation, § 37c Abs. 1 Nr. 1 WpHG

Im Falle der Veröffentlichung einer unwahren Insiderinformation ergibt sich die Schadensersatzpflicht aus § 37c Abs. 1 Nr. 1 WpHG. Wer die Finanzinstrumente nach der Veröffentlichung einer unwahren Insiderinformation erwirbt, kann nur dann einen Schaden erleiden, wenn der Emittent wahrheitswidrig eine den Kurs positiv beeinflussende Information veröffentlicht.[1088] Anspruchsberechtigt sind also allein diejenigen, die ihre Finanzinstrumente nach der Veröffentlichung der unwahren positiven Insiderinformation erworben haben und bei Bekanntwerden der Unrichtigkeit der Insiderinformation noch Inhaber der Finanzinstrumente sind.[1089] Der Geschädigte erwirbt wegen der positiven Beeinflussung des Kurses die Finanzinstrumente *„zu teuer"*, und ein Schaden ergibt sich mithin daraus, dass die Unrichtigkeit der veröffentlichten Insiderinformation öffentlich bekannt wird und der Börsen- oder Marktpreis wieder fällt.[1090] Hierbei ist nicht auf die Korrekturmeldung, sondern auf das Bekanntwerden der unwahren Insiderinformation abzustellen.[1091]

Handelt es sich um die Feststellung des frühesten Erwerbszeitpunkts im Falle einer unwahren Insiderinformation, dann ist auf den Veröffentlichungszeitpunkt der unwahren Insiderinformation abzustellen.[1092] Der späteste Erwerbszeitpunkt ergibt sich aus dem Wortlaut des § 37c Abs. 1 Nr. 1 WpHG, wonach der Anleger bei Bekanntwerden der Unrichtigkeit noch Inhaber der Finanzinstrumente sein muss.[1093] Der Erwerb muss jedenfalls vor dem vollständigen Bekanntwerden

---

1087 Vgl. *Maier-Reimer/Seulen,* in: Habersack/Mülbert/Schlitt, Kapitalmarktinformation, § 30 Rn. 94; *Sethe,* in: Assmann/Schneider, WpHG, §§ 37b, 37c Rn. 56.

1088 Vgl. *Mülbert/Steup,* in: Habersack/Mülbert/Schlitt, Unternehmensfinanzierung, § 41 Rn. 200; *Schäfer,* in: Marsch-Barner/Schäfer, Hb börsennotierte AG, § 17 Rn. 19; *Sethe,* in: Assmann/Schneider, WpHG, §§ 37b, 37c Rn. 76.

1089 *Casper,* in: Kölner Komm KapMuG, §§ 37b, 37c WpHG Rn. 38; *Zimmer/Grotheer,* in: Schwark/Zimmer, Kapitalmarktrechtskommentar, §§ 37b, 37c WpHG Rn. 69; kritisch *Fuchs,* in: Fuchs WpHG, §§ 37b, 37c Rn. 26.

1090 Vgl. *Schäfer,* in: Marsch-Barner/Schäfer, Hb börsennotierte AG, § 17 Rn. 20.

1091 *Möllers/Leisch,* in: Möllers/Rotter, Ad-hoc-Publizität, § 14 Rn. 52.

1092 *Möllers/Leisch,* in: Kölner Komm WpHG, § 37b, 37c Rn. 222; *Möllers/Leisch,* in: Möllers/Rotter, Ad-hoc-Publizität, § 14 Rn. 46; *Zimmer/Grotheer,* in: Schwark/Zimmer, Kapitalmarktrechtskommentar, §§ 37b, 37c WpHG Rn. 69.

1093 *Maier-Reimer/Webering,* WM 2002, 1857, 1859; *Möllers/Leisch,* in: Kölner Komm WpHG, § 37b, 37c Rn. 224; *Zimmer/Grotheer,* in: Schwark/Zimmer, Kapitalmarktrechtskommentar, §§ 37b, 37c WpHG Rn. 67.

erfolgt sein.[1094] Wird die Tatsache, dass die Kapitalmarktinformation unwahr war, nicht punktgenau bekannt, [1095] sondern sickert über Gerüchte, Pressemitteilungen, Teilinformationen usw. allmählich in den Markt ein, ist hierbei auf ihr vollständiges Bekanntwerden abzustellen.[1096] Andernfalls wären solche Kapitalanleger benachteiligt, die von dieser Tatsache keine Kenntnis genommen haben. Es ist für die Anspruchsberechtigung ausreichend, wenn der Kapitalanleger beim partiellen Bekanntwerden noch Inhaber der Finanzinstrumente ist. Kauft also ein Kapitalanleger während der Phase des Einsickerns, so ist er anspruchsberechtigt.[1097] Ansprüche aus dem § 37c Abs. 1 Nr. 1 WpHG scheiden daher aus, wenn der Anleger die Finanzinstrumente erst nach dem vollständigen Bekanntwerden der Unrichtigkeit erworben hat.[1098] Demgegenüber kommt es nicht darauf an, dass der Kapitalanleger die Finanzinstrumente später – also nach Bekanntwerden der Unrichtigkeit – veräußert oder nicht.[1099] Schadensersatz scheidet in jedem Fall dann aus, wenn der Kapitalanleger die Finanzinstrumente nach der Korrekturmeldung kauft.[1100]

2) Aktivlegitimierte Veräußerer (§§ 37b Abs. 1 Nr. 2, 37c Abs. 1 Nr. 2 WpHG)

Die Anspruchsberechtigung im Falle der Veräußerung setzt weiter voraus, dass der Anleger zum Zeitpunkt der Pflichtverletzung bereits Inhaber der Finanzinstrumente war und diese während der Desinformationsphase verkauft hat. Ein Schaden kann in diesem Fall dann entstehen, wenn die wahre Lage des Emittenten günstiger ist, als dem Markt bekannt, also eine positive Insiderinformation nicht veröffentlicht oder eine den Kurs negativ beeinflussende Insiderinformation wahrheitswidrig veröffentlicht worden ist.[1101] Bei ordnungsgemäßer Veröffentlichung

---

1094 Vgl. *Casper,* in: Kölner Komm KapMuG, §§ 37b, 37c WpHG Rn. 58; *Möllers/Leisch,* in: Möllers/Rotter, Ad-hoc-Publizität, § 14 Rn. 50.

1095 Vgl. OLG München 28.4. 2005 ZIP 2005, 1141, 1143 – ComROAD.

1096 Vgl. *Dirigo,* Haftung für fehlerhafte Ad-hoc-Publizität, 2011, S. 92; *Sethe,* in: Assmann/Schneider, WpHG, §§ 37b, 37c Rn. 60.

1097 Vgl. *Casper,* in: Kölner Komm KapMuG, §§ 37b, 37c WpHG Rn. 58; *Möllers/Leisch,* in: Möllers/Rotter, Ad-hoc-Publizität, § 14 Rn. 49 f.; *Möllers/Leisch,* in: Kölner Komm WpHG, § 37b, 37c Rn. 224; *Sethe,* in: Assmann/Schneider, WpHG, §§ 37b, 37c Rn. 55, 76; zurückhaltend *Zimmer/Grotheer,* in: Schwark/Zimmer, Kapitalmarktrechtskommentar, §§ 37b, 37c WpHG Rn. 68.

1098 Vgl. *Casper,* in: Kölner Komm KapMuG, §§ 37b, 37c WpHG Rn. 40; *Doğan,* Ad-hoc-Publizitätshaftung, 2005, S. 59; *Maier-Reimer/Webering,* WM 2002, 1857, 1859; *Möllers/Leisch,* in: Kölner Komm WpHG, § 37b, 37c Rn. 224.

1099 *Langenbucher,* Aktien- und Kapitalmarktrecht, 3. Aufl., § 17 Rn. 144 m.w.N.

1100 Vgl. *Mülbert/Steup,* in: Habersack/Mülbert/Schlitt, Unternehmensfinanzierung, § 41 Rn. 196; *Sethe,* in: Assmann/Schneider, WpHG, § 37b, 37c Rn. 55.

1101 Vgl. *Maier-Reimer/Seulen,* in: Habersack/Mülbert/Schlitt, Kapitalmarktinformation, § 30 Rn. 88; *Schäfer/Weber/Wolf,* ZIP 2008, 197, 199.

einer Insiderinformation hätte sich der Kurs zum Transaktionszeitpunkt höher gebildet.[1102] Der Anleger hat also die Finanzinstrumente „*zu billiger*" verkauft, als wenn die betreffende Veröffentlichung nicht erfolgt wäre. In diesem Zusammenhang sind also auch zwei Konstellationen vorstellbar.

a) *Aktivlegimitierte Veräußerer im Falle einer Unterlassung (§ 37b Abs. 1 Nr. 2 WpHG)*

Nach § 37b Abs. 1 Nr. 2 WpHG sind solche Kapitalanleger anspruchsberechtigt, die die Finanzinstrumente bereits vor dem Entstehen der Insiderinformation erworben und sie nach Beginn der Unterlassung wieder veräußert haben, also Altanleger.[1103] Dieser Fall kommt insbesondere dann in Betracht, wenn der Emittent eine positive Insiderinformation nicht unverzüglich veröffentlicht hat.[1104] Das Gesetz geht hierbei davon aus, dass sich die Insiderinformation noch nicht kurssteigernd ausgewirkt haben kann.[1105] Hätte der Emittent eine positive Insiderinformation ordnungsgemäß veröffentlicht, hätte sich der Kurs zum Zeitpunkt der Transaktion höher gebildet. Der Schaden liegt deshalb darin, dass ein Kapitalanleger infolge fehlerhafter Kapitalmarktinformation seine Finanzinstrumente „*zu billig*" verkauft hat. Bei ordnungsgemäßer Information hätte er die Finanzinstrumente nicht zu dem von ihm erzielten, sondern zu einem höheren Preis veräußert.[1106]

Die Finanzinstrumente müssen dem Wortlaut nach bereits vor dem Entstehen der positiven Insiderinformation erworben worden sein.[1107] Der Zeitpunkt des Entstehens einer Insiderinformation ist nicht identisch mit dem Zeitpunkt von deren

---

1102 BT-Drucks., 14/8017, S. 93 f.; *Möllers/Leisch,* in: Möllers/Rotter, Ad-hoc-Publizität, § 14 Rn. 53; *Sethe,* in: Assmann/Schneider, WpHG, §§ 37b, 37c Rn. 60 und 73.

1103 Vgl. *Doğan,* Ad-hoc-Publizitätshaftung, 2005, S. 63; *Maier-Reimer/Seulen,* in: Habersack/Mülbert/Schlitt, Kapitalmarktinformation, § 30 Rn. 95; *Maier-Reimer/Webering,* WM 2002, 1857, 1859; *Möllers/Leisch,* in: Kölner Komm WpHG, § 37b, 37c Rn. 242; *Mülbert/Steup,* in: Habersack/Mülbert/Schlitt, Unternehmensfinanzierung, § 41 Rn. 199; *Schäfer,* in: Marsch-Barner/Schäfer, Hb börsennotierte AG, § 17 Rn. 16; *Sethe,* in: Assmann/Schneider, WpHG, §§ 37b, 37c Rn. 60; *Zimmer/Grotheer,* in: Schwark/Zimmer, Kapitalmarktrechtskommentar, §§ 37b, 37c WpHG Rn. 70 ff.

1104 Da positive Insiderinformationen dem Emittenten günstig sind, wird ein vollständiges Unterlassen in der Praxis kaum vorstellbar sein. Praxisrelevant dürfte eher der Fall sein, dass der Emittent die Veröffentlichung einer positiven Insiderinformation unterlässt, um zuvor ein Insidergeschäft zu tätigen (*Sethe,* in: Assmann/Schneider, WpHG, §§ 37b, 37c Rn. 60).

1105 Vgl. *Langenbucher,* Aktien- und Kapitalmarktrecht, 3. Aufl., § 17 Rn. 147.

1106 BT-Drucks., 14/8017, S. 93; *Mülbert/Steup,* in: Habersack/Mülbert/Schlitt, Unternehmensfinanzierung, § 41 Rn. 199; *Schäfer,* in: Marsch-Barner/Schäfer, Hb börsennotierte AG, § 17 Rn. 17.

1107 Kritisch hierzu *Fuchs,* in: Fuchs WpHG, §§ 37b, 37c Rn. 20; *Sethe,* in: Assmann/Schneider, WpHG, §§ 37b, 37c Rn. 60 Fn. 5; *Zimmer/Grotheer,* in: Schwark/Zimmer, Kapitalmarktrechtskommentar, §§ 37b, 37c WpHG Rn. 70, auf dieses Merkmal „vor

Unterlassung, weil die Veröffentlichungspflicht nicht bereits mit dem Entstehen einer Insiderinformation entsteht.[1108] Ein Aufschub kann sich zum einen aus dem Tatbestandsmerkmal der *Unverzüglichkeit* ergeben. Gemäß § 15 Abs. 1 Satz 1 WpHG hat ein Inlandsemittent von Finanzinstrumenten die Insiderinformationen nicht *sofort*, sondern *unverzüglich* zu veröffentlichen.[1109] Daher ist § 37b Abs. 1 Nr. 2 WpHG korrigierend dahin auszulegen, dass der Erwerb vor der Unterlassung der pflichtgemäßen Veröffentlichung erfolgt sein muss. Ein Aufschub kann sich zum anderen dann ergeben, wenn der Emittent von der Pflicht zur Ad-hoc-Mitteilung nach § 15 Abs. 3 WpHG einstweilig befreit ist.[1110] Diejenigen, die innerhalb dieser Befreiungsphase das Finanzinstrument erworben haben, sind vom Ersatzanspruch ausgeschlossen.

Ansprüche aus § 37b Abs. 1 Nr. 2 WpHG scheiden daher aus, wenn der Anleger die Finanzinstrumente zwar nach dem Entstehen der Insiderinformation erworben, sie aber vor dem Zeitpunkt, zu dem diese Information hätte veröffentlicht werden müssen, veräußert hat.[1111] Zum Zeitpunkt des Erwerbs war der Emittent nicht dazu verpflichtet, eine kursrelevante Information zu veröffentlichen, sodass zwar in tatsächlicher Hinsicht bereits eine informationelle Schieflage vorlag, in rechtlicher Hinsicht der Transaktionspreis aber nicht verzerrt war, sondern der rechtlich geforderten Informationslage entsprach.[1112] Zwar könnte der Anleger die Finanzinstrumente auch dann zu billig verkaufen, wenn er die Finanzinstrumente wieder veräußert, bevor sich die Unterlassung einer positiven Information auf den Preis kurssteigernd auswirken kann.[1113] Wäre die positive Information ordnungsgemäß veröffentlicht worden, dann hätte der Anleger die Finanzinstrumente nicht nur zu dem teureren Preis veräußern können, sondern auch teuer erwerben müssen.[1114] Hier sei der Schaden des Anlegers nicht auf das Irreführungsrisiko des Emittenten,

---

dem Entstehen der Insiderinformation" sollte daher *de lege ferenda* verzichtet werden.

1108 Vgl. *Zimmer/Grotheer*, in: Schwark/Zimmer, Kapitalmarktrechtskommentar, §§ 37b, 37c WpHG Rn. 70.

1109 Vgl. *Möllers/Leisch,* in: Kölner Komm WpHG § 37b, 37c Rn. 223 f.

1110 Vgl. *Zimmer/Grotheer*, in: Schwark/Zimmer, Kapitalmarktrechtskommentar, §§ 37b, 37c WpHG Rn. 70.

1111 *Doğan*, Ad-hoc-Publizitätshaftung, 2005, S. 63; *Maier-Reimer/Webering*, WM 2002, 1857, 1859; *Maier-Reimer/Seulen,* in: Habersack/Mülbert/Schlitt, Kapitalmarktinformation, § 30 Rn. 95; *Möllers/Leisch,* in: Kölner Komm WpHG § 37b, 37c Rn. 223; *Zimmer/Grotheer*, in: Schwark/Zimmer, Kapitalmarktrechtskommentar, §§ 37b, 37c WpHG Rn. 66, 70.

1112 Vgl. *Möllers/Leisch,* in: Kölner Komm WpHG, § 37b, 37c Rn. 247.

1113 *Möllers/Leisch,* in: Kölner Komm WpHG, § 37b, 37c Rn. 246; anders *Fuchs,* in: Fuchs WpHG, §§ 37b, 37c Rn. 20.

1114 Vgl. *Langenbucher*, Aktien- und Kapitalmarktrecht, 3. Aufl., § 17 Rn. 149; *Maier-Reimer/Seulen*, in: Habersack/Mülbert/Schlitt, Kapitalmarktinformation, § 30 Rn. 95; *Möllers/Leisch,* in: Kölner Komm WpHG, § 37b, 37c Rn. 246.

sondern auf das allgemeine Marktrisiko zurückzuführen.[1115] Beim Erwerb eines Finanzinstruments vor der Desinformationsphase kommt es nicht auf die Informationspflichtverletzung des Emittenten an, sondern allein darauf, dass sich der Kurs aufgrund fehlerhafter Kapitalmarktinformation gebildet hat.[1116] Entscheidend ist mithin, ob zum Zeitpunkt der Transaktion durch die fehlerhafte Information noch ein Schaden entstehen kann oder nicht.[1117] Gleiches gilt für die Kapitalanleger, die ihre Finanzinstrumente vor der Desinformationsphase erworben, aber erst nach dieser Phase wieder veräußert haben.[1118] Zum Zeitpunkt der Transaktion hat sich die wahre Inforationslage im entsprechenden Preis bereits widergespiegelt, sodass sie ihre Finanzinstrumente nicht zu billig veräußert haben.[1119]

Darüber hinaus müssen die Anleger ihre Finanzinstrumente nach dem Beginn der Unterlassung, aber noch vor Bekanntwerden der Insiderinformation wieder veräußert haben (37b Abs. 1 Nr. 2 WpHG).[1120] Anders als bei § 37c Abs. 1 Nr. 2 WpHG ergibt sich diese Rechtsfolge nicht direkt aus dem Wortlaut des § 37b Abs. 1 Nr. 2 WpHG, sondern aus einer Gesamtbetrachtung des Tatbestands von § 37b WpHG.[1121] Dem Wortlaut nach muss der Dritte die Finanzinstrumente vor dem Eintritt der Insiderinformation erworben und sie nach der Unterlassung veräußert haben. Nähme man den Wortlaut aber wörtlich, käme es auf das Bekanntwerden der Insiderinformation nicht an. Es würde insofern kein Endzeitpunkt vorliegen.[1122] Daraus würde sich eine höchst widersprüchliche Gesetzeslage ergeben. In einem solchen Fall könnte die Haftung des Emittenten auch dann in Betracht kommen, wenn der Anleger seine Finanzinstrumente nach Bekanntwerden der Insiderinformation veräußert, denn auch hier erfolgt die Veräußerung *„nach der Unterlassung"*. Im Hinblick auf die gemeinsamen Strukturen des § 37b Abs. 1 Nr. 1 WpHG und des § 37c Abs. 1 Nr. 1 und 2 WpHG sowie die Begründung des Gesetzgebers[1123] ist die Formulierung berichtigend so zu verstehen, dass der Kapitalanleger die

1115 Vgl. *Doğan*, Ad-hoc-Publizitätshaftung, 2005, S. 60.
1116 Vgl. *Maier-Reimer/Seulen*, in: Habersack/Mülbert/Schlitt, Kapitalmarktinformation, § 30 Rn. 95 m.w.N.
1117 Vgl. *Möllers/Leisch*, in: Kölner Komm WpHG, § 37b, 37c Rn. 236.
1118 *Doğan*, Ad-hoc-Publizitätshaftung, 2005, S. 63.
1119 *Möllers/Leisch*, in: Kölner Komm WpHG, § 37b, 37c Rn. 246.
1120 *Casper*, in: Kölner Komm KapMuG, §§ 37b, 37c WpHG Rn. 41; *Jungmichel*, Haftung und Schadenskompensation, 2007, S. 132; *Maier-Reimer/Webering*, WM 2002, 1857, 1859.
1121 *Doğan*, Ad-hoc-Publizitätshaftung, 2005, S. 63; *Jungmichel*, Haftung und Schadenskompensation, 2007, S. 131 f.; *Maier-Reimer/Webering*, WM 2002, 1857, 1859; *Möllers/Leisch*, in: Möllers/Rotter, Ad-hoc-Publizität, § 14 Rn. 55; *Zimmer/Grotheer*, in: Schwark/Zimmer, Kapitalmarktrechtskommentar, §§ 37b, 37c WpHG Rn. 70 f.
1122 *Jungmichel*, Haftung und Schadenskompensation, 2007, S. 131.
1123 BT-Drucks., 14/8017, S. 93 f.

Finanzinstrumente nach Beginn der Unterlassung, aber noch vor dem vollständigen Bekanntwerden der Insiderinformation veräußert haben muss.[1124]

b) *Aktivlegitimierte Veräußerer im Falle einer unwahren Insiderinformation (§ 37c Abs. 1 Nr. 2 WpHG)*

Veröffentlicht der Emittent wahrheitswidrig eine den Kurs negativ beeinflussende Insiderinformation, dann kommt die Schadensersatzpflicht aus § 37c Abs. 1 Nr. 2 WpHG in Betracht.

Ein Anspruch liegt nur dann vor, wenn der Kapitalanleger die Finanzinstrumente bereits vor der Veröffentlichung der unwahren negativen Insiderinformation erworben und sie nach der Veröffentlichung, aber noch vor dem vollständigen Bekanntwerden der Unrichtigkeit der veröffentlichten Insiderinformation wieder veräußert hat.[1125] Ein Schaden kann in solchen Fällen nur dann entstehen, wenn die wahre Lage des Emittenten günstiger ist, als dem Kapitalmarkt bekannt, also eine kurssenkende Information unrichtig bekanntgemacht worden ist.[1126] Der Kapitalanleger hat die Finanzinstrumente wegen der unwahren negativen Insiderinformation „*zu billig*" verkauft.[1127] Geschädigt sind hierbei allein diejenigen Anleger, die wegen der unwahren negativen Information die Finanzinstrumente zu billig verkauft haben, bevor die Unrichtigkeit der Insiderinformation bekannt geworden und der Marktpreis wieder angestiegen ist.[1128]

Gemäß § 37c Abs. 1 Nr. 2 WpHG muss der Kapitalanleger die Finanzinstrumente vor der Veröffentlichung der unwahren Insiderinformation erworben haben.[1129]

1124 Ebenso *Jungmichel*, Haftung und Schadenskompensation, 2007, S. 131 f.; *Maier-Reimer/Webering*, WM 2002, 1857, 1859; *Maier-Reimer/Seulen*, in: Habersack/Mülbert/Schlitt, Kapitalmarktinformation, § 30 Rn. 91; *Möllers/Leisch*, in: Möllers/Rotter, Ad-hoc-Publizität, § 14 Rn. 55; *Möllers/Leisch*, in: Kölner Komm WpHG, § 37b, 37c Rn. 248; *Schäfer*, in: Marsch-Barner/Schäfer, Hb börsennotierte AG, § 17 Rn. 17; *Zimmer/Grotheer*, in: Schwark/Zimmer, Kapitalmarktrechtskommentar, §§ 37b, 37c WpHG Rn. 70 f.; im Ergebnis auch *Sethe*, in: Assmann/Schneider, WpHG, §§ 37b, 37c Rn. 60.

1125 Vgl. *Casper*, in: Kölner Komm KapMuG, §§ 37b, 37c WpHG Rn. 41; *Möllers/Leisch*, in: Möllers/Rotter, Ad-hoc-Publizität, § 14 Rn. 55; *Sethe*, in: Assmann/Schneider, WpHG, §§ 37b, 37c Rn. 73, 75; *Zimmer/Grotheer*, in: Schwark/Zimmer, Kapitalmarktrechtskommentar, §§ 37b, 37c WpHG Rn. 72.

1126 Vgl. *Maier-Reimer/Seulen*, in: Habersack/Mülbert/Schlitt, Kapitalmarktinformation, § 30 Rn. 88; *Mülbert/Steup*, in: Habersack/Mülbert/Schlitt, Unternehmensfinanzierung, § 41 Rn. 201; *Schäfer*, in: Marsch-Barner/Schäfer, Hb börsennotierte AG, § 17 Rn. 21.

1127 Vgl. BT-Drucks., 14/8017, S. 93 f.; *Sethe*, in: Assmann/Schneider, WpHG, §§ 37b, 37c Rn. 73.

1128 *Schäfer*, in: Marsch-Barner/Schäfer, Hb börsennotierte AG, § 17 Rn. 21.

1129 Zu Recht kritisch *Fleischer*, Gutachten für den 64. Deutschen Juristentag, 2002. F 107; *Fuchs*, in: Fuchs WpHG, §§ 37b, 37c Rn. 27.

Hierbei kommt es darauf an, ob der Kapitalanleger vor der Veröffentlichung der unwahren Insiderinformation das obligatorische Geschäft über den Kauf der Finanzinstrumente abgeschlossen hat.[1130] Ohne Relevanz ist die Tatsache, dass die Finanzinstrumente erst nach Veröffentlichung der unwahren negativen Insiderinformation übereignet wurden. In der Literatur wird die Ansicht vertreten, dass diejenigen nicht anspruchsberechtigt seien, die ihre Entscheidung zur Veräußerung der Finanzinstrumente bereits vor der Veröffentlichung der unwahren Information getroffen hatten, das schuldrechtliche Geschäft aber erst nach der Veröffentlichung ausgeführt wurde, weshalb sich die unwahre Information bereits auf den Verkaufspreis ausgewirkte.[1131] Diese Ansicht erscheint schon deshalb nicht überzeugend, weil es hier allein auf die fehlerhafte Preisbildung am Markt ankommt. Demgegenüber ist es unerheblich, ob der Kapitalanleger auf die Wahrheit der Information vertraut hat oder nicht.[1132]

Die Transaktion muss spätestens vor dem Zeitpunkt des vollständigen Bekanntwerdens der Unrichtigkeit erfolgt sein.[1133] Selbstverständlich scheiden Ansprüche aus § 37 c Abs. 1 Nr. 2 WpHG dann aus, wenn der Anleger die Finanzinstrumente zwar vor der Veröffentlichung einer unwahren Insiderinformation erworben, sie aber erst nach Bekanntwerden der Unrichtigkeit der Insiderinformation wieder veräußert hat.[1134] Gleiches gilt für solche Anleger, die ihre Finanzinstrumente bereits vor der Veröffentlichung einer unwahren Information wieder veräußert haben, selbst wenn dies im Wortlaut des § 37c Abs. 1 Nr. 2 WpHG nicht ausdrücklich erwähnt wird.[1135] Solche Transaktionen können schon aus zeitlichen Gründen nicht auf einer Informationspflichtverletzung des Emittenten beruhen.[1136]

B Rechtslage in Korea

1 Transaktionserfordernis

Wie auch in manchen anderen Rechtsordnungen wie dem WpHG in Deutschland und dem US-amerikanischen Kapitalmarktrecht hat der Gesetzgeber in Korea die Geltendmachung eines Schadensersatzanspruchs an das Transaktionserfordernis

1130 Vgl. *Langenbucher*, Aktien- und Kapitalmarktrecht, 3. Aufl., § 17 Rn. 140; *Maier-Reimer/Seulen*, in: Habersack/Mülbert/Schlitt, Kapitalmarktinformation, § 30 Rn. 93; *Möllers/Leisch*, in: Kölner Komm WpHG § 37b, 37c Rn. 249; *Sethe*, in: Assmann/Schneider, WpHG, §§ 37b, 37c Rn. 57.

1131 Vgl. *Möllers/Leisch*, in: Kölner Komm WpHG, § 37b, 37c Rn. 221.

1132 Vgl. *Sethe*, in: Assmann/Schneider, WpHG, §§ 37b, 37c Rn. 74.

1133 *Dirigo*, Haftung für fehlerhafte Ad-hoc-Publizität, 2011, S. 91; *Möllers/Leisch*, in: Kölner Komm WpHG, § 37b, 37c Rn. 232 ff, 251.

1134 Vgl. *Doğan*, Ad-hoc-Publizitätshaftung, 2005, S. 63.

1135 Vgl. *Dirigo*, Haftung für fehlerhafte Ad-hoc-Publizität, 2011, S. 91; *Möllers/Leisch*, in: Kölner Komm WpHG § 37b, 37c Rn. 251.

1136 Vgl. *Dirigo*, Haftung für fehlerhafte Ad-hoc-Publizität, 2011, S. 91.

angeknüpft (sog. *Birnbaum-Rule*). Nach dem eindeutigen Wortlaut des § 162 FSCMA sind nur diejenigen anspruchsberechtigt, die während der Desinformationsphase des Marktes die Finanzinstrumente erworben oder veräußert und hierdurch einen Schaden erlitten haben. Anspruchsberechtigt sind nämlich Käufer oder Verkäufer von Finanzinstrumenten des veröffentlichenden Emittenten, die auf dem Sekundärmarkt gehandelt werden.[1137] Hierbei wird das Vertrauen des Anlegers vermutet.

Die Haftung des Anspruchsverpflichteten gemäß § 162 FSCMA setzt *eine für ihn nachteilige Transaktion* voraus. Nicht anspruchsberechtigt sind die potentiellen Kapitalanleger, die während der Desinformationsphase keine Transaktion in den betroffenen Finanzinstrumenten vorgenommen haben, aber bei ordnungsgemäßer Information andere Transaktion getätigt hätten. Von vornherein keinen Ersatzanspruch haben zunächst damit die Altanleger, die aufgrund einer unwahren positiven Information ihre Finanzinstrumente gehalten haben, die sie an sich hätten verkaufen wollen. Ebenso wenig anspruchsberechtigt sind diejenigen, die wegen einer unwahren negativen Information von einem beabsichtigten Erwerb Abstand genommen haben. In diesen Fällen haben sie gerade *keine Transaktion* getätigt.

2 Schadenserfordernis

§ 162 FSCMA setzt wiederum voraus, dass der Emittent in einer Mitteilung unwahre Angaben oder Darstellungen über kursrelevante Umstände gemacht oder kursrelevante Umstände weggelassen hat und dadurch der Anleger, der die Finanzinstrumente des Emittenten kauft bzw. veräußert, einen Schaden erleidet. Hierbei ist eine für den Anleger nachteilige Transaktion erforderlich. Anspruchsberechtigt ist daher, wer die Finanzinstrumente zu den Kursen, die wegen fehlerhafter Kapitalmarktinformation verzerrt sind, gekauft bzw. verkauft und hierdurch einen Schaden erlitten hat.[1138]

Nicht anspruchsberechtigt sind vor allem die Kapitalanleger, die ihre Finanzinstrumente vor der Veröffentlichung einer unwahren positiven Information erworben und diese nach der Veröffentlichung, aber vor dem Bekanntwerden der Unwahrheit wieder veräußert haben. In einem solchen Fall wird der Marktpreis höher als der Preis sein, der sich bei ordnungsgemäßer Information gebildet hätte. Er wird also durch die fehlerhafte Information einen Gewinn erzielen. In einem solchen Fall hat der Anleger gerade keine für ihn nachteilige Transaktion getätigt. Hierbei fehlt es daher an einem Schaden. Von der Geltendmachung von Schadensersatzansprüchen sind damit zunächst die Anleger ausgeschlossen, die ihre Finanzinstrumente vor der Veröffentlichung unwahrer Information erworben und diese nach dem Bekanntwerden der Unwahrheit wieder veräußert haben.

1137 *Lee, Sangpok*, Corporate Disclosure, Seoul 2012, S. 382.
1138 *Hwang*, Illegaler Wertpapierhandel und Schadensersatz, S. 286.

Schließlich sind grundsätzlich diejenigen zum Schadensersatz berechtigt, die ihre Finanzinstrumente nach der Veröffentlichung einer unwahren positiven Information erworben und diese nach dem Bekanntwerden der Unrichtigkeit veräußert haben. Es ist auch der Fall vorstellbar, dass Kapitalanleger zum Zeitpunkt der Veröffentlichung einer unwahren negativen Information bereits Inhaber der Finanzinstrumente war und diese während der Desinformationsphase verkauft hat.

3 *„Käufer* oder *Verkäufer"* eines Finanzinstruments

Der Gesetzgeber in Deutschland hat bei der Einführung der §§ 37b, 37c WpHG zur Begrenzung der Haftungsrisiken für die Emittenten die Haftung allein auf solche Fälle beschränkt, in denen die Kapitalanleger während der Desinformationsphase *„eine Transaktion"* vorgenommen haben.[1139] Anspruchsberechtigt ist deshalb nur, wer *während der Desinformationsphase* die Finanzinstrumente entweder *nur erworben* oder *nur veräußert* hat.[1140] Demgegenüber hat der Gesetzgeber in Korea keine entsprechende Regelung vorgesehen. Der Wortlaut des § 162 FSCMA spricht allein vom *„Käufer oder Verkäufer"* eines auf dem Sekundärmarkt gehandelten Finanzinstruments, die dadurch einen Schaden erlitten haben, dass der Emittent in einer Mitteilung unwahre Angaben oder Darstellungen über kursrelevante Umstände gemacht oder kursrelevante Umstände weggelassen hat.

Haben Kapitalanleger während der Desinformationsphase ihre Finanzinstrumente sowohl gekauft als auch wiederverkauft, scheidet ein Anspruch *de lege lata* in Deutschland grundsätzlich aus. Zum Schadensersatz nicht berechtigt sind deshalb diejenigen Kapitalanleger, die ihre Finanzinstrumente nach der Veröffentlichung gekauft und diese vor dem Bekanntwerden der Unwahrheit wieder veräußert haben. Diese Rechtsfolge wird damit begründet, dass die Kapitalanleger in einem solchen Fall ihre Finanzinstrumente zwar *„zu teuer"* erworben, aber die Finanzinstrumente ebenfalls noch *„zu teuer"* veräußert hätten. In diesen Fällen sei also nicht nur der Kaufpreis, sondern auch der Verkaufspreis verzerrt.[1141] Zwar könnten die Preise bei beiden Transaktionen nicht identisch sein, aber dies beruhe

1139 *Baums,* ZHR 167 (2003), 139, 178 f.; *Maier-Reimer/Seulen,* in: Habersack/Mülbert/Schlitt, Kapitalmarktinformation, § 30 Rn. 86; *Zimmer,* WM 2004, 9, 16.

1140 Vgl. *Casper,* in: Kölner Komm KapMuG, §§ 37b, 37c WpHG Rn. 6; *Maier-Reimer/Seulen,* in: Habersack/Mülbert/Schlitt, Kapitalmarktinformation, § 30 Rn. 86; *Möllers/Leisch,* in: Kölner Komm WpHG, §§ 37b, 37c Rn. 252 ff.; kritisch hierzu *Baums,* ZHR 166 (2002), 375, 379; *Reichert/Weller,* ZRP 2002, 49, 56.

1141 Vgl. *Maier-Reimer/Seulen,* in: Habersack/Mülbert/Schlitt, Kapitalmarktinformation, § 30 Rn. 97, 151; *Möllers/Leisch,* in: Möllers/Rotter, Ad-hoc-Publizität, § 14 Rn. 45 und 57; *Sethe,* in: Assmann/Schneider, WpHG, §§ 37b, 37c Rn. 63; *Zimmer,* WM 2004, 9, 18; kritisch hierzu *Fleischer,* NJW 2002, 2977, 2980; *Reichert/Weller,* ZRP 2002, 49, 56; für die Einbeziehung dieser Gruppe *de lege ferenda Escher-Weingart/Lägeler/Eppinger,* WM 2004, 1845, 1847.

nicht auf fehlerhaften Kapitalmarktinformationen, sondern auf der allgemeinen Marktentwicklung.[1142]

Nach der Rechtsprechung in Korea kann die Haftung gemäß § 162 FSCMA auch dann in Betracht kommen, wenn die Kapitalanleger während der Desinformationsphase die Finanzinstrumente erworben und diese wiederverkauft haben.[1143] Diese Regelung setzt also nicht voraus, dass der Anspruchssteller zum Zeitpunkt des Bekanntwerdens der Unwahrheit noch Inhaber der Finanzinstrumente war. Dies würde insbesondere dann in Betracht kommen, wenn die Tatsache, dass die Information unrichtig war, nicht punktgenau bekannt wird, sondern über Gerüchte, Medien usw. allmählich in den Markt einsickert.[1144] Erwirbt ein Anleger die Finanzinstrumente nach der Veröffentlichung unwahrer Information und veräußert sie bei einem partiellen Bekanntwerden der Wahrheit, aber noch vor dem vollständigen Bekanntwerden wieder, dann könnte er eventuell einen Schaden geltend machen.[1145] Dies wird damit begründet, dass auch in diesem Fall der Anleger bei Veräußerung zum Zeitpunkt der Transaktion einen Schaden erleiden könne.[1146] Nicht entscheidend ist, ob er zum Zeitpunkt des Bekanntwerdens noch Inhaber der Finanzinstrumente ist oder nicht. Daher kann er auch dann Schadensersatz geltend machen, wenn er sie noch vor Bekanntwerden der Unrichtigkeit wieder veräußert hat.[1147] Entsprechendes gilt für die Fälle, in denen ein Anleger nach der Veröffentlichung unwahrer Information die Finanzinstrumente verkauft und diese dann wieder erwirbt. Hierbei kommt es allein auf den Transaktionszeitpunkt an.[1148] Zu diesem Zeitpunkt hat der Dritte seine Finanzinstrumente wegen fehlerhafter Kapitalmarktinformation entweder *zu teuer* gekauft oder *zu billig* verkauft und dadurch einen Schaden erlitten.[1149]

1142 Vgl. *Hopt/Voigt*, in: Hopt/Voigt, Prospekt- und Kapitalmarktinformationshaftung, S. 9, 111; *Möllers/Leisch*, in: Möllers/Rotter, Ad-hoc-Publizität, § 14 Rn. 57.

1143 Vgl. OGH Urteil vom 21. September 2007 (2006 Da 81981).

1144 Vgl. OGH Urteil vom 21. September 2007 (2006 Da 81981); Urteil des Obergerichts Seoul vom 26. September 2008 (2007 Na 107783, 107790); Urteil des Landesgerichts Seoul Hauptviertel (*Seoul Central District Court*) vom 27. Juli 2004 (2000 Gahab 78872).

1145 Vgl. Urteil des Landesgerichts Seoul Hauptviertel (*Seoul Central District Court*) vom 27. Juli 2004 (2000 Gahab 78872).

1146 Vgl. OGH Urteil vom 21. September 2007 (2006 Da 81981); Urteil des Obergerichts Seoul vom 18. Januar 2006 (2005 Na 22673); Urteil des Obergerichts Seoul vom 26. September 2008 (2007 Na 107783, 107790).

1147 Urteil des Obergerichts Seoul vom 18. Januar 2006 (2005 Na 22673); Urteil des Obergerichts Seoul vom 26. September 2008 (2007 Na 107783, 107790).

1148 Vgl. Urteil vom 25. Oktober 2007 (2006 Da 16758 und 16765); Urteil des Obergerichts Seoul vom 18. Januar 2006 (2005 Na 22673).

1149 Vgl. Urteil des Obergerichts Seoul vom 18. Januar 2006 (2005 Na 22673); Urteil des Obergerichts Seoul vom 3. November 2006 (2005 Na 50043); Urteil des Landesgerichts Seoul Hauptviertel (*Seoul Central District Court*) vom 19. Mai 2005 (2003 Gahab 77160).

Erwirbt ein Anleger die Finanzinstrumente sowohl vor – als auch nach der fehlerhaften Information und veräußert er einen Teil der Finanzinstrumente vor dem Zeitpunkt der letzten mündlichen Verhandlung und hält den Rest bis zum Zeitpunkt der letzten mündlichen Verhandlung, ist er *de lege lata* auch zum Schadensersatz berechtigt. Nach dem jetzigen Wertpapierdepotsystem ist jedoch nicht leicht zu identifizieren, welche der veräußerten Finanzinstrumente er vor und welches nach der Fehlinformation gekauft hat.[1150] Dies hätte zur Folge, dass die Höhe des Verkaufspreises und die des Marktpreises zum Zeitpunkt der letzten mündlichen Verhandlung oder zum Zeitpunkt der Veräußerung der Finanzinstrumente zulasten einer Partei gehen.[1151] In der Praxis wird auf Empfehlung des Gerichts angenommen, dass die Finanzinstrumente der Erwerbsreihenfolge entsprechend[1152] oder anteilsmäßig wieder veräußert werden.[1153]

C Fazit

Die Eingrenzung des Kreises der anspruchsberechtigten Kapitalanleger auf diejenigen Anleger, die während der Zeitspanne der Desinformationsphase des Kapitalmarktes *eine Transaktion* getätigt haben, ist in der Literatur auf Kritik gestoßen.[1154] Die Anknüpfung der Anspruchsberechtigung an das Transaktionserfordernis während der Pflichtverletzung muss im Ergebnis jedoch als folgerichtig beurteilt werden, da die untätig gebliebenen Kapitalanleger keinen kausal verursachten Schaden erlitten haben.[1155] Denn der Schutzzweck der Ad-hoc-Mitteilung ist darin zu sehen, die Kapitalanleger vor einem solchen Vermögensschaden zu schützen, der dadurch entstanden ist, dass sie ihre Finanzinstrumente wegen fehlerhafter Kapitalmarktinformation zu teuer gekauft bzw. zu billig veräußert haben.[1156] Nur

1150 Ausführlich hierzu *Lim, Jai Yeon*, Kapitalmarktrecht, S. 628 f.

1151 *Lim, Jai Yeon*, Kapitalmarktrecht, S. 629.

1152 Vgl. Urteil des Obergerichts Seoul vom 16. April 2008 (2004 Da 74400); Urteil des Obergerichts Seoul vom 3. November 2006 (2005 Na 50043); Urteil des Obergerichts Seoul vom 18. Januar 2006 (2005 Na 22673); Urteil des Obergerichts Seoul vom 26. September 2008 (2007 Na 107783, 107790); Urteil des Landgerichts Seoul West vom 5. November 2009 (2009 Gahab 1535).

1153 *Kim/Jung*, Kapitalmarktrecht, 3. Auflage, Seoul 2013, S. 281; *Lim, Jai Yeon*, Kapitalmarktrecht, S. 629 Fn. 34.; *Lee, Sangpok*, Corporate Disclosure, S. 392.

1154 *Baums*, ZHR 166 (2002), 375, 379; *Baums*, ZHR 167 (2003), 139, 159; *Fleischer*, NJW 2002, 2977, 2980; *Reichert/Weller*, ZRP 2002, 49, 56: *„Regelungslücke"*; für die Einbeziehung der untätig gebliebenen Aktionäre *Baums*, Bericht der Regierungskommission Corporate Governance, 2001, Rn. 186.

1155 *Hopt/Voigt* in: Prospekt- und Kapitalmarktinformationshaftung, S. 9, 111; *Jungmichel*, Haftung und Schadenskompensation, 2007, S. 133; *Maier-Reimer/Seulen*, in: Habersack/Mülbert/Schlitt, Kapitalmarktinformation, § 30 Rn. 97 m.w.N.; *Möllers/Leisch*, in: Möllers/Rotter, Ad-hoc-Publizität, § 14 Rn. 57.

1156 BR-Drucks. 936/01 (neu), S. 261; *Hopt/Voigt*, in: Hopt/Voigt, Prospekt- und Kapitalmarktinformationshaftung, S. 9, 111.

wenn Anleger die Finanzinstrumente in der Desinformationsphase *gekauft* oder *verkauft* haben, lässt sich feststellen, dass sie die Finanzinstrumente infolge fehlerhafter Information *zu teuer* gekauft oder *zu billig* verkauft haben.[1157] Wie § 15 Abs. 6 Satz 1 WpHG zeigt, ist die Norm abschließend.

Weiterhin ist für diesen Standpunkt die Befürchtung ins Feld zu führen, dass der Verzicht auf ein Transaktionserfordernis zur uferlosen Ausdehnung möglicher Anspruchsberechtigten führen würde.[1158] Ohne das Transaktionserfordernis könnten alle potenziellen Kapitalanleger geltend machen, dass sie die Finanzinstrumente bei ordnungsgemäßer Veröffentlichung einer Insiderinformation gekauft bzw. verkauft hätten.[1159] Sie könnten nach der Korrekturmeldung unwahrer Insiderinformation eine Klage mit der Behauptung erheben, dass sie wegen einer inhaltlich unrichtigen zu positiven Kapitalmarktinformation ihre Finanzinstrumente gehalten hätten, die sie an sich hätten verkaufen wollen.[1160] Eine solche Behauptung eines Anlegers wäre nicht ohne Weiteres widerlegbar.[1161] Damit stiege die Gefahr missbräuchlicher und betrügerischer Klagen, die allein mit dem Ziel erhoben würden, den Emittenten zu einem kostspieligen Vergleich zu pressen.[1162] Das sich daraus ergebende Haftungsrisiko des Emittenten wäre extrem hoch.[1163] Würden Ansprüche massenhaft geltend gemacht, dann könnte dies sogar den Fortbestand des Emittenten erheblich beeinflussen.[1164] Eine solche Haftungserweiterung würde sich auf die Wettbewerbsfähigkeit eines Kapitalmarktes nachteilig auswirken.

Ferner würden die Kapitalanleger in Schadensersatzprozessen wegen fehlerhafter Kapitalmarktinformation auf erhebliche Beweisführungsprobleme stoßen z.B. hinsichtlich des Nachweises solcher Entscheidungen und damit des Nachweises der haftungsbegründenden Kausalität, weil sie nachweisen müssten, von

---

1157 *Schäfer/Weber/Wolf*, ZIP 2008, 197, 199.

1158 *Baums*, ZHR 167 (2003), 139, 178; *Fleischer*, in: Assmann/Schütze, Handbuch des Kapitalanlagerechts, 4. Aufl., § 6 Rn. 51; *Fleischer*, ZIP 2005, 1805, 1808; *Hopt/Voigt* in: Hopt/Voigt, Prospekt- und Kapitalmarktinformationshaftung, S. 9, 113; *Sethe* in: Assmann/Schneider, WpHG, §§ 37b, 37c Rn. 13; *Veil*, BKR 2005, 91, 95; vgl. auch *Hellgardt*, Kapitalmarktdeliktsrecht, 2008, S. 343 f.

1159 *Baums*, ZHR 167 (2003), 139, 178; *Zimmer*, WM 2004, 9, 16.

1160 *Baums*, ZHR 167 (2003), 139, 178; *Casper*, in: Kölner Komm KapMuG, §§ 37b 37c WpHG Rn. 43; *Maier-Reimer/Webering*, WM 2002, 1857, 1859; *Möllers/Leisch* in: Kölner Komm WpHG, §§ 37b, 37c Rn. 252; *Sethe*, in: Assmann/Schneider, WpHG §§ 37b, 37c Rn. 63; *Zimmer/Grotheer*, in: Schwark/Zimmer, Kapitalmarktrechtskommentar, §§ 37b, 37c WpHG Rn. 75.

1161 *Baums*, ZHR 167 (2003), 139, 179; *Schäfer/Weber/Wolf*, ZIP 2008, 197, 199.

1162 *Baums*, ZHR 167 (2003), 139, 178; *Gottschalk*, DStR 2005, 1648, 1654; *Hopt/Voigt* in: Hopt/Voigt, Prospekt- und Kapitalmarktinformationshaftung, S. 9, 113; *Schäfer/Weber/Wolf*, ZIP 2008, 197, 199; *Zimmer*, WM 2004, 9, 16.

1163 *Jungmichel*, Haftung und Schadenskompensation, 2007, S. 133.

1164 *Hopt/Voigt*, in: Hopt/Voigt, Prospekt- und Kapitalmarktinformationshaftung, S. 9 117; *Jungmichel*, Haftung und Schadenskompensation, 2007, S. 133.

welchen Ansichten und Plänen sie infolge fehlerhafter Kapitalmarktinformation Abstand genommen hätten. Ein solcher Nachweis wäre kaum zu führen.[1165] Aus diesen Gründen wird nicht nur im hochentwickelten US-amerikanischen Kapitalmarktrecht, sondern auch in manchen Rechtsordnungen wie dem koreanischen Kapitalmarktrecht bei Geltendmachung eines Schadensersatzanspruchs wegen fehlerhafter Kapitalmarktinformation an das Transaktionserfordernis angeknüpft (*sog. Birnbaum-Rule*).

1165 Zutreffend *Baums*, ZHR 167 (2003), 139, 178; *Dühn*, Schadensersatzhaftung, 2003, S. 275; *Jungmichel*, Haftung und Schadenskompensation, 2007, S. 133; *Sethe*, in: Assmann/Schneider, WpHG, §§ 37b, 37c Rn. 13.

§ 9 Zusammenfassung und Ergebnisse

1. Die meisten der kapitalmarktrechtlichen Regelungen sollen nach dem Konzept des Gesetzgebers entweder unmittelbar oder zumindest mittelbar – als Schutzreflex – dem Anlegerschutz dienen. Denn ein angemessener Anlegerschutz erhöht das Vertrauen der Kapitalanleger in den Kapitalmarkt und dessen Institution, was sich wiederum positiv auf den Kapitalmarkt selbst auswirkt. Der Funktionsschutz des Kapitalmarktes einerseits und der Individualschutz des Anlegers andererseits bedienen sich wechselseitig, und sie sind untrennbar miteinander verbunden. In diesem Sinne stehen die beiden gesetzgeberischen Normzwecke in einem Spannungsverhältnis, und sie treffen in der Regel zusammen. Schließlich setzt die Funktionsfähigkeit des Kapitalmarktes voraus, dass auch die individuellen Interessen der Kapitalanleger verwirklicht werden. Beide seien „*zwei Seiten derselben Medaille*".
2. Sowohl die Funktionsfähigkeit des Kapitalmarktes als auch der Schutz der Individualinteressen sollen vor allem durch die ordnungsgemäße Kapitalmarktinformation, aber auch durch die Sanktionierung entsprechender Verstöße sichergestellt werden. Es muss die Aufgabe des Kapitalmarktrechts sein, die Voraussetzungen eines funktionsfähigen und damit effizienten Kapitalmarktes zu schaffen und sogleich die Attraktivität und die internationale Wettbewerbsfähigkeit des Finanzplatzes zu verbessern. In einem solchen Fall werden Kapitalanleger ihr Sparkapital im Interesse des Wachstums der Volkswirtschaft den börsennotierten Unternehmen zur Verfügung stellen. Gesetzgeber in manchen Ländern haben daher im Hinblick auf gesetzgeberische Aktivitäten im Bereich des Kapitalmarkrechts auch den Anlegerschutz als Instrument zur Verbesserung der Funktionsfähigkeit des Kapitalmarktes im Auge.
3. Es handelt sich bei den §§ 37b, 37c WpHG um spezielle deliktische Ansprüche zum Schutze des Vermögens. Nach § 15 Abs. 6 WpHG ist der Emittent nur unter den Voraussetzungen der §§ 37b, 37c WpHG für fehlerhafte Kapitalmarktinformation zum Schadenersatz verpflichtet. Daraus lässt sich feststellen, dass § 15 Abs. 1 WpHG kein Schutzgesetz im Sinne des § 823 Abs. 2 BGB ist, sondern die §§ 37b, 37c WpHG spezielle Regelungen darstellen. Dies spricht nicht gegen die deliktische Einordnung, denn es bleibt dem Gesetzgeber unbenommen, anstelle der Qualifizierung eines Tatbestands als Schutzgesetz einen spezialgesetzlichen deliktischen Tatbestand zu schaffen. Für eine solche Einordnung spricht vor allem auch der Rechtsvergleich, da die Haftung für fehlerhafte Informationen auch in anderen Rechtsordnungen (z.B. der koreanischen) ganz überwiegend als deliktisch eingeordnet wird.
4. Gibt ein Emittent kursrelevante Kapitalinformationen selektiv an bestimmte Kapitalanleger weiter, führt dies zur Informationsasymmetrie unter den Marktteilnehmern. Einzelne Kapitalanleger können von der in dieser Weise geschaffenen Informationslage profitieren, viele Anleger werden jedoch hierdurch

geschädigt. Dies wirkt sich wiederum nachteilig auf das Vertrauen der Anleger aus. Kursrelevante Kapitalmarktinformationen sollen daher nicht vorab bestimmten Personen, insbesondere institutionellen Investoren (*Bereichsöffentlichkeit*), sondern möglichst allen Kapitalanlegern gleichzeitig zur Verfügung gestellt werden (*breite Öffentlichkeit*).

Zur Herstellung dieser informationellen Chancengleichheit hat der koreanische Gesetzgeber daher nach dem US-amerikanischen Vorbild der Regulation FD, die im Januar 2000 in Kraft getreten ist, im November 2002 das sog. Fair Disclosure System eingeführt. Will eine börsennotierte Aktiengesellschaft bestimmte Personen, wie etwa institutionelle Investoren, mit kursrelevanten Informationen versorgen, die sich erheblich auf den Börsenkurs auswirken können, aber noch nicht dem Kapitalmarkt bekannt gegeben sind, müssen sie diese zunächst der Öffentlichkeit bekannt geben, damit alle Marktteilnehmer Zugang zu den gleichen Informationen haben. Stellt ein Emittent absichtlich einem bestimmten Kreis wichtige Informationen zur Verfügung, muss er diese gleichzeitig der Öffentlichkeit zugänglich machen. Erfolgt dies unbewusst, muss er diese sofort dem Markt bekanntgeben. Stellt ein Emittent kurz vor der Veröffentlichung – und seien es auch nur wenige Minuten früher – den Medien Informationen zur Verfügung, stellt auch dies einen Verstoß gegen die Pflicht zum Fair Disclosure dar.

5. Hinsichtlich der Kursrelevanz ist auf die *ex-ante-Perspektive* des verständigen Anlegers abzustellen (§ 13 Abs. 1 Satz 2 WpHG). Dem Wortlaut nach liegt eine solche Kursrelevanz insbesondere dann vor, wenn ein verständiger Anleger die betroffene Information bei seiner Anlageentscheidung berücksichtigen würde, um Gewinne zu erzielen oder Verluste zu vermeiden. Dies kann insbesondere dann der Fall sein, wenn die konkrete Information über nicht öffentlich bekannte Umstände den verständigen Anleger unter Berücksichtigung der mit einer solchen Transaktion verbundenen Kosten und Risiken zum Erwerb bzw. zur Veräußerung der Finanzinstrumente veranlassen würde. Erforderlich ist eine Prognose, wie der Kapitalmarkt bei Bekanntwerden der Insiderinformation reagiert und sich daraufhin der Marktpreis verändert.
6. Gemäß § 15 Abs. 3 Satz 1 WpHG ist der Emittent von der Pflicht zur Ad-hoc-Mitteilung nach § 15 Abs. 1 WpHG solange befreit, wie es der Schutz seiner berechtigten Interessen erfordert, keine Irreführung der Öffentlichkeit zu befürchten ist und er die Vertraulichkeit der Insiderinformation gewährleisten kann. Es handelt sich dabei um eine Legalausnahme, deren Voraussetzung der Emittent selbst und in eigener Verantwortung überprüfen muss. Liegen die Voraussetzungen für diese Legalausnahme nicht mehr vor, hat der Emittent die Veröffentlichung unverzüglich nachzuholen. Dem liegt der Gedanke zugrunde, dass im Einzelfall unternehmerischen Interessen des Emittenten ein Vorrang gegenüber dem Interesse des Kapitalmarktes an der ordnungsgemäßen Information einzuräumen sein kann. Die Befreiung muss zum Schutz der berechtigten Interessen erforderlich sein.

7. Es erscheint unangemessen, den Emittenten neben der Verpflichtung zur Ad-hoc-Mitteilung von Prognosen auch noch das haftungsrechtliche Risiko einer solchen Mitteilung stets innewohnenden Fehleinschätzung aufzubürden. Am Kapitalmarkt führt eine solche Übermaßhaftung zur extremen Abschreckung und damit tendenziell zur übermäßigen Sorgfalt des Emittenten. Hierbei ist darauf zu achten, dass hier künftig entweder eine Überabschreckung oder eine Klageflut wegen nicht eingetretener Prognosen befürchtet werden kann. Handelt es sich um zukunftsbezogene Aussagen zu Geschäftsaussichten und sonstige Prognosen, dann sollen übermäßige Haftungsrisiken und damit daraus resultierende übermäßige Sorgfalt durch geeignete Maßnahmen vermieden werden. Dies kann insbesondere durch die Aufnahme einer ausdrücklichen *safe harbor rule* erfolgen.
8. In dieser Hinsicht hat der Gesetzgeber in Korea eine klare Regelung getroffen. Prognosen können danach keine Haftung mehr auslösen, wenn folgende Voraussetzungen erfüllt sind: Erstens müssen sie als solche erkennbar sein (§ 162 Abs. 2 Nr. 1 FSCMA). Zudem sollen möglichst ausführliche Erläuterungen über die Grundlagen der prognostizierten Umstände oder der erwarteten Aussichten abgegeben werden (§ 162 Abs. 2 Nr. 2 FSCMA). Darüber hinaus müssen in dem zur Veröffentlichung bestimmten Dokument oder in dessen Anlagen enthaltene Prognosen durch eine hinreichende Tatsachenbasis oder zutreffende Annahme gestützt und vertretbar sein (§ 162 Abs. 2 Nr. 3 FSCMA). Schließlich sollte deutlich auf wichtige Umstände hingewiesen werden, die dazu führen können, dass die Prognosen nicht eintreten (§ 162 Abs. 2 Nr. 4 FSCMA).
9. Eine pflichtwidrige Nichtveröffentlichung kursrelevanter Information hätte regelmäßig ebenso einen abweichenden Marktkurs zur Folge wie eine Veröffentlichung einer unwahren Information. Hierdurch werden die Käufer oder Verkäufer von Finanzinstrumenten des veröffentlichenden Emittenten einen Schaden erleiden, weil sie ihre Finanzinstrumente infolge eines Fehlverhaltens, nicht unverzüglicher Veröffentlichung einer kursrelevanten Information, zu teuer kaufen oder zu billig verkaufen können. Anders als in Deutschland greift die Haftung nach § 162 FSCMA jedoch allein und eindeutig dann ein, wenn ein Emittent in einem Veröffentlichungsdokument nach §§ 159 ff. FSCMA sowie dessen Anlagen falsche Angaben oder Darstellungen über kursrelevante Umstände gemacht oder kursrelevante Informationen weggelassen hat. Nach dem eindeutigen Wortlaut des § 162 Abs. 1 FSCMA scheidet die Haftung des Emittenten deshalb aus, auch wenn der Emittent eine kursrelevante Information nicht veröffentlicht hat. Die Unterlassung ist somit nicht als Pflichtverletzung im Sinne des § 162 FSCMA anzusehen. Folglich löst die Unterlassung der Veröffentlichung einer kursrelevanten Information nicht die Pflicht zum Schadensersatz nach § 162 FSCMA aus.
10. Es erscheint jedoch kein Anhaltpunkt ersichtlich und ist *de lege ferenda* bedenklich, warum Kapitalanleger, die aufgrund einer Unterlassung der unverzüglichen Veröffentlichung kursrelevanter Informationen einen Schaden

erlitten haben, schlechtergestellt werden sollen als diejenigen, die dadurch einen Schaden erlitten haben, dass der Emittent falsche Angaben über kursrelevante Umstände gemacht oder solche Umstände weggelassen hat. Diese Rechtsfolge geht zulasten des Anlegerschutzes und sogleich der Funktionsfähigkeit des Marktes, was eine Regulierung rechtfertigt. *De lege ferenda* soll daher die Haftung des Emittenten für die Unterlassung der Veröffentlichung kursrelevanter Information eingeführt werden.

11. Die Vorschriften der §§ 37b, 37c WpHG erfassen auch ausländische Emittenten, deren Finanzinstrumente in Deutschland zugelassen sind. Mit Blick auf die Haftung kommt es grundsätzlich nicht darauf an, ob der Emittent im Inland oder im Ausland seinen Sitz hat. Vielmehr ist entscheidend, ob die Finanzinstrumente an einer inländischen Börse zugelassen sind oder nicht. Eine Haftung des Emittenten aus den §§ 37b, 37c WpHG setzt *de lege lata* über den Begriff des Inlandsemittenten voraus, dass die Finanzinstrumente zum Handel an einer „*inländischen Börse*" zugelassen sind. Es handelt sich dabei um ein reines Redaktionsversehen des Gesetzgebers, sodass die Haftungsnormen der §§ 37b, 37c WpHG auch auf die Emittenten, die lediglich einen Antrag auf Zulassung gestellt haben, anzuwenden sind. Als Ergebnis ist festzuhalten, dass die Ad-hoc-Mitteilung nach § 15 WpHG nicht nur auf die Zulassung eines Finanzinstruments, sondern bereits auf die Stellung des Zulassungsantrags abstellt.
12. Während sich die Emittentenhaftung für fehlerhafte Kapitalmarktinformation in Deutschland grundsätzlich allein auf den Emittenten richtet (§§ 37b, 37c WpHG), ist sie in Korea nicht nur auf diesen beschränkt. Die Haftung erstreckt sich über das Organmitglied hinaus auch auf Ausübende bestimmter Berufe, von denen man hinsichtlich ihrer beruflichen Ausbildung eine besondere Vertrauenswürdigkeit erwarten darf. Erstens sind dies diejenige Personen, die die Veröffentlichungsdokumente (*Disclosure Documents*) eingereicht hat, sowie die Vorstandsmitglieder des betreffenden Unternehmens zum Zeitpunkt der Einreichung des Veröffentlichungsdokumentes (Nr. 1). Zweitens ist dies derjenige, der als sog. Hintermann im Sinne des § 401-2 Abs. 1 KHGB die Erstellung eines Veröffentlichungsdokumentes richtungsweisend beeinflusst oder sie durchgeführt hat, also Veranlasser fehlerhafter Information ist (Nr. 2). Des Weiteren ist zum Schadenersatz verpflichtet, wer als Wirtschaftsprüfer, Sachverständiger oder Ratingagentur einschließlich deren Organisation die Wahrheit oder Richtigkeit der Beschreibung eines Geschäfts und dessen Anlagen mit seiner Unterschrift bestätigt hat (Nr. 3). Zum Kreis der Anspruchsverpflichteten gehört auch derjenige, der eingewilligt hat, seine Meinung hinsichtlich seiner Bewertungen, Analysen oder Bestätigungen in den Beschreibungen des Veröffentlichungsdokumentes und dessen Anlage anzugeben, und den Inhalt wie dort beschrieben bestätigt hat (Nr. 4).
13. Die Haftung des Emittenten nach den §§ 37b, 37c WpHG für eine unterlassene bzw. unrichtige Ad-hoc-Mitteilung ist in subjektiver Hinsicht auf Vorsatz und grobe Fahrlässigkeit beschränkt. Dem Wortlaut nach ist der Emittent zum Schadensersatz verpflichtet, wenn er die Verpflichtung zur Ad-hoc-Mitteilung

gekannt hat oder wenn er sie zwar nicht gekannt hat, seine Unkenntnis aber auf grober Fahrlässigkeit beruht. Der Gesetzgeber in Korea hat unter Berücksichtigung einerseits der Wichtigkeit der Veröffentlichung kursrelevanter Information, andererseits der Gefahr fehlerhafter Kapitalmarktinformation die Beweislastumkehr angeordnet. Nach dem eindeutigen Wortlaut des § 162 Abs. 1 Satz 2 FSCMA wird das Verschulden des Anspruchsverpflichtens gesetzlich vermutet. Der Anspruchsverpflichtete muss also zu seiner Entlastung beweisen, dass er ohne Fahrlässigkeit gehandelt hat. Zu seiner Entlastung muss der Anspruchsverpflichtete beweisen, dass er von der Unwahrheit der veröffentlichten Information keine Kenntnis hatte, selbst dann, wenn er die im Rechtsverkehr erforderliche Sorgfalt beachtet hatte (§ 162 Abs. 1 Satz 2 FSCMA). Anderes gilt im Falle der Prognose. Der Anleger kann von dem Schädiger nur dann Schadensersatz verlangen, wenn er nachweist, dass der Emittent in einer Prognose falsche Angaben oder Darstellungen über kursrelevante Umstände gemacht oder kursrelevante Informationen weggelassen hat, und diese Handlung auf Vorsatz oder auf grober Fahrlässigkeit beruht. Darüber hinaus muss er nachweisen, dass er bei seiner Transaktion die Unwahrheit der betreffenden Informationen nicht gekannt hat (§ 162 Abs. 2 Satz 2 FSCMA).

14. Bei der Beurteilung des Verschuldens im Rahmen des § 37b WpHG ist das Entstehen der Veröffentlichungspflicht gemäß § 15 WpHG maßgebend, wobei auf den Zeitpunkt der objektiven Pflichtverletzung abzustellen ist. Dementsprechend kommt es zunächst auf den Zeitpunkt an, zu dem die Ad-hoc-Mitteilung veröffentlicht wurde (§ 37c WpHG) bzw. hätte veröffentlicht werden müssen (§ 37b WpHG). Es liegt daher dann keine grobe Fahrlässigkeit vor, wenn der Emittent zum Zeitpunkt der Veröffentlichung nicht mit der Unwahrheit eines Umstandes rechnen musste.
15. Ungeachtet der IKB-Entscheidung des BGH sprechen die besseren Gründe dafür, den Schutzzweck der §§ 37b, 37c WpHG entgegen der Ansicht des XI. Zivilsenats dahin einzuschränken, dass die Geschädigten lediglich den Kursdifferenzschaden verlangen können, den sie dadurch erlitten haben, dass sie *„zu teuer"* gekauft bzw. *„zu billig"* verkauft haben. Diese Einschätzung wird auch durch einen rechtsvergleichenden Blick auf andere Rechtsordnungen wie diejenige in Korea bestätigt. Angesichts der Unsicherheiten über den Umfang des zu ersetzenden Schadens in Deutschland ist aber eine gesetzgeberische Klarstellung der Schadensberechnung wünschenswert.
16. Ein rechtsvergleichender Blick zeigt, dass auch die koreanischen Gerichte in Fällen fehlerhafter Kapitalmarktinformation regelmäßig ausschließlich den Kursdifferenzschaden gewähren. Würde eine Naturalrestitution zuerkannt, auch wenn keine besondere Vereinbarung der Parteien besteht, wäre dies nach koreanischem Zivilrecht grundsätzlich rechtswidrig. Bezüglich des zu ersetzenden Schadens hat der koreanische Gesetzgeber, anders als es in Deutschland der Fall ist, eine klare Regelung getroffen. Die Höhe des zu ersetzenden Schadens richtet sich also grundsätzlich nach dem Differenzbetrag zwischen dem tatsächlichen Transaktionspreis und dem Marktpreis zum Zeitpunkt der

letzten mündlichen Verhandlung – liegt kein Marktpreis vor, dann nach dem vermutlichen Verkaufspreis. Veräußert der Geschädigte die Finanzinstrumente vor dem Zeitpunkt der letzten mündlichen Verhandlung, bestimmt sich die Höhe des Schadensersatzes nach der Differenz zwischen dem tatsächlichen Kaufpreis und dem Verkaufspreis (§ 162 Abs. 3 FSCMA).

17. *De lege lata* steht dem Anleger frei, ihm entstandenen und vom Schädiger zu ersetzenden Schaden auszuwählen. Zunächst kann er seine Finanzinstrumente verkaufen und dann den Unterschiedsbetrag zwischen dem Kaufs- und dem Verkaufspreis als Schadensersatz geltend machen. Stattdessen kann er seine Finanzinstrumente bis zur letzten mündlichen Verhandlung weiter behalten und die Kursdifferenz zwischen dem Transaktionspreis und dem Marktpreis zum Zeitpunkt der letzten mündlichen Verhandlung als Schadensersatz verlangen. Aus Sicht des Anlegerschutzes stellt dies einen Fortschritt dar. Die Geltendmachung eines über den gesetzlich vermuteten Betrag hinausgehenden Schadens ist nicht ausgeschlossen. Meistens pflegt die Rechtsprechung bei der Berechnung des zu ersetzenden Schadens statt dieser gesetzlichen Berechnungsmethode die Methode der Ereignisstudie (*event study method*) zu verwenden. Danach ist der Unterschiedbetrag zwischen dem hypothetischen Preis, der sich ohne Marktmanipulation gebildet hätte, und dem Transaktionspreis, der durch die Marktmanipulation verzerrt ist, als Schaden anzusehen. Veräußert der Anleger zwischenzeitlich seine Finanzinstrumente zu einem niedrigeren als dem normalen Preis, gilt die Kursdifferenz zwischen dem Kaufpreis und dem Verkaufspreis als Schaden. Nachweist der Ersatzpflichtige, dass die Gesamtheit oder ein Teil des zu ersetzenden Schadens nicht auf die unwahren Angaben oder die Unterlassung zurückzuführen ist, scheidet ein Anspruch auf Schadensersatz zu dem infrage gestellten Teil aus. Diese Methode erscheint überzeugend.

18. *De lege lata* in Korea ist der Anspruchsberechtigte nicht verpflichtet, die *Loss Causation* konkret nachzuweisen. Sie wird also gesetzlich vermutet. Daher trägt der Anspruchsgegner die Beweislast für das Nichtbestehen der *Loss Causation*. Gelingt ihm der Nachweis, dass die Gesamtheit oder ein Teil des zu ersetzenden Schadens nicht auf die fehlerhafte Kapitalmarktinformation zurückzuführen ist, scheidet ein Anspruch auf Schadensersatz zu dem infrage gestellten Teil aus (§ 162 Abs. 4 FSCMA). Dem liegt die Grundannahme zugrunde, dass nach der Veröffentlichung kursrelevanter Informationen auch eine Vielzahl anderer Faktoren auf die Preisbildung einwirke. Daher sollen solche Faktoren, die mit der fehlerhaften Kapitalmarktinformation nicht in Zusammenhang stehen, wie etwa Börsensturz oder Finanzkriese, den Anspruchsverpflichten nicht zur Last gelegt werden. Diese Ansicht erscheint sachgerecht.

19. Während die Transaktionskausalität in klassischen *face-to-face* Geschäften sinnvoll ist, ist sie im Rahmen der kapitalmarktrechtlichen Ersatzhaftung entbehrlich und stellt eine unangemessene Belastung für den Kläger dar. Denn die Transaktionen finden auf öffentlichen Kapitalmärkten anonym und massenhaft und nicht *face-to-face*, sondern unter unbestimmten Personen statt.

Darüber hinaus ist es nicht selten, dass der Anleger von der fehlerhaften Kapitalmarktinformation nicht selbst Kenntnis nimmt, sondern er seine Transaktion im Vertrauen auf die korrekte Marktpreisbildung vornimmt. Zustimmung verdient deshalb die Entscheidung des XI. Zivilsenats, für den Ersatz des Kursdifferenzschadens auf eine haftungsbegründende Kausalität zwischen Pflichtverletzung und Anlageentscheidung zu verzichten und stattdessen genügen zu lassen, dass der Anleger ausschließlich den Kausalzusammenhang der Fehlinformation für eine fehlerhafte Preisbildung nachweisen muss. Im Ergebnis bleibt also festzustellen, dass der Nachweis einer Transaktionskausalität bei der Sekundärmarkthaftung insgesamt entbehrlich ist.

20. Auf die sog. *fraud-on-the-market-theory* sich stützend, vermutet die koreanische Rechtsprechung die Transaktionskausalität wie im Falle der Primärmarkthaftung auch bei der Ersatzhaftung für den Verstoß gegen die Veröffentlichungspflicht auf dem Sekundärmarkt. Die Rechtsprechung hat also diese Theorie im Rahmen der Schadensersatzhaftung wegen fehlerhafter Kapitalmarktinformation im Geschäftsbericht anerkannt und die Transaktionskausalität bejaht. Daher könne der Geschädigte ohne Nachweis der Transaktionskausalität Schadensersatz geltend machen, es sei denn, dass der Beklagte das Nichtbestehen der Transaktionskausalität beweisen kann. Diese Ansicht erscheint überzeugend.
21. Nach den allgemeinen Haftungstatbeständen ist eine Haftung des Schädigers dann ausgeschlossen, wenn der Geschädigte nicht schutzwürdig ist. Dies ist für die fehlerhafte Kapitalmarktinformation dann der Fall, wenn der Dritte die nicht oder verspätet veröffentlichte Insiderinformation bei dem Erwerb oder bei der Veräußerung kannte. Liegt Kenntnis des Geschädigten im Sinne des § 37b Abs. 3 WpHG vor, scheiden Ansprüche komplett aus. Nach dem Wortlaut kommt es eindeutig allein auf die positive Kenntnis des Kapitalanlegers an, sodass selbst grob fahrlässige Unkenntnis für den Ausschluss des Anspruchs nicht ausreicht. Entsprechendes gilt im Falle einer unwahren Ad-hoc-Mitteilung, wenn der Kapitalanleger die Unrichtigkeit der veröffentlichten Insiderinformation beim Erwerb oder bei der Veräußerung kannte (§ 37c Abs. 3 WpHG). Es kommt für die Haftung lediglich darauf an, ob der Kapitalanleger zum Zeitpunkt der Transaktion positive Kenntnis von der Unrichtigkeit der Insiderinformation hatte oder nicht. Diese Kenntnis muss sich bei § 37c WpHG ausschließlich auf den Inhalt der Insiderinformation, also auf die Unrichtigkeit der Insiderinformation und damit auf die Veröffentlichung einer Insiderinformation beziehen.
22. *De lege lata* in Korea ist der Anspruch dann ausgeschlossen, wenn der Anleger zum Zeitpunkt seiner Transaktion die fehlerhafte Insiderinformation oder die Unrichtigkeit der Insiderinformation kannte (§ 162 Abs. 1 Satz 2 FSCMA). Nach der Rechtsprechung scheidet die Ersatzhaftung aus, wenn der Anleger zum Zeitpunkt der Transaktion die Fehlerhaftigkeit der kursrelevanten Informationen kannte, wobei den Emittenten die Beweislast dafür trifft, dass der Anleger tatsächlich diese Kenntnis hatte. Hieraus lässt sich klar erkennen,

dass die Haftungsnorm für die fehlerhafte Kapitalmarktinformation eine Fahrlässigkeitshaftung darstellt und sich der Schädiger auch durch den Nachweis bösen Glaubens des Geschädigten entlasten kann.

23. Grundsätzlich ist die Verjährungsfrist auf schnelle Feststellung eines Rechtsverhältnisses gerichtet. Es ist aber nicht selten, dass ein längerer Zeitraum vergeht, bis die fehlerhafte Kapitalmarktinformation dem Markt bekannt wird oder der Anleger Kenntnis von der Fehlerhaftigkeit der betreffenden Information nimmt. Daher ist die subjektive Frist von einem Jahr immer noch zu kurz, um die zur Vorbereitung der Geltendmachung eines Anspruchs erforderlichen Recherchen durchzuführen. Im Hinblick auf diesen Gesichtspunkt wäre es auch in Korea wünschenswert, zum Zwecke des Anlegerschutzes und zur Stärkung des Vertrauens in die Finanzmärkte diese Ausschlussfrist auszudehnen.

24. Die §§ 37b, 37c WpHG setzen eine Transaktion mit Finanzinstrumenten während der Desinformationsphase voraus. Gemäß §§ 37b, 37c WpHG sind nur diejenigen Kapitalanleger zum Schadensersatz berechtigt, die während der Desinformationsphase des Kapitalmarktes *„eine für sie nachteilige Transaktion“* mit Finanzinstrumenten vorgenommen haben. Maßgebend ist hierbei der Abschluss des schuldrechtlichen Geschäfts, das solche Finanzinstrumente betrifft, die der Anspruchsverpflichtete ausgegeben hat und das in der Desinformationsphase abgewickelt wurde. Nicht anspruchsberechtigt sind nach dem Wortlaut der §§ 37b, 37c WpHG vor allem die potentiellen Kapitalanleger, die während der Desinformationsphase des Kapitalmarktes weder das Erwerbs- noch das Veräußerungsgeschäft getätigt haben, aber bei ordnungsgemäßer Kapitalmarktinformation eine andere Anlageentscheidung getroffen hätten. Darüber hinaus scheidet ein Anspruch nach dem Gesetz auch dann aus, wenn der Anleger während der Desinformationsphase Finanzinstrumente sowohl gekauft als auch wiederverkauft (oder vice versa) hat.

25. Wie auch in manch anderen Rechtsordnungen wie dem WpHG in Deutschland und dem US-amerikanischen Kapitalmarktrecht hat der Gesetzgeber in Korea die Geltendmachung eines Schadensersatzanspruchs an das Transaktionserfordernis geknüpft (sog. Birnbaum-Rule). Nach dem eindeutigen Wortlaut des § 162 FSCMA sind nur diejenigen anspruchsberechtigt, die während der Desinformationsphase des Marktes die Finanzinstrumente erworben oder veräußert und hierdurch einen Schaden erlitten haben. Anspruchsberechtigt sind nämlich Käufer oder Verkäufer von Finanzinstrumenten des veröffentlichenden Emittenten. Der Gesetzgeber in Deutschland hat bei der Einführung der §§ 37b, 37c WpHG zur Begrenzung der Haftungsrisiken für die Emittenten die Haftung allein auf solche Fälle beschränkt, in denen die Kapitalanleger während der Desinformationsphase *„eine Transaktion“* vorgenommen haben. Anspruchsberechtigt ist deshalb nur, wer während der Desinformationsphase die Finanzinstrumente entweder nur erworben oder nur veräußert hat.

26. Demgegenüber hat der Gesetzgeber in Korea keine entsprechende Regelung vorgesehen. Der Wortlaut des § 162 FSCMA spricht allein vom *„Käufer oder*

Verkäufer" eines auf dem Sekundärmarkt gehandelten Finanzinstruments, die dadurch einen Schaden erlitten haben, dass der Emittent in einer Mitteilung unwahre Angaben oder Darstellungen über kursrelevante Umstände gemacht oder kursrelevante Umstände weggelassen hat. Nach der Rechtsprechung kann die Haftung gemäß § 162 FSCMA auch dann in Betracht kommen, wenn die Kapitalanleger während der Desinformationsphase die Finanzinstrumente erworben und diese wiederverkauft haben. Nicht erforderlich ist, dass der Anspruchssteller zum Zeitpunkt des Bekanntwerdens der Unwahrheit noch Inhaber der Finanzinstrumente sein muss. Dies würde insbesondere dann in Betracht kommen, wenn die Tatsache, dass die Information unrichtig war, nicht punktgenau bekannt wird, sondern über Gerüchte, Medien usw. allmählich in den Markt einsickert. Hierbei kommt es allein auf den Veräußerungszeitpunkt an.

§ 10 Abschließender Gesetzvorschlag

A Änderung des FSCMA

1. Die Inhaltsübersicht wird wie folgt geändert:
   a) Die Angabe zu § 162 FSCMA wird wie folgt gefasst:
      „§ 162 (Schadensersatz wegen unterlassener unverzüglicher Veröffentlichung oder unrichtiger Angaben)“
   b) Nach der Angabe zu § 162 FSCMA wird folgende Angabe eingefügt:
      „§ 162-1 (Haftungsausschluss)“
2. § 162 FSCMA wird wie folgt geändert:
   a) Absatz 5 wird aufgehoben.
   b) § 162 FSCMA wird wie folgt gefasst:
      § 162 (Schadensersatz wegen Unterlassung einer unverzüglichen Veröffentlichung oder wegen unrichtiger Angaben)
      (1) Wer als Emittent von Finanzinstrumenten, die an der KRX zum Handel zugelassen sind oder für die er eine solche Zulassung beantragt hat, in einem Veröffentlichungsdokument nach § 159 Abs. 1 und in dessen Anlagen unwahre Angaben über Umstände macht, die auf den Börsenpreis des Finanzinstruments einwirken können, oder solche Umstände weglässt, ist nach Maßgabe der folgenden Bestimmungen zum Ersatz des daraus entstandenen Schadens verpflichtet. Gleiches gilt, wenn er solche Umstände entgegen bestehenden Rechtsvorschriften nicht ordnungsgemäß veröffentlicht.
      (2) Nach Abs. 1 sind folgende Personen einem Dritten zum Ersatz des daraus entstandenen Schadens verpflichtet, wenn der Ersatzpflichtige in einem Veröffentlichungsdokument nach § 159 Abs. 1 oder in dessen Anlagen unwahre Angaben über Umstände macht, die auf den Börsenpreis des Finanzinstruments einwirken können, oder er solche Umstände weglässt:
      1. wer die Veröffentlichungsdokumente (*Disclosure Documents*) eingereicht hat sowie zum Zeitpunkt der Einreichung des Veröffentlichungsdokumentes Vorstandsmitglied des betreffenden Unternehmens ist;
      2. wer als sog. Hintermann im Sinne des § 401-2 Abs. 1 KHGB die Erstellung eines Veröffentlichungsdokumentes richtungsweisend beeinflusst oder sie durchgeführt hat;
      3. wer als Wirtschaftsprüfer, Sachverständiger oder Ratingagentur einschließlich deren Organisation (bestimmt durch die Präsidentenordnung) die Wahrheit oder Richtigkeit der Beschreibung eines Geschäftsberichts oder in dessen Anlagen mit seiner Unterschrift bestätigt hat;

4. wer eingewilligt hat, seine Meinung hinsichtlich seiner Bewertungen, Analysen oder Bestätigungen in den Beschreibungen des Veröffentlichungsdokumentes oder in dessen Anlagen anzugeben, und den Inhalt wie dort beschrieben bestätigt hat.

(3) Unbeschadet der Absätze 1 und 2 sind die Personen im Sinne des Abs. 2 Nr. 1 bis 4 zum Ersatz des durch fehlerhafte Prognose entstandenen Schadens dann nicht verpflichtet, wenn die Prognose folgende Voraussetzung erfüllt, es sei denn, dass der Gläubiger nachweist, dass er zum Zeitpunkt der Transaktion nicht gekannt hat, dass die Ersatzpflichtige in der Prognose unwahre Angabe über kursrelevante Umstände gemacht oder solche Umstände weggelassen hat und diese Handlung auf Vorsatz oder grober Fahrlässigkeit beruht:
1. Die Prognose muss als solche erkennbar sein.
2. Ausführliche Erläuterungen über die Grundlagen der prognostizierten Umstände oder der erwarteten Aussichten sollen abgegeben werden.
3. Prognosen sollen durch eine hinreichende Tatsachenbasis gestützt und vertretbar sein.
4. In der Prognose soll deutlich auf wichtige Umstände hingewiesen werden, die dazu führen können, dass die Prognosen nicht eintreten.

(4) Wer die Finanzinstrumente nach der Unterlassung oder der Veröffentlichung unwahrer Umstände, die sich auf den Börsenpreis erheblich auswirken können, aber noch vor dem vollständigen Bekanntwerden der unwahren oder der unterlassenen Umstände erworben hat, kann von den Ersatzpflichtigen als Gesamtschuldnern Ersatz des ihm durch die Veröffentlichung unwahrer Information oder die Unterlassung entstandenen Schadens in Geld verlangen. Nach Satz 1 ist auch anspruchsberechtigt, wer die Finanzinstrumente nach der Veröffentlichung oder der Unterlassung, aber vor dem vollständigen Bekanntwerden der Unwahrheit der Angabe oder der unterlassenen Umstände, veräußert hat.

(5) Die Höhe des zu ersetzenden Schadens nach Absatz 1 und 2 wird wie folgt vermutet:
1. Ist der Dritte zum Zeitpunkt der letzten mündlichen Verhandlung noch Inhaber der Finanzinstrumente, dann wird der Differenzbetrag zwischen dem tatsächlichen Transaktionspreis und dem Preis, der sich bei ordnungsgemäßer Veröffentlichung gebildet hätte, als Schaden vermutet.
2. Veräußert der Dritte die Finanzinstrumente vor dem Zeitpunkt der letzten mündlichen Verhandlung, dann wird der Differenzbetrag zwischen dem tatsächlichen Kaufpreis und dem Verkaufspreis als Schaden vermutet.

(6) Unbeschadet des Absatzes 5 ist die Geltendmachung eines über Abs. 5 hinausgehenden Schadens nicht ausgeschlossen. Weist der Ersatzpflichtige nach, dass die Gesamtheit oder ein Teil des zu ersetzenden Schadens

nicht auf die unwahren Angaben oder die Unterlassung zurückzuführen ist, scheidet ein Anspruch auf Schadensersatz zu dem infrage gestellten Teil aus.

(7) Weitergehende Ansprüche, die nach den Vorschriften des bürgerlichen Rechts erhoben werden können, bleiben unberührt.

3. § 162-1 wird wie folgt gefasst:

§ 162-1 (Haftungsausschluss)

(1) Nach § 162 kann nicht in Anspruch genommen werden, wer nachweist, dass die Unterlassung nicht auf Vorsatz oder Fahrlässigkeit beruht. Gleiches gilt für den, der nachweist, dass er die Unwahrheit der veröffentlichten Umstände nicht gekannt hat, selbst wenn er die im Rechtsverkehr erforderliche Sorgfalt beobachtete hat.

(2) Der Anspruch nach § 162 besteht nicht, wenn der Dritte die betreffende Information oder die Unrichtigkeit der veröffentlichten Umstände bei dem Erwerb oder bei der Veräußerung kannte.

B Änderung des WpHG

1 § 37b wird wie folgt geändert:

a) Absatz 1 wird wie folgt geändert:

(1) Unterlässt es der Emittent von Finanzinstrumenten, die zum Handel an einer inländischen Börse zugelassen sind oder für die er eine solche Zulassung beantragt hat, unverzüglich eine Insiderinformation zu veröffentlichen, die ihn unmittelbar betrifft, ist er einem Dritten zum Ersatz des durch die Unterlassung entstandenen Schadens verpflichtet, wenn der Dritte die Finanzinstrumente nach der Unterlassung erwirbt oder veräußert.

b) Nach Absatz 3 werden folgende Absätze angefügt:

(4) Die Höhe des zu ersetzenden Schadens nach Absatz 1 wird wie folgt vermutet:

1. Ist der Dritte zum Zeitpunkt der letzten mündlichen Verhandlung noch Inhaber der Finanzinstrumente, dann wird der Differenzbetrag zwischen dem tatsächlichen Transaktionspreis und dem Preis, der sich bei ordnungsgemäßer Veröffentlichung gebildet hätte, als Schaden vermutet.
2. Veräußert der Dritte die Finanzinstrumente vor dem Zeitpunkt der letzten mündlichen Verhandlung, dann wird der Differenzbetrag zwischen dem tatsächlichen Kaufpreis und dem Verkaufspreis als Schaden vermutet.

(5) Unbeschadet des Absatzes 4 ist die Geltendmachung eines über Abs. 4 hinausgehenden Schadens nicht ausgeschlossen. Weist der Ersatzpflichtige nach, dass die Gesamtheit oder ein Teil des zu ersetzenden Schadens nicht auf die unwahren Angaben oder die Unterlassung zurückzuführen

ist, scheidet ein Anspruch auf Schadensersatz zu dem in Frage gestellten Teil aus.

c) Die Absätze 4 und 5 werden die Absätze 6 und 7

2. § 37c WpHG wird wie folgt geändert:

a) Absatz 1 wird wie folgt gefasst:

(1) Veröffentlicht der Emittent von Finanzinstrumenten, die zum Handel an einer inländischen Börse zugelassen sind oder für die er eine solche Zulassung beantragt hat, in einer Mitteilung nach § 15 eine unwahre Insiderinformation, die ihn unmittelbar betrifft, ist er einem Dritten zum Ersatz des Schadens verpflichtet, der dadurch entsteht, dass der Dritte die Finanzinstrumente nach der Veröffentlichung unwahrer Insiderinformation, aber noch vor dem Bekanntwerden der Unrichtigkeit erwirbt oder veräußert.

b) Nach Absatz wird folgender Absatz 2 eingefügt:

(2) Unbeschadet des Absatz 1 ist der Emittent zum Ersatz des durch die falschen Angaben in einer Prognose entstandenen Schadens nicht verpflichtet, wenn die Prognose folgende Voraussetzung erfüllt, es sei denn, dass der Gläubiger nachweist, dass er zum Zeitpunkt der Transaktion nicht gewusst hat, dass der Emittent in der Prognose unwahre Angabe über kursrelevante Umstände gemacht oder solche Umstände weggelassen hat und diese Handlung auf Vorsatz oder grober Fahrlässigkeit beruht:

1. Die Prognose muss als solche erkennbar sein.
2. Ausführliche Erläuterungen über die Grundlagen der prognostizierten Umstände oder der erwarteten Aussichten sollen abgegeben werden.
3. Prognosen sollen durch eine hinreichende Tatsachenbasis gestützt und vertretbar sein.
4. In der Prognose soll deutlich auf wichtige Umstände hingewiesen werden, die dazu führen können, dass die Prognosen nicht eintreten.

c) Die Absätze 2 und 3 werden die Absätze 3 und 4.

d) Nach Absatz 4 werden folgende Absätze angefügt:

(5) Die Höhe des zu ersetzenden Schadens nach Absatz 1 wird wie folgt vermutet:

1. Ist der Dritte zum Zeitpunkt der letzten mündlichen Verhandlung noch Inhaber der Finanzinstrumente, dann wird der Differenzbetrag zwischen dem tatsächlichen Transaktionspreis und dem Preis, der sich bei ordnungsgemäßer Veröffentlichung gebildet hätte, als Schaden vermutet.
2. Veräußert der Dritte die Finanzinstrumente vor dem Zeitpunkt der letzten mündlichen Verhandlung, dann wird der Differenzbetrag zwischen dem tatsächlichen Kaufpreis und dem Verkaufspreis als Schaden vermutet.

(6) Unbeschadet des Absatzes 5 ist die Geltendmachung eines über Abs. 5 hinausgehenden Schadens nicht ausgeschlossen. Weist der Ersatzpflichtige nach, dass die Gesamtheit oder ein Teil des zu ersetzenden Schadens nicht auf die unwahren Angaben oder die Unterlassung zurückzuführen ist, scheidet ein Anspruch auf Schadensersatz zu dem in Frage gestellten Teil aus.

e) Absätze 4 und 5 werden Absätze 7 und 8.

Literaturverzeichnis

1. Deutsche Literatur

Abram, Nils, Ansprüche von Anlegern wegen Verstoßes gegen Publizitätspflichten oder den Deutschen Corporate Governance Kodex? NZG 2003, 307–313.

Adams, Michael, Haftung auf Schadensersatz für fehlerhafte Kapitalmarktinformation, BKR 2009, 277–283.

Assmann, Heinz-Dieter, Prospekthaftung als Haftung für die Verletzung kapitalmarktbezogener Informationsverkehrspflichten nach deutschem und US-amerikanischem Recht, Köln 1985.

Assmann, Heinz-Dieter, Konzeptionelle Grundlagen des Anlegerschutzes, ZBB 1989, 49–63.

Assmann, Heinz-Dieter, Der Inhalt des Schadensersatzanspruchs fehlerhaft informierter Kapitalanleger; in: Festschrift Hermann Lange, 1992, S. 345–372.

Assmann, Heinz-Dieter, Das neue deutsche Insiderrecht, ZGR 1994, 494–529.

Assmann, Heinz-Dieter, in: Assmann/Schütze, Handbuch des Kapitalanlagerechts, 2. Aufl., C.H.Beck 1997, § 1.

Assmann, Heinz-Dieter, Prospektaktualisierungspflichten-Aktualisierungs-, Berichtigungs- und Nachtragspflichten im Recht der Haftung für Prospekte und Angebotsunterlagen, in: Festschrift Peter Ulmer, 2003, S. 757–778.

Assmann, Heinz-Dieter, in: Großkommentar AktG, 4. Aufl., 2004, Einleitung.

Assmann, Heinz-Dieter, in: Heinz-Dieter Assmann/Uwe. H. Schneider (Hrsg.), WpHG 6. Aufl., Köln 2012 §§ 13 und 15.

Bachmann, Gregor, Kapitalmarktrechtliche Probleme bei der Zusammenführung von Unternehmen, ZHR 172 (2008), 597–634.

Bachmann, Gregor, Zur Haftung wegen fehlerhafter Kapitalmarktinformation (BGH v. 13. 12. 2011), JZ 2012, 578–582.

Bachmann, Gregor, Kapitalmarktpublizität und informationelle Gleichbehandlung, in: Festschrift Eberhard Schwark, 2009, S. 331–347.

Bachmann, Gregor, Möglichkeiten und Grenzen einer bürgerlich-rechtlichen Informationshaftung, in: Bachmann/Casper/Schäfer/Veil (Hrsg.), Steuerungsfunktionen des Haftungsrechts im Gesellschafts- und Kapitalmarktrecht, Baden-Baden (Nomos) 2007.

BaFin, Emittentenleitfaden der Bundesanstalt für Finanzdienstleistungen, 4. Aufl., 2013.

Barth, Marcel, Schadensberechnung bei fehlerhafter Kapitalmarktinformation, Frankfurt a.M. 2006.

Bartsch, Meinhard, Effektives Kapitalmarktrecht: zur Rechtsfolgenseite der Richtlinien im europäischen Kapitalmarktrecht, Augsburg 2005.

Baums, Theodor, Bericht der Regierungskommission Corporate Governance, 2001, BT-Drucks. 14/7515.

Baums, Theodor, Anlegerschutz und Neuer Markt, ZHR 166 (2002), 375–382.

Baums, Theodor, Haftung wegen Falschinformation des Sekundärmarktes, ZHR 167 (2003), 139–192.

Bayer, Walter, in: Münchener Kommentar zum Aktiengesetz Bd. 1: §§ 1–75, 3. Aufl., München 2008, § 57 AktG.

Bayer, Walter, Emittentenhaftung versus Kapitalerhaltung, WM 2013, 961–970.

Benzinger, Tanja, Zivilrechtliche Haftungsansprüche im Zusammenhang mit Insiderhandelsverbot und Ad hoc Publizität, 2008.

Braun, Franz, in: Möllers/Rotter, Ad-hoc-Publizität: Handbuch der Rechte und Pflichten von börsennotierten Unternehmen und Kapitalanlegern, München 2003, §§ 7 und 8.

Brellochs, Michael, Publizität und Haftung von Aktiengesellschaften im System des Europäischen Kapitalmarktrechts, C.H.Beck 2005.

Bröker, Norbert, in: Clausen, Bank- und Börsenrecht, 5. Aufl., 2014, § 6.

Büche, Christian, Die Pflicht zur Ad-hoc-Publizität als Baustein eines integreren Finanzmarkts: Die Vorgaben der Marktmissbrauchs-Richtlinie und ihre Umsetzung in § 15 WpHG, 2005.

Buck-Heeb, Petra, Fehlerhafte Pressemitteilung; Haftung wegen fehlerhafter Ad-hoc-Mitteilung; Schutzgesetzeigenschaft von § 20a WpHG, Anmerkung zu BGH, Urt. v. 13. 12. 2011 – XI ZR 51/10, WuB I G 6. §§ 37b WpHG 1.12

Buck-Heeb, Petra, Kapitalmarktrecht, 7. Aufl., C.F.Müller 2015.

Buck-Heeb, Petra/*Dieckmann*, Andreas, Informationsdeliktshaftung von Vorstandsmitgliedern und Emittenten, AG 2008, 681–691.

Burg, Michael/*Marx*, Eric, Der neue Emittentenleitfaden der BaFin (2009) Unter besonderer Berücksichtigung des Erfordernisses eines Freistellungsbeschlusses nach § 15 Abs. 3 S. 1 WpHG, AG 2009, 487–491.

Bürgers, Tobias, Das Anlegerschutzverbesserungsgesetz, BKR 2004, 424–432.

Cahn, Andreas, Das neue Insiderrecht, Der Konzern 2005, 5–13.

Cahn, Andreas, in: Spindler/Stilz, Kommentar zum Aktiengesetz, 3. Aufl., C.H.Beck 2015, § 71

Cahn, Andreas/*Götz*, Jürgen, Ad-hoc-Publizität und Regelberichterstattung, AG 2007, 221–226.

Cahn, Andreas/*von Spannenberg*, Michael Schild, in: Spindler/Stilz, Kommentar zum Aktiengesetz, 3. Aufl., C.H.Beck 2015, § 57

Caspari, Karl-Burkhard, Das geplante Insiderrecht in der Praxis, ZGR 1994, 530–546.

Casper, Matthias, Persönliche Außenhaftung der Organe bei fehlerhafter Information des Kapitalmarkts? BKR 2005, 83–90.

Casper, Matthias, Haftung für fehlerhafte Informationen des Kapitalmarktes, Der Konzern 2006, 32–39.

Casper, Matthias, in: Kölner Kommentar zum Kapitalanleger-Musterverfahrensgesetz (KapMuG), 1. Aufl., Carl Heymanns Verlag 2008, §§ 37b, 37c WpHG.

Claussen, P. Claussen/*Florian*, Ulrich, Der Emittentenleitfaden, AG 2005, 745–765.

Dirigo, Alexander, Haftung für fehlerhafte Ad-hoc-Publizität, Berlin 2011.

Doğan, Sezer, Ad-hoc-Publizitätshaftung: Zivilrechtliche Haftung wegen Verletzung von Ad-hoc-Publizitätspflichten nach dem Vierten Finanzmarktförderungsgesetz, Nomos 2005.

Druckenbrodt, Alexander, Die Streichung der Sonderverjährungsvorschriften im WpHG – wirklich ein Schutz von Kleinanlegern? NJW 2015, 3749–3753.

Drygala, Tim, in: Kölner Komm zum Aktiengesetz, 3., neubearbeitete und erweiterte Aufl., Köln 2011, § 57.

Dühn, Matthias, Schadensersatzhaftung börsennotierter Aktiengesellschaften für fehlerhafte Kapitalmarktinformation: de lege lata und de lege ferenda, Frankfurt 2003.

Edelmann, Herve, Haftung von Vorstandsmitgliedern für fehlerhafte Ad-hoc-Mitteilungen – Besprechung der Infomatec-Entscheidungen des BGH, BB 2004, 2031–2033.

Ehricke, Ulrich, in: Hopt/Voigt, – Recht und Reform in der Europäischen Union, der Schweiz und den USA –, Tübingen (Mohr Siebeck) 2005, S. 187–325.

Engelhardt, Florian, Vertragsabschlussschaden oder Differenzschaden bei der Haftung des Emittenten für fehlerhafte Kapitalmarktinformationen, BKR 2006, 443–448.

Ensthaler, Jürgen/*Bock*, Leonie/*Strübbe*, Kai, Publizitätspflichten beim Handel von Energieprodukten an der EEX – Reichweite des geänderten § 15 WpHG, BB 2006, 733–737.

Escher-Weingart, Christina/*Lägeler*, Alexander/*Eppinger*, Christoph, Schadensersatzanspruch, Schadensart und Schadensberechnung gem. der §§ 37b, 37c WpHG, WM 2004, 1845–1856.

Findeisen, Maximilian/*Backhaus*, Richard, Umfang und Anforderungen an die haftungsbegründende Kausalität bei der Haftung nach § 826 BGB für fehlerhafte Ad-hoc-Mitteilungen, WM 2007, 101–108.

Fleischer, Holger, Das Vierte Finanzmarktförderungsgesetz, NJW 2002, 2977–2983.

Fleischer, Holger, Der Inhalt des Schadensersatzanspruchs wegen unwahrer oder unterlassener unverzüglicher Ad-hoc-Mitteilungen, BB 2002, 1869–1874.

Fleischer, Holger, Gutachten für den 64. Deutschen Juristentag, 2002.

Fleischer, Holger, Die persönliche Haftung der Organmitglieder für kapitalmarktbezogene Falschinformationen, BKR 2003, 608–616.

Fleischer, Holger, Erweiterte Außenhaftung der Organmitglieder im Europäischen Gesellschafts- und Kapitalmarktrecht, ZGR 2004, 437–479.

Fleischer, Holger, Zur deliktsrechtlichen Haftung der Vorstandsmitglieder für falsche Ad-hoc-Mitteilungen: Zugleich eine Besprechung der Infomatec-Entscheidungen des BGH vom 19. 7. 2004, DB 2004 S. 1928 ff., DB 2004, 2031–2036.

Fleischer, Holger, Konturen der kapitalmarktrechtlichen Informationsdeliktshaftung: Zugleich Besprechung von BGH, Urt v 9-5-2005 – II ZR 287/02, ZIP 2005, 1270 (EM-TV), ZIP 2005, 1805–1812

Fleischer, Holger, Das Aktiengesetz von 1965 und das neue Kapitalmarktrecht, ZIP 2006, 451–459.

Fleischer, Holger, Zur zivilrechtlichen Teilnehmerhaftung für fehlerhafte Kapitalmarktinformation nach deutschem und US-amerikanischem Recht, AG 2008, 265–273.

Fleischer, Holger, in: Spindler/Stilz, AktG, 3. Aufl., C.H.Beck 2015, § 93.

Fleischer, Holger, in: Assmann/Schütze, Handbuch des Kapitalanlagerechts, 4. Aufl., C.H.Beck 2015, § 6.

Fleischer, Holger, in: Karsten Schmidt/Marcus Lutter (Hrsg.), Aktiengesetz, 3. Aufl., Dr. Otto Schmidt 2015, § 57.

Fleischer, Holger/*Kalss*, Susanne, Kapitalmarktrechtliche Schadensersatzhaftung und Kurseinbrüche an der Börse, AG 2002, 329–336.

Fleischer, Holger/*Schmolke*, Klaus Ulrich, Gerüchte im Kapitalmarktrecht, AG 2007, 841–854.

Fleischer, Holger/*Schneider*, Stephan/*Thaten*, Marlen, Kapitalmarktrechtlicher Anlegerschutz versus aktienrechtliche Kapitalerhaltung – wie entscheidet der EuGH? NZG 2012, 801–809.

Fox, Merritt B., Columbia Law School Working Papers No. 261

Frowein, Georg A., in: Habersack/Mülbert/Schlitt, Hdb. Kapitalmarktinformation, 2. Aufl., C.H.Beck 2013, § 10.

Fuchs, Andreas, in: Fuchs Wertpapierhandelsgesetz (WpHG), München 2009, Einleitung, Vor §§ 37b, 37c WpHG und §§ 37b, 37c WpHG

Fuchs, Andreas/*Dühn*, Matthias, Deliktische Schadensersatzhaftung für falsche Ad-hoc-Mitteilungen: Zugleich Besprechung des Urteils des OLG München, BKR 2002, 1096, BKR 2002, 1063–1071.

Gebauer, Stefan, Börsenprospekthaftung und Kapitalerhaltungsgrundsatz in der Aktiengesellschaft, Frankfurt a.M. 1999.

Gehrt, John Alexander, Die neue Ad-hoc-Publizität nach § 15 Wertpapierhandelsgesetz: Eine kritische Betrachtung im Vergleich zur französischen und angloamerikanischen Regelung, 1997.

Gerber, Olaf, Die Haftung für unrichtige Kapitalmarktinformationen: Zugleich eine Besprechung der BGH-Entscheidungen vom 19. 7. 2004 Infomatec, DStR 2004, 1793–1798.

Gottschalk, Eckart, Die deliktische Haftung für fehlerhafte Ad-hoc-Mitteilungen: Zugleich eine Besprechung der BGH-Entscheidung vom 9. 5. 2005 - EM.TV, DStR 2005, 1648–1654.

Gottschalk, Eckart, Die persönliche Haftung der Organmitglieder für fehlerhafte Kapitalmarktinformationen de lege lata und de lege ferenda, Der Konzern 2005, 274–286.

Groß, Wolfgang, Die börsengesetzliche Prospekthaftung, AG 1999, 199–209.

Groß, Wolfgang, Haftung für fehlerhafte oder fehlende Regel- oder ad-hoc-Publizität, WM 2002, 477–486.

Groß, Wolfgang, Kapitalmarktrecht: Kommentar zum Börsengesetz, zur BörsenzulassungsVO und zum Wertpapierprospektgesetz, 5. Aufl., C.H.Beck 2012, § 21 WpPG.

Grundmann, Stefan, Europäisches Gesellschaftsrecht: Eine systematische Darstellung unter Einbeziehung des Europäischen Kapitalmarktrechts (Ius Communitatis), 2. Aufl., C.F.Müller 2011.

Grundmann, Stefan, in: Ebenroth/Boujong/Joost/Strohn, Handelsgesetzbuch: Band 2, 3. Aufl., BankR VI, München 2015.

Habersack, in: Habersack/Mülbert/Schlitt, Handbuch der Kapitalmarktinformation, 2. Aufl., C.H.Beck 2013, § 29.

Hannich, Fabian, Quovadis, Kapitalmarktinformationshaftung? Folgt aufgrund des IKB-Urteils nun doch die Implementierung des KapInHaG? WM 2013, 449–456.

Harbarth, Stephan, Ad-hoc-Publizität beim Unternehmenskauf, ZIP 2005, 1898–1909.

Hellgardt, Alexander, Kapitalmarktdeliktsrecht, Mohr Siebeck 2008.

Hellgardt, Alexander, Europarechtliche Vorgaben für die Kapitalmarktinformationshaftung: de lege lata und nach Inkrafttreten der Marktmissbrauchsverordnung, AG 2012, 154–168.

Hellgardt, Alexander, Praxis- und Grundsatzprobleme der BGH-Rechtsprechung zur Kapitalmarktinformationshaftung: Zugleich Besprechung des IKB-Urteils des BGH vom 13. 12. 2011 - XI ZR 51/10, DB 2012 S. 450, DB 2012, 673–678.

Henze, Hartwig, in: Großkommentar AktG, 4. Aufl., Berlin 2000, § 57.

Henze, Hartwig, Vermögensbindungsprinzip und Anlegerschutz, NZG 2005, 115–121.

Henze, Hartwig, Der Schadensersatzanspruch des Anlegers bei fehlerhafter Ad-hoc-Mitteilung in der Rechtsprechung des BGH in: Festschrift Eberhard Schwark, C.H.Beck 2009, S. 425–440.

Hirte, Heribert, in: Insolvenzrecht im Wandel der Zeit: Festschrift für Hans-Peter Kirchhof zum 65. Geburtstag, 2003, S. 223–245.

Holzborn, Timo/*Foelsch*, Martin Eberhard, Schadensersatzpflichten von Aktiengesellschaften und deren Management bei Anlegerverlusten – Ein Überblick, NJW 2003, 932–940.

Holzborn, Timo/*Israel*, Alexander, Das Anlegerschutzverbesserungsgesetz: Veränderungen im WpHG, VerkProspG und BörsG und ihre Auswirkungen in der Praxis, WM 2004, 1948.

Hopt, Klaus J., Der Kapitalanlegerschutz im Recht der Banken. Gesellschafts-, bank- und börsenrechtliche Anforderungen an das Beratungs- und Verwaltungsverhalten der Kreditinstitute, München (Beck) 1975.

Hopt, Klaus J., Europäisches und deutsches Insiderrecht, ZGR 1991, 17–73.

Hopt, Klaus J., Insiderwissen und Interessenkonflikte im europäischen und deutschen Bankrecht, in: Festschrift Heinsius, Berlin, New York (de Gruyter) 1991, S. 289–322.

Hopt, Klaus J., Grundsatz- und Praxisprobleme nach dem Wertpapierhandelsgesetz – insbesondere Insidergeschäfte und Ad-hoc-Publizität –, ZHR 159 (1995), 135–163.

Hopt, Klaus J., Familien- und Aktienpools unter dem Wertpapierhandelsgesetz, ZGR 1997, 1–31.

Hopt, Klaus J., Die rechtliche Beziehung zwischen Bank und Kunden, in: Schimansky/Bunte/Lwowski, Bankrechts-Handbuch, 4. Aufl., München 2011, § 107.

Hopt, Klaus J., Die Haftung für Kapitalmarktinformationen – Rechtsvergleichende, rechtsdogmatische und rechtspolitische Überlegungen –, WM 2013, 101–112.

Hopt, Klaus J./*Voigt*, Hans-Christoph, Prospekt- und Kapitalmarktinformationshaftung – Recht und Reform in der Europäischen Union, der Schweiz und den USA –, WM 2004, 1801–1804.

Hopt, Klaus J./*Voigt*, Hans-Christoph, Grundsatz- und Reformprobleme der Prospekt- und Kapitalmarktinformationshaftung, in: Hopt/Voigt, – Recht und Reform in der Europäischen Union, der Schweiz und den USA –, Tübingen (Mohr Siebeck) 2005, 9–160.

Horn, Norbert, Zur Haftung der AG und ihrer Organmitglieder für unrichtige oder unterlassene Ad-hoc-Informationen, in: Festschrift für Peter Ulmer zum 70. Geburtstag am 2. Januar 2003, Berlin 2003, S. 817–828

Huber, Herwart, Zum Verhältnis von Prospekthaftung zum Verbot der Einlagenrückgewähr, ZIP 1998, 645–646.

Hupka, Jan, Das Insiderrecht im Lichte der Rechtsprechung des EuGH, EuZW 2011, 860–865.

Hutter, Stephan/*Leppert*, Michael, Das 4. Finanzmarktförderungsgesetz aus Unternehmenssicht, NZG 2002, 649–657.

Hutter, Stephan/*Stürwald*, Florian, EM.TV und die Haftung für fehlerhafte Ad-hoc-Mitteilungen, NJW 2005, 2428–2431

Ihrig, Hans-Christoph/*Kranz*, Christopher, EuGH-Entscheidung Geltl/Daimler: „Selbstbefreiung" von der Ad-hoc-Publizitätspflicht: Offene Streitfragen im Umgang mit § 15 Abs. 3 WpHG, BB 2013, 451–458.

Jungmichel, Tim, Haftung und Schadenskompensation bei Verstößen gegen Ad-hoc-Publizitätspflichten: unter besonderer Berücksichtigung der §§ 37b, 37c WpHG, Verlag Dr. Kovac 2007.

Just, Clemens/*Voß*, Thorsten/*Ritz*, Corinna/*Becker*, Ralf, Wertpapierhandelsgesetz (WpHG), München 2015.

Keusch, Sven/ *Wankerl*, Kerstin, Die Haftung der Aktiengesellschaft für fehlerhafte Kapitalmarktinformationen im Spannungsfeld zum Gebot der Kapitalerhaltung, BKR 2003, 744–747.

Kiethe, Kurt, Persönliche Organhaftung für Falschinformation des Kapitalmarkts Anlegerschutz durch Systembruch? DStR 2003, 1982–1990.

Kiethe, Kurt, Die Renaissance des § 826 BGB im Gesellschaftsrecht: Neuere Tendenzen in der Rechtsprechung, NZG 2005, 333–338.

Klöhn, Lars, Kapitalmarkt, Spekulation und Behavioral Finance: Eine interdisziplinäre und vergleichende Analyse zum Fluch und Segen der Spekulation und ihrer Regulierung durch Recht und Markt, Duncker & Humbolt 2006.

Klöhn, Lars, Wettbewerbswidrigkeit von Kapitalmarktinformation? ZHR 172 (2008), 388–418.

Klöhn, Lars, Die Haftung wegen fehlerhafter Ad-hoc-Publizität gem. §§ 37b, 37c WpHG nach dem IKB-Urteil des BGH, AG 2012, 345–358.

Klöhn, Lars, in: Kölner Kommentar zum WpHG, 2. Aufl., Köln 2014, §§ 13 und 15.

Klöhn, Lars, Der Aufschub der Ad-hoc-Publizität wegen überwiegender Geheimhaltungsinteressen des Emittenten (§ 15 Abs. 3 WpHG), ZHR 178 (2014), 55–97.

Klöhn, Lars, Kollateralschaden und Haftung wegen fehlerhafter Ad-hoc-Publizität, ZIP 2015, 53–60.

Klöhn, Lars/*Rothermund*, Marius, Haftung wegen fehlerhafter Ad-hoc-Publizität – Die Tücken der Rückwärtsinduktion bei der Schadensberechnung in sechs Fallgruppen, ZBB 2015, 73–83.

Kocher, Dirk, Ad-hoc-Publizität und Insiderhandel bei börsennotierten Anleihen, WM 2013, 1305–1310

Köndgen, Johannes, Zur Theorie der Prospekthaftung (I), AG 1983, 85–99.

Köndgen, Johannes, Die Ad hoc-Publizität als Prüfstein informationsrechtlicher Prinzipien, in: Festschrift Jean Nicolas Druey: Zum 65. Geburtstag, 2002, S. 791–816.

Kort, Michael, Anlegerschutz und Kapitalerhaltungsgrundsatz, NZG 2005, 708–710.

Kort, Michael, Die Haftung von Vorstandsmitgliedern für falsche Ad-hoc-Mitteilungen: Zugleich Besprechung von BGH, Urt v 19-7-2004 – II ZR 217/03, 218/03 und 402/02 „Infomatec“, AG 2005, 21–26.

Kort, Michael, Die Haftung der AG nach §§ 826, 31 BGB bei fehlerhaften Ad-hoc-Mitteilungen, NZG 2005, 496–498.

Kowalewski, Jörn/*Hellgardt*, Alexander, Der Stand der Rechtsprechung zur deliktsrechtlichen Haftung für vorsätzlich falsche Ad-hoc-Mitteilungen: Zugleich Besprechung des EM.TV-Urteils des BGH vom 9. 5. 2005 – II ZR 287/02, DB 2005, 1839–1842.

Krämer, Lutz/*Baudisch*, Matthias, Neues zur Börsenprospekthaftung und zu den Sorgfaltsanforderungen beim Unternehmenskauf – Zugleich eine Anmerkung zum Urteil des LG Frankfurt aM vom 7 Oktober 1997 (WM 1998, 1181) –, WM 1998, 1161–1174.

Krämer, Lutz/*Heinrich*, Tobias A, Emittentenleitfaden „reloaded“: Eine Bestandsaufnahme der Neuauflage des Emittentenleitfadens der BaFin, ZIP 2009, 1737–1747.

Krause, Rüdiger, Ad-hoc-Publizität und haftungsrechtlicher Anlegerschutz, ZGR 2002, 799–841.

Kübler, Friedrich, Gesellschaftsrecht: die privatrechtlichen Ordnungsstrukturen und Regelungsprobleme von Verbänden und Unternehmen, 5. Aufl., Heidelberg 1998.

Kübler, Friedrich/*Assmann*, Heinz-Dieter, Gesellschaftsrecht: Die privatrechtlichen Ordnungsstrukturen und Regelungsprobleme von Verbänden und Unternehmen, 6., neu bearbeitete und erweiterte Auflage, C.F.Müller 2006.

Kümpel, Siegfried, Kapitalmarktrecht: eine Einführung, 3. Aufl., Berlin 2004.

Kümpel, Siegfried, in: Kümpel/Hammen/Ekkenga, Kapitalmarktrecht, Loseblatt, Stand 5/04.

Kümpel, Siegfried/*Veil*, Rüdiger, Wertpapierhandelsgesetz: eine systematische Darstellung, 2. Aufl., Berlin 2006.

Kümpel, Siegfried/*Wittig*, Arne, Bank- und Kapitalmarktrecht, 4. Aufl., Köln 2011.

Kuthe, Thorsten, Änderungen des Kapitalmarktrechts durch das Anlegerschutzverbesserungsgesetz, ZIP 2004, 883–888.

Langenbucher, Katja, Kapitalerhaltung und Kapitalmarkthaftung, ZIP 2005, 239–245.

Langenbucher, Katja, Kausalitätsbeziehungen bei der Einschaltung von Finanzintermediären – Zur Haftung für fehlerhafte Kapitalmarktinformation – in: Festschrift für Karsten Schmidt zum 70. Geburtstag, 2009, S. 1053–1064.

Langenbucher, Katja, Aktien- und Kapitalmarktrecht, 3. Aufl., C.H.Beck 2015.

Leisch, Franz Clemens, in: Möllers/Rotter, Ad-hoc-Publizität: Handbuch der Rechte und Pflichten von börsennotierten Unternehmen und Kapitalanlegern, München 2003.

Leisch, Franz Clemens, Vorstandshaftung für falsche Ad-hoc-Mitteilungen – ein höchstrichterlicher Beitrag zur Stärkung des Finanzplatzes Deutschland: Zugleich Besprechung der BGH-Urteile vom 19-7-2004 – Infomatec, ZIP 2004, 1593, 1599, 1604, ZIP 2004, 1573–1580.

Lenenbach, Kapitalmarktrecht: und kapitalmarktrelevantes Gesellschaftsrecht, 2., wesentlich überarbeitete Auflage, Köln 2010.

Lepsius, Oliver, Ziele der Regulierung, in: Fehling/Ruffert, Regulierungsrecht, Tübingen 2010.

Leuering, Dieter/*Rubner*, Daniel, Keine allgemeine Haftung für falsche Kapitalmarktinformationen, NJW-Spezial 2012, 79–80.

Leuschner, Lars, Zum Kausalitätserfordernis des § 826 BGB bei unrichtigen Ad-hoc-Mitteilungen, ZIP 2008, 1050–1059.

Longino, Marcus, Haftung des Emittenten für fehlerhafte Informationen, DStR 2008, 2068–2075

Lösler, Thomas, in: Habersack/Mülbert/Schlitt, Handbuch der Kapitalmarktinformation, 2. Aufl., München 2013.

Lutter, Marcus, in: Kölner Kommentar zum Aktiengesetz, 2. Aufl., Band 1, Köln 1988.

Lutter, Marcus, Gesellschaftsrecht und Kapitalmarkt, in: Festschrift für Wolfgang Zöllner zum 70. Geburtstag, Bd. I, Carl Heymanns Verlag 1998, S. 363–383.

Lutter, Marcus/*Drygala*, Tim, in: Kölner Kommentar zum Aktiengesetz, 3. Aufl., Band 1, Köln 2011.

Maier-Reimer, Georg/*Seulen*, Günter, in: Habersack/Mülbert/Schlitt, Handbuch der Kapitalmarktinformation, 2. Aufl., München 2013.

Maier-Reimer, Georg/*Webering*, Anabel, Ad hoc-Publizität und Schadensersatzhaftung – Die neuen Haftungsvorschriften des Wertpapierhandelsgesetzes –, WM 2002, 1857–1864.

Mennicke, Petra R, Ad-hoc-Publizität bei gestreckten Entscheidungsprozessen und die Notwendigkeit einer Befreiungsentscheidung des Emittenten, NZG 2009, 1059–1063.

Mennicke, Petra R, Steine statt Brot – Weiterhin keine Rechtssicherheit zur Ad-hoc-Publizität bei sog. gestreckten Entscheidungsprozessen: Zugleich Besprechung von BGH, Beschl. v. 23. 4. 2013 – II ZB 7/09, ZBB 2013, 260 (in diesem Heft) – Geltl, ZBB 2013, 244–252.

Mennicke, Petra R./*Jakovou*, Niko, in: Andreas Fuchs (Hrsg.), Fuchs Wertpapierhandelsgesetz (WpHG) Kommentar, München 2009.

Merkner/Sustmann, Insiderrecht und Ad-Hoc-Publizität – Das Anlegerschutzverbesserungsgesetz „in der Fassung durch den Emittentenleitfaden der BaFin“, NZG 2005, 729–738.

Merkt, Hanno, Unternehmenspublizität: Offenlegung von Unternehmensdaten als Korrelat der Marktteilnahme, Tübingen 2001.

Merkt, Hanno, Die Zukunft der privatrechtlichen Forschung im Unternehmens- und Kapitalmarktrecht, ZGR 2007, 532–541.

Möllers, Thomas M. J., Anlegerschutz durch Aktien- und Kapitalmarktrecht – Harmonisierungsmöglichkeiten nach geltendem und künftigem Recht –, ZGR 1997, 334–367.

Möllers, Thomas M. J., Kapitalmarkttauglichkeit des deutschen Gesellschaftsrechts: Kritik am sachlichen und persönlichen Anwendungsbereich der Novellierung von AktG und HGB im Bereich von Rechnungslegung, Corporate Governance und Transparenz, AG 1999, 433–442.

Möllers, Thomas M. J., in: Möllers/Rotter, Ad-hoc-Publizität: Handbuch der Rechte und Pflichten von börsennotierten Unternehmen und Kapitalanlegern, München 2003.

Möllers, Thomas M. J., Die unterlassene Ad-hoc-Mitteilung als sittenwidrige Schädigung gem. § 826 BGB, WM 2003, 2393–2398.

Möllers, Thomas M. J., Das europäische Kapitalmarktrecht im Umbruch: Ein Zwischenbericht zu den kapitalmarktrechtlichen Informationspflichten unter rechtsvergleichender Perspektive, ZBB 2003, 390–409.

Möllers, Thomas M. J., Das Verhältnis der Haftung wegen sittenwidriger Schädigung zum gesellschaftsrechtlichen Kapitalerhaltungsgrundsatz – EM.TV und ComROAD, BB 2005, 1637–1642.

Möllers, Thomas M. J., Der Weg zu einer Haftung für Kapitalmarktinformationen, JZ 2005, 75–83.

Möllers, Thomas M. J., Insiderinformation und Befreiung von der Ad-hoc-Publizität nach § 15 Abs. 3 WpHG, WM 2005, 1393–1400.

Möllers, Thomas M. J., Zur „Unverzüglichkeit" einer Ad-hoc-Mitteilung im Kontext nationaler und europäischer Dogmatik, in: Zivil- und Wirtschaftsrecht im europäischen und globalen Kontext: Festschrift für Norbert Horn zum 70. Geburtstag/Private and commercial law in a European and global context, Berlin 2006.

Möllers, Thomas M. J., Konkrete Kausalität, Preiskausalität und uferlose Haftungsausdehnung – ComROAD I – VIII, NZG 2008, 413–416.

Möllers, Thomas M. J./*Leisch*, Franz Clemens, in: Kölner Kommentar zum WpHG, 2. Aufl., Köln 2014, § 37b, 37c.

Möllers, Thomas M. J./*Leisch*, Franz Clemens, Haftung von Vorständen gegenüber Anlegern wegen fehlerhafter Ad-hoc-Meldungen nach § 826 BGB, WM 2001, 1648–1662.

Möllers, Thomas M. J./*Leisch*, Franz Clemens, Schadensersatzansprüche wegen fehlerhafter Ad-hoc-Mitteilungen: Vergleichende Anmerkung zu den Urteilen des LG Augsburg, BKR 2001, 99, und des LG München I, BKR 2001, 102 – beide in diesem Heft –, BKR 2001, 78–83.

Möllers, Thomas M. J./*Leisch*, Franz Clemens, Schaden und Kausalität im Rahmen der neu geschaffenen §§ 37b und 37c WpHG, BKR 2002, 1071–1079.

Möllers, Thomas M. J./*Leisch*, Franz Clemens, Zur Frage, ob BörsG § 88 als Schutzgesetz anzusehen ist, und zum Schädigungsvorsatz bei BGB § 826, ZIP 2002, 1995–1998.

Möllers, Thomas M. J./*Leisch*, Franz Clemens, in: Möllers/Rotter, Ad-hoc-Publizität: Handbuch der Rechte und Pflichten von börsennotierten Unternehmen und Kapitalanlegern, München 2003, §§ 14 und 15.

Möllers, Thomas M. J./*Leisch*, Franz Clemens, Offene Fragen zum Anwendungsbereich der §§ 37b und 37c WpHG, NZG 2003, 112–116.

Morlin, János, Kausalitätsanforderungen bei Geltendmachung des Kursdifferenzschadens, AG 2012, R125–R127.

Mülbert, Peter O, Empfiehlt es sich, im Interesse des Anlegerschutzes und zur Förderung des Finanzplatzes Deutschland das Kapitalmarkt- und Börsenrecht neu zu regeln? – Deutscher Juristentag 4. Finanzmarktförderungsgesetz und Europa –, JZ 2002, 826–837.

Mülbert, Peter O/*Steup*, Steffen, Emittentenhaftung für fehlerhafte Kapitalmarktinformation am Beispiel der fehlerhaften Regelpublizität: das System der Kapitalmarktinformationshaftung nach AnSVG und WpHG mit Ausblick auf die Transparenzrichtlinie, WM 2005, 1633–1655.

Mülbert, Peter O/*Steup*, Steffen, in: Habersack/Mülbert/Schlitt (Hrsg.), Unternehmensfinanzierung am Kapitalmarkt, 3. Aufl., Köln 2013, § 41.

Müller-Michaels, Olaf, Anmerkung zu einer Entscheidung, Urteil des BGH vom 13. 12. 2011 (XI ZR 51/10; BB 2012, 530) – Zur Schadensersatzpflicht des Emittenten bei unterlassener Ad-hoc-Mitteilung, BB 2012, 530–538.

Müller-Michaels, Olaf/ *Wecker*, Johannes, Vorstandshaftung für Falschinformation des Kapitalmarkts: Neues zur Informationsdeliktshaftung, Zeitschrift für Corporate Governance (ZCG), Heft 5/2007, 207–210.

Neumann, Mathias, Gerüchte als Kapitalmarktinformationen: die kapitalmarktrechtliche Behandlung von Informationen mit unsicherem Wahrheitsgehalt, Peter Lang 2010.

Nietsch, Michael, Schadensersatzhaftung wegen Verstoßes gegen Ad-hoc-Publizitätspflichten nach dem Anlegerschutzverbesserungsgesetz, BB 2005, 785–790.

Oechlser, Jürgen, in: Münchener Kommentar zum Aktiengesetz, 3. Aufl., Band 1, Köln 2008.

Oulds, Mark. K., in: Kümpel/Wittig, Bank- und Kapitalmarktrecht, 4. neu bearbeitete Aufl., Köln 2011.

Park, Tido, Kapitalmarktstrafrecht und Anlegerschutz, NStZ 2007, 369–377

Parmentier, Miriam, Insiderinformation nach dem EuGH und vor der Vereinheitlichung, WM 2013, 970–978.

Pfüller, Markus, in: Andreas Fuchs (Hrsg.), Fuchs Wertpapierhandelsgesetz (WpHG) Kommentar, München 2009, § 15.

Reichert, Jochem/ *Weller*, Marc-Philippe, Haftung von Kontrollorganen: Die Reform der aktienrechtlichen und kapitalmarktrechtlichen Haftung, ZRP 2002, 49–56.

Renzenbrink, Ulf/*Holzner*, Nelson, Das Verhältnis von Kapitalerhaltung und Ad-Hoc-Haftung, BKR 2002, 434–439.

Richter, Wolfgang, Der Kapitalmarkt und sein Gesellschaftsrecht – Überlegungen zu einem kapitalmarktgemäßen Gesellschaftsrecht börsennotierter Gesellschaften –, ZHR 172 (2008), 419–457.

Rieckers, Oliver, Haftung des Vorstandes für fehlerhafte Ad-hoc-Meldungen des lege lata und de lege ferenda, BB 2002, 1213–1221

Rieckers, Oliver, in: Münchener Handbuch des Gesellschaftsrechts, 4. Aufl., Band IV, München 2015.

Rössner, Michael-Christian/*Bolkart*, Johannes, Schadensersatz bei Verstoß gegen Ad-hoc-Publizitätspflichten nach dem 4. Finanzmarktförderungsgesetz, ZIP 2002, 1471–1477.

Rössner, Michael-Christian/*Bolkart*, Johannes, Rechtliche und verfahrenstaktische Analyse des Vorgehens geschädigter Anleger bei fehlerhaften Unternehmensmeldungen, WM 2003, 953–960.

Roth, Wulf-Henning/*Jopen*, Christian, in: Riesenhuber, Europäische Methodenlehre: Handbuch für Ausbildung und Praxis, 3. Aufl., Berlin 2015, § 13.

Rudolph, Bernd, Viertes Finanzmarktförderungsgesetz – ist der Name Programm? BB 2002, 1036–1041.

Rützel, Stefan, Der aktuelle Stand der Rechtsprechung zur Haftung bei Ad-hoc-Mitteilungen, AG 2003, 69–79.

Sauer, Knut, Haftung für Falschinformation des Sekundärmarktes, Frankfurt 2004.

Sauer, Knut, Kausalität und Schaden bei der Haftung für falsche Kapitalmarktinformationen, ZBB 2005, 24–35.

Schäfer, Carsten, Effektivere Vorstandshaftung für Fehlinformationen des Kapitalmarkts? NZG 2005, 985–992.

Schäfer, Carsten/*Weber*, Martin/Wolf, Peter, Berechnung und Pauschalierung des Kursdifferenzschadens bei fehlerhafter Kapitalmarktinformation, ZIP 2008, 197–204.

Schäfer, Frank A., in: Marsch-Barner/Schäfer(Hrsg.), Handbuch börsennotierte AG: Aktien- und Kapitalmarktrecht, 3. Aufl., Köln 2014, §§ 15 und 17.

Schmitt, Christian, Die Haftung wegen fehlerhafter oder pflichtwidrig unterlassener Kapitalmarktinformationen: unter besonderer Berücksichtigung der internationalen Zuständigkeit für Anlegerklagen, Baden-Baden 2010.

Schmolke, Klaus Ulrich, Die Haftung für fehlerhafte Sekundärmarktinformationen nach dem „IKB“-Urteil des BGH, ZBB 2012, 165–178.

Schneider, Sven H., Selbstbefreiung von der Pflicht zur Ad-hoc-Publizität, BB 2005, 897–902.

Schneider, Uwe H, Internationales Kapitalmarktrecht: Regelungsprobleme, Methoden und Aufgaben, AG 2001, 269–278.

Schneider, Uwe H/*Gilfrich*, Stephanie Uta, Die Entscheidung des Emittenten über die Befreiung von der Ad-hoc-Publizitätspflicht, BB 2007, 53–56.

Schwark, Eberhard, Gesellschaftsrecht und Kapitalmarktrecht, in: Festschrift für Walter Stimpel zum 68. Geburtstag am 29. November 1985, Berlin 1985, S. 1087–1111.

Schwark, Eberhard, in: Unternehmen, Recht und Wirtschaftsordnung: Festschrift für Peter Raisch zum 70. Geburtstag, 1995, S. 269–290.

Schwark, Eberhard, Zur Haftung des Vorstands wegen einer von ihm veranlassten unrichtigen Ad-hoc-Meldung, EWiR, 2001, 1049–1050.

Schwark, Eberhard, in: Festschrift für Walther Hadding zum 70. Geburtstag am 8. Mai 2004, Berlin 2004, S. 1117–1138.

Schwark, Eberhard/*Kruse*, Dominik, in: Schwark/Zimmer, Kapitalmarktrechts-Kommentar: Börsengesetz mit Börsenzulassungsverordnung, Wertpapierprospektgesetz, Verkaufsprospektgesetz mit Vermögensanlagen-Verkaufsprospektverordnung, Wertpapierhandelsgesetz, Wertpapiererwerbs- und Übernahmegesetz, 4. Aufl., München 2010, § 13.

Seibt, Christoph H., Anmerkung zum Urteil des BGH vom 13. 12. 2011, Az. XI ZR 51/10 – Zur Haftung wegen unterlassener Veröffentlichung einer Ad-hoc-Mitteilung, EWiR 2012, 159–160.

Seiler, Oliver/*Kniehase*, Martin, in: Schimansky/Bunte/Lwowski, Bankrechts-Handbuch, 4. Aufl., Band II, München 2011, Vor § 104.

Semler, Johannes/*Gittermann*, Stephan, Persönliche Haftung der Organmitglieder für Fehlinformationen des Kapitalmarktes – Zeigt das KapInHaG den richtigen Weg? NZG 2004, 1081–1087.

Sethe, Rolf, in: Assmann/Uwe. H. Schneider (Hrsg.), Wertpapierhandelsgesetz: Kommentar (WpHG), 6. Aufl., Köln 2012, §§ 37b, 37c WpHG.

Simon, Stefan, Die neue Ad-hoc-Publizität, Der Konzern 2005, 13–22.

Spindler, Gerald, Kapitalmarktreform in Permanenz – Das Anlegerschutzverbesserungsgesetz, NJW 2004, 3449–3455.

Spindler, Gerald, Persönliche Haftung der Organmitglieder für Falschinformationen des Kapitalmarktes de lege lata und de lege ferenda, WM 2004, 2089–2298.

Spindler, Gerald, Haftung für fehlerhafte und unterlassene Kapitalmarktinformation – ein (weiterer) Meilenstein, NZG 2012, 575–579.

Spindler, Gerald, in: Spindler/Stilz, AktG, 3. Aufl., C.H.Beck 2015, § 116.

Spindler, Gerald/Speier, Torben, Die neue Ad-hoc-Publizität im Konzern, BB 2005, 2031–2305.

Stoppel, Jan, in: Grunewald/Schlitt, Einführung in das Kapitalmarktrecht, 3. Aufl., München 2014.

Struck, Christian, Ad-hoc-Publizitätspflicht zum Schutz der Anleger vor vermögensschädigendem Wertpapierhandel: eine Untersuchung zu § 15 Wertpapierhandelsgesetz mit vergleichender Darstellung des US-Rechts, Frankfurt am Main 2003.

Teichmann, Christoph, Kapitalmarktrechtliche Haftung des Emittenten und seiner Organe, in: Bachmann/Casper/Schäfer/Veil, Steuerungsfunktionen des Haftungsrechts im Gesellschafts- und Kapitalmarktrecht, Nomos 2007, 149–161.

Tollkühn, Oliver, Die Ad-hoc-Publizität nach dem Anlegerschutzverbesserungsgesetz, ZIP 2004, 2215–2220.

Thümmel, Roderich C, Haftung für geschönte Ad-hoc-Meldungen: Neues Risikofeld für Vorstände oder ergebnisorientierte Einzelfallrechtsprechung? – Zugleich Besprechung des Urteils des LG Augsburg vom 24. 9. 2001 - 3 O 4995/00 Infomatec, in diesem Heft S. 2336 – DB 2001, 2331–2334.

Veith, Alexander, Die Befreiung von der Ad-hoc-Publizitätspflicht nach § 15 III WpHG, NZG 2005, 254–259.

Veil, Rüdiger, Die Ad-hoc-Publizitätshaftung im System kapitalmarktrechtlicher Informationshaftung, ZHR 167 (2003) 365–402

Veil, Rüdiger, Die Haftung des Emittenten für fehlerhafte Information des Kapitalmarkts nach dem geplanten KapInHaG, BKR 2005, 91–98.

Veil, Rüdiger, Der Schutz des verständigen Anlegers durch Publizität und Haftung im europäischen und nationalen Kapitalmarktrecht, ZBB 2006, 162–171.

Veil, Rüdiger, in: Veil (Hrsg.), Europäisches Kapitalmarktrecht, 2. Aufl., Tübingen 2014.

Veil, Rüdiger/*Koch*, Philipp, Auf dem Weg zu einem Europäischen Kapitalmarktrecht: die Vorschläge der Kommission zur Neuregelung des Marktmissbrauchs, WM 2011, 2297–2306.

Versteegen, in: Kölner Kommentar zum WpHG, Köln 2007, § 15.

Vokuhl, Nikolai, Kapitalmarktrechtlicher Anlegerschutz und Kapitalerhaltung in der Aktiengesellschaft, Baden-Baden 2007.

von Bernuth, Wolf H./*Wagner*, Eric/*Kremer*, René M, Die Haftung für fehlerhafte Kapitalmarktinformationen: Zur IKB-Entscheidung des BGH, WM 2012, 831–837.

von Klitzing, Joachim, Die Ad-hoc-Publizität: zwischen europäischer Vorgabe und nationaler Umsetzung und zwischen Kapitalmarktrecht und Gesellschaftsrecht, 1999.

Wagner, Gerhard, Schadensberechnung im Kapitalmarktrecht, ZGR 2008, 495–532.

Weber, Christoph Andreas, Kapitalmarktinformationshaftung und gesellschaftsrechtliche Kapitalbindung – ein einheitliches Problem mit rechtsformübergreifender Lösung? ZHR 176 (2012), 184–220.

Weber, Klaus-Peter, Insiderrecht und Kapitalmarktschutz: Haftungstheorien im US-amerikanischen, europäischen und deutschen Recht, Berlin 1999.

Weber, Martin, Eintrittswahrscheinlichkeit und Kursrelevanz, in: Unternehmensrecht zu Beginn des 21. Jahrhunderts: Festschrift für Eberhard Schwark zum 70. Geburtstag, C.H.Beck 2009. S. 653–668.

Weichert, Tilman, Der Anlegerschaden bei fehlerhafter Kapitalmarktpublizität, Baden-Baden 2008.

Wiechers, Ulrich, Aktuelle Rechtsprechung des XI. Zivilsenats des Bundesgerichtshofs, WM 2013, 341–351.

Widder, Stefan, Befreiung von der Ad-hoc-Publizität ohne Selbstbefreiungsbeschluss? BB 2009, 967–972.

Wilga, Norbert, in: Thomas M. J. Möllers/Klaus Rotter (Hrsg.), Ad-hoc-Publizität: Handbuch der Rechte und Pflichten von börsennotierten Unternehmen und Kapitalanlegern, München 2003, § 12.

Wilsing/Goslar, Ad-hoc-Publizität bei gestreckten Sachverhalten – Die Entscheidung des EuGH vom 28. 6. 2012, C-19/11, „Geltl", DStR 2012, 1709–1713.

Wüstemann, Jens, Normdurchsetzung in der deutschen Rechnungslegung – Enforcement nach dem Vorbild der USA? BB 2002, 718–725.

Zimmer, Daniel, Verschärfung der Haftung für fehlerhafte Kapitalmarktinformation: Ein Alternativkonzept, WM 2004, 9–21.

Zimmer, Daniel, Die Selbstbefreiung-Achillesferse der Ad-hoc-Publizität? in: Unternehmensrecht zu Beginn des 21. Jahrhunderts: Festschrift für Eberhard Schwark zum 70. Geburtstag, München 2009, S. 669–684.

Zimmer, Daniel, in: Schwark/Zimmer (Hrsg.), Kapitalmarktrechts-Kommentar: Börsengesetz mit Börsenzulassungsverordnung, Wertpapierprospektgesetz, Verkaufsprospektgesetz mit Vermögensanlagen-Verkaufsprospektverordnung, Wertpapierhandelsgesetz, Wertpapiererwerbs- und Übernahmegesetz, 4. Aufl., München 2010, § 1 WpHG.

Zimmer, Daniel/*Binder*, Christian, Prospekthaftung von Experten? Kritik eines Gesetzentwurfs, WM 2005, 577–583.

Zimmer, Daniel/*Grotheer*, Marc, in: Schwark/Zimmer (Hrsg.), Kapitalmarktrechts-Kommentar: Börsengesetz mit Börsenzulassungsverordnung, Wertpapierprospektgesetz, Verkaufsprospektgesetz mit Vermögensanlagen-Verkaufsprospektverordnung, Wertpapierhandelsgesetz, Wertpapiererwerbs- und Übernahmegesetz, 4. Aufl., München 2010, §§ 37b, 37c WpHG.

Zimmer, Daniel/*Kruse*, Dominik, in: Schwark/Zimmer (Hrsg.), Kapitalmarktrechts-Kommentar: Börsengesetz mit Börsenzulassungsverordnung, Wertpapierprospektgesetz, Verkaufsprospektgesetz mit Vermögensanlagen-Verkaufsprospektverordnung, Wertpapierhandelsgesetz, Wertpapiererwerbs- und Übernahmegesetz, 4. Aufl., München 2010, § 15 WpHG.

Zöllner, Daniel/ *Winter*, Martin, Folgen der Nichtigerklärung durchgeführter Kapitalerhöhungsbeschlüsse, ZHR 158 (1994), 58–96.

2. Koreanische Literatur

Byeon, Jeho (변제호)/*Hong*, Sung-Ki (홍성기)/*Kim*, Jonghoon (김종훈)/*Um*, Seyong (엄세용)/*Kim*, Yu-Seok (김유석), Kapitalmarktrecht (자본시장법), Seoul 2009.

Byeon, Jeho (변제호)/*Hong*, Sung-Ki (홍성기)/*Kim*, Jonghoon (김종훈)/*Kim*, Sung Jin (김성진)/*Um*, Seyong (엄세용)/*Kim*, Yu-Seok (김유석), Kapitalmarktrecht (자본시장법), 2. Aufl., Seoul 2015.

Chang, Young-Min (장영민)/*Cho*, Young Kwan (조영관), Korean Institute of Criminology (Hrsg.), Die Bekämpfung der Börsenkriminalität (증권범죄에 관한 연구), April 1996, Vol. 1994 No. 27.

Financial Supervisory Service (금융감독원), Leitfaden zur Unternehmenspublizität (기업공시제도해설), Seoul 2003.

Hwang, Dong-Wook (황동욱), Illegaler Wertpapierhandel und Schadensersatz (불법증권거래와 손해배상), Seoul 1997.

Kang, Dae-Seob, Civil liabilities arising from misdisclosure in securities market (證券市場에서의 不實公示로 인한 損害賠償責任에 관한 연구), Seoul 1992.

Kang, Dae-Seob, Forward-Looking Statements and Safe-Harbor Rule, Kyungnam Law Review, 2000, Volume 16, S. 169–194.

Kang, Dae-Seob, A Study of the Fair Disclosure (공정공시에 관한 연구), Commercial Cases Review (상사판례연구), März 2005, Volume 18 Nr. 1, S. 69–107.

Kang, Dae-Seob, Standing to sue claims under section 14 of the Securities Exchange Act (유가증권신고서등의 부실기재로 인한 손해배상청구권자의 범위), Commercial Cases Review (상사판례연구), September 2006, Volume 19 Nr. 3, S. 219–257.

Kim, Byoung Youn (김병연)/*Kwon*, Jae-Yeol (권재열)/*Yang*, Gi Jin (양기진), Capital Market Law – Cases and Theories –, 2. Auflage, Seoul 2015.

Kim, Byoung Youn, The Case Study on the Fraud-on-the-Market Theory and Causation in the Securities Market – in U.S. and South Korea Case Laws, 기업소송연구, März 2006, Volume 4, S. 110–156.

Kim, Hak Seok (김학석)/*Kim*, Jung Soo (김정수), Unfair Trading under Capital Market Act (자본시장법상 부정거래행위), Seoul 2015.

Kim, Joo Young (김주영), Standing Requirements of Damage Claims for Illegal Behaviors under the Capital Market Act – Its relationship with causation requirement –, The Korean Journal of Securities Law, April 2014, Volume 15 Nr. 1, S. 203–246.

Kim, Joo Young (김주영)/*Kim*, Tae Sun (김태선), Berechnungsmethode beim Schadenersatzanspruch im Falle der Aktienmanipulation, The Korean Journal of Securities Law, Juni 2001, Volume 2 Nr. 1, S. 111–136.

Kim, Jung Soo (김정수), Prinzipien des Kapitalmarktrechts (자본시장법원론), 2. Auflage, Seoul 2014.

Kim, Kon Sik (김건식), Wertpapierhandelsrecht (증권거래법), Seoul 2004.

Kim, Kon Sik (김건식)/*Jung*, Sunseop (정순섭), Kapitalmarktrecht (자본시장법), 3. Auflage, Seoul 2013.

Kim, Kwang-Rok, A Study on the U.S. Mandatory Disclosure System, The Journal of Property Law, Volume 19 Nr. 1, S. 165–193.

Kim, Yong-Jae (김용재), Kapitalmarkt und Recht I (자본시장과 법 I), Seoul 2011.

Kim, Yongjin (김용진), The Theory and Practice of Capital Market System, Seoul 2007.

Ko, Chang Hyeon, in: Gesellschaft für Wertpapierhandelsrecht (Hrsg.), Kommentar zum Kapitalmarktrecht Bd. 2, 2009 Seoul, § 1

Korea Securities Law Association (Hrsg.), Kommentar zum Kapitalmarktgesetz (자본시장법 주석서), Seoul 2009.

Kwon, Jong-Ho, in: Gesellschaft für Wertpapierhandelsrecht (Hrsg.), Kommentar zum Kapitalmarktrecht Bd. 2, 2009 Seoul, § 162, S.

Lee, Chul Song (이철송), Ausgestaltung des Schadensersatzanspruchs im Hinblick auf Wertpapiertransaktionen (증권거래관련 손해배상청구제도의 구조), Human Rights and Justice, September 1999, Volume 277, S. 9–18.

Lee, Chul Song (이철송), Gesellschaftsrecht, 24. Aufl., Seoul 2016.

Lee, Dong Sin (이동신), Responsibilities for Incomplete Securities Disclosure Documents, Trial Data, Juni 2001, Volume 90, S. 267–445.

Lee, Ki-Su (이기수)/*Choi*, Byeong Gyu (최병규), Wertpapierhandelsrecht (증권거래법), Seoul 2003.

Lee, Sangpok (이상복), Corporate Disclosure – Theory and Praxis – (자본시장법상 기업공시-이론과 실무), Seoul 2012.

Lim, Jai Yeon (임재연), Kapitalmarktrecht (자본시장법), Seoul 2015.

Park, Hou-Sang, A Study on Damages for Disclosure Liability of Secondary Market under the Securities Exchange Act (증권거래법상 유통공시책임의 손해배상액에 관한 고찰), Business Law Review, Mai 2005, Volume 19 Nr. 4, S. 339–377.

Park, Hou-Sang, A Review on Causation for Improper Public Announcement Liability With Respect to Securities (증권관련 부실공시책임의 손해인과관계에 관한 고찰), Chonnam Law Review, Juni 2007, Volume 27 Nr. 1, S. 161–210.

Park, Min-Woo, A Study on the Article 186(1) of Securities and Exchange Act, The Journal of Comparative Private Law, 2007, Volume 38 Nr. 3, S. 957–982.

Rho, Tae-ak, Ein Beitrag zur nicht veröffentlichten kursrelevanten Informationen und zur Verwendung solcher Informationen, Business Finance Law, September 2009, Vol. 43, S. 21–34.

Shin, Young-Moo (신영무), Wertpapierhandelsrecht (증권거래법), Seoul 1987.

Son, Sungkyu (손성규), Timely Disclosure theory of institutions and policies (수시공시이론 제도 및 정책), 2009 Seoul.

Song, Jong Joon (송종준)/*Nam*, Chang Woo (남장우)/*Kim*, Jai Beom (김재범)/*Yi*, Jun Seob (이준섭), Zivilrechtliche Haftung der Organmitglieder nach dem Wertpapierhandelsrecht (증권거래법상 경영자민사책임론), Chungbuk 1999.

Song, Jong Joon (송종준), die Ausgestaltung der zivilrechtlichen Haftung für die Veröffentlichung fehlerhafter Prognose (豫測情報의 不實公示와 民事責任構造), The Korean Journal of Securities Law, Dezember 2000, Volume 1 Nr. 1, S. 7–28.

Suh, Wan-Suk, A Study on the Liability for Misstatement or Omission in Registration Statement, Business Law Review, März 2004, Volume 16, S. 205–233.

Yi, Jun-Seob (이준섭), Issues on Reform of Legal Liability System in Securities Exchange Act after the Introduction of Class Action, The Korean Journal of Securities Law, Dezember 2003, Volume 4 Nr. 2, S. 1–65.

Yoo, Seok Ho (유석호), in: Gesellschaft für Wertpapierhandelsrecht (Hrsg.), Kommentar zum Kapitalmarktrecht Bd. 1, 2009 Seoul, § 125.

Yoon, Song Han (윤승한), Wertpapierhandelsrecht (증권거래법강의), 2000 Seoul.

Yoon, Song Han (윤승한), Kapitalamarktrecht (자본시장법강의), 2009 Seoul.

3. Gesetzesmaterialien

Beschlussempfehlung und Bericht Finanzausschuss zu dem Entwurf eines Gesetzes über den Wertpapierhandel und zur Änderung börsenrechtlicher und wertpapierrechtlicher Vorschriften (Zweites Finanzmarktförderungsgesetz), BT-Drucks. 12/7918.

Entwurf eines Gesetzes zur Verbesserung des Anlegerschutzes (Anlegerschutzverbesserungsgesetz – AnSVG), BT-Drucks. 15/3174.

Begründung zum Entwurf eines Gesetzes über den Wertpapierhandel und zur Änderung börsenrechtlicher und wertpapierrechtlicher Vorschriften (Zweites Finanzmarktförderungsgesetz), BT-Drucks. 12/6679.

Begründung zum Entwurf eines Gesetzes zur weiteren Fortentwicklung des Finanzplatzes Deutschland (Drittes Finanzmarktförderungsgesetz), BT-Drucks. 13/8933.

Entwurf eines Gesetzes zur weiteren Fortentwicklung des Finanzplatzes Deutschland (Viertes Finanzmarktförderungsgesetz), BR-Drucks. 936/01 (neu).

Entwurf eines Gesetzes zur weiteren Fortentwicklung des Finanzplatzes Deutschland (Viertes Finanzmarktförderungsgesetz), BT-Drucks., 14/8017.

BLUE CHIP STAMPS v. MANOR DRUG STORES, 421 U.S. 723 (1975)

4. Richtlinien

Zweite Richtlinie 77/91/EWG des Rates vom 13. Dezember 1976, ABl. 1977 Nr. L 26 S. 1 ff.

Richtlinie 2003/6/EG des Europäischen Parlaments und des Rates vom 28. Januar 2003, ABl. Nr. L 96, S. 14

Richtlinie 2003/71/EG des Europäischen Parlaments und des Rates vom 4. November 2003, ABl. Nr. L 345 S. 64 ff.

Durführungsrichtlinie zur Marktmissbrauchsrichtlinie, Richtlinie 2003/124/EG vom 22. Dezember 2003.

Richtlinie 2004/109/EG des Europäischen Parlaments und des Rates vom 15. Dezember 2004, ABl. Nr. L 390 S. 38 ff.

Richtlinie 2006/46/EG des Europäischen Parlaments und des Rates vom 14. Juni 2006 zur Änderung der Richtlinien des Rates 78/660/EWG.

Richtlinie 2006/68/EG des Europäischen Parlaments und des Rates vom 6. September 2006, ABl. EG Nr. L 264 S. 32 ff.

Richtlinie 2009/109/EG des Europäischen Parlaments und des Rates vom 16. September 2009, ABL. EU. Nr. L 259 S. 14 ff.

GÖTTINGER SCHRIFTEN ZUM WIRTSCHAFTSRECHT

Herausgegeben von Olaf Deinert, Torsten Körber, Rüdiger Krause, Gerald Spindler und Andreas Wiebe

Die Schriftenreihe *Göttinger Schriften zum Wirtschaftsrecht* bietet ein Forum für herausragende Dissertationen, Monographien und Sammelbände. Inhaltlich deckt die Reihe das zivile deutsche und internationale Wirtschaftsrecht in seiner ganzen Bandbreite ab. Neben dem klassischen Handels- und Gesellschaftsrecht ist Raum für Versicherungs- und Kapitalmarktrecht sowie – den Schwerpunkten der Göttinger Fakultät entsprechend – insbesondere für medien-, wettbewerbs- und arbeitsrechtliche Thematiken.

Die Reihe richtet sich an Wissenschaftler und Praktiker in Anwaltschaft, Behörden, Verbänden und Unternehmen.

Band 1 Andreas Reißmann: Äußerungsrechtliche Schutzpflichten. Der Schutz vor herabsetzenden, unwahren und indiskreten Äußerungen im Vertragsrecht durch § 241 Abs. 2 BGB. 2012.

Band 2 Kathrin Brandt: Gleichstellungsquote im Aufsichtsrat der Aktiengesellschaft. 2012.

Band 3 Julius Raapke: Die Regulierung der Vergütung von Organmitgliedern und Angestellten im Aktien- und Kapitalmarktrecht. 2012.

Band 4 Henning Hilke: Risiko und Bankenaufsicht. Eine rechtsvergleichende Analyse der präventiven Begrenzung bankbetrieblicher und systemischer Risiken. 2014.

Band 5 Patrick Alexander Andrä: Bilanzierung von Immaterialgüterrechten nach HGB und IFRS. 2014.

Band 6 Mohamed Bou Sleiman: Contingent Convertible Bonds. Zweck, Ausgestaltung und rechtliche Rahmenbedingungen. 2015.

Band 7 Florian Krack: Möglichkeiten individueller Aufsichtsratsvergütungen in der deutschen Aktiengesellschaft. 2015.

Band 8 Sara Tancredi: Die Regulierung von Hedge-Fonds und Private Equity in Europa und den USA. Eine rechtsvergleichende Untersuchung der AIFM-Richtlinie und des Dodd-Frank-Act unter ergänzender Einbeziehung des AIFM-Umsetzungsgesetzes und der EuVECA-VO. 2016.

Band 9 Alexandra Gabriela Botez: Kontrolle von privatrechtlichen Wasserpreisen und öffentlich-rechtlichen Wassergebühren nach der 8. GWB-Novelle. 2016.

Band 10 Christian Kiel: Kartellrechtscompliance in Wirtschaftsverbänden. 2016.

Band 11 Klaus Christian Jürgensen: Die Prüfung des Corporate Governance-Reportings. 2017.

Band 12 André Dumont du Voitel: Die zivilrechtliche Verantwortlichkeit von Ratingagenturen nach deutschem, europäischem und US-amerikanischem Recht. 2018.

Band 13 Anna Kristina Schwerdfeger: Die Regulierung des offenen Immobilienfonds nach dem Kapitalanlagegesetzbuch (KAGB). 2018.

Band 14 Jens Gardewin: Die vergütungsrechtliche Ungleichbehandlung von Arbeitnehmerentwerfern im System des Immaterialgüterrechts. 2018.

Band 15 Seong Gon Kim: Schadensersatzhaftung für fehlerhafte Kapitalmarktinformationen börsennotierter Aktiengesellschaften nach dem deutschen und dem koreanischen Recht. 2018.

www.peterlang.com

www.ingramcontent.com/pod-product-compliance
Ingram Content Group UK Ltd.
Pitfield, Milton Keynes, MK11 3LW, UK
UKHW021848290926
8980IPUK00005B/707

9 783631 76494